会计经典学术名著

POSITIVE ACCOUNTING THEORY

实证会计理论

[美] 罗斯·瓦茨（Ross L. Watts）
杰罗尔德·齐默尔曼（Jerold L. Zimmerman） ◎著

麻志明　王立彦 ◎译

中国人民大学出版社
·北京·

译者序

关于会计理论[①]

本书英文名为"*Positive Accounting Theory*",很自然地引出一个关于汉语翻译和理解的问题:"实证会计理论"强调实证,还有其他"非实证会计理论"吗?对于这个问题,第 1 章导读中有专门解释。本译者序就会计理论做一些讨论。

(一)

美国学者瓦茨(Watts)和齐默尔曼(Zimmerman)的《实证会计理论》一书是会计学研究领域的经典名著之一,几十年来广受推崇,属于会计学者尤其是博士研究生的必读著作。书中内容基于瓦茨和齐默尔曼在 1978 年、1979 年提出的实证会计理论框架,对随后学术界出现的实证研究加以系统梳理和总结。

中国人民大学出版社的编辑 2022 年初联系我们翻译本书,大家一起讨论后发现,该书在中国已有译本出版,且很受学术界欢迎。经过慎

[①] 本译者序参考了岳衡、罗婷为本书英文版所写的导读,以及姜国华、王立彦为《财务呈报:会计革命》一书英文版所写的导读,在此致谢。

重考虑，商定在原著内容的基础上增加一些变化：适当结合最近20多年来国内外的会计学术研究，为每章写一篇导读，在每章末尾提供延伸阅读文献，力求为读者提供更多的学术信息和资源。

我们对本书各章的理解和基本看法体现在各章的导读里。

回顾早期的会计理论，首先应当提到美国会计学会（AAA）1966年出版的《基本会计理论》(A Statement of Basic Accounting Theory)。该书对会计理论研究加以梳理，对1936—1964年美国会计学会组织撰写的一系列研究报告进行了总结，被认为是美国会计理论发展过程中一座划时代的里程碑。[①]

《基本会计理论》一书的篇幅不是很长。全书分为五个部分：导论、会计准则、向外部信息使用者提供的会计信息、为内部信息使用者提供的会计信息、会计理论的扩展。

书中第五部分专门设一节讨论未来的会计信息系统，将会计信息系统的结构表示为"输入—处理—输出"。输入指各种数量化的资料，输出则为服务于外部信息使用者的基本公开报告，以及支持内部信息使用者的计划、控制等活动的各种内部报告。

会计信息系统的架构和功能的描述，可以直观地用一个图来表示（见图1）。

（二）

会计理论，顾名思义是关于会计的理论。在欧美尤其是北美会计学界，以"会计理论"为书名的著作很多。各著作的"主题—逻辑—线索—结构—内容"差异很明显，原因就在于对会计研究对象的界定

[①] 提到该书，就要提到更早一些年利特尔顿（Littleton）所著的《会计理论结构》(Structure of Accounting Theory)。该书曾经作为美国会计学会1953年的研究报告正式出版，1958年再版后连续重印，是非常重要的会计著作。利特尔顿在1952年所写的序言中特别指出，会计不仅仅是技术方法的集合，会计学与经济学、统计学有着极为密切的关系。会计方法在本质上属于统计学，因为其核心机能是由账户组成的，而账户是浓缩和简化了大量企业交易分类的类目标志。统计的首要职能就是对大量数据进行分类、浓缩和简化，以更好地理解数据的重要性。会计也具有同样的职能。1962年利特尔顿与齐默尔曼合著的另一本著作《会计理论：持续改变》(Accounting Theory: Continuity and Change)，从历史视角阐释了会计理论的演变。

译者序

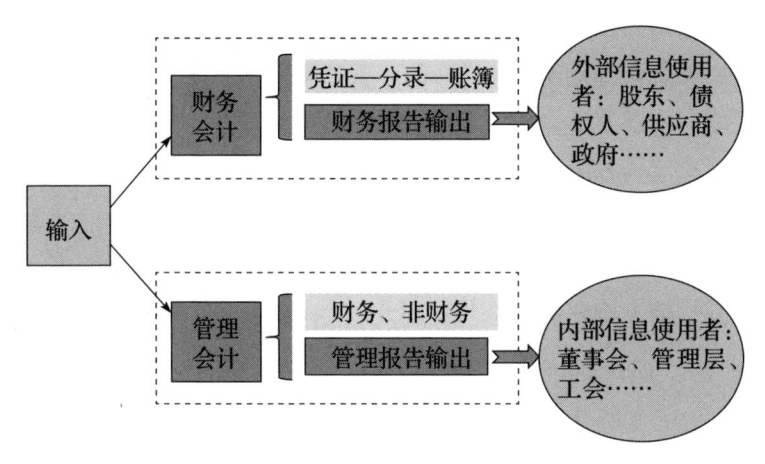

图1 会计信息系统的架构和功能

不同。

会计理论来自会计研究。会计对什么进行研究呢？

从会计专业人士（包括业界、学界）的立场和视角看会计，很自然地认为会计工作的结果是产生会计信息，目的在于服务管理、支持决策，而会计研究专注于会计循环（accounting cycle），针对经济事项的确认、计量、记录和报告全过程的局部或全部，围绕会计要素、事项计量、科目分类、账户体系、报表编制、列报格式、会计过程、数据标准、信息质量要求、相关准则制定、鉴证审计、专业人员胜任标准等专题形成相应的研究领域。

非会计专业人士及部分会计学者，研究会计时可能基于不同的立场和视角。他们专注于会计循环开始之前，探索会计方法的制定、选择的动机以及会计信息实际产生的经济后果。尤其将动机与后果相联系，剖析选择的动机与预判后果、实际后果之间可能存在的逻辑关联，他们的研究涉及会计学之外更多的领域，尤其是经济学、金融学、管理学、社会学、组织行为学以及统计学等，他们的研究视角更广阔，研究方法更多样，研究结果的解释更具有跨学科性。

基于会计专业人士立场和视角的会计理论书籍有很多，譬如问世于1986年的弗农·卡姆（Vernon Kam）所著的《会计理论》（*Accounting Theory*）以及其他教科书，它们都是以会计循环作为主线来搭建全书

3

的内容框架，逐项讨论会计要素从确认到计量、记录乃至报表报告的编制。这一类著作有走向"改进"的，譬如哈里·沃尔克（Harry Wolk）等所著的《会计理论：政治和经济环境中的概念性专题》（Accounting Theory: Conceptual Issues in a Political and Economic Environment），多次再版；约翰·克里斯腾森（John A. Christensen）所著的《会计理论：信息含量观》（Accounting Theory: An Information Content Perspective），侧重研究方法论，用比较通俗的方式阐述分析式会计研究结论对会计理论的重要影响；斯文-埃里克·约翰森（Sven-Erik Johannsson）等所著的《会计理论：整合行为与衡量》（Accounting Theory: Integrating Behavior and Measurement），采用多视角，将财务会计、管理会计、财务管理行为联系在一起。上述几本著作，从书名的副标题就可以看出会计理论的主题、结构和内容的变化或扩展。

基于非会计专业人士立场和视角的会计理论书籍中，首先要提加拿大学者威廉·斯科特（William R. Scott）1997年所著的《财务会计理论》（Financial Accounting Theory）。该书基于一系列学术文献，以导引图的方式对经验式会计研究（empirical accounting study）的意义究竟何在这样的疑问给出回应，为读者勾勒出实证会计研究的大致脉络，也为年轻学者提供了接触实证会计理论研究方法的路径。针对现实中投资者制定投资组合决策、管理当局选择会计政策、公司或企业进行盈余管理等问题，该书以信息经济学的框架来解释财务会计并将其作为一个信息体系，认为财务会计协调了股东与公司管理层之间的关系，并满足了投资者以及会计准则制定机构的信息需求。

在会计准则制定实践中，20世纪70年代以后的会计准则制定主角，从会计职业团体转向直接对证券交易委员会负责、间接向国会负责的独立专业机构财务会计准则委员会（FASB），这意味着会计准则的制定过程中增加了利益集团的力量，围绕会计信息供给的博弈加剧，从而体现了更多的政治色彩。

概括来说，早期的会计理论，基本上是围绕财务会计报告，或者说针对作为编制财务会计报告基础的会计循环（确认—计量—记录—报告）展开的（见图2）。如果将会计循环看作由会计人员的一系列行为支撑，应该被研究的就不仅是会计循环行为，还包括之前的行为动机以及之后的行为后果。

图 2 早期的会计理论示意图

《实证会计理论》一书是实证性会计研究的集大成，内容并非直接聚焦会计和会计信息鉴证或审计本身，而是将会计看作一个信息体系，聚焦会计循环的之前和之后。之前指会计信息生产者们（会计师）在制造会计信息时选择特定方法的动机和行为，之后指会计信息的经济后果。

实证会计理论现在已经不是泛指采用实证方法进行的会计研究，而成了一个专有名称，特指瓦茨和齐默尔曼提出的这类对会计方法选择的研究。我们现在用实证会计研究来泛指运用实证研究的方法，对包含会计方法选择在内的所有会计问题（如会计信息的运用等）进行的研究。书中各章的导读，也不只局限于会计方法选择的研究，而是把随后发展的和各章主题相关的研究尽可能多地包括在其中，希望提供给读者更全面的信息。

实证会计研究范式或经验式会计分析方法（empirical accounting approach）是20世纪90年代中期从北美传入我国的，发展非常快，不到10年时间就扩展到整个会计学术界。应用实证研究方法的会计论文，成为各种学术会议和专题论坛的主流，并在中文会计学术期刊大量发表。相应地，这种研究范式迅速应用到高校博士研究生的培养和学位论文的写作中，极大促进了实证会计研究的发展。可以说，我国的会计研究已经与国际通行的主流会计研究接轨，这突出体现在国际主要会计学术期刊越来越多地发表与中国经济主题相关的论文或中国学者作为合作者的论文。中国学者开始研究国际问题，而国外学者对于中国会计实践中的独特性和普适性也有了更多的了解。

最后，感谢北京大学闵庆全会计研究基金对本书出版提供的支持。

由于译者水平有限，本书的翻译和导读部分难免存在瑕疵，欢迎读者批评指正。

王立彦　麻志明
于北京大学

前　言

本书回顾会计研究中大量的、与日俱增的、以经济学为基础的实证会计理论和方法。理论并没有提供在备选的会计程序中作出选择的规则（譬如选择一个能使收入和费用实现较好匹配的会计程序），相反，理论为会计和审计实务提供了解释。譬如，理论可解释为何某些企业采用加速折旧法，而其他企业却采用直线折旧法；为何某些企业聘请八大会计师事务所的审计师[①]，而其他企业则不然。这种理论对于会计人员及管理人员无疑是至关重要的，有助于他们在条件发生变化或者遇到陌生的环境时更好地作出决策。

现有理论并不完善。事实上，对影响会计和审计实务的因素所进行的调查研究才刚刚起步。目前对那些经验性规律的解释仍存争议，因为世界错综复杂，而且日新月异，这使得我们永远也无法建立起十全十美的理论。

对变量之间相互关系的解释需要理论。实证研究并不探讨会计和审计的本来面目，研究人员明确地提出理论假设并对其加以检验。如果假设得以证实，那么，这一理论便可用于解释研究中的发现。但是，研究

---

① 当年的八大会计师事务所几经合并，目前整合为四家，即所谓"国际四大"：安永、德勤、毕马威、普华永道。——译者

人员的证据常常导致对理论的修正，产生新的假说，并反过来对新假说进行检验，理论由此得以演化。此外，对研究现状的调查往往以与早期研究人员迥然不同的方式来解释过去的研究。

仅按现行观点来解释研究结果的实证研究，容易使人产生误解，也不利于学生了解理论研究的演进。为此，本书按时间顺序对有关研究文献加以组织。第 3～6 章，分析早期金融经济学的实证研究工作在会计中的应用，这方面研究提供的证据（以及金融学的理论发展）推动了第 8～10 章及第 14 章所介绍的新兴会计理论的产生。围绕政府管制会计信息披露的可行性而展开的持续不断的争论，也推动了新理论的发展，这方面的争论在第 7 章介绍。对新理论进行实证性检验的研究，在第 11～13 章进行评述。

采用时间顺序方式也有其代价：关于同一个研究问题的阐述不得不出现在不同的章节。譬如，就会计程序变动的股票价格效应而进行的调查研究，分别出现在第 4 章和第 12 章。我们认为，这种安排有助于加深学生对研究过程的理解。

在剖析学术文献形成及发展过程中的重要研究时，我们力图阐明各种文献所采用的方法论。即使是经济学和金融学的博士课程也很少涉及研究方法论。研究方法论是研究者通过身体力行开展研究而掌握的，然后传授给同事、进修学者或研讨班的博士生，进而应用到理论评判过程以及对过去研究的公开讨论之中。我们在第 1 章明确论述实证方法论，目的是向学生传授研究人员多年来所积累的经验。

单一期间的资本资产定价模型（CAPM）作为一种计价模式贯穿全书。资本资产定价模型尽管简单扼要，但在创建重要框架以获取可供检验的推论方面，可与复杂的定价模型媲美。

阅读本书的必备知识包括会计、价格理论（微观经济学）、公司财务以及统计学（包括多元回归分析）。掌握标准的中级和高级财务会计无疑有益，但并非必须。

本书是为二年级工商管理硕士（MBA）和博士生编写的，已经在教学中投入使用。虽然我们的学生已做好充分的准备，但他们仍发现本书的复杂和枯燥程度颇具挑战性。某些章节对于工商管理硕士来说，难度比较大。尽管如此，本书仍力图对一些敏感的方法论或理论观点加以论述，而不是置若罔闻或搪塞了事。讨论问题的过程表明，问题尚未得到完全理解。

一些学生只喜欢了解"末行数字"①。遗憾的是，这种简明扼要的末行数字目前还不存在。我们触及的是研究领域的流沙，目的不是提供流沙的地图，而是增进学生对流沙的了解，并向他们提供绘制这种地图的工具，为他们未来的研究打下基础。

工商管理硕士课程中，一个重要且备受欢迎的辅助教学手段，是要求学生撰写一篇讨论当前拟议中或新近采用的会计准则（如递延税收）的学期论文。特别是，这份作业要求学生以小组为单位，分析不同会计准则对现金流的影响，从这些会计准则中获益的或受损的是哪些群体，以及促使会计准则制定委员会将这些准则纳入其工作日程的客观环境。这类研究项目有助于说明本书的理论如何用于解释当前会计领域的某些争议，并把本书提出的不同理论问题融为一体。如果时间允许的话，这类研究项目还可给学生提供课程讨论的有益经历，并使他们亲身体会到理论在其他争议问题上的运用。

本书风格上有两个特点：其一，每章均以小结结尾。其二，重要概念首次出现时用黑体字表示。

学生们已经向我们提供了一些阅读反馈，帮助我们发现本书中的一些瑕疵。Susan Thomas、Jan Baker Pass 以及 Chris Surrette 的评论和在编辑方面给我们提供的帮助尤其宝贵。许多同事参加了对早期几个版本的讨论并提出了独特见解和关键性评论，他们是：Andrew Christie, Linda DeAngelo, Michael Jensen, Martin Geisel, William Meckling, G. William Schwert, Clifford Smith, Lee Wakeman, Jerold Warner。更难能可贵的是，Pat Baldeck 和 Chris Haszlauer 帮助我们输入了大量的数据。Daniel Collins, George Foster, Robert Holthausen, Richard Leftwich, Alfred Rappaport 帮助我们审阅了早几版的手稿。罗切斯特大学经济管理研究生院的政府经济政策研究中心及管理经济学研究中心

---

① 末行数字一般指利润表中的净利润或净收益。——译者

向我们提供了资助。

在此,我们谨向上述个人及机构致以诚挚的感谢。

罗斯·瓦茨
杰罗尔德·齐默尔曼

目 录

第1章 会计理论的作用 …………………………………… 1
    导　读 ………………………………………………… 1
    1.1　会计理论的性质 ………………………………… 4
    1.2　会计理论的重要性 ……………………………… 4
    1.3　会计理论的演进 ………………………………… 6
    1.4　实证性命题与规范性命题 ……………………… 9
    1.5　方法论概述 ……………………………………… 11
    1.6　本书的结构 ……………………………………… 15
    1.7　小结 ……………………………………………… 16
    延伸阅读文献 ……………………………………… 17

第2章 有效市场假说与资本资产定价模型 …………… 18
    导　读 ………………………………………………… 18
    2.1　有效市场假说 …………………………………… 22
    2.2　有效市场假说与早期文献 ……………………… 25
    2.3　资本资产定价模型 ……………………………… 27
    2.4　资本资产定价模型与会计数据 ………………… 34
    2.5　市场模型 ………………………………………… 39
    2.6　小结 ……………………………………………… 42
    延伸阅读文献 ……………………………………… 43

第3章 会计盈利与股票价格 ………………………………… 44
导　读 ……………………………………………………… 44
3.1　盈利的信息含量 ………………………………………… 49
3.2　未预期盈利的变化方向与平均非正常报酬率的关系 …… 50
3.3　未预期盈利的变化幅度与平均非正常报酬率的关系 …… 63
3.4　盈利公告与非正常报酬率方差的关系 ………………… 67
3.5　盈利公告与内含报酬率方差的关系 …………………… 71
3.6　盈利公告与交易量的关系 ……………………………… 75
3.7　盈利与现金流的关系 …………………………………… 76
3.8　信息含量的差异 ………………………………………… 78
3.9　小结 ……………………………………………………… 79
延伸阅读文献 ……………………………………………… 81

第4章 竞争性假说的辨识 …………………………………… 82
导　读 ……………………………………………………… 82
4.1　竞争性假说 ……………………………………………… 85
4.2　卡普兰和罗尔的研究 …………………………………… 90
4.3　卡普兰和罗尔的研究中的方法论问题 ………………… 96
4.4　鲍尔的研究 ……………………………………………… 102
4.5　存货计价方法变动的研究 ……………………………… 112
4.6　小结 ……………………………………………………… 121
延伸阅读文献 ……………………………………………… 123

第5章 会计数据、破产与风险 ……………………………… 125
导　读 ……………………………………………………… 125
5.1　会计数据与破产 ………………………………………… 128
5.2　会计数据与股票风险 …………………………………… 134
5.3　会计数据与债券风险 …………………………………… 142
5.4　小结 ……………………………………………………… 145
延伸阅读文献 ……………………………………………… 145

第6章 盈利预测 ……………………………………………… 147
导　读 ……………………………………………………… 147

	6.1 盈利时间序列预测的相关性	149
	6.2 可供选择的时间序列模型	155
	6.3 时间序列模型在柯达公司的应用	159
	6.4 预测模型对股票价格和盈利平滑化假设的意义	163
	6.5 年度盈利时间序列的证据及其意义	166
	6.6 季度盈利时间序列的证据	173
	6.7 财务分析师的预测能力	174
	6.8 小结	176
	延伸阅读文献	177
第7章	信息披露管制理论的演变	178
	导　读	178
	7.1 有效市场假说与早期的基本理论	182
	7.2 经济学文献中的基本理论	186
	7.3 两大重要问题	198
	7.4 小结	203
	延伸阅读文献	204
第8章	订约程序	205
	导　读	205
	8.1 业主-管理者与外部股东对契约的需求	208
	8.2 业主-管理者与债权人对契约的需求	214
	8.3 职业管理者与外部资本提供者对契约的需求	219
	8.4 企业理论	222
	8.5 会计在订约过程中的作用	224
	8.6 小结	227
	延伸阅读文献	228
第9章	报酬计划、债务契约与会计程序	229
	导　读	229
	9.1 会计在报酬计划中的作用	232
	9.2 报酬计划对会计的影响	235
	9.3 会计在债务契约中的作用	241

实证会计理论

　　9.4　债务契约对会计的影响 ·············· 245
　　9.5　会计程序变动对股票价格的影响 ·············· 249
　　9.6　小结 ·············· 252
　　延伸阅读文献 ·············· 254

第10章　会计与政治活动 ·············· 255
　　导　读 ·············· 255
　　10.1　政治活动的实质 ·············· 258
　　10.2　政治活动对会计程序的影响 ·············· 263
　　10.3　规模假设 ·············· 269
　　10.4　对规模假设相关研究的评论 ·············· 274
　　10.5　会计程序变动对股票价格的影响 ·············· 275
　　10.6　小结 ·············· 277
　　延伸阅读文献 ·············· 279

第11章　会计程序选择的经验检验 ·············· 281
　　导　读 ·············· 281
　　11.1　管理者对会计程序的选择 ·············· 285
　　11.2　选择会计程序组合的研究 ·············· 287
　　11.3　单一程序选择的研究 ·············· 297
　　11.4　利用奖金计划细节进行的检验 ·············· 304
　　11.5　其他会计选择的研究 ·············· 306
　　11.6　小结 ·············· 308
　　附录：关于单一程序选择的研究 ·············· 310
　　延伸阅读文献 ·············· 325

第12章　股票价格检验的理论 ·············· 327
　　导　读 ·············· 327
　　12.1　会计程序变动对股票价格的影响 ·············· 330
　　12.2　解释股票价格效应的变量 ·············· 332
　　12.3　权益集合法强制性限制的研究 ·············· 340
　　12.4　强制取消完全成本法的研究 ·············· 345

        12.5 改加速折旧法为直线折旧法的自发性会计变动
              研究 ··· 353
        12.6 小结 ··· 355
        延伸阅读文献 ·· 356

第 13 章 契约理论在审计中的应用 ·· 357
        导　读 ··· 357
        13.1 用契约理论解释审计实务 ··· 360
        13.2 用契约理论预测审计活动的研究 ·································· 366
        13.3 政治活动对审计的影响 ·· 369
        13.4 管制对审计产生影响的实证研究 ·································· 371
        13.5 小结 ··· 383
        延伸阅读文献 ·· 384

第 14 章 会计研究的作用 ·· 386
        导　读 ··· 386
        14.1 会计研究的需求 ·· 389
        14.2 会计研究的供给 ·· 392
        14.3 管制对会计理论产生影响的三个例子 ··························· 396
        14.4 小结 ··· 399
        延伸阅读文献 ·· 400

第 15 章 实证会计理论：总结、评价与展望 ··································· 401
        导　读 ··· 401
        15.1 总结 ··· 403
        15.2 评价 ··· 406
        15.3 尚待拓展的研究领域 ··· 409
        15.4 结束语 ·· 412
        延伸阅读文献 ·· 413

参考文献 ··· 414

第 1 章　会计理论的作用

导　读

要理解本章的内容，先要对会计研究方法的发展有一个大概的了解。

在 20 世纪 60 年代之前，英文会计论文以规范研究和历史研究为主。会计期刊的内容也偏重实务，偏重学术研究的会计期刊比较少。会计学教科书因对有争议的会计实践采取规范立场而被实践者所重视。大多数会计学者都是注册会计师，通常只有学士学位或硕士学位。当时专门的学术会议和电子数据库很少，开展实证研究的成本很高。

1959 年分别由福特基金会和卡内基基金会资助的两份调研报告《高等工商管理教育》（Higher Education for Business）和《美国企业家的教育》（The Education of American Businessmen）对商学院的研究和教学产生了很大影响。两份报告一致建议，学术研究应当以行为科学和经济学等基础学科为基础，并强烈倡导和鼓励开展实证研究。20 世纪 60 年代诞生了很多研究型期刊，*Journal of Accounting Research* 和 *The Accounting Review* 等学术期刊逐渐将其内容从多样化的规范研究和历史研究转向数学建模和实证研究。计算机的普及、Compustat 和

CRSP 等数据库的建立和发展，使得实证研究的成本大大下降。终身教职的标准变得更加严格，美国越来越多的商学院要求年轻学者必须获得博士学位且更加熟悉实证研究方法才能申请终身教职。对这个时期的历史感兴趣的读者可以进一步阅读德克曼（Dyckman）和泽夫（Zeff）2015 年发表在 *Abacus* 上的论文"Accounting research: past, present, and future"。

很多人将鲍尔（Ball）和布朗（Brown）1968 年的论文"An empirical evaluation of accounting income numbers"视为实证会计研究诞生的标志。瓦茨和齐默尔曼在 20 世纪七八十年代撰写和发表了很多论文，把芝加哥经济学派的分析方法运用到会计领域。1979 年他们创办了学术期刊 *Journal of Accounting and Economics*，明确鼓励开展实证研究。

《实证会计理论》（*Positive Accounting Theory*）这本著作于 1986 年出版，可以视为实证会计研究成为主流的标志。

值得指出的是，中文的实证会计，英文却对应两个词：positive accounting 和 empirical accounting。瓦茨和齐默尔曼在《实证会计理论》一书中使用的是 positive accounting，这个词后来逐渐发展成为特指名词，研究范围比 empirical accounting 要窄。empirical accounting 更多地指广义上的实证会计研究。我们的导读和介绍不受 positive accounting 研究范围的影响，会涉及一些属于 empirical accounting 方面的研究。

当然，当时对于实证方法的运用并非没有争论。20 世纪七八十年代有很多论文对瓦茨和齐默尔曼的论文进行分析、讨论和质疑，其中很多关于计量方面的问题，对于今天的硕士和博士研究生来说已经不是问题。瓦茨和齐默尔曼也在 1990 年的"Positive accounting theory: a ten-year perspective"一文中，就很多问题给出回应。博兰德（Boland）和戈登（Gordon）1992 年的论文对瓦茨和齐默尔曼 1990 年的论文中没有讨论的问题，做了进一步的分析。后续还有不少论文对实证方法的运用进行了分析和反思。

尽管还存在一些争论，实证方法已经成了主流会计学术期刊（用来给商学院排名，商学院用来给教授评职称）广泛接受的主要研究范式。在英美主流会计期刊中，档案式研究（archival research）可能占 70% 以上，余下大部分是实验（experiment）和理论（analytic）分析，而调查研究（survey research）、实地研究（field study）或案例研究（case study）只占极小的比重。

实证方法的倡导者总希望自己的研究是科学的（scientific）和撇开价值判断的（value-free）。越来越多的统计和计量方法的运用，的确让会计研究看起来更具有科学性和撇开价值判断了。关于科学的讨论，感兴趣的读者可以去看波普尔及其相关的一些论述。和其他社会科学一样，会计研究不可避免地会涉及价值判断的问题。会计中实证方法的运用是经济学方法在会计领域的推广。因此，在理论发展和变量度量上，过去这些年在一定程度上呈现出"经济学—金融学—会计学"的方向性趋势。而经济学和金融学中存在的问题，也势必影响会计研究。

自20世纪90年代起，中国会计理论研究越来越重视实证方法。近些年的国际人员流动和学术交流，也使实证方法在中国学术界得到快速的推广和发展。相对于规范研究，学过经济学、统计学和计量经济学的学者更容易上手实证方法。国内主要期刊也乐于接受实证论文，甚至90%以上的稿件都是实证论文。

当然，对于实证方法的质疑和讨论，并没有随着其广泛运用而减少。相反，更多的人感觉到实证方法的广泛运用可能使会计研究变成学术圈的游戏。学术成果对于会计准则等会计实务的影响越来越小，业界的人越来越少关注会计研究的学术成果。与自然科学的很多研究并不直接有用有所不同，会计研究，尤其是实证方法研究，从鲍尔和布朗1968年的那篇论文开始，就在努力展示着会计的有用性，以显示其存在的价值。多年的发展到底使得会计研究的有用性变得更高还是更低，是读者需要注意和思考的问题。

这是一本关于会计理论的书。在会计文献中，对会计理论的含义有许多不同的解释。因此，我们首先阐明自己的观点。我们阐述的会计理论概念不仅范围较广，而且与财务会计教科书中的会计理论的侧重点也不尽相同，然而，它构成了日益增多的以经验为依据的会计文献的基础。在本章中，我们将阐释这个概念的演变及会计理论重要的原因。

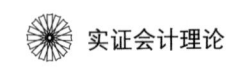

我们所介绍的理论概念具有一套与之相联系的研究方法。这套方法是实证研究人员在多年理论研究探索中积累的经验，本章随后将予以介绍。

本书的目的是增进人们对以经济学为基础的经验性会计文献中重要理论与方法的认识。增进这种认识的关键在于掌握方法论对会计理论演变的影响。基于这一原因，本书的内容是按时间顺序安排的，本章末将概述本书的结构。

1.1 会计理论的性质

会计理论的目标是解释和预测会计实务。我们给会计实务下的定义较为宽泛，由于会计的性质和发展与审计紧密相关，审计实务也被视作会计实务的组成部分。

解释（explanation）是指为观察到的实务提供理由。譬如，会计理论应当解释为什么一些公司在存货计价时采用后进先出法（LIFO），而不是采用先进先出法（FIFO）。

预测（prediction）是指会计理论应能够预计未观察到的会计现象。未观察到的会计现象未必就是未来发生的现象，它包括那些已经发生但尚未收集到系统证据的现象。例如，会计理论应能够针对采用后进先出法的公司与采用先进先出法的公司的不同特征提出假设。这类假设可以利用采用这两种方法的公司的特征数据加以验证。

上述关于理论的观点，直接或间接地构成了经济学中大部分实证研究的基础，也是科学上广为采用的关于理论的观点（Poincaré，1905；Popper，1959；Hempel，1965）。

1.2 会计理论的重要性

许多人都必须作出与对外会计报告有关的决策。公司管理人员必须决定采用何种会计程序来计算对外报告中的有关数据。例如，他们必须决定是采用直线折旧法还是加速折旧法来计算折旧。他们还必须向会计准则制定机构陈述意见，并决定何时陈述意见，赞成或反对哪种会计程序。管理人员还必须选择一个会计师事务所。

注册会计师经常应管理人员的要求就对外会计报告应采用何种会计程序提出建议。此外，注册会计师自己也必须决定是否对会计准则进行表态，如果要表态的话，应持何种立场。

信贷机构（如银行与保险公司）的负责人也必须对采用不同会计程序的公司的资信状况进行评估。作为债权人或投资者，他们在作出贷款或投资决策之前，必须认真考虑不同会计程序的含义。此外，贷款协议一般都规定公司必须满足以会计数据体现的一系列要求，否则视为违约。信贷机构的负责人必须明确贷款协议中的有关数据应采用何种会计程序（如果有的话）来计算。

投资者和受雇于券商、养老金基金会以及诸如此类机构的财务分析专家也将会计数据视为投资决策的依据之一。具体地说，他们必须对采用不同会计程序和聘请不同审计师的公司的投资进行评价。与注册会计师和公司管理人员类似，财务分析专家也要对潜在的会计准则陈述自己的意见。

最后，会计准则制定机构，如财务会计准则委员会（FASB）和证券交易委员会（SEC）的成员负责制定会计准则。他们必须决定认可何种会计程序，以供各个公司使用。他们还必须决定公司对外会计报告的频率（如月、季度、半年或年度）和必须加以审计的内容。

我们假定上述各方在对会计和审计程序作出选择或提出建议时，都是为了尽可能最大化其自身的利益（即他们的预期效用）。为了作出与会计报告有关的决策，各方都需要了解备选的报告方法如何影响其利益。例如，在选择折旧方法时，公司管理人员需要分别了解直线折旧法与加速折旧法对自身利益的影响。如果公司管理人员的利益依赖于公司的市场价值（通过股票期权计划、贷款协议和其他机制来表现），那么公司管理人员就希望了解会计决策对股票和债券价格的影响。因此，管理人员需要一种能够解释会计报告与股票、债券价格之间的相互关系的理论。

股票和债券价格并不是会计报告决策影响个人利益的唯一途径，证券交易委员会的成员还关注会计准则如何影响国会议员对证券交易委员会的态度，因为其态度影响着证券交易委员会所能获得的预算及其所能控制的资源。

要确定会计报告决策与影响个人利益的变量之间的关系相当困难。会计程序与股票市场价值的关系错综复杂，不能单纯通过观察会计程序变化时股票价格是否变化来确定。同样地，备选会计程序和备选报告以及审计方法对债券价格、对证券交易委员会的预算、对会计实务的影响也相当复杂，不能仅仅依靠观察来确定。

注册会计师或公司管理人员也许会观察到会计程序与股票价格等变量之间存在某种关系，但无法断定这种关系是否属于因果关系。股票价格的变化可能不是由会计程序变化引起的，也就是说，这两种变化可能是其他事项发生变化导致的结果。在这种情况下，会计程序变化并不一定导致股票价格变化。为了作出合乎因果逻辑的解释，实务工作者需要一种能解释变量之间相互关系的理论。这种理论能够使实务工作者把因果关系与某个特定变量，如会计程序的变化，联系起来。

当然，根据自身的经验，注册会计师、信贷机构等团体的负责人也可建立一套隐含的理论，并在决策时用以评估不同会计程序或会计程序变化的影响。然而，这些理论受到实务工作者特定经历的限制。这种限制可能导致实务工作者建立的理论类似于小孩由于观察到滑稽剧的演员一般都老而且秃顶从而得出演滑稽剧使人变老变秃顶的结论。采用大量观测值进行结构严谨的经验性检验，研究人员可望建立一种比小孩之见更具有说服力和预测力的用于解释现实世界的理论。总之，研究人员应能够提供更有助于决策者最大化其利益的理论。

1.3　会计理论的演进

在19世纪后期和20世纪初期，会计理论工作者注重描述已观察到的实务并为这些实务的分类提供规则。虽然他们有时也能洞察到特定实务之所以存在的原因，但早期的会计理论工作者并未试图建立一套能够在总体上解释会计实务的原则。

《1933 年证券法》和《1934 年证券交易法》（这两个法案规定上市公司必须进行信息披露，并促进了证券交易委员会的成立）通过后，会计理论工作者才开始关注如何规范公司会计报告的问题。例如，对资产的计价基础曾经有过争论，一些人认为旧资产的计价应以重置成本为基础，而另一些人则提倡以现行成本为基础。会计理论工作者开始更加重视对会计政策提出建议；他们越来越倾向于开展**规范性**（normative）研究，即重视应当怎么做的问题，对于规范性法规所赖以存在的假设的现实有效性很少予以关注。这些理论工作者认为会计的性质、会计的作用、不同会计程序对股票价格的影响等等是不言而喻的，由此得到的理论无非是先假定会计目标，继而进行逻辑推理的结果。

本书采用的理论概念是公司金融理论发展的结果，而公司金融学的概念则继承了经济学的概念。在 20 世纪 50 年代，乔尔·迪安（Joel Dean，1951）和其他人，如莫迪利安尼和米勒（Modigliani and Miller，1958），通过应用经济分析方法来解决财务问题，有力地推动了金融理论的发展。证券价格研究中心（CRSP）建立的证券价格大型电子计算机数据库也极大地促进了对分析过程中所形成的假设进行经验性检验。这些数据以及电子计算机的出现，推动了对股票价格以及信息对股票价格的影响的研究（Fama，1976）。早期的实证研究结果促进了**有效市场假说**（efficient markets hypothesis，EMH）的发展（第 2 章）。

经济学和公司金融学对假说，尤其是对有效市场假说进行了大量的经验性检验，最终对会计研究产生了巨大影响。在 20 世纪 60 年代中期，对有效市场假说进行检验的结果与规范性会计理论的基本假设相矛盾。具体地说，研究结果表明，股票市场并不会受到会计方法的系统性干扰。这些矛盾是由那些掌握了公司金融学中新的研究方法的会计学者发现的。为了向会计人员解释这些矛盾，这些会计学者把金融学中的研究方法和与之相联系的理论概念及方法引入会计中。在以公司金融学为基础的文章中，鲍尔和布朗（Ball and Brown，1968）的文章对会计文献的影响最大。[1]

---

[1] 早期以金融学为基础的研究见比弗（Beaver，1966）和本斯顿（Benston，1967）的文章。

这些外来的理论概念与方法在当时无法得到大部分会计研究者的理解，因此受到抵制。德克曼和泽夫（Dyckman and Zeff，1984）曾在其文章里论述了鲍尔和布朗在发表文章时所遇到的困难。然而，随着时间的推移，这种方法日益盛行，运用此方法写成的文章在重要学术刊物上占有相当大的比重。[①]

会计中早期以经济学为基础的实证研究（20世纪60年代后期与70年代早期）验证了现存会计文献中的许多假设，并且分析了会计数据与经济变量之间的关系，以及会计数据的时间序列性，但这些研究基本上未试图解释会计实务。例如，它们没有为各个公司所用会计程序的时序和截面差异提供解释。实际上，早期的许多研究都假定会计方法的选择与公司估值无关（第4章）。

注重对以前存在的理论进行验证而对解释会计实务的理论不够重视，部分原因是有些人期待用新的方法来解决现存文献中被认为重要的问题。这种情况也可解释为受当时金融学研究的影响，那时的金融学研究仅限于调查对财务实务（如负债权益比率的差异）的传统解释是否合乎逻辑并获得实证支持。

到了20世纪70年代中期，金融学研究人员认识到：在推翻各种旧理论之后，对财务实务的解释和金融实务理论荡然无存了。例如，他们无法解释不同企业之间负债权益比率的系统性差异。这种认识促进了能够解释诸如负债权益比率的系统性差异等金融实务理论的发展。

也是在20世纪70年代中期，会计研究人员观察到会计实务中的一些系统性做法。例如，他们发现整个行业在同一时期从采用一种会计方法转为采用另一种会计方法（如美国钢铁行业在1968年从采用加速折旧法转向采用直线折旧法）。这表明发展一种解释会计实务的理论是完全可能的，旨在解释金融实务的金融理论的发展为其提供了现成的基础。

会计理论出现的另一个基础是当时关于政府对财务报告的管制是否合理的争论。早期的实证研究对现存有关政府管制合理性的理由表

[①] 参见德克曼和泽夫（Dyckman and Zeff，1984，p. 278）在《会计研究杂志》（*Journal of Accounting Research*）上发表的总结性文章。

示怀疑。但研究人员从经济理论中找到了新的理由。对这些新理由的争论反过来促使人们认识到，依赖于政治家和官员行为的简化模型的理由与经济学上新出现的证据是冲突的。这种认识促使会计研究人员采纳了以下假设并利用该假设来模拟政府管制对会计实务的影响：与管理人员和注册会计师一样，政治家和官员也是以尽可能最大化自身利益为目标的。

当前，会计中的许多文献都采用金融理论和管制理论来解释会计实务和审计实务，当然，会计文献也采用其他方法（如行为方法），但本书只介绍以经济学为基础的实证研究的理论发展与方法。

1.4 实证性命题与规范性命题

如1.3节所述，在证券法颁布之后，会计文献开始以规范性方式对会计报告的内容提出建议。例如，钱伯斯（Chambers，1966）提倡采用现金等价物作为资产的计价基础，而爱德华兹和贝尔（Edwards and Bell，1961）提议以现行成本作为资产的计价基础。财务会计教科书也倾向于支持规范性立场。

然而，我们认为，理论本身不能对会计实务提出建议，而是着重于对会计实务进行解释。理论被设计以解释和预测哪些企业将采用或不采用某种资产计价方式，而不是企业应采用哪种方式。正如帕斯摩（Passmore，1953，p.676）所描述的：

> 这种理论（社会科学理论）具有与物理学相同的局限性，它无法告诉我们应该怎么做，充其量只能告诉我们要么建造桥梁，要么设法摆渡过去。

要提出建议就必须明确**目标**（objective）和**目标函数**（objective function）。例如，为了说明现金等价物应该作为资产的计价基础，人们就必须引入**经济效率**（economic efficiency）（即可获得的经济利益的规模）这一目标并说明某些变量是如何影响经济效率（目标函数）的，然后才可以利用某一理论来说明采用现金等价物计价能够提高经济效率。理论提供了一种评估条件性命题（即我们是否观察到通过采用现金等价物计价提高了经济效率）的方法，但理论并不能提供关于目标合理性的评估方法。目标的确定是主观的，而且我们无法弥合不同人在决策方面的差异。

在经济学和会计学的分析中，经济效率经常被视作一个目标，然而，有人对此并不认同。经济效率并没有对财富的不同分配方案进行排序，因此有人质疑这些分配方案的公平性。这种倾向在会计理论论述中有所体现。例如，美国注册会计师协会的财务报表目标研究小组曾指出："财务报表应该满足那些获得信息能力最弱的使用者的需要"（1973，p.17）。遗憾的是，人们很难在什么是公平上达成一致意见，他们对不同的利益分配方案有着不同的偏好。况且，我们无法将这些偏好加总（Arrow，1963）。而在经济效率之外选择目标，等于在众人之中作出选择，因此必然带有主观性。

应该补充说明的是，研究人员在建立理论的过程中也带有主观性。研究课题的选择与理论模式的建立都会受到研究人员自身价值观的影响。不过，在对研究进行评价时，争议性问题的主观性将日趋减少，因为评价过程必定触及模型的发展是否合乎逻辑，以及其假设是否与证据相符的问题。

经济学中采用的理论概念（即本书所描述的概念）传统上被称为**实证理论**（positive theory），以区别于描述性或规范性理论。这个由弗里德曼（Friedman，1953）普及的名词经常导致实证理论概念（科学上使用的概念）与另一概念即哲学上的逻辑实证主义相混淆。[①] 尽管如此，

[①] 在逻辑实证主义中，论点的真实性要么通过定义要么通过实际经验予以证实。逻辑实证主义注重非概念性论点的验证（Blaug，1980，p.11），科学规律"只不过是对事实的反映"。科克尔曼斯（Kockelmans，1968，p.171）曾特别强调这一点。

实证或科学理论中不存在绝对事实。对事实的解释取决于理论（例如，对因果关系的陈述也需要理论）。此外，我们无法证明假设是正确的，我们只能证实假设不成立。因而，这种理论强调的是对假设进行批判并试图证明它们是错误的，而不是试图验证它们是正确的（Blaug，1980，Ch.1，pp.1-28；Popper，1963，pp.228-229）。

逻辑实证主义对验证的强调导致人们不相信诸如机械学中的绝对时空和进化论中的自然选择等无法直接观察到的概念（Blaug，1980，p.11），但在实证经济学中不存在这样的不信任。事实上，一些抽象概念如经济达尔文主义在实证经济学中起着重要作用。为了解释经济机制，实证主义者通常假设有效的机制仍然存在（第8章）。

本书仍将使用实证理论这一概念，因为它已成为经济学和新近会计文献中的习惯用语。

理论家必须小心区分实证性命题与规范性命题。实证性命题关注的是世界如何运行，即"如果出现 A 就可能发生 B"，并可予以否定。例如，假定某公司从先进先出法改为后进先出法，并且股票市场尚未预期到该变化，那么股票价格就会上升。这个命题是一个可被证据否定的假设。规范性命题涉及的是各种建议，即"给定条件组 C，必须选择方案 D"。例如，由于物价上升，公司必须采用后进先出法，该命题无法予以否定。但在给定目标下，上述命题也可予以否定。例如，在价格上升的情况下，采用后进先出法将使公司的价值最大化，这一命题可用证据予以否定。因此，在给定目标下，研究人员可以把某一建议转换成一个条件性假设并验证其有效性。不过，目标的选择是由该理论的使用者而不是理论家来作出的。

关于实证性命题与规范性命题的关系，最后还要做一点说明。我们重申，实证理论并不会削弱规范性命题的重要性。对理论的需要来自使用者对描述性、规范性命题的需要（见 1.2 节有关会计理论的重要性的讨论）。然而，理论只提供一种建议所必需的两个部分中的一个：特定行为对各种变量的影响。使用者提供一个部分：目标以及变量对目标的作用函数（目标函数）。

1.5　方法论概述

1.5.1　理论的发展

理论由两个部分组成：假定（包括变量定义和变量之间的逻辑关系）及一系列本质性假设。假定、定义和逻辑关系用来组织、分析和理解所研究的经验性现象，而假设则是从分析中派生的预测。

理论的发展源于研究人员对某些现象的思考。例如，对后进先出法和先进先出法的不同选择的解释可以表述为：管理人员对这两种方法的选择是为了尽可能少纳税。

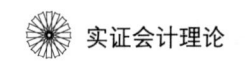

不论是否正式地予以说明，研究人员都必须作出一些假定。在上例中，研究人员假定管理人员的目标是纳税现值最小化和公司价值最大化。从这个假定出发，研究人员直接或间接地引申出可以进行经验性检验的各种命题。例如，研究人员可以进一步引申出管理人员选择后进先出法或先进先出法的环境条件。给出更多的假定条件，研究人员可以展示这两种方法的选择取决于公司产品和原材料的价格走势。这样，研究人员便可以在价格走势与后进先出法或先进先出法的选择之间建立一个假设性联系。通过收集价格与企业存货计价方法方面的数据，研究人员就可对该假设进行验证。

研究人员所做的假设可能十分简单，背后的逻辑可以采用也可以不采用数学形式。这些假定、逻辑和假设甚至不一定在论文中予以说明。但是，在进行经验性研究之前，研究人员必定要遵循这些步骤，因为他们必须依据这些假设和理论来收集数据。离开假设，研究人员将无法确定所要调查的事实与所要收集的数据。蒲柏（Popper，1959，p.59）指出："理论是捕捉所谓'世界'的罗网，它用于认识、解释和掌握这个世界。"理论告诉我们哪些事实是相关的，哪些事实是不相关的，也就是说到哪里去捕捉所谓的"世界"。物理学提供了指引捕捉的典型例子：在研究物质结构时，物理学家预测到夸克的存在，然后成功地找到了夸克。同样地，研究人员也是经常先"证明"星星的存在，然后再去寻找星星。

如果所研究的现象或经验性研究的结果令人感兴趣，其他研究人员会试图改进原先的研究方法并将其运用到对其他同类现象的研究中，以寻找并验证原先研究结果的其他解释，这样，新的文献就产生了。理论本身也因此而不断变化、发展，以致对原先研究结果的新解释经常全然不同于原来的解释。

1.5.2 完美理论的不存在性和异常现象的作用

我们无法找到一个能够解释和预测所有会计现象的理论。原因在于理论是对现实的简化，而现实世界错综复杂、日新月异。理论家试图解释和预测某一类现象，因此，他们试图在假设中捕捉这一类现象中普遍存在的变量。其结果是，只属于某一观察或观察分支的特定事实被忽略了，未能包含在该理论的假设中。忽略这些事实（或遗漏变量）必然使理论无法解释或预测每一个观察事项。[①] 但是，理论无法完美地进行预测并不足以促使研究人员或使用者放弃该理论。

尽管预测误差不至于导致对理论的摒弃，但这些误差不可忽视。事实上，这些误差是至关重要的，因为对它们的调查向人们揭示出完善理论的方式，常常会促使已有理论得到完善。实际上，现存理论的系统性预测误差或异常现象经常导致新理论的发展与被接受。

1.5.3 证据的性质

研究人员关心的是对某类现象的预测，并认识到预测误差必然存在，因此，他们总是对轶事证据存有戒心。他们担心所描述的事项可能是非典型的，即存在预测误差。结果，研究人员倾向于使用大量的样本来验证其假设的统计意义。

对非典型的轶事证据的怀疑并不意味着可以忽略这些证据。首先，在某些情况下，此类证据是可获得的唯一证据，有证据总比没有证据好。其次，如果轶事证据与采用大量观测样本进行的严谨研究的结果矛盾，它可为已得到有效验证的理论提供改进的方法（Beaver，1976，pp. 69-70）。

1.5.4 理论成功的标准

如果完美的理论不存在，那么我们如何在不完美的理论中进行选择？什么决定着理论的成功和经久不衰呢？一个重要的决定因素是理论对使用者的价值。正如我们看到的，使用者要预测各种决策的经济后果。基于此目的，理论的价值取决于使用者必须为预测误差付出的代价以及使用预测模型的代价。例如，假设我们有两种预测未来信用卡违约的理论，两种理论都有一定的缺陷。有些不会违约的顾客被预测为可能违约，并因此无法获得授信。有些会违约的顾客却被预测为不会违约，

[①] 即便在物理学中，理论也无法解释所有的现象，由此可见，这一问题并非社会科学所独有。例如，空气动力学理论直到最近还预言大黄蜂不会飞。此外，当今的物理学理论也无法解释黑洞的存在。

并因此获得授信。某个预测模型可能产生较小的误差，但如果其误差带来的损失更大（例如，把那些实际上会违约的顾客预测为不违约），那么，产生较大误差的模型在这种情况下反而更可取。而在其他情况下，误差小的模型则可能更为可取。

在选择理论时，使用者还应考虑进行理论预测的成本。在上述例子中，如果进行预测的成本小于误差带来的损失，那么人们将选择具有较大误差的模型。基于这个原因，我们观察到牛顿物理学仍然被广泛运用。

理论的预测价值解释了为什么我们不会抛弃一种带有诸多预测误差的理论。如果只有一种理论存在，那么只要误差导致的成本和实施预测的成本小于毫无依据地猜想导致的成本，这种理论就会被运用。

尽管理论对于使用者的预测价值影响该理论的运用，但它并不是决定该理论是否成功的唯一因素。由于误差导致的成本和预测成本经常发生变化，基于预测目的可能同时存在有关某一现象的多种理论。然而，理论家一般只接受其中的一种。理论家对理论的选择往往受以下因素的影响，即理论对现象解释的直觉上的吸引力、理论解释和预测现象的范围以及预测对使用者的有用性。各种备选理论要获得认可就必然在这些方面展开竞争。正如蒲柏（Popper，1959，p.108）指出的："我们选择的是那种在同其他备选理论竞争中获胜的理论，竞争淘汰机制证明了其存在的合理性。"

1.5.5　相互竞争的理论的重要作用

相互竞争的理论之所以产生是由于理论并非十全十美，而且我们无法证明理论的正确性。我们能做的就是验证理论的假设，即把假设与所观察到的现象进行对比。如果假设与现象一致，假设便得到验证。但正如弗里德曼（Friedman，1953，p.9）指出的："如果一个假设与现有证据一致，那说明还有无数类似的假设存在。"结果是，为了得到认可，与同类现象有关的备选理论就会相互竞争。

相互竞争的理论对于验证某一特定理论的假设是至关重要的。如果不提出相互竞争的理论，除了被验证理论所指定的变量外，就无法明确哪些变量应予以调查。如前所述，现实中还存在大量可能很重要的备选变量。然而，如果存在相互竞争的理论，我们就必须调查这些相互竞争的理论认为重要的变量。这种情况下的典型做法是，研究人员力图发现这些相互竞争的理论在何种条件下会产生不同的预测结果，以便据此对各种理论进行验证和区分。

1.6　本书的结构

本书按建立在经济学基础上的会计理论的演变过程来组织相关内容。第2章将介绍公司财务上的两个重大发展（有效市场假说和**资本资产定价模型**（capital asset pricing model，CAPM）），它们促进了科学理论的引进。① 第2章阐述了这两个重大发展对会计研究的影响。

第3~7章分析研究人员专注于解释和预测会计实务之前的有关文献。第3章分析会计盈利与股票价格之间关系的研究；第4章主要关注会计程序变化对股票价格影响的文献，借此辨识有效市场假说和机械性假说；第5章介绍并分析了会计数据在证券估值中的作用；第6章介绍会计盈利数据的时间序列性；第7章介绍和分析经验性研究对早期政府管制存在理由的影响，并分析之后出现的各种理由。

本书的后半部分（第8~14章）介绍在试图解释和预测会计实务和审计实务过程中所形成的理论。第8章和第9章介绍建立在金融实务基础上的理论；第10章简括介绍起源于管制理论的那部分会计理论，有关该理论的经验性检验将在第11~13章分析介绍；第14章介绍会计研究的作用。

理论成功的一个重要因素是该理论对使用者的价值。第15章评价从理论的运用过程中发展起来的、建立在经济学基础上的会计理论的作用。

---

①　公司金融学和经济学的其他发展，尤其是信息经济学和福利经济学，也已被引入会计文献中。这方面的内容超出了本书的范围，有兴趣的读者可参阅比弗（Beaver，1981）对这类文献的回顾与综述。

1.7 小结

本书旨在介绍建立在经济学基础上的经验性会计文献中的重要理论与方法论。这些文献所依据的理论概念是理论的科学概念；这种理论的目的是解释和预测现象（在会计中指会计实务）。在经济学中，这种概念被称为"实证理论"。

实证会计理论的重要性在于它能够为那些必须就会计政策作出决策的人士（公司管理人员、注册会计师、债权人、投资者、财务分析专家、监管者）提供有关决策后果的预测和解释。检验会计理论的一个重要标准是它的有用性。在更有用的理论出现之前，使用者应采用最有助于扩大其利益的理论。

实证理论概念直至20世纪60年代才出现在会计文献中。在此之前，绝大部分会计文献都属于规范性的，强调的是提出建议，而不重视以实证的方式去验证关于建议的重要假设。金融经济学在20世纪50年代和60年代的发展最终导致了这种新理论在会计中的应用，而这些应用则促进了实证研究与实证理论在会计中的推广。

伴随着实证理论的引入，科学方法论也从公司财务学引入会计。这种方法论认为不存在正确的或完美的理论，因为每个理论都只是试图解释某一类现象，它难以解释和预测所有现象。此外，许多理论可用于解释一组特定现象。因此，为了获得认可，各种理论之间必然展开竞争。影响理论在竞争中取胜的因素包括该理论对现象解释的直觉上的吸引力、理论解释和预测现象的范围以及预测对使用者的有用性。

理论通常随着时间的推移而发展。通过分析现有理论的预测误差，理论可得到修正。因此，为了了解现有理论，人们必须了解它的演变过程。基于这个原因，本书按时间顺序介绍有关实证研究。我们首先介绍从公司财务学引进的实证理论和科学方法论，最后以研究者经常向会计理论家所提出的一个重要问题结尾："会计实务和审计实务为何会处于目前这种状态？"

延伸阅读文献

Boland, L. A., AND I. M. Gordon, "Criticizing Positive Accounting Theory," *Contemporary Accounting Research* (Fall 1992), pp. 142 – 170.

Dyckman, T. R. AND S. A. Zeff, "Accounting Research: Past, Present, and Future," *Abacus* 51 (April 2015), pp. 511 – 524.

Friedman, M. *The Methodology of Positive Economics*, Chicago: University Chicago Press, 1953.

Hopper, T., M. A. Annisette, N. Dastoor, S. N. Uddin, AND P. Wickramasinghe, "Some Challenges and Alternatives to Positive Accounting Research: an Introduction" in S. Jones, C. Romano, and J. Ratnatunga, *Accounting Theory: A Contemporary Review*, Marrickville, NSW: Harcourt Brace, 1995, pp. 517 – 550.

Smith, M., *Research Methods in Accounting*, London: Sage Publications, 2003.

Sterling, R. R., "Positive Accounting: An Assessment," *Abacus*, 1990, pp. 97 – 135.

Watts, R., AND J. Zimmerman, "Positive Accounting Theory: A Ten Year Perspective," *The Accounting Review* (January 1990), pp. 131 – 156.

第 2 章　有效市场假说与资本资产定价模型

导　读

本章的两个理论——有效市场假说和资本资产定价模型——是这些年来金融学研究发展的基础，也是实证会计理论的基石，对于实证会计研究（不管是 positive accounting，还是更大范围的 empirical accounting）的影响很大。

有效市场假说不同版本的区别在于对信息使用的假设，而会计是一个产生和使用信息的过程。因此，很多会计研究都有或者暗含着对不同版本的有效市场假说的使用。在一个无成本的、高效率的理想市场中，公司股票的价格能随时反映公司的价值。一旦出现新的信息，理性投资者会结合自身现行投资组合的预期收益和风险，调整已有的风险投资决策，买卖决策的调整将引发股票价格（或交易量）的迅速调整。而如果存在各种因素导致信息的传递不到位，股票价格（或交易量）的调整速度就会受到影响。

发布盈利公告作为上市公司定期向市场投资者提供期间信息的重要机制，比其他事件更容易引起投资者的注意。值得指出的是，和早期主要专注于会计报告，尤其是年度会计报告的研究不一样，后来的会计研究还考察了管理层预测、分析师预测、电话会议、电视、视频等信息产生和传递的方式。进一步地，文本、音频视频分析软件的使用和流行，使得一些传统意义上的非标准化数据标准化了，这些研究主题和方法也被逐渐纳入会计研究当中。

对资本市场有效性的检验自提出就成了一个研究热点。这个检验得益于当时开始出现并逐渐流行的事件研究方法。事件研究方法可以分为短窗口（short-window）研究方法和长窗口（long-window）研究方法两种。短窗口研究方法通过日间、每日或者每周的回报来考察各种事件的市场反应。这些事件包括盈利发布、股利政策发布、会计政策变更、并购事件发布等等。一般而言，短窗口的研究基本能发现市场会对这些信息的发布作出反应，一定程度上说明市场是有效的。当然，很多时候市场的反应是不完全的，甚至有时会过度，各种漂移（drift）的存在也说明市场不是完全有效的。长窗口研究方法则通过未来一到五年的股票回报来看某些事件的长期影响。该方法能部分消除参与者的过度反应等行为因素的影响，但是也因为数据质量不高、期间信息太多等问题而被诟病。

基本面分析（fundamental analysis）和异象（anomalies）研究是与有效市场假说直接或者间接相关的研究。基本面分析关注研究估值中信息的作用，试图发现会计信息和公司价值之间的关系，从而找到错误定价的股票和错误的投资机会。盈利的预测、股价的预测、资本成本的分析等都和这类研究有关。

各种估值模型的兴起推动了会计研究，也推动了对这些模型的检验。其中最为著名的是奥尔森（Ohlson）等人发展起来的剩余收益模型（residual income model）。相关内容见经典论文（Ohlson，1995；Feltham and Ohlson，1995）。与之前的股利模型和现金流模型相比，剩余收益模型关注企业创造财富的能力，利用企业财务指标进行估值，会计学者们希望建立起会计财务报表数字和企业估值之间的关系。这些分析在实践中获得了广泛的认可，引起了理论界的广泛关注，学者们针对模型的有效性进行了大量的实证检验。

研究的结果基本说明，很多会计变量，如盈利、现金流、应计、资产增长、各种估值的比率都能系统性地预测未来股票回报的差异，难点在于对这些结果的解释要考虑是否有风险。

异象是市场不是很有效的典型证据。最有名的异象包括盈利公告后漂移现象（post-earnings-announcement-drift，PEAD）和应计异象（accrual anomaly）。盈利公告后漂移现象在相关论文（Ball and Brown，1968）中有介绍。经典论文（Bernard and Thomas，1989；Bernard and Thomas，1990）研究发现投资者对盈利披露时的好坏消息都反应不足。而应计异象的经典论文（Sloan，1996；Bradshaw, Richardson and Sloan，2001）发现应计部分的持续性比现金部分差，而投资者没有发现这些因素，所以存在一定的投资机会。

资本资产定价模型在有效市场假说的基础上，构建了一个衡量股票风险水平并计算股票预期回报的模型，它关注公司特有的会计信息和公司层面的信息对股价的影响，主要研究证券市场中资产的预期收益率与风险之间的关系，以及均衡价格是如何形成的。投资组合理论则采用均值方差模型分析了投资者如何在不确定性的环境中选择收益和风险，以在可接受的风险水平下实现收益最大化。

各种异象对原始的资本资产定价模型产生了冲击，导致了更多新模型的出现，如Fama-French的三因素模型、四因素模型、五因素模型。

随着越来越多的研究对资本定价的因素进行分析，审稿人对研究的经济显著性和统计显著性的要求都在提高。

李（Lee，2001）认为价格发现是一个动态的过程，而掌握完全理性假设对于理解有效市场假说有重要意义；价格和价值可能是两个东西，与其假设市场有效，学者更应该研究什么时候什么条件下市场更有效。

异象的研究也在金融学和会计学中得到了很大的发展，更多的因素被考虑进来，更多的解释，如风险、投资者关注力有限、套利限制等等也被提出。早期的研究大多认为信息不足会影响市场有效性，后期的研究发现信息过量也会影响市场有效性。而行为金融学的研究者则放弃了理性假设，认为交易者受到各种限制的影响而不能保证完全理性。还有一些分析将研究对象由特定会计信息转向非会计信息。

第 2 章　有效市场假说与资本资产定价模型

有效市场假说在会计研究的发展过程中扮演着十分重要的作用。有效市场假说与传统会计学中诸多命题存在矛盾，导致了实证会计理论和方法的出现和普及。有效市场假说引出了一批以经验为依据的、研究会计盈利与股票价格之间的关系（第 3 章）及会计程序变化与股票价格之间的关系（第 4 章）的文献。它还引起了信息披露管制理论基础的变化（第 7 章）。

资本资产定价模型是 20 世纪 60 年代末从公司财务学引入会计学的，它同样对会计文献产生了重大影响。该模型识别了影响证券市场价值（具体而言，公司的预期现金流及其风险）的诸多因素。该模型还影响会计盈利与股票价格之间特定关系的识别，这种关系已被第 3 章介绍的鲍尔与布朗（Ball and Brawn，1968）的研究及其他研究所验证。

对在鲍尔和布朗的研究发表之后 10 年间发展起来的、以经济学为基础的、以经验为依据的会计文献的目标所做的一个合理描述是：根据有效市场假说和资本资产定价模型，调查会计数据在向资本市场提供定价估值信息方面的作用。第 3 章的资本市场研究涉及相对于可供选择的信息来源，报告的盈利能在多大程度上向资本市场传递信息。第 5 章以定价模型（资本资产定价模型）为基础的研究，剖析了会计数据能在多大程度上传递影响资产价值的诸多因素的信息。

早期文献的主要论题是探究会计信息在资本市场中的作用，而不是解释和预测现有的会计实务。[①] 早期运用有效市场假说的研究确实批评并验证了对现有会计实务的解释（Ball，1972；Kaplan and Roll，1972），但是，它们并没有试图建立一种新的理论来取代当时的理论。对解释现有会计实务不够重视，部分是由于新理论和新方法（新的示范性理论）的倡导者本能地偏向于用一套新的理论去推翻现有的示范性理论；部分是由于早期研究者学过公司财务学，他们很自然地倾向于解释和预测证券价格，而不是解释和预测会计实务。

当实证理论研究者转向解释会计实务时（第 8~13 章），他们并没

[①] 有些研究的确试图利用会计盈利数据与股票价格之间的相关性来评估备选会计程序的可取性。例如，比弗与杜克斯（Beaver and Dukes，1972）的研究，但他们并未试图解释和预测这种做法的用途。

有放弃有效市场假说和资本资产定价模型或早期实证研究得到的证据。相反，有效市场假说获得了普遍认可且被假定在解释会计实务方面是有效的。早期有效市场假说和资本资产定价模型研究得出的证据被用于提出新的假设。因此，对于当前研究者和那些想了解并从事会计研究的人来说，掌握有效市场假说和资本资产定价模型是至关重要的。

本章的目的在于介绍有效市场假说和资本资产定价模型，分析它们如何影响会计研究者提出的问题。首先，我们介绍有效市场假说和由它引发的对会计盈利与股票价格之间相关性的研究，以及会计程序的变化对股票价格的影响的研究。其次，介绍资本资产定价模型以及它如何促使会计研究者提出会计数据能够提供与定价模型的变量有关的信息；在没有税收效应的条件下，会计程序的变化不会影响股票价格；我们能够限定会计盈利和股票价格的特殊关系等。最后，本章将介绍一个市场模型，该模型在会计数据和股票价格相互关系的经验性研究中经常使用。

2.1　有效市场假说

根据微观经济学中的价格理论，在传统的确定性条件下，竞争使扣减了资本市场投资报酬率（利息）后的**经济利润**（economic profit）趋于零。有效市场假说本质上是将零利润均衡状态扩展为不确定性条件下竞争市场中的动态价格调整行为。

詹森（Jensen，1978）将有效市场定义为：

> 对于一组信息 θ_t，如果根据该组信息从事交易而无法获取经济利润，那么该市场就是有效的。

其基本理念是，如果某组信息 θ_t（例如，在《华尔街日报》（*The Wall Street Journal*）上公布的公司会计盈利）被市场（例如，股票市场）上的投资者广为了解，那么市场竞争就会驱使证券价格处于这样的水平：投资者根据该组信息进行的交易只能赚取按风险调整的平均市报酬率（即平均经济利润趋于零）。

在不确定性条件下，并不只存在一个市场报酬率。相反，对于每种风险水平，都存在一个相应的市场报酬率。为了比较不同风险水平下的投资报酬率，我们必须进行风险调整，因此要用到风险调整报酬率（risk-adjusted rate of return）这一概念。风险的定义及其对市场报酬率的影响将在随后讨论资本资产定价模型时解释。

我们在描述零经济利润状态时，之所以使用"平均"一词，是因为在不确定性条件下，证券市场投资者可能因运气好而使其风险调整报酬率高于按市场风险调整的报酬率。不过，他不可能总是如此幸运，随着时间的推移，他所获得的平均风险调整报酬率将接近于按市场风险调整的报酬率。

经济利润是扣减全部成本之后的净额。因此，在评估零利润状态（也就是针对某些信息而言，一个市场是否有效）时，所有成本都应考虑，其中包括商品储藏成本、运输成本及获取信息的成本。如果储藏、运输及获取信息的成本均为零，在一个某信息组（θ_t）在 t 时有效的证券市场里，给定 θ_t，资产 i 在 $t+1$ 时的预期价格 $[E(P_{i,t+1}|\theta_t)]$ 为：

$$E(P_{i,t+1}|\theta_t) = P_{i,t}[1 + E(r_{i,t+1}|\theta_t)] \tag{2.1}$$

式中，$P_{i,t}$ 为资产 i 在 t 时的价格；$E(r_{i,t+1}|\theta_t)$ 为给定 θ_t 时，资产 i 和具有同样风险水平的其他资产在 $t+1$ 期间内必要的市场**预期报酬率**（expected rate of return）。

给定信息组 θ_t，如果资产 i 在 $t+1$ 时的实际价格（$P_{i,t+1}$）高于预期价格，即 $P_{i,t+1} > E(P_{i,t+1}|\theta_t)$，该资产的投资者就会赚取一个大于市场预期报酬率 $E(r_{i,t+1}|\theta_t)$ 的**已实现的报酬率**（realized rate of return）（$r_{i,t+1}$）。[①] 反之，如果实际价格低于预期价格，投资者实际赚取的报酬

---

① 假设未发生现金分派（如股利），资产 i 在期间 $t+1$ 的报酬率可表述为：

$$r_{i,t+1} = \frac{P_{i,t+1} - P_{i,t}}{P_{i,t}}$$

因为，当

$$P_{i,t+1} > E(P_{i,t+1}|\theta_t), r_{i,t+1} > E(r_{i,t+1}|\theta_t)$$

则

$$E(r_{i,t+1}|\theta_t) = \frac{E(P_{i,t+1}|\theta_t) - P_{i,t}}{P_{i,t}}$$

率就会小于预期报酬率。资产 i 的已实现的报酬率和预期（或正常）报酬率之间的差异被定义为资产 i 在 $t+1$ 时的**非正常报酬率**（abnormal rate of return）（$v_{i,t+1}$），即

$$v_{i,t+1} \equiv r_{i,t+1} - E(r_{i,t+1}|\theta_t) \tag{2.2}$$

在任意给定的期间 t 内，资产 i 的投资者都可以获得一个非正常报酬率。不过，经过很多时期（T）之后，可以预计通过利用一组特定信息（如公布的盈利报告）所获得的平均非正常报酬率将趋于零：

$$\frac{1}{T}\sum_{t=1}^{T} v_{i,t+1} \cong 0 \tag{2.3}$$

对于某组特定信息而言，通过分析以这些信息为依据进行证券买卖能否获得非零的非正常报酬率，我们可对有效市场假说进行验证。然而，这些验证通常忽略了信息的获取成本。不同类别的信息具有不同的获取成本。例如，获取某一证券过去一系列价格信息的成本，相对而言就低于获取只有发行该证券的公司管理层才能获得的信息（**内部信息**（insider information））的成本。因此，根据过去一系列价格信息进行证券买卖所获得的平均非正常报酬率可望趋于零；而根据内部信息进行证券买卖所获得的平均非正常报酬率不一定趋于零。

对于有效市场假说的检验通常分为三大类。这些分类反映了用以检验市场有效性的信息组（θ_t）的获取成本的不同。具体分类如下：

1. 弱式检验。在这些检验里，信息组（θ_t）只包含过去的证券价格和过去的证券交易量的信息。对于这些信息，大多数人可以很容易地以极低的成本获得。所以，我们预计在这些检验中难以发现系统性的非正常报酬率。

2. 次强式检验。在这些检验里，信息组（θ_t）包含 t 时的所有公开信息（例如，《华尔街日报》上公布的盈利额）。这些信息同样能很容易地以较低的成本获得，所以，我们同样期望在检验中不存在系统性的非正常报酬率。

3. 强式检验。在这些检验里，信息组（θ_t）包含 t 时任何人知道的所有信息（例如，管理层未来的投资生产计划、价格政策）。人们并不

期望这种形式的有效市场假说与现实一致。

相应地，有效市场假说也分为弱式假说、次强式假说和强式假说。一般而言，研究证据往往支持次强式假说（弱式假说是次强式假说的一种限制性形式），研究者普遍接受这一假说（Fama，1976，Ch.5）。通常，关于有效市场假说引用的都是次强式假说。有些证据与强式假说不一致，但很少见。

2.2 有效市场假说与早期文献

20 世纪 60 年代早期的会计文献中隐含着一个共同的假设，即公司的会计报告是获取公司信息的唯一来源。[①] 一个典型的论点是：因为会计报告是公司信息的唯一来源，而经营者具有选择会计程序的灵活性，所以，经营者能够随心所欲地报告公司的经营业绩从而误导股票市场。通过夸大报告中的盈利，经营者能够抬高公司的股价（Briloff，1972，Ch.2）。结果，股票市场无法对高效率与低效率的公司加以区分，从而无法对这些不同的股票进行合理定价。[②] 这个论点使人们提出所有的公司都应该采用同样的会计程序的主张。

会计报告是股票和债券市场（资本市场）唯一的信息来源这个假设还导致了人们对会计盈利计算方法的批评。这些人认为会计盈利应反映公司价值的变化，以便使股票价格成为资源分配的正确信号。这种观点反过来又引发了另外一种批评：会计盈利未能按照价值或收入变化的严格定义进行计算。会计盈利是根据不同的基础计算出来的，有时采用历史成本原则来估计收入和费用，有时则采用现行市场价值来估计收入和费用。结果，会计盈利是一些毫无意义的数字，就像 8 个苹果减去 6 个橘子所得出的差额一样，说明不了什么问题。正因为会计盈利仅仅是一

[①] 关于这种假设的例子和论述参见鲍尔（Ball，1972）的研究。

[②] 有兴趣的读者可参阅列夫威奇（Leftwich，1981）的文章，他汇编了对现行会计惯例的大多数批评意见，并分析了那些与实证会计理论以及经济学和公司金融学的论据相互矛盾的批评意见。

些毫无意义的数字，所以它们无助于制定投资和生产决策，而建立在这些数据基础上的股票价格也不可能向竞争性投资活动中的资源分配发出有用的信号。

有效市场假说对于反驳下列两种观点具有十分重要的意义：会计程序缺乏统一性使得经营者有可能全面而系统地瞒骗资本市场；会计盈利是毫无意义的。这两种观点都立足于会计报告是公司信息的唯一来源这一假设。有效市场假说认为"唯一来源"假设不可能成立，股票市场也不总是受会计盈利的瞒骗。此外，有效市场假说还表明，如果会计盈利和股票价格之间存在着某种关系，那么，即使不是按照收入的严格定义计算的会计盈利，仍将是十分有用的。[1]

有效市场假说蕴含着信息竞争。竞争驱使投资者和财务分析师从公司的会计报告以外，甚至是公司之外的各种渠道获取公司的信息。例如，财务分析师会设法获得汽车公司每周的产量数据并与管理人员会谈。财务分析师还可以通过与竞争者接触以获得某一公司的销售信息，通过与债权人接触以获取公司的资信信息。

在一个不断产生信息的环境里，资本市场（包括股票市场、债券市场和贸易信贷市场）终究会了解一家公司是否存在现金流问题。一家公司绝不可能把会计作为欺诈手段，长期隐瞒现金流问题。一旦现金流问题被外界发现且股票市场是次强式的有效市场，那么，股票市场就会对公司会计盈利中隐含的未来现金流问题作出大致正确的评估，并通过当前的股票价格反映出来。从整体上看，当前股票价格将使投资者获得一个风险调整报酬率，破产损失也不会导致投资者获得一个低于市场水平的报酬率。也就是说，在一个次强式的有效市场中，证券市场不会总被会计盈利引入歧途。

一般来说，在一个有效市场里，经过市场预期报酬率调整的股票价格是对未来股票价值的正确估计（即对股票未来价值的**无偏**（unbiased）

---

[1] 鲍尔和布朗（Ball and Brown, 1968, p.159, fn.1）提供了持这种观点的一些著名会计学者的名单及其文章，其中包括坎宁（Canning, 1929）、吉尔曼（Gilman, 1939）、佩顿与利特尔顿（Paton and Littleton, 1940）、维特（Vatter, 1947）、爱德华兹与鲍尔（Edwards and Ball, 1961）以及钱伯斯（Chambers, 1964, 1966, 1967）。

估计)。这样,如果会计盈利与股票价格或其变化保持实证式的相关性,尽管不是依据同一种盈利概念计算得到的,会计盈利也会成为估计企业价值或其变化的有用指数。在无法判断市场价值时,会计盈利便可用于估计企业价值。

有效市场的含义显然与会计报告是信息的唯一来源这一假设相矛盾。这些矛盾促使研究者去研究下列两个问题:会计方法的变化及依据不同方法计算的盈利水平是否能够系统性地误导股票市场?会计盈利与股票价格及其变化相关吗?

研究这两个问题,需要一个展示会计盈利如何与股票价格保持相关关系的模型。虽然研究者没有正式说明他们在检验会计盈利与股票价格关系时使用的模型,但他们确实了解资本资产定价模型,并且知道他们验证的关系与该模型一致。毋庸置疑,研究者受到了资本资产定价模型的影响。

2.3　资本资产定价模型

资本资产定价模型实质上是完全确定条件下的费希尔模型(Fisher model)或现值模型的一般化。完全确定条件下的费希尔模型假定:

1. 所有现在或未来流向个人和企业的现金流均能被大家完全充分地加以预测(即完全确定)。

2. 资本市场是完美的。这意味着:

a. 在资本市场上,没有一个债务人或债权人能够富足到足以影响利息率(没有一个人能够影响市场上贷款的成本)。

b. 每个人都能按照市场利率借到相当于其财富上限的贷款。

c. 信息是免费的、无成本的,任何人都可以随时获得。

d. 不存在交易成本或税收。

e. 所有资产都具有无限可分割性。

3. 投资者是理性的,在任何时候都偏好多消费,并对支撑消费的现金流的形式不感兴趣。

4. 投资者认为其他人的行为也是理性的。

根据这些假设，一家企业的市场价值可以看作是这家公司未来现金流的贴现值（Hirshleifer，1958；Fama and Miller，1972；Brealey and Myers，1984）。如果 $V_{i,0}$ 表示 i 公司当前（时点 0）的市场价值，r_t[①]表示期间 t（即从时点 $t-1$ 到时点 t）的市场报酬率，$C_{i,t}$ 表示 i 公司在期间 t 的净现金流（在 t 时收到），T 代表公司的经营年限，那么

$$V_{i,0} = \sum_{t=1}^{T} \frac{C_{i,t}}{\prod_{\tau=1}^{t}(1+r_\tau)} \tag{2.4}$$

注意，我们称现值（$V_{i,0}$）为市场价值。根据前述假定，它是资本市场对该企业要求权的价值（在完全确定情况下，股票和债券的报酬率相同）。在本章，为便于说明，假定企业完全依赖股本来筹措资本（即没有负债）。在式（2.4）中，市场报酬率没有下标 i，因为在完全确定的情况下，所有资产都是无风险的，并且获得同样的报酬率。

费希尔分析的一个重要结果是，不论个人是偏好当前消费还是偏好未来消费，他们都是为了现金流现值的最大化而投资（Hirshleifer，1958；Fama and Miller，1972；Brealey and Myers，1984）。不管企业主是吝啬鬼还是挥霍者，他们都是为了实现企业市场价值的最大化而投资。因此，如果企业管理者要尽可能地增大股东利益，他们未必需要了解股东的消费时间偏好。管理者要做的无非是进行投资以尽可能地提高公司的市场价值。从本质上说，投资决策与消费决策是相互分离的（这就是所谓的分离定理）。

大量的金融学文献都假定管理者力图尽可能提高公司的市场价值并为股东利益而服务。不过，近几年来，这个假设有所放松，人们开始分析公司管理者和权益索偿人（股东和债券持有者）的相互作用。这种分析对会计理论有着重要意义（第 8 章和第 9 章）。

费希尔模型假定现金流发生在完全确定的环境里。事实上绝大多数的投资盈利都是不确定的。夏普（Sharpe，1964）和林特纳（Lintner，1965）

[①] 原书如此，疑误。——译者

第 2 章　有效市场假说与资本资产定价模型

引进的资本资产定价模型本质上是把费希尔模型扩展至不确定性环境下。资本资产定价模型有多种形式（Jensen，1972；Fama，1976），本章只介绍原始的或标准的资本资产定价模型。本书后面将会涉及其他形式的资本资产定价模型的研究。届时，我们再讨论不同形式之间的差异。

原始的资本资产定价模型是个单期间模型。期初进行投资，期末收到现金流。该模型建立在以下假定的基础上：

1. 资产报酬率的分布状态完全可以通过预期报酬率 $E(r_i)$ 和一些离散程度的计量指标如方差 $\sigma^2(r_i)$ 来描述。或者说，个人偏好使得人们追求的资产报酬率的分布状态只涉及两个参数 $E(r_i)$ 和 $\sigma^2(r_i)$。

2. 市场是完美的，这意味着：

a. 没有一个投资者富裕到足以影响任何资产的市场价格，也没有一家公司大到足以左右投资者的投资机会。

b. 不存在交易成本和税收。

c. 所有资产都是无限可分的。

3. 投资者是理性的和风险厌恶型的，并且力图使其预期消费效用最大化。

4. 投资者认为其他人的行为也是理性的。

5. 市场上的每一个参与者都可以免费得到信息，他们对资产报酬率及其变化幅度的期望相同。简言之，投资者具有完全一致的期望。

6. 存在一种无风险资产 f，即 $\sigma^2(r_f)=0$，并且所有人都能以无风险利率 r_f 进行借贷。[①]

基于这些假定，在均衡条件下，资产 i 的预期报酬率如下：

$$E(r_i)=r_f+[E(r_m)-r_f]\frac{\mathrm{cov}(r_i,r_m)}{\sigma^2(r_m)} \tag{2.5}$$

式中，r_f 是无风险报酬率；$E(r_m)$ 是证券市场上资产组合的预期报酬率[②]；$\mathrm{cov}(r_i,r_m)$ 是资产 i 的报酬率和市场报酬率的协方差；$\sigma^2(r_m)$

[①] 这一假定并不重要。其他形式的资本资产定价模型并没有这一假定。

[②] 资产的市场组合由经济中的所有风险资产组成，组合中的每项资产所占的比例就是该资产的市场价值与全部风险资产市场价值总额的比率。

是市场报酬率的方差。[①] 式（2.5）中的变量没有时间下标，因为只有一个期间。

在式（2.5）中，资产的预期报酬率等于无风险报酬率加上一个风险报酬率（risk premium），风险报酬率即

$$[E(r_m)-r_f]\frac{\mathrm{cov}(r_i,r_m)}{\sigma^2(r_m)}$$

风险报酬率由两部分组成：风险水平即 $\mathrm{cov}(r_i, r_m)/\sigma^2(r_m)$，它因资产而异；单位风险价格即 $E(r_m)-r_f$，它对于所有资产都一样。因为证券市场上资产组合（是有风险的）的预期报酬率大于无风险报酬率，所以，资产 i 的风险水平越高，该资产的预期报酬率也就越大。

费希尔模型只有一个利率或报酬率，而资本资产定价模型存在多个预期报酬率。每个风险水平都有一个不同的预期报酬率与之对应。

有读者可能会问，为什么资产 i 的风险水平用 $\mathrm{cov}(r_i, r_m)/\sigma^2(r_m)$ 来度量。资本资产定价模型的第一个假定可能会诱导读者把资产 i 的风险水平误认为是报酬率的方差 $\sigma^2(r_i)$。对这个问题的解释是，人们关心的是整个资产组合的报酬率方差，而不是单项资产的报酬率方差。在资产组合中，各单项资产的报酬率的波动可能会相互抵消，这样，单项资产的报酬率就不可能正确反映资产组合的总体方差。关键的问题在于：某项资产会给投资者的资产组合带来多少风险（也就是说，使资产组合的报酬率方差增大多少）？

假定某人拥有一个由 N 项资产组成的资产组合，其中投资在资产 i 上的比例为 x_i，则这个问题的答案就非常直观了。该资产组合的报酬率方差 $\sigma^2(r_p)$ 为：

$$\sigma^2(r_p) = \sum_{i=1}^{N}\sum_{j=1}^{N} x_i x_j \mathrm{cov}(r_i, r_j) \qquad (2.6)$$

方差的构成部分可展开如下：

[①] 关于这一公式的推导，参阅法玛与米勒的文章（Fama and Miller, 1972）。

第 2 章 有效市场假说与资本资产定价模型

$$\sigma^2(r_p) = \begin{bmatrix} x_1^2\sigma^2(r_1) + x_1x_2\text{cov}(r_1,r_2) + x_1x_3(r_1,r_3) + \cdots + x_1x_N\text{cov}(r_1,r_N) \\ +x_2x_1\text{cov}(r_2,r_1) + x_2^2\sigma^2(r_2) + x_2x_3\text{cov}(r_2,r_3) + \cdots + x_2x_N\text{cov}(r_2,r_N) \\ +x_3x_1\text{cov}(r_3,r_1) + x_3x_2\text{cov}(r_3,r_2) + x_3^2\sigma^2(r_3) + \cdots + x_3x_N\text{cov}(r_3,r_N) \\ \vdots \\ +x_Nx_1\text{cov}(r_N,r_1) + x_Nx_2\text{cov}(r_N,r_2) + x_Nx_3\text{cov}(r_N,r_3) + \cdots + x_N^2\sigma^2(r_N) \end{bmatrix}$$
(2.7)

资产 i 对资产组合的报酬率方差 $\sigma^2(r_p)$ 的"贡献"来自方阵(2.7)中的第 i 行和第 i 列(主要来自协方差):

第 i 行:

$$x_ix_1\text{cov}(r_i,r_1) + x_ix_2\text{cov}(r_i,r_2) + \cdots + x_i^2\sigma^2(r_i^2) + \cdots \\ + x_ix_N\text{cov}(r_i,r_N)$$

第 i 列:

$$x_1x_i\text{cov}(r_1,r_i) + x_2x_i\text{cov}(r_2,r_i) + \cdots + x_i^2\sigma^2(r_i^2) + \cdots \\ + x_Nx_i\text{cov}(r_N,r_i)$$

如其他变量保持不变,改变资产 i 的投资比例(x_i),它对资产组合的报酬率方差 $\sigma^2(r_p)$ 的影响,可以用资产 i 在资产组合方差中的"贡献"对 x_i 求偏导得到:

$$\frac{\partial \sigma^2(r_p)}{\partial x_i} = \sum_{\substack{j=1 \\ i \neq j}}^{N} x_j\text{cov}(r_j,r_i) + \sum_{\substack{j=1 \\ i \neq j}}^{N} x_j\text{cov}(r_i,r_j) + 2x_i\sigma^2(r_i)$$
(2.8)

因为 $\text{cov}(r_j, r_i) = \text{cov}(r_i, r_j)$,$\sigma^2(r_i) = \text{cov}(r_i, r_i)$,$\sum_{j=1}^{N} x_j\text{cov}(r_i, r_j) = \text{cov}(r_i, r_p)$,由式(2.8)可推出:

$$\frac{\partial \sigma^2(r_p)}{\partial x_i} = 2\text{cov}(r_i,r_p)$$
(2.9)

资产 i 对资产组合风险的边际"贡献"与资产 i 的报酬率和投资者资产组合的报酬率的协方差成正比。

在均衡条件下，所有投资者就其持有的一个有风险的资产组合而言，事实上已持有了证券市场上的资产组合。这样，单项资产 i 对某个投资者资产组合的风险的边际"贡献"可以表示为 $\text{cov}(r_i, r_m)$，市场资产组合的风险表示为 $\sigma^2(r_m)$，因此，$\text{cov}(r_i, r_m)/\sigma^2(r_m)$ 是个等比例的风险计量指标，它度量了资产 i 在 t 时对整个市场组合风险所做"贡献"的比例。$\text{cov}(r_i, r_m)/\sigma^2(r_m)$ 通常被称为 β_i。市场组合的 β 值是 1。$\beta>1$ 的资产，其风险相对整个市场组合来说要大；反之，$\beta<1$ 的资产，其风险也较小。

式（2.5）是用报酬率表示的，但资本资产定价模型是个定价模型，因此，式（2.5）还可以改用价格表示。这样的转换有助于说明为什么研究者认为会计数据能够向市场传递信息，及研究者为什么要运用鲍尔和布朗（Ball and Brown，1968）等人研究过的盈利与价格的关系。

令 $C_{i,1}$ 为 i 公司的期末现金流，$V_{i,0}$ 为 i 公司的期初市场价值，i 公司的预期投资报酬率为：

$$E(r_i) = \frac{E(C_{i,1}) - V_{i,0}}{V_{i,0}} \qquad (2.10)$$

用式（2.10）里的 $E(r_i)$ 取代资本资产定价模型中的 $E(r_i)$（见式（2.5）），经过整理，可以导出一个类似于费希尔模型中贴现值的公司价值（$V_{i,0}$）等式①：

$$V_{i,0} = \frac{E(C_{i,1}) - [E(r_m) - r_f]\left[\dfrac{\text{cov}(C_{i,1}, r_m)}{\sigma^2(r_m)}\right]}{1 + r_f} \qquad (2.11)$$

在完全确定条件下，单期间的对应等式为：

$$V_{i,0} = \frac{C_{i,1}}{1+r} \qquad (2.12)$$

式（2.11）和式（2.12）的区别在于：式（2.12）表示在费希尔的完全确定条件下，在期间 1 时折为现值后的现金流；式（2.11）则表示

---

① 参阅法玛与米勒的文章（Fama and Miller，1972，pp. 295-298）。

不完全确定条件下在期间 1 时的现金流，$E(C_{i,1}) - \{[E(r_m) - r_f] \cdot [\text{cov}(C_{i,1}, r_m)/\sigma^2(r_m)]\}$，它按无风险报酬率 r_f 贴现，从而对应于完全确定条件下同一时点上的现金流。在不确定条件下，期间 1 的现金流等于期间 1 的预期现金流 $E(C_{i,1})$ 减去一个风险调整量 $[E(r_m) - r_f] \cdot [\text{cov}(C_{i,1}, r_m)/\sigma^2(r_m)]$。风险调整量等于风险价格 $[E(r_m) - r_f]$ 乘以风险度量 $[\text{cov}(C_{i,1}, r_m)/\sigma^2(r_m)]$。

在单期间情况下，公司 i 的价值还可以表示为：把公司预期未来现金流 $E(C_{i,1})$ 按预期报酬率 $E(r_i)$ 进行贴现，即

$$V_{i,0} = \frac{E(C_{i,1})}{1 + E(r_i)} \tag{2.13}$$

式中，$E(r_i)$ 由式（2.5）推导而来。

如果就投资者的效用和投资报酬作出一些更为严格的假设，资本资产定价模型还可以应用于多期间的情况（Fama and Miller，1972，Ch. 8）。给定这些假设，式（2.11）的多期间形式就可以推导出来。另外，如果无风险报酬率和公司的预期报酬率保持不变，式（2.13）的多期间形式也可以推导出来，并且公司价值还可表示为与费希尔完全确定条件下的式（2.4）类似的形式：

$$V_{i,0} = \sum_{t=1}^{T} \frac{E(C_{i,t})}{[1 + E(r_i)]^t} \tag{2.14}$$

式中，$E(C_{i,t})$ 表示公司 i 在期间 t 的预期现金流（Brealey and Myers，1984，p. 182）。若对式（2.4）和式（2.14）加以比较，即可明显看出资本资产定价模型就是费希尔模型在不确定条件下的扩展。实际上，在多期间资本资产定价模型里，公司的市场价值就是经过贴现的预期未来现金流。将分离原理运用于实际，当管理者最大化公司市场价值时，他们就在最大化股东的预期消费效用。

简要介绍了资本资产定价模型之后，下一个任务需要解释：为什么在资本资产定价模型里，研究者认为会计数据能传递信息；研究者如何识别会计盈利与股票价格的关系。

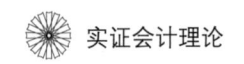

2.4 资本资产定价模型与会计数据

2.4.1 会计数据的信息潜力

多期间资本资产定价模型即式（2.14）根据证券市场针对特定现金流的风险所要求的预期现金流及其预期报酬率对资产进行定价。会计数据如何传递这两个变量的信息呢？

从实证角度看，预期盈利可以与现金流联系起来。如果它们确有联系，那么企业本期的会计盈利就能传递企业当前现金流的信息以及（如果当前现金流能够提供未来现金流的信息的话）预期的未来现金流的信息。

为弄清企业的会计盈利是否能传递信息，借以影响企业的市场价值，让我们分析一个简单的例子。假定投资者可获取的某组信息不包括企业的现金流，但包括企业的会计盈利。假定企业 i 将持续 T 个经营期间，这里 T 值可以很大。在 t 时期末，企业的现金流是 $C_{i,t}$，投资为 $I_{i,t}$。在资本市场上，企业的预期报酬率为 $E(r_i)$。折旧是唯一的会计应计项目，并且期间 t 的折旧为 $D_{i,t}$，则期间 t 的会计盈利（$A_{i,t}$）为：

$$A_{i,t} = C_{i,t} + I_{i,t} - D_{i,t} \tag{2.15}$$

期间 t 的预期会计盈利为：

$$E(A_{i,t}) = E(C_{i,t}) + E(I_{i,t}) - E(D_{i,t}) \tag{2.16}$$

利用式（2.14）和式（2.16），公司在时点 0 的市场价值可以表示为：

$$V_{i,0} = \sum_{t=1}^{T} \frac{E(A_{i,t}) + E(D_{i,t}) - E(I_{i,t})}{[1 + E(r_i)]^t} \tag{2.17}$$

若每年的折旧额约等于投资额，则会计盈利就接近于现金流，而式（2.17）里的企业的市场价值也就约等于未来预期会计盈利的现值。在此例中，很显然，会计盈利能够传递有关现金流的信息，从而影响企业的市场价值。

虽然上例说明会计盈利确实能影响企业的市场价值，但这并不意味着在没有税收和税收效应的情况下，管理者能通过使用不同的会计程序来影响企业的市场价值。因为上例曾假定投资者可以免费获得关于企业会计程序方面的信息，所以只有这些差异意味着现金流的差异时，企业市场价值才会随着会计盈利现值的变化而变化。

假定式（2.17）里的企业持续经营两个期间（$T=2$），并且所有投资均已投入，那么，式（2.17）就可转换为：

$$V_{i,0} = \frac{E(A_{i,1}) + E(D_{i,1})}{1+E(r_i)} + \frac{E(A_{i,2}) + E(D_{i,2})}{[1+E(r_i)]^2} \tag{2.18}$$

如果管理者采用能增加期间1的预期盈利的折旧方法（例如，采用直线折旧法而不是加速折旧法）并且为外界所知，式（2.18）将发生的变化是：$E(A_{i,1})$ 将有所增加，但这个增加同时被 $E(D_{i,1})$ 的减少所抵消。

除了提供预期现金流方面的信息外，会计数据还可提供资产预期报酬率方面的信息，这是多期间资本资产定价模型里式（2.14）中的另一个重要变量。资产预期报酬率取决于资产风险 $\text{cov}(r_i, r_m)/\sigma^2(r_m)$ 或 β_i，资产风险则很可能与会计数据相联系。例如，式（2.11）展示了风险水平可以表示为未来现金流和市场报酬率的协方差。如果会计盈利可作为现金流的一个代理变量，就可以采用会计盈利随着经济波动的变化幅度来反映有关企业风险的信息。正因为从实证角度看，会计比率可用来代表风险，所以利用会计比率作为风险计量指标的做法才得以发展。第5章将对这种可能性做进一步的分析。

2.4.2　会计盈利与股票价格的特定关系

在检验会计盈利是否向股票市场传递信息时，大多数研究者并不使用像式（2.14）那样详尽的限制条件来检验企业市场价值是否随着公司会计盈利水平的变化而变化。这是因为，影响预期未来现金流的因素很多，会计盈利和股票价格之间的关系难以观察。因而，在鲍尔和布朗（Ball and Brown，1968）之后，大多数研究者转而集中研究盈利变化公布时盈利变化和股票价格变化的关系。具体而言,他们把研究重点放在宣布盈利变化时盈利与股票价格报酬率的变化的关系上。研究者希望:通过重点研究盈利公布时的报酬率,并把各时期的报酬率集中起来,其他因素对未来现金流和股票价格水平的影响就可消除。

如果用会计盈利替代现金流,资本资产定价模型对于会计盈利变化和企业的市场价值报酬率之间的关系就具有特殊含义。具体地说,资本资产定价模型意味着会计盈利变化与预期报酬率没有关系(除非会计盈利变化与风险变化相关)。它还意味着会计盈利变化与已实现的报酬率相关。

为了研究会计盈利变化与预期报酬率及已实现的报酬率之间的关系,假设有一个两期的资本资产定价模型和一家具有稳定的预期报酬率的企业,然后,我们分析现金流(假定会计盈利可当作现金流的代理变量)的变化和报酬率的关系。企业 i 在时点 0 的价值为:

$$V_{i,0}=\frac{E_0(C_{i,1})}{1+E(r_i)}+\frac{E_0(C_{i,2})}{[1+E(r_i)]^2} \tag{2.19}$$

式中,期间 1 和期间 2 的预期现金流都标注一个下标"0",这意味着期望是在时点 0 产生的。假定 $C_{i,1}$ 已当作股利支出,企业在时点 1 的价值为:

$$V_{i,1}=\frac{E_1(C_{i,2})}{1+E(r_i)} \tag{2.20}$$

期间 1 已实现的报酬率($r_{i,1}$)为:

$$r_{i,1}=\frac{V_{i,1}+C_{i,1}-V_{i,0}}{V_{i,0}} \tag{2.21}$$

在式(2.21)右边加上一个企业预期报酬率 $E(r_i)$,得出:

$$r_{i,1}=E(r_i)+\frac{V_{i,1}+C_{i,1}-V_{i,0}[1+E(r_i)]}{V_{i,0}} \tag{2.22}$$

用式(2.19)和式(2.20)代替式(2.22)右边第二项分子中的 $V_{i,0}$ 和 $V_{i,1}$,得出:

第 2 章 有效市场假说与资本资产定价模型

$$r_{i,1}=E(r_i)+\frac{[C_{i,1}-E_0(C_{i,1})]+\left[\dfrac{E_1(C_{i,2})-E_0(C_{i,2})}{1+E(r_i)}\right]}{V_{i,0}}$$

(2.23)

式（2.23）表明：期间 1 已实现的报酬率和预期报酬率的差异程度是**期间 1 未预期到的现金流**（unexpected cash flow）$C_{i,1}-E_0(C_{i,1})$ 和期间 2 市场的预期现金流的修正即 $E_1(C_{i,2})-E_0(C_{i,2})$ 的一个函数。用文字表达，式（2.23）表示为：

$$\text{已实现的报酬率}=\text{预期报酬率}+\kappa\times\text{期间 1 未预期到的现金流}+\lambda\times\text{期间 2 预期现金流的修正}$$

式中：

$$\kappa=\frac{1}{V_{i,0}}$$

$$\lambda=\frac{1}{V_{i,0}[1+E(r_i)]}$$

对预期的未来现金流的修正是否与当期未预期到的现金流相关，取决于现金流的产生过程。如果现金流的产生过程是**马颔型**（martingale）的即 $E_t(C_{i,t+1})=C_{i,t}$，那么预期的未来现金流将被修正为现金流的最近期观察值。在我们的例子中，$E_0(C_{i,2})$ 将被修正为 $E_1(C_{i,2})=C_{i,1}$。如果现金流的产生过程具有如下特点，即不考虑现金流的观察结果，预期未来现金流总是一个常量即 $E_t(C_{i,t+1})=C$，那么，当期未预期到的现金流就不会引起任何对预期未来现金流的修正。在我们的例子里，$E_1(C_{i,2})=E_0(C_{i,2})$，期间 2 的预期流量变化为零。第 6 章介绍的关于盈利的时间序列研究就是由这个问题推动的。研究都假定盈利是现金流的代理变量，据此来研究当期盈利对预期未来盈利的影响。

对期间 2 的预期现金流的修正很可能与期间 1 未预期到的现金流相关。倘若如此，期间 1 的已实现的报酬率对预期报酬率的偏离程度即为期间 1 未预期到的现金流的函数 $(V_{i,0})$，并且 $E(r_i)$ 是在期间 1 的期初确定的。为了便于说明，可假设：在时点 0 时对期间 1 和期间 2 的现金流的市场预期都相同，也就是 $E_0(C_{i,1})=E_0(C_{i,2})$；在时点 1 时对期间 2

的现金流的市场预期等于期间 1 的已实现的现金流，即 $E_1(C_{i,2})=C_{i,1}$。把这些关系代入式（2.23），并替换 $V_{i,0}$，得到：

$$r_{i,1}=E(r_i)+\frac{[1+E(r_i)][C_{i,1}-E_0(C_{i,1})]}{E_0(C_{i,1})} \quad (2.24)$$

根据我们关于稳定预期报酬率的假设，所有未来期间的预期现金流等于最近期的已实现的现金流；所有现金流均以股利支出，这样，式（2.24）不仅适用于 2 个期间的情形，也适用于 3 个期间乃至更多期间的情形。

式（2.24）意味着某期间的非正常报酬率（$v_{i,1}$）(见式（2.2））与该期间的未预期到的现金流成正比。对式（2.24）进行调整，可得：

$$v_{i,1}=r_{i,1}-E(r_i)=\pi_i[C_{i,1}-E_0(C_{i,1})] \quad (2.25)$$

式中，$\pi_i=[1+E(r_i)]/[E_0(C_{i,1})]$。用文字表示为：

期间 1 的非正常报酬率 $=\pi_i \times$ 期间 1 的未预期到的现金流

由于利率为正数，$E(r_i)>0$，且 $E_0(C_{i,1})>0$，故而 $\pi_i>0$[①]，因此，某期间未预期到的现金流越大，该期间的非正常报酬率就越大。

如果会计盈利是已实现现金流的代理变量，那么，未被市场预期到的会计盈利就可能与市场未预期到的现金流相关，从而也和非正常报酬率以及已实现的报酬率相关。这种**未预期盈利**（unexpected earning）与非正常报酬率之间的关系，在鲍尔和布朗（Ball and Brown，1968）及其他研究者研究会计盈利和股票价格的关系时已详细说明（第 3 章）。尽管鲍尔与布朗没有直接从资本资产定价模型中推导出这种关系，但他们的分析和说明确实受到了资本资产定价模型的影响。

不难发现，式（2.25）解释了为什么研究者的精力集中在盈利变化和股票价格变化的关系上。如把式（2.25）扩展到多期间的情形，在时点 t 把期间 $t+1$，$t+2$，…的现金流的市场预期假设为期间 t 的现金流，则式（2.25）变为：

---

① 若预期报酬率为正值，模型中的 $E_0(C_{i,1})<0$ 就代表市场价值为负。由于我们没有观察到负的市场价值，要使模型能够说明问题，$E_0(C_{i,1})$ 必须为正值。

$$v_{i,t} = \pi_{i,t}(C_{i,t} - C_{i,t-1}) \tag{2.26}$$

企业 i 在期间 t 的非正常报酬率（$v_{i,t}$）就是企业 i 在调整了股利后，其股票价格在期间 t 高于期初价格这一意料之外的变化。式（2.26）右边括弧项表示企业 i 在期间 t 的现金流变化。如果会计盈利是现金流的代理变量，那么会计盈利的变化就可替代现金流的变化，并与股票价格的变化相关联。

如果任何人都可免费获得企业会计程序方面的信息，那么未预期盈利和非正常报酬率之间的关系将依赖于未预期到的会计盈利对未预期到的现金流的反映。只是作为会计程序结果的未预期盈利和非正常收益无关。如果某家企业特定的会计程序不为外界所知，有效的证券市场仍将对该企业运用的会计程序作出无偏估计，并对该会计程序将产生的未预期盈利作出无偏估计。这样，由会计程序而不是由未预期到的现金流引起的未预期盈利所导致的非正常报酬率将会趋于零。针对这个假设，研究人员运用未涉及税收影响的会计程序变化进行了检验（第 4 章）。

一旦放弃稳定的预期报酬率这一假设，未预期盈利就可能与非正常报酬率相关联，如果未预期盈利的变化与企业风险未预期到的变化有关的话。不过，如果企业改变会计程序从而改变报告盈利，这些会计变化就不会与非正常报酬率及已实现的报酬率相关，除非这些会计变化与风险或现金流的未预期到的变化相关（例如，会计程序改为后进先出法，它就会因影响税收而与现金流相关）。

非正常报酬率和未预期盈利的关系的实证检验需要我们对正常报酬率和预期盈利作出评估。预期盈利通常由产生时间序列盈利的过程来决定（第 6 章）。正常报酬率则通常取决于市场模型。

2.5 市场模型

市场模型（market model）是当资产报酬与资产组合服从二元正态分布时，对资产报酬率（$r_{i,t}$）和资产组合报酬率（$r_{m,t}$）之间的相互关系的一种统计描述。其表达式为：

$$r_{i,t}=\alpha_i+\beta_i r_{m,t}+\varepsilon_{i,t} \tag{2.27}$$

式中，$\beta_i=\mathrm{cov}(r_{i,t},r_{m,t})/\sigma^2(r_{m,t})$；$\alpha_i=E(r_{i,t})-\beta_i E(r_{m,t})$；$\varepsilon_{i,t}$ 是干扰项且 $E(\varepsilon_{i,t}|r_{m,t})=E(\varepsilon_{i,t})=0$，$\sigma^2(\varepsilon_{i,t}|r_{m,t})=\sigma^2(\varepsilon_{i,t})$。[①]

式（2.27）纯粹是基于二元正态分布假设得到的结果。它不要求资产组合一定是市场组合，只要资产 i 的报酬率 $r_{i,t}$ 和任何资产组合 p 的报酬率 $r_{p,t}$ 的联合分布是二元正态分布，$r_{i,t}$ 和 $r_{p,t}$ 之间总存在着同样的线性关系。然而，在会计和金融的实证性文献中，市场模型有着不同的解释，且不是起源于式（2.27）中的统计假设。市场组合的报酬率（$r_{m,t}$）被假定为体现了影响所有资产的报酬率的变量，而 $\varepsilon_{i,t}$ 则体现了那些只影响资产 i 的报酬率（$r_{i,t}$）的变量（例如，盈利公告）。就像已实现的报酬率和预期报酬率的差异（$v_{i,t}$）一样，$\varepsilon_{i,t}$ 也叫作非正常报酬率。

为了研究式（2.2）所定义的非正常报酬率（$v_{i,t}$）和式（2.27）所定义的非正常报酬率（$\varepsilon_{i,t}$）之间的关系，对市场模型两边即式（2.27）取期望：

$$E(r_{i,t})=\alpha_i+\beta_i E(r_{m,t}) \tag{2.28}$$

设市场组合已实现的报酬率和预期报酬率的差异为 μ_t：

$$\mu_t=r_{m,t}-E(r_{m,t}) \tag{2.29}$$

分别用式（2.29）和式（2.2）替换式（2.28）中的 $E(r_{m,t})$ 和 $E(r_{i,t})$，得出资产 i 的已实现的报酬率和市场组合的已实现的报酬率之间的关系如下：

$$r_{i,t}=\alpha_i+\beta_i r_{m,t}+v_{i,t}-\beta_i\mu_t \tag{2.30}$$

对比式（2.30）和式（2.27），可以看出：

$$\varepsilon_{i,t}=v_{i,t}-\beta_i\mu_t \tag{2.31}$$

市场模型中资产 i 的非正常报酬率（$\varepsilon_{i,t}$）等于式（2.2）所定义的非正常报酬率（$v_{i,t}$）减去该非正常报酬率的市场效应（μ_t）。由此可见，市场模型中的非正常报酬率来自那些属于某家企业而不是整个市场

[①] 关于市场模型更全面的讨论，参见法玛的文章（Fama，1976，Ch.3，pp.63-68）。

组合的特定因素。

为了得到 $\varepsilon_{i,t}$，α_i 和 β_i 的估计值一般是通过下述回归方程求得：

$$r_{i,t}=a_i+b_i r_{m,t}+e_{i,t} \tag{2.32}$$

估计的常数项（$\hat{a}_i$）是市场模型中 α_i 的一个估计值，而 $r_{m,t}$ 的系数（$\hat{b}_i$）是模型中 β_i 的一个估计值。根据这些估计系数及期间 t 的市场组合的已实现的报酬率（$r_{m,t}$），可以求出期间 t 的以该期市场报酬率为条件的股票预期（或正常）报酬率 $E(r_{i,t}|r_{m,t})$：

$$E(r_{i,t}|r_{m,t})=\hat{a}_i+\hat{b}_i r_{m,t} \tag{2.33}$$

期间 t 所估计的股票非正常报酬率（$\hat{e}_t$）就是给定期间 t 的市场报酬率的情况下，期间 t 的预期和实际报酬率的差：

$$\begin{aligned}\hat{e}_{i,t}&=r_{i,t}-E(r_{i,t}|r_{m,t})\\&=r_{i,t}-\hat{a}_i-\hat{b}_i r_{m,t}\end{aligned} \tag{2.34}$$

市场模型也可以用资本资产定价模型来说明。假定一个多期间资本资产定价模型中的 β_i 和 r_f 在不同期间都是常量，所观察的市场组合属于资本资产定价模型中的市场组合。这样，式（2.27）中的 β_i 即为资本资产定价模型中的风险计量指标，由式（2.32）估计出的 $\hat{b}_i$ 即为 β_i 的一个估计值，$\hat{a}$ 即为 $\alpha_i = r_f(1-\beta_i)$ 的一个估计值。这个解释为式（2.34）中的非正常报酬率的计算方法提供了支持。它还证明了另外一种计算非正常报酬率的方法。这种方法将通过一个例子来演示。

假设某个研究者对那些受会计准则影响的公司因会计准则方面的特定变化而形成的未预期报酬率感兴趣。对公司股票组合的 β 值的估计来自回归方程（2.32），那些不受会计准则影响的公司，其股票组合是以类似受到会计准则影响的公司的股票组合中 β 的估计值建立起来的。建立程序是：先估计每家不受会计程序影响的公司的股票组合中的 β 值，然后对股票组合中的各种股票加权。由于在资本资产定价模型里，两种股票组合具有同样的 β 值，它们就应有相同的报酬率。因此，这两种股票组合（受影响与不受影响）的报酬率之间的任何差异都只能归因于股票组合的建立标准（也就是会计准则效应）。

在研究会计准则的股票价格效应时经常使用组合法来估计非正常报酬率,第 12 章将对此进行介绍。第 3 章主要分析非正常报酬率和未预期盈利的关系,运用市场模式来推导未预期盈利或非正常报酬率。

2.6 小结

有效市场假说和 20 世纪 60 年代会计学文献中的假设之间的矛盾,导致了实证理论和方法的普及(Ball and Brown, 1968)。有效市场假说和资本资产定价模型极大地影响了 20 世纪 70 年代的实证研究。

有效市场假说指出,信息竞争驱使信息加工和信息使用的预期经济利润趋于零。该假说认为 20 世纪 60 年代流行的会计报告是公司股票信息的唯一来源这一假说无法解释现实状况。该假说还认为,如果会计盈利与股票价格有关,会计盈利就是有用的数据(恰好与文献中的观点相矛盾)。这个说法之所以成立,是因为股票价格是股票未来价值的无偏估计。所有这些观点都促使会计研究者去调查研究股票市场受会计程序变化的影响程度(第 4 章)及会计盈利和股票价格的关系(第 3 章)。

依据资本资产定价模型,对企业进行估值要求对企业的预期未来现金流及其风险进行估计。如果会计数据能传递关于企业预期未来现金流或风险的信息,它们就能够传递关于企业价值的信息。这些推断促使研究者去探讨会计数据、预期现金流及其风险的相互关系(第 5 章)和会计盈利的时间序列特征(第 6 章)。

资本资产定价模型和会计盈利是现金流的代理变量的假设,促使研究者去探讨未预期盈利和未预期公司股票报酬率之间的关系。为此,研究人员使用市场模型来估计未预期报酬率(第 3 章)。市场模型描述的是资产报酬率与资产组合报酬率之间的关系,这种关系假设这两个报酬率的联合分布服从二元正态分布。由市场模型得出的估计值也可用资本资产定价模型来解释。

延伸阅读文献

Ball, R. AND P. Brown, "Ball and Brown (1968): A Retrospective," *The Accounting Review*, 2014, pp. 1-26.

Bernard, V., AND J. Thomas, "Post-earnings-announcement Drift: Delayed Price Response or Risk Premium?" *Journal of Accounting Research*, 1989, pp. 1-48.

Bernard, V., AND J. Thomas, "Evidence that Stock Prices Do Not Fully Reflect the Implications of Current Earnings for Future Earnings," *Journal of Accounting and Economics*, 1990, pp. 305-340.

Bradshaw, M. T., AND R. G. Sloan, "GAAP versus the Street: An Empirical Assessment of Two Alternative Definitions of Earnings," *Journal of Accounting Research*, 2022, pp. 41-66.

Feltham, J., AND J. A. Ohlson, "Valuation and Clean Surplus Accounting for Operating and Financial Activities," *Contemporary Accounting Research* (Spring 1995), pp. 689-731.

Kothari, S. P., "Capital Market Research in Accounting," *Journal of Accounting and Economics*, 2001, pp. 105-231.

Lee, C. M., "Market Efficiency and Accounting Research: A Discussion of 'Capital Market Research in Accounting' by S. P. Kothari," *Journal of Accounting and Economics*, 2001, 31, pp. 233-253.

Ohlson, J., "Earnings, Book Values, and Dividends in Equity Valuation," *Contemporary Accounting Research*, 1995, pp. 661-687.

Richardson, S., I. Tuna, AND P. Wysocki, "Accounting Anomalies and Fundamental Analysis: A Review of Recent Research Advances," *Journal of Accounting and Economics*, 2010, pp. 410-454.

第 3 章　会计盈利与股票价格

导　读

本章介绍有效市场假说和金融学理论在会计研究中的运用，这些研究基于有效市场假说探讨会计信息引起的市场反应，试图论证会计信息的有用性。

鲍尔和布朗（Ball and Brown，1968）的研究说明股票价格会对会计信息作出反应，股票价格的变动程度反映了会计信息相应的信息含量。证券市场关注的不仅是会计盈利披露的形式，还关注会计盈利披露的数字所体现的实质内容。这些关注会计信息有用性的研究包括盈利变动与股价变动的相关性研究、盈利信息的及时性研究和会计盈利与现金流的相关性研究等等。这类研究的模型一般是以股价或市场收益为因变量，以同期关注的对象如会计信息作为自变量，会计数据对同期收益（或股价）变动的解释力越大，其有用性越高。当然，交易不一定带来股票价格的变动，因此一些研究也关注成交量的变动。

这类研究的结果基本表明：会计盈利与非正常报酬率相关，会计盈利能够向股票市场传递新信息；其他信息来源在决定年度会计盈利的信息含量时起着重要作用。例如，如果公司报告季度盈利，年度盈利公告中的信息含量就会减少。值得注意的是，这个阶段的研究主要通过考察盈利公告和资本市场的反应来关注投资者是否使用了盈利公告中披露的信息，没有尝试分析信息如何被使用。

后来的盈余反应系数（ERC）研究进一步尝试建立会计数据与股票价格之间明确的数量关系，以解决之前研究只关注会计数据影响股票价格的方向的问题，进一步回答会计信息如何被使用。研究发现一些因素，包括 β 系数、资本结构、盈余质量和成长性等都会影响 ERC。尽管周期股票收益和会计收益指标有明确的统计相关性，但会计收益对股票收益的解释力很低，收益变动只能解释非正常收益中很小的一部分（2%～5%），因此也有人认为市场并不如人们想象的那样有效，也有人提出盈利公告的信息含量可能正在降低。很多人因此把关注的重点从年度盈利转向未预期盈利，对于盈利预期的研究也进一步得到了发展。

盈余反应系数的分析方法后来被扩展到其他非盈余甚至是非财务信息的分析当中，很多学者运用此方法研究其他信息，如利润表中利润构成的不同部分的不同信息含量、资产负债表和其他信息来源的信息含量，还有学者关注了股利分配、审计意见、社会责任报告、股份回购公告、业绩预告等事件的信息含量。与此同时，对于把 ERC 作为会计质量，甚至作为会计准则制定依据的认识也得到了进一步的提升。

再后来的研究进一步分析会计盈利的哪些特征影响了它们对于投资者的有用性。盈利不再被简单地视为一个黑箱，而是被拆开分析。因为盈利数字是根据会计准则编制而成的，所以这类研究在某种意义上也在讨论会计和会计系统的意义。

会计信息之所以能影响股票价格，是因为它改变了投资者对企业未来股利支付能力的信念。在现实世界中，我们无法确切地知道未来可能会发生什么事件及其概率分布，所以我们只能依靠历史资料预测未来。现行会计盈利是对本期经营成果的反映，它也提供了预见公司未来发展前景的基础，直接影响信息使用者对未来会计盈利的判断。会计盈利信息因此被认为是最重要的会计信息，也是使用者最关心的信息。而当期会计盈利和未来会计盈利的关系，即会计盈余项目的可持续性也逐渐成为研究的关注点。

会计盈余项目按照可持续性的长短分为两类：永久性盈余项目和暂时性盈余项目。永久性盈余项目预期可持续下去，因此它不但对当期的会计盈利有影响，亦会影响公司未来的会计盈利。而暂时性盈余项目只影响当期的会计盈利，不影响公司未来的会计盈利。信息使用者可以根据当期的会计盈利信息来判断哪些是永久性盈余项目，哪些是暂时性盈余项目，从而确定未来会计盈利的预期值。

应计（accrual）是基于权责发生制的财务会计系统产生的从其他信息源无法得到的信息，在设计之初就不是为了简单地揭示过去现金流的数量和变动趋势，而是为了更真实地反映企业经济资源和要求权的变化，有助于投资者预测未来绩效，评价未来的收益和风险。很多研究关注权责发生制会计是否实现了这一目标。如德乔（Dechow，1994）就发现收益对年度盈利的回归分析的解释力比收益对现金流的回归分析的解释力大。给定市场有效，价格能反映相当一部分信息，这个研究结果说明盈利在短期内比现金流更有用。

当然，应计部分可能有它自己的问题，如斯隆（Sloan，1996）就发现，相对于现金流部分，应计部分的可持续性就会弱很多。这可能是因为应计部分反映了增长，也可能是因为应计部分受到了管理者盈余管理和其他动机的影响。德乔和迪切夫（Dechow and Dichev，2002）就把那些不能对应到过去或者未来的应计部分视为低质量的盈余部分。

很多研究都在尝试考察会计信息和股票市场价值之间的关系。这类针对特定的会计数据和股票价格关系的研究希望对会计准则的制定有所帮助。这类研究称为会计信息的价值相关性研究。当然，按照研究对象的数据属性，价值相关性研究可分为会计信息的价值相关性研究和非会计信息的价值相关性研究，而会计信息的价值相关性研究又可分为资产负债表项目的价值相关性研究、利润表项目的价值相关性研究、现金流量表项目的价值相关性研究以及其他价值相关性研究。

因为财务报告是会计信息的主要载体，各个准则制定机构在制定准则时都希望财务报告能有用。如美国财务会计准则委员会在《企业编制财务报告的目标》（SFAC No.1）中就指出财务报告的目标是提供与决策相关的信息，以帮助现实的和潜在的投资者、债权人和其他使用者作出理性的决策，评价企业未来现金流的数量、时间和不确定性，从而确立以决策有用为主导的财务目标观。SFAC No.8进一步明确指出了财务报告的目标是为使用者提供有关报告主体的财务信息，以帮助他们作出是否向报告主体提供资源的决策。

当然，这些研究是否能对会计准则的制定有所启发就见仁见智了。霍尔特豪森和瓦茨（Holthausen and Watts，2001）认为这些价值相关性研究只是研究了相关关系，对于会计准则的制定用处不大，其他学者的研究（Barth，Beaver and Landsman，2001）则持有不同的观点。

会计准则也提出会计信息要有及时性和相关性等特征。相关研究也尝试去分析满足这些特征的会计信息是否被市场认可，或者说市场是否能看透这些信息。很多研究（Basu，1997；Lev and Zarowin，1999；Penman and Zhang，2002）开始讨论会计稳健性这一特征。更多新近的研究也在讨论其他会计变化如公允会计的影响。

在第2章，我们已经指出：有效市场假说与20世纪60年代会计文献中流行的观点相悖。特别是，有效市场假说与企业管理者能够利用会计盈利系统性地误导股票市场这一观点相矛盾。此外，倘若会计盈利与股票价格相关，有效市场假说认为会计盈利可成为衡量企业价值的标准或指标。这显然与20世纪60年代关于会计盈利没有使用统一计量标准因而是无用的看法相矛盾。

依照第1章介绍的方法论，我们可以推断早期研究者曾对有效市场假说和现存会计文献中相互矛盾的观点进行了验证（例如，验证会计程序的变化到底能否系统性地误导股票市场）。研究者确实做了这方面的尝试（第4章）。不过，率先促使实证研究在会计学中得以普及的文章（Ball and Brown，1968）并没有试图进行这种验证，相反，依据公司财务学中支持有效市场假说的证据，鲍尔和布朗假定有效市场假说是有效的。然后，在承认有效市场假说成立的前提下，鲍尔和布朗探讨了会计盈利是否在实证意义上与股票价格相关以及会计盈利是否具有潜在用途。在发现会计盈利和股票价格存在相关性之后，鲍尔和布朗又探讨了会计盈利是否仅仅反映了包含在股票价格里的因素,或者盈利公告是否会向股票市场传递新的信息(即盈利公告是否具有**信息含量**(information content))。

鲍尔和布朗的文章导致研究会计盈利与股票价格之间的实证关系及会计盈利是否具有信息含量的文献大量出现。[1] 目前此类文献仍层出不穷。这类文献之所以是实证类型的,是因为它们研究了为什么会计盈利与股票价格相关及为什么会计盈利能向股票市场传递新信息。尽管如此,这类文献并未探讨为什么会计盈利要采用当时流行的方法来计算。

在本章中,我们将对会计盈利和股票价格之间的关系及会计盈利的信息含量这两方面的文献进行分析。基于第 2 章已经解释的原因,文献中探讨的并被用以评估信息含量的会计盈利与股票价格之间的关系逐渐演变为未预期盈利与非正常报酬率之间的关系。给定多元正态分布的假设,这些研究分析了非正常报酬率的均值和方差。我们首先要分析的研究主要探讨未预期盈利和平均非正常报酬率之间的关系,其中就包括鲍尔与布朗的研究,接下来要分析的研究主要探讨盈利公告与非正常报酬率方差及隐含在股票和期权价格中的报酬率方差之间的关系。最后要分析那些用交易量来评估盈利公告的信息含量的研究。

从盈利、非正常报酬率和交易量三者关系的研究中得出的基本结论是:盈利与非正常报酬率相关;盈利能向市场传递新信息。这两个结论促使人们研究能否通过把盈利作为现金流的代理变量来解释盈利和非正常报酬率之间的关系。我们随后将分析这类研究。

我们还将分析盈利的信息含量如何因公司不同而有所差异的研究。这类研究的一个范例是对比分析场外交易(over-the-counter,OTC)的公司与纽约证券交易所上市公司在盈利方面的信息含量的差异。

本章的最后部分将对会计盈利和股票价格之间关系的有关证据进行总结。

---

[1] 另一篇关于盈利的信息含量的论文(Benston,1967)在鲍尔和布朗(Ball and Brown,1968)的研究发表之前就已发表。然而,这篇论文未能像鲍尔和布朗的文章一样对会计文献产生重大影响,这是因为它存在研究方法上的问题,未能发现信息含量。

第 3 章 会计盈利与股票价格

3.1 盈利的信息含量

本章首先区分了反映影响股票价格因素的盈利与向股票市场传递新信息（即具有信息含量）的盈利公告。[①] 一家公司的季度会计盈利能够反映影响股票价格的因素（比如季度现金流）并因此与该季度的非正常报酬率相关，而无须通过盈利公告传递信息以引起股票价格的变化。原因在于，根据有效市场假说，市场参与者能够在季度盈利公布之前从不同渠道获知公司的季度现金流信息。这样，尽管一家公司的季度盈利和季度非正常报酬率之间所观察到的关系表明盈利反映了影响股票价格的因素，但这并不意味着盈利确实能向市场传递信息。为了验证这一假说，最理想的做法是观察盈利公布时股票价格的变化情况。

关于一家公司现金流的信息，存在着很多可供选择的信息来源，这就降低了盈利公告的信息含量。其中一些来源是关于公司的正式报告。例如，《华尔街日报》定期报告美国小汽车制造商生产的小汽车数量。这些数据，加上对生产成本、销售量、销售价格的了解，使得分析师有能力去预测美国小汽车制造商的季度现金流和盈利。其他信息来源就不那么正式。财务分析师经常就公司当前和未来的经营问题对有关负责人进行采访。公司外部人士还可以观察公司业务的变化。例如，公司产品分销商注意到产品的销量上升，他可能据此进行股票交易从而影响股票价格，或将销量上升的消息告知分析师。最后，掌握公司周销售情况的公司内部人员可能据此进行（非法）股票交易，从而影响股票价格。对盈利信息含量的早期研究（Ball and Brown，1968）引起人们的重大兴趣，

[①] 鲍尔和布朗（Ball and Brown，1968）的研究运用"信息含量"这一术语来指年度盈利与年度非正常报酬率之间的关系，并把股票价格是否随着盈利公布而变化这一问题称为"及时性问题"。其他研究者把针对年度（或季度）非正常报酬率与年度（或季度）盈利的分布关系称作信息含量研究。但是，我们只把"信息含量"这一问题的研究局限于诸如盈利公布之类的事件是否会对股票价格产生影响。其理由是，根据定义，信息是指事先未知的事件。如果与某个事件有关的股票价格变动发生在该事件之前，那么，与这一事件有关的影响股票价格变化的因素就已经是为人们所知悉。

因为它们论证了那些可供选择的信息来源能够更早地提供盈利信息。

3.2 未预期盈利的变化方向与平均非正常报酬率的关系

鲍尔和布朗（Ball and Brown，1968）研究了未预期盈利的变化方向与平均非正常报酬率的关系。在他们的研究之后，出现了一系列类似的研究，但是，直到最近，研究者才接受鲍尔与布朗的建议（Ball and Brown，1968，p.177），开始探究未预期盈利的大小与平均非正常报酬率的关系。

3.2.1 鲍尔和布朗的研究

鲍尔和布朗（Ball and Brown，1968）的研究预测当非正常报酬率为正时，未预期盈利随着正的非正常报酬率而增加，当非正常报酬率为负时，未预期盈利随着负的非正常报酬率而减少。在第2章里，我们知道上述预测能够从盈利是现金流的代理变量以及股票可按多期间资本资产定价模型来定价这两个假定中推导出来。[①]

下面举例说明鲍尔和布朗的预测。假设某公司本年度的盈利是每股2美元，市场预期下一年度的盈利也是每股2美元。股票现行价格是每股20美元，股票的预期报酬率为10%，因此，对于面值为20美元的股票，我们预计下一年度通过股票销售和股利分配可获取22美元的报酬。如果下一年度的实际会计盈利是每股2.10美元（未预期盈利为正值），公司的股票价格和股利的总量就会超过22美元。这样，已实现报酬率就会超过10%的预期报酬率（非正常报酬率为正值）。相反，如果下一年度的实际会计盈利是每股1.80美元，公司的股票价格加上股利就会低于22美元，已实现报酬率就会小于10%（非正常报酬率为负值）。

鲍尔和布朗研究的是年度的盈利公告。为了检验年度盈利是否反映

[①] 第2章推导的预测是：企业 i 在期间 t 的非正常报酬率等于企业 i 在期间 t 的现金流乘以一个正参数（见式（2.26））。这样，若预期到的现金流为正值，则非正常报酬率也为正值。相反地，若未预期到的现金流为负值，则非正常报酬率亦为负值。

了影响股票价格的因素,他们检验了在某个小样本下给定符号(正或负)的未预期盈利公布是否在整个年度里拥有一个同样符号的非正常报酬率。年度盈利公告向市场传递信息这一假设是通过盈利公布月份的平均非正常报酬率进行验证的。如果盈利公告具有信息含量,那么在盈利公布的月份里,在未预期盈利变化为正值的小样本中,其平均非正常报酬率也应为正值;而在未预期盈利变化为负值的小样本中,其平均非正常报酬率也应为负值。

在检验年度盈利公告是否传递新信息的过程中,研究者希望使用包含盈利公告发布时间的最短期间计算报酬率。在最理想的情况下,人们应当观察盈利公布前后的交易报酬率。[①] 在缺乏交易数据时,人们可利用日报酬率来观察股票价格在盈利公布时是否有所变化。不过,在鲍尔与布朗从事这项研究的时候,人们从计算机中获得的可靠报酬率数据的最短时间是一个月。

利用月度数据对信息含量假设进行验证并不是个很有说服力的验证方法。其原因在于,盈利公布月份的平均非正常报酬率可能为非零值,这不是因为公布当天股票价格发生变化的缘故,而是在公布之前股票发生变化的缘故。

非正常报酬率的计量指标

前述检验要求对盈利公布日当月的非正常报酬率以及截至盈利公布日的那一个年度的非正常报酬率进行估算。鲍尔和布朗从月度非正常报酬率中估算出了这两个报酬率。他们用某个时期(该时期早于需要计算其月度非正常报酬率的那一年)的各家公司股票的月度报酬率对市场指数进行回归,借以估算市场模型参数($\hat{a}_i$ 和 $\hat{b}_i$),然后,运用这些参数来预测当年各个月份的报酬率。各个月份的非正常报酬率代表实际报酬率和预期报酬率之差。**预测误差**(prediction error)可由式(2.34)计算:

$$\hat{e}_{i,t} = r_{i,t} - \hat{a}_i - \hat{b}_i r_{m,t}$$

预测误差被当作非正常报酬率的一个计量指标,而不是一个从市场

[①] 人们当然希望盈利是当期公布的唯一数字,否则,股票价格效应就可能是由其他信息引起的。

模型回归方程（包括盈利公布的年份）中估计出的误差项。其原因在于，误差项的估算过程会使估计系数（$\hat{a}_i$ 和 $\hat{b}_i$）中包含一部分非正常报酬率，这些非正常报酬率本应包含在非正常报酬率的计量里。

如果把盈利公布月定义为 0 月，公司 i 在盈利公布月份的非正常报酬率即为 $\hat{e}_{i,0}$，盈利公布前那一个月的非正常报酬率为 $\hat{e}_{i,-1}$，依此类推。在公布正值或负值的未预期盈利的小样本里，各公司的 $\hat{e}_{i,0}$ 的年度平均值即可用来验证信息含量假设。

各公司的年度非正常报酬率可以由月度非正常报酬率计算出来。计算公式是：$(1+\hat{e}_{i,-11})(1+\hat{e}_{i,-10})\cdots(1+\hat{e}_{i,0})$ 或 $\prod_{t=-11}^{0}(1+\hat{e}_{i,t})$。公式里包含着由 1 加上一个月度报酬率组成的元素。从直观上看，假设在盈利公布前的 12 个月投资了 1 美元，第一个月的报酬率是 $\hat{e}_{i,-11}$，第二个月的报酬率是 $\hat{e}_{i,-10}$ 等，该公式度量了该笔投资的增值量。

为了获得年度盈利朝着特定方向发生变化时所有公司该年度的非正常报酬率均值这一计量指标，鲍尔与布朗把在该年份里具有同样盈利变化的公司的非正常报酬率进行平均，所得结果称作时点 0 的**非正常业绩指数**（abnormal performance index，API）：

$$API_0 = \frac{1}{Q}\sum_{q=1}^{Q}\prod_{t=-11}^{0}(1+\hat{e}_{q,t}) \tag{3.1}$$

式中，Q 为具有同样符号的盈利变化的公司/年度的数量。

如果年度盈利与股票价格相关，我们预期：对于未预期盈利变化为正值的小样本，$API_0 > 1$；对于未预期盈利变化为负值的小样本，$API_0 < 1$。如果年度盈利与股票价格不相关，对于所有的小样本，API_0 都趋近于 1。[1]

鲍尔和布朗还计算了不同时期的非正常业绩指数，各时期的始末月份为盈利公布前的第 12 个月（$T=-11$）到盈利公布后的第 6 个月（$T=+6$）。

---

[1] 需要注意的是，API 的期望值在与盈余变化无关的情况下并不正好等于 1，因为它略微偏离于股票报酬率（Ball and Brown，1968）。

第 3 章 会计盈利与股票价格

$$APIT_T = \frac{1}{Q}\sum_{q=1}^{Q}\prod_{t=-11}^{T}(1+\hat{e}_{q,t}); \quad T = -11, -10, \cdots, +6 \quad (3.2)$$

非正常业绩指数随着 T 从 -11 到 0 变化，提供了业已在年度盈利公布中体现的信息发布时间因素。

未预期盈利的计量指标

鲍尔和布朗采用两种方法来估计未预期盈利。第一种方法中他们使用了盈利变化。如果盈利是现金流的代理变量，这种方法就与第 2 章式（2.26）说明的非正常报酬率与现金流变化之间的关系相吻合。它隐含着盈利变化从属于简单循环过程（即下一年度的预期盈利为今年的盈利，第 2 章）的假设。

未预期盈利的第二种方法得到的估计值是剔除了盈利市场指数变化效应之后的盈利变化。这种估计方法与盈利变化具有相同的内含假设，并且承认鲍尔和布朗所运用的非正常报酬率的估计值已剔除了证券市场上非正常报酬率的影响。[①] 非正常报酬率和未预期盈利之间的计量一致性要求二者都剔除市场效应。

公司 i 在期间 t 的盈利变化可定义为 $\Delta A_{i,t} \equiv A_{i,t} - A_{i,t-1}$，这里 $A_{i,t}$ 表示公司 i 在期间 t 的盈利，期间 t 的市场盈利变化可定义为 $\Delta M_t \equiv M_t - M_{t-1}$，这里的 M_t 表示期间 t 的盈利市场指数。这样，将期间 t 未预期的市场盈利剔除后，公司 i 在期间 t 的盈利变化（$\Delta A_{i,t}^M$）为：

$$\Delta A_{i,t}^M = \Delta A_{i,t} - (\hat{g}_i + \hat{h}_i \Delta M_t) \quad (3.3)$$

式中，$\hat{g}_i$ 和 $\hat{h}_i$ 是从公司 i 的盈利变化（$\Delta A_{i,t}$）对市场盈利变化（ΔM_t）的回归中估计出的参数。

在估计未预期盈利的两种方法中，使用了两种盈利计量指标：净盈利和每股盈利额。剔除市场盈利变化之后的盈利变化（$\Delta A_{i,t}^M$）是同时

---

① 鲍尔和布朗运用的估计误差 $\hat{e}_{i,t}$ 是剔除了市场效应 $\varepsilon_{i,t}$ 之后非正常报酬率的估计值，其数学表达式为：

$$\varepsilon_{i,t} = v_{i,t} - \beta_i \mu_t$$

式中，$v_{i,t}$ 代表非正常报酬率；β_i 代表市场模型的斜率；μ_t 代表证券市场上的非正常报酬率（第 2 章）。

采用净盈利和每股盈利额（鲍尔和布朗将其分别称为变量1和变量2）来计算的。盈利变化（$\Delta A_{i,t}$）只使用每股盈利（鲍尔和布朗称之为变量3）来计算。

鲍尔和布朗研究了盈利变化是否序列相关，结果发现它们是序列不相关的。这意味着盈利变化是一个**随机游走**（random walk）过程，一个特殊的简单循环过程。① 正如我们已经指出的，在用盈利变化作为未预期盈利的估计值时，隐含的假设是盈利变化遵从简单循环过程。

盈利变化缺乏序列相关性是解释时点0的非正常业绩指数API_0的一个十分理想的属性。它意味着非正常业绩指数只度量出当前盈利变化对影响股票价格的因素的反映程度，而不论以前盈利变化如何。假若不同期间的盈利具有相关性，如果本年度的盈利变化为正值，那么前一年的盈利变化也可能为正值。这样，如果两次盈利公布的时间相隔11个月，那么在现行盈利的时点0的非正常业绩指数API_0里，$T=-11$时的非正常报酬率就包含了前一年盈利公告的信息含量。结果，时点0的非正常业绩指数API_0就高估了本期盈利公告的潜在信息含量（也就是说，假若不是已由其他来源提供，现行盈利能够传递信息含量）。如果不同期间的盈利变化不具有相关性，那么在样本或小样本里各公司早期未预期盈利的变化符号就只是一个随机现象，并且样本里以前年度的盈利变化平均起来为零。这样，样本里时点0的非正常业绩指数API_0就不包含以前年度盈利公告的股票价格效应。

样本

鲍尔和布朗依据下列条件挑选年度发布盈利公告的公司样本（盈利公布样本）：

1. 公司在1946—1965年这段时间内的盈利数据必须可在标准普尔公司的Compustat数据库中查到。

2. 公司的财务年度必须在12月31日终止。

---

① 年度盈利的一个简单随机游走模型为：
$$A_{i,t}=A_{i,t-1}+\omega_{i,t}$$
式中，$E(\omega_{i,t})=0$，对于所有的t，$\sigma^2(\omega_{i,t})$为常数。对于所有不等于0的t，协方差（ω_t，$\omega_{t+\tau}$）$=0$，详见第6章。

3. 公司的股票报酬率数据在股票价格研究中心（CRSP）的存放期必须超过 100 个月。

4. 盈利公告可从《华尔街日报》上获得。

根据这些标准，鲍尔和布朗选择了 261 家在纽约证券交易所上市的公司作为盈利公布样本。

盈利与股票价格关系的分析限定在 1957—1965 年这 9 个财务年度的年度盈利公告，因为 1957 年之前的盈利数据用于估计式（3.3）中的参数（$\hat{g}_i$ 和 $\hat{h}_i$）。如果一个数据既用于估计参数，又用于预测未预期盈利，预测结果可能因为采用了在盈利预测时市场无法获得的数据而显得"过于精确"，过于精确会引起未预期盈利的估计误差。

研究结果

图 3-1 展示了非正常报酬率（通过非正常业绩指数表示）和盈利变化的关系。图 3-1 中的变量 1 和变量 2 分别指的是以市场盈利变化调整后的净盈利和每股盈利额来衡量的盈利变化。变量 3 指的是每股盈

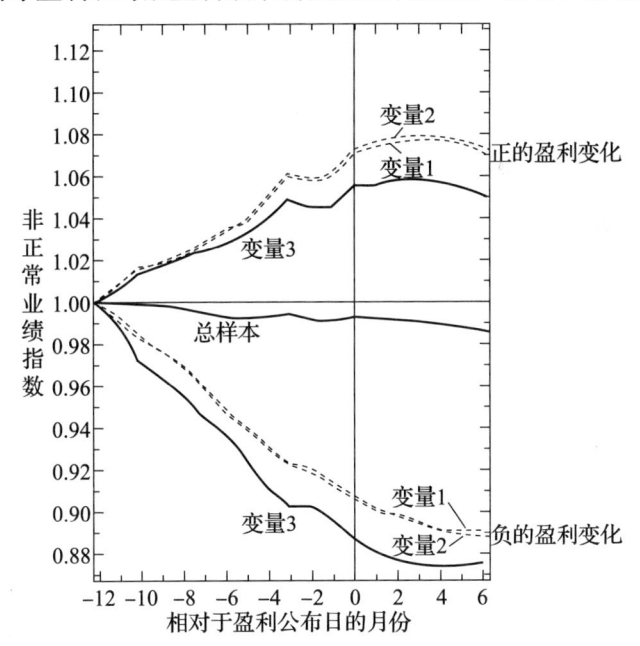

图 3-1　非正常业绩指数与盈利变化的关系

资料来源：R. Ball and P. Brown, "An Empirical Evaluation of Accounting Income Numbers," *Journal of Accounting Research* 6 (Autumn 1968), Figure 1, p. 169.

利额的变化。图3-1展示了从盈利公布前的第12个月（$T=-11$）到盈利公布后的第6个月（$T=+6$）这段时期内，非正常业绩指数在盈利变化分别为正值和负值时的状态。

非正常报酬率的取值与预期一致。在盈利公布月底，盈利变化为正值的样本，其非正常业绩指数对于三个变量都大于1（即从1.056变为1.073）。此时，平均年度非正常报酬率分别为5.6%和7.3%。在第0月，盈利变化为负值的样本，其非正常业绩指数对于三个变量都小于1。平均年度非正常报酬率分别为－11.3%和－9.5%。正负样本的非正常报酬率的差别相当大（对于所有三个变量，大约为16.5%）。显然，若能提前12个月了解下一年度的会计盈利，将是很有价值的。[①]

从图3-1还可明显看出，针对年度盈利变化而作出的许多价格调整均发生在盈利公布月之前。在盈利公布之前的每个月份，正值或负值的盈利变化样本中的非正常业绩指数与盈利变化的符号同向变动；并且，如同鲍尔和布朗指出的那样，85%～90%伴随着未预期盈利的股票价格变化发生在盈利公布月之前。这种超前移动现象无疑应归因于季度盈利报告和非会计信息来源。正是基于盈利公布前的这种大幅度价格变动，鲍尔和布朗认为，尽管盈利确实能传递新信息，但年度盈利仍不能成为及时的信息来源。这个结论本章后面还会详细讨论。

鲍尔和布朗未能对年度盈利变化方向与平均非正常报酬率之间的关系进行统计显著性检验。不过，后来的研究证实：与盈利公告相关的平均非正常报酬率显著异于0。[②] 这样，我们就完全可以说年度盈利变化和股票价格变化密切相关。给定有效市场假说，这个发现意味着：报告的会计盈利反映了影响股票价格的因素，是很有用的信息。

鲍尔和布朗还对盈利公布月份里盈利变化（$\hat{e}_i, 0$）方向与非正常报酬率变化方向之间的相关性做了显著性检验。他们发现，所有三个变量的χ^2

[①] 如前所述，倘若投资者能提前一年了解企业盈利，16.5%的报酬率是剔除了市场效应之后的净额，因此它可能高于或低于市场报酬率。为了获得这个扣除交易成本之前的16.5%的实际报酬率，投资者必须提前一年购入其盈利水平即将提高的股票，并提前一年抛出其盈利水平即将下降的股票。这两种股票的买卖都必须在12个月之后变现。

[②] 譬如，瓦茨（Watts, 1978）的研究发现，根据盈利变化方向建立的证券组合在盈利公布前（包括公布的那个星期）6个月的所得非正常报酬率显著异于0。

统计量都足以在任何合理的概率水平上推翻这两种变化方向不相关的原假设（Ball and Brown, 1968, Table 5, p. 170）。这一结果与盈利公告包含信息的假设相一致。不过，这个检验存在一个问题：即使对市场变化因素进行调整，盈利变化之间也不是相互独立的。鲍尔和布朗用来评估显著性的 χ^2 值假定盈利变化是独立的。[①] 截面数据展示出来的相关性应归因于行业效应对盈利和报酬率的影响。后来的研究者（Benston and Watts, 1978）在研究过程中考虑了截面数据的这种相关性，他们的研究结果证实，在盈利公布月份里，盈利变化方向与平均非正常报酬率变化方向存在着显著相关性。这与盈利公告传递了新信息这一假设相吻合。

3.2.2 有关年度盈利的其他研究

鲍尔和布朗关于年度盈利公告的研究对象已由其他研究人员从纽约证券交易所上市的公司扩展到在纽约证券交易所以外的美国证券市场上交易的公司（Foster, 1975）。这类研究的研究对象还扩展到其他国家上市交易的公司。[②] 结果发现，鲍尔和布朗的结论不只适用于在纽约证券交易所上市交易的公司。

布朗（Brown, 1970）关于澳大利亚公司的研究结果可用图 3-2 加以概括。图 3-2 中非正常业绩指数的移动状态和图 3-1 相似，并且，第 0 月的正（或负）未预期盈利变化的非正常报酬率也基本类似。

鲍尔和布朗（Ball and Brown, 1968）的研究同布朗（Brown, 1970）的研究之间的差别在于：在某年度内，澳大利亚的交易所证券价格调整慢于纽约证券交易所；而在盈利公布月，澳大利亚的交易所证券价格调整幅度更大。这种差别可能来源于下述事实：澳大利亚公司发布半年报而不是季报，因此年度会计报告在澳大利亚是更为重要的信息来源。另一种看法是，这种差别是由于澳大利亚公司和纽约证券交易所上市公司在规模上的差异造成的。澳大利亚公司的规模一般比较小，其他信息来

---

① 冈尼蒂斯和多普奇（Gonedes and Dopuch, 1974）曾对这一论点及其他相关论点进行补充。
② 这类研究包括布朗对澳大利亚公司的研究（Brown, 1970）；弗尔斯对英国公司的研究（Firth, 1981）；福斯伽德和赫特森对瑞典公司的研究（Forsgardh and Hertzen, 1975）；奈特对南非公司的研究（Knight, 1983）。

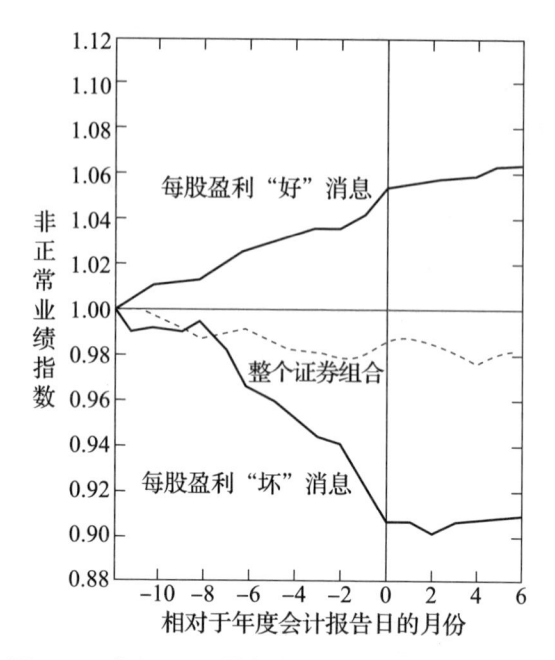

图 3-2 澳大利亚公司年度盈利与股票报酬率的关系

资料来源：P. Brown, "The Impact of the Annual Net Profit Report on the Stock Market," *The Australian Accountant*（July 1970），Figure 1.

源一般也比较少。这样，作为一种信息来源，会计报告对于小公司显然比大公司重要。关于这种假说的证据，本章后半部将予以论述。

3.2.3 中期盈利

中期盈利公告的存在给解释鲍尔和布朗的研究结果，特别是年度盈利在其公布月中仅向市场传递 10%～15% 的潜在信息这一结论，带来了一些问题。首先，中期盈利报告可能会使股票价格在年度盈利公布之前就针对某年度实际发生的年度盈利进行了调整。这样，所有会计报告（包括季度的和年度的）所传递的潜在信息就会超出 10%。

其次，不管未预期盈利是正值还是负值，盈利公布月的非正常报酬率都可能被低估。因而，盈利公告的信息含量也会随之被低估。随着中期盈利的公布，证券市场会对年度盈利的期望值进行修正。这样，在盈利公布月之初就隐含在股票价格里的（即第-1 月月末）年度盈利预期就不同于年初（即在第-12 月月末）的预期。因此，若把建立在

第 3 章　会计盈利与股票价格

第-12月的预期基础上的正值未预期盈利样本和负值未预期盈利样本分离开,预期误差就会包含在第-1月的未预期盈利中。对中期盈利进行研究可降低低估的程度。

还应该注意:鲍尔和布朗关于10%～15%信息含量的估计也可能会高估会计盈利的信息含量,因为盈利公布月的股票价格调整可以在实际盈利公布日之前发生。例如,如果股票价格早在盈利公布之前的一个星期就对未预期盈利做过充分的调整,我们就会观察到:盈利公布月的非正常报酬率和未预期盈利之间存在显著的相关性。使用日报酬率而不是月报酬率可以降低对盈利公告信息含量的高估程度。

为探讨上述问题,福斯特(Foster,1977)进行了一项与鲍尔和布朗类似的研究,不过,福斯特使用的是季度盈利和日报酬率。福斯特运用时间序列分析建立了季度盈利预测模型。其中的一些模型具有序列非相关预期误差的必备特征。第 6 章将详细讨论这些模型。

福斯特计算非正常报酬率的方式与鲍尔和布朗的方式有着细微的差别,各家公司的风险计量指标(β)通过下述回归方程估计得出:

$$(r_{i,t}-r_{f,t})=b_i(r_{m,t}-r_{f,t})+e_{i,t} \tag{3.4}$$

式中,$r_{f,t}$ 指无风险债券在 t 月的报酬率。福斯特用其他公司发行的证券构建一个估计风险也为 $\hat{b}_i$ 的证券组合。从证券 i 在 t 日的报酬率($r_{i,t}$)中扣减该证券组合在 t 日的报酬率($r_{p,t}$),得到证券 i 在 t 日的非正常报酬率($\hat{e}_{i,t}$)[1]:

$$\hat{e}_{i,t}=r_{i,t}-r_{p,t} \tag{3.5}$$

实际计算过程中,福斯特没有使用具体的日报酬率,而是使用了日比价(等于1+间断报酬率)的自然对数来粗略地代表连续复合日报酬率。[2] 证券 i 在 t 日的预期非正常报酬率具有连续报酬率的特征。

---

[1]　这种计算非正常报酬率的方法与第 2 章介绍的组合法相同。关于如何运用组合法中的预测误差的论述,参见布朗和沃纳的研究(Brown and Warner,1980)。

[2]　连续复合日报酬率的计算公式如下:
$$r_{i,t}=\log_e\left(\frac{P_{i,t}+DPS_{i,t}}{P_{i,t-1}}\right)$$
式中,$P_{i,t}$ 与 $DPS_{i,t}$ 分别代表每股股票价格和每股股票股利额。

所以，对于某个特定的季度，公司 i 以一个较长时期——60 个交易日，包括盈利公布日在内——为单位计算的非正常报酬率可以是这 60 个交易日报酬率的总和，这个被称作公司 i 的**累计非正常报酬率**（cumulative abnormal return，CAR）的计算公式为：

$$CAR_i = \sum_{t=-59}^{0} \hat{e}_{i,t} \tag{3.6}$$

样本中所有公司在各个季度 60 天内的、具有特定变化符号的未预期盈利的平均非正常报酬率，是通过对这些累计非正常报酬率加总平均而得出的，即

$$CAR = \frac{1}{Q} \sum_{q=1}^{Q} CAR_q \tag{3.7}$$

式中，Q 为样本中公司/季度的数量。

如果盈利与股票价格不相关，平均累计非正常报酬率就应该等于零。

福斯特这个盈利预测模型所估计的包括盈利公布日在内的 60 天的平均累计非正常报酬率，当未预期盈利为正值时，是 2%；当未预期盈利为负值时，是 -3%。反映未预期盈利变化方向与非正常报酬率之间关系的统计值 χ^2 为 130，这个统计值足以在任何概率水平上拒绝二者不相关的假设。然而，正如我们在讨论鲍尔和布朗的检验时所指出的，该检验的结果因未预期盈利与非正常报酬率之间的截面相关性而被高估了。当然，后来的检验证明了二者具有显著的相关性，我们可得出这样的结论：与年度盈利一样，季度盈利反映了隐含在股票价格里的因素，具有潜在的有用性（给定有效市场假说）。

福斯特还计算了不同时期的累计非正常报酬率，各时期都以盈利公布前的第 20 天为起点，而终止日的范围在盈利公布日前 15 天到盈利公布日后 20 天之间。表 3 - 1 列示了累计非正常报酬率的计算结果。复合累计非正常报酬率指的是正值未预期盈利与负值未预期盈利的累计非正常报酬率的平均值，其中，负值未预期盈利的累计非正常报酬率通常乘以 -1。

第 3 章　会计盈利与股票价格

表 3-1　介于季度收益公布日前后交易日的累计非正常报酬率

介于收益公布日前后的交易日	四个季度 复合CAR	四个季度 χ^2值	第一季度 复合CAR	第一季度 χ^2值	第二季度 复合CAR	第二季度 χ^2值	第三季度 复合CAR	第三季度 χ^2值	第四季度 复合CAR	第四季度 χ^2值
−20	0.000 4	7.07	0.000 5	5.05	0.000 9	3.27	0.000 6	1.82	−0.000 2	0.00
−15	0.001 7	0.85	0.008 0	0.24	0.002 5	0.00	0.003 4	0.44	−0.002 2	2.96
−10	0.004 1	1.65	0.007 5	0.50	0.002 5	1.27	0.005 9	1.82	0.000 3	4.66
−9	0.004 0	0.96	0.007 4	1.33	0.002 0	0.88	0.006 2	1.60	0.000 5	0.83
−8	0.004 5	1.12	0.008 1	0.01	0.002 9	0.38	0.006 5	1.20	0.000 7	0.27
−7	0.004 8	0.49	0.008 1	1.22	0.002 2	0.24	0.007 6	1.67	0.001 0	0.50
−6	0.005 9	8.60	0.008 7	0.70	0.003 6	1.85	0.009 1	7.09	0.002 0	0.95
−5	0.006 2	0.79	0.008 8	1.01	0.003 3	2.82	0.009 2	0.14	0.003 7	1.56
−4	0.007 2	4.26	0.010 2	2.30	0.004 8	5.92	0.010 1	0.00	0.003 8	0.01
−3	0.007 5	1.05	0.011 0	2.31	0.005 8	1.64	0.009 9	0.86	0.003 1	0.02
−2	0.008 2	8.90	0.011 5	3.12	0.007 4	2.71	0.011 0	3.42	0.003 1	0.41
−1	0.012 4	55.08	0.014 8	8.09	0.012 0	23.85	0.015 6	14.63	0.007 3	10.43
0	0.016 2	66.87	0.018 4	23.35	0.016 6	12.15	0.019 7	23.69	0.010 4	9.99
1	0.016 8	3.81	0.018 8	1.57	0.017 0	0.72	0.020 4	0.11	0.010 9	4.52

61

续表

介于收益公布日前后的交易日	四个季度 复合CAR	四个季度 χ^2值	第一季度 复合CAR	第一季度 χ^2值	第二季度 复合CAR	第二季度 χ^2值	第三季度 复合CAR	第三季度 χ^2值	第四季度 复合CAR	第四季度 χ^2值
2	0.017 0	0.91	0.019 2	1.80	0.017 1	0.51	0.021 2	2.25	0.010 3	2.42
3	0.017 0	0.17	0.020 1	1.97	0.016 3	1.70	0.021 6	0.11	0.009 9	0.35
4	0.017 3	1.31	0.021 0	0.35	0.016 1	0.00	0.021 5	0.34	0.010 7	1.10
5	0.016 9	4.93	0.021 0	0.25	0.015 2	0.08	0.021 1	6.10	0.010 0	1.31
6	0.016 9	0.34	0.021 0	0.08	0.015 3	0.13	0.020 9	0.49	0.010 1	0.02
7	0.016 9	0.35	0.020 9	0.20	0.014 9	0.09	0.021 7	1.61	0.010 1	0.02
8	0.017 4	5.67	0.021 6	0.94	0.013 4	3.12	0.023 3	12.93	0.011 3	4.16
9	0.017 6	0.51	0.021 9	0.05	0.013 5	0.17	0.023 3	0.31	0.011 6	1.05
10	0.017 8	2.86	0.021 8	0.29	0.014 8	2.04	0.022 9	1.12	0.011 7	0.20
15	0.018 3	0.09	0.021 5	0.13	0.016 9	0.19	0.023 5	2.14	0.011 1	0.58
20	0.018 9	0.29	0.020 1	0.20	0.019 2	2.78	0.024 2	0.39	0.012 2	0.01

资料来源：G. Foster, "Quarterly Accounting Data: Time-Series Properties and Predictive-Ability Results," *Accounting Review* 52 (January 1977), p. 17.

表 3-1 提供的证据证实了季度盈利能够向资本市场传递新信息这一假设。盈利公布日被定义为在《华尔街日报》上发布盈利的日期。不过，实际的盈利公布经常发生在《华尔街日报》发布盈利的前一天。因此，最好使用盈利公布前一天和当天的有关数据来估计股票价格的调整幅度。这两天平均的股票价格变动为 0.008 0(0.016 2－0.008 2)，约为 1%（$CAR_0 - CAR_{-2}$）。换言之，在盈利公布的这两天里，如果未预期盈利为正（负）值，股票价格平均会提高（下降）1 个百分点。而用来检验未预期盈利的变化与非正常报酬率之间关系的统计量 χ^2，在盈利公布前一天为 55，在当天为 67，这些检验量在任何合理概率水平上都是显著的，即使把未预期盈利和股票价格变化之间的截面相关性剔除，也是如此。

在盈利公布前（包括盈利公布日）的 60 个交易日里计算的复合累计非正常报酬率为 0.025 3，即该季度与某一特定变化方向的未预期盈利相关联的非正常报酬率约等于 2.53%。如果盈利公布时的非正常报酬率为 0.8%，季度盈利信息非正常报酬率为 2.53%，就会有大约 32%（0.8/2.53）的潜在信息没有在盈利公布前的股票价格中反映出来。这个潜在信息含量与鲍尔和布朗关于年度盈利具有 10%～15% 的信息含量这一估计相比，显然比较高，它表明会计盈利是个及时的信息来源。

3.3　未预期盈利的变化幅度与平均非正常报酬率的关系

3.3.1　比弗、克拉克和赖特的研究

3.2 节中的研究主要针对未预期盈利变化方向与非正常报酬率之间的关系展开。如果盈利是现金流的代理变量，股票按多期间资本资产定价模型定价，那么，未预期盈利变化方向与非正常报酬率之间存在相关性也就是意料之中的。依据同样的假设，我们可以预期，未预期盈利的变化幅度与非正常报酬率的大小也存在相关性，就是说，未预期盈利越大，非正常报酬率就越高。

第 2 章推导出的有关企业在期间 t 的非正常报酬率（$v_{i,t}$）与未预期现金流（$\Delta C_{i,t}$）的关系式（2.26）可表述为：

$$v_{i,t} = [1 + E(r_i)] \left[\frac{C_{i,t} - E_{t-1}(C_{i,t})}{E_{t-1}(C_{i,t})} \right] \tag{3.8}$$

式中，$E(r_i)$ 表示企业 i 的股票的预期报酬率；$C_{i,t} - E_{t-1}(C_{i,t})$ 表示企业 i 在期间 t 的未预期现金流。$E_{t-1}(C_{i,t})$ 是在期间 $t-1$ 时对企业 i 在期间 t 的预期现金流。在式（3.8）中，非正常报酬率（$v_{i,t}$）与未预期现金流比率成正比。若盈利可当作现金流的代理变量，我们可推测，非正常报酬率与未预期盈利之间也存在着类似的正比关系。

比弗、克拉克和赖特（Beaver，Clarke and Wright，1979）就此展开了研究。他们把 t 年的未预期盈利定义为 t 年的盈利变化（$\Delta A_{i,t}$）减去一个趋势项（该趋势项为 $1/Q \sum_{q=1}^{Q} \Delta A_{i,t-q}$，这里 Q 表示变化次数）。这个定义假设盈利遵循简单循环的过程，只是有点偏向于趋势值的符号方向。他们利用 t 年度的未预期盈利率除以 t 年度的预期盈利（$A_{i,t-1} + 1/Q \sum_{q=1}^{Q} \Delta A_{i,t-q}$）来计算 t 年度未预期盈利的变化率：

$$\frac{\Delta A_{i,t} - \frac{1}{Q} \sum_{q=1}^{Q} \Delta A_{i,t-q}}{\Delta A_{i,t-1} + \frac{1}{Q} \sum_{q=1}^{Q} \Delta A_{i,t-q}}$$

根据式（3.8），如果盈利是现金流的代理变量，我们可推测，未预期盈利率越大，非正常报酬率也越大。

根据 1965—1974 年这一时期 276 家公司年度盈利的资料，比弗、克拉克和赖特以未预期盈利率的变化幅度为基础，建立了 25 个公司/年度的证券组合，然后，利用 12 个月份（截至企业会计年度之后的第三个月）的累计非正常报酬率资料，他们计算出每个证券组合的平均年非正常报酬率。表 3-2 列示了每个证券组合的平均年非正常报酬率和平均未预期盈利率。

表 3-2 按证券组合划分的平均年非正常报酬率与平均未预期盈利率的关系

证券组合	观察次数	平均年非正常报酬率	平均未预期盈利率
1	107	−0.175 1	−1.547 8
2	107	−0.124 0	−0.446 9
3	106	−0.146 9	−0.312 3
4	106	−0.117 6	−0.229 2
5	106	−0.113 3	−0.174 7
6	106	−0.090 3	−0.127 3
7	106	−0.043 8	−0.087 4
8	106	−0.085 3	−0.051 0
9	106	−0.041 5	−0.020 3
10	106	−0.021 0	0.004 7
11	106	−0.001 1	0.021 3
12	106	0.019 8	0.038 1
13	106	0.011 7	0.054 3
14	106	−0.018 0	0.070 9
15	106	0.019 7	0.090 6
16	106	0.040 9	0.110 5
17	106	0.002 5	0.131 6
18	106	0.075 0	0.159 5
19	106	0.064 0	0.193 9
20	106	0.103 7	0.234 3
21	106	0.104 4	0.287 0
22	106	0.117 9	0.362 8
23	106	0.157 6	0.497 2
24	106	0.222 3	0.720 6
25	106	0.291 6	1.850 8
	2 652		

资料来源：W. H. Beaver, R. Clarke, and W. Wright, "The Association Between Unsystematic Security Returns and the Magnitude of Earnings Forecast Errors," *Journal of Accounting Research* 17 (Autumn 1979), Table 3, p. 328.

从表 3-2 可以看出，平均年非正常报酬率随着平均未预期盈利率的增加而单调上升。平均年非正常报酬率随着平均未预期盈利率的变化而变化。对于第 1 个证券组合，平均未预期盈利率约为−155%，而平均年非正常报酬率约为−17.5%，而第 25 个证券组合的相应数据分别为约 185%和约 29.2%，这两个变量间的相关性在任何合理的概率水平上都具有统计显著性。显而易见，平均未预期盈利率与平均年非正常报酬率具有相关性。

根据式（3.8），如果盈利是现金流的代理变量，非正常报酬率就应该近似于未预期盈利率（即如果假定某个证券组合经调整后的平均报酬率 $E(r_i)$ 约为 0.2，则这两个变量的系数之比为 1.2）。而根据表 3-2，这种比例关系并不成立。非正常报酬率的绝对值通常小于未预期盈利率的绝对值，特别是当未预期盈利率为最大值时。

对于这种变量的系数之比小于1的关系，存在几个可能的原因。第一个原因是，用盈利估算现金流具有一定的误差，因而，并非所有未预期盈利的变动都意味着现金流以及非正常报酬率都会朝着盈利变动的方向发生变化。当证券组合建立在盈利的未预期变化之上时，一部分非正常报酬率可能相互抵消，应计会计项目就是产生计量误差的一个明显的潜在原因。

第二个原因是，式（3.8）假定现金流动是一个简单循环过程（第2章），并且遵循多期间资本资产定价模型。如果这些假定不成立，未预期盈利率与非正常报酬率的系数之比很可能小于1。

第三个原因是，股票价格对反映在年度盈利里的因素所做的调整可能发生在以前年度。例如，虽然一项政府合同可能于本年度才开始对盈利产生影响，但是股票价格在合同公布之前的年份就已经对公司拟从合同中获得的现金流进行了资本化。

第四个原因是，即使盈利不变，股票价格也会发生变化，因为利率和盈利资本化率也可能有所变化。

3.3.2　比弗、林伯特和摩斯的研究

比弗、林伯特和摩斯（Beaver，Lambert and Morse，1980）将1958—1976年这19年间各公司每年的价格变化百分率与每股盈利变化百分率做了回归分析。[①] 这19个回归方程的平均回归系数（价格变化百

---

　① 价格变化百分率与不包括股利的报酬率是一样的。由于可用报酬率复现他们的结果（Beaver，Lambert and Morse，1980），比弗、林伯特和摩斯认为他们的研究结果在使用不同因变量的情况下仍稳健。有关计价模型的论述和对比弗、林伯特和摩斯研究的评论，参见克利斯蒂、肯内利、金和赛弗的研究（Christie，Kennelley，King and Schaefer，1984）。

分率对盈利变化百分率的平均敏感度）为 0.12，这个结果与比弗、克拉克和赖特（Beaver, Clarke and Wright, 1979）观测到的"小于 1∶1 的关系"相吻合。

当比弗、林伯特和摩斯根据价格变化百分率把各公司组成各种不同的组合并重新进行回归分析时，平均回归系数增大了。若把所有公司都编入这 25 种组合之一并对这 25 种组合做回归分析，此时的平均回归系数为 1.80，这表明，未预期盈利率和非正常报酬率的系数之比大于 1。

比弗、克拉克和赖特的结论与比弗、林伯特和摩斯的结论存在差异，部分原因在于建立组合的方法不同。比弗、克拉克和赖特依据自变量（未预期盈利率）来建立组合，而比弗、林伯特和摩斯则根据因变量（价格变化百分率）来建立组合。因此，比弗、克拉克和赖特所用的方法可能低估了报酬率对现金流的敏感度，而比弗、林伯特和摩斯则可能高估了该敏感度。[①]

不管敏感度是大是小，上述两个研究都证实了非正常报酬率和未预期年度盈利之间存在显著的正相关关系。这也与盈利能够反映影响股票价格的因素（比如，当前和预期的现金流）的假设一致。不过，由于他们的研究侧重于一年期的未预期盈利，因此这些研究未能提供盈利公告具有信息含量的证据。

3.4 盈利公告与非正常报酬率方差的关系

3.3 节概括介绍了有关未预期盈利和平均非正常报酬率之间关系的

---

① 比弗、林伯特和摩斯（Beaver, Lambert and Morse, 1980, fn. 9）承认其方法可能高估了回归系数。因为未预期现金流较高或者存在着一些与当期现金流无关的因素，根据价格变化百分率建立组合会导致价格变化百分率较高的组合中包含了那些非正常报酬率较高的股票。价格变化百分率较高的组合，其报酬率高于给定的预期现金流。同样地，价格变化百分率较低的组合，其报酬率低于给定的预期现金流。由于误差项与上述两个变量不相关，因此，他们的估计系数大于实际的相关系数（Wheatley, 1982）。

根据类似的论点，比弗、克拉克和赖特的研究结果低估了实际的相关性。他们根据未预期盈利建立组合，从而导致较高的未预期盈利的组合具有正的平均测量误差，而较低的未预期盈利的组合则具有负的平均测量误差。这种做法高估了较高的未预期现金流，低估了较低的未预期现金流，从而低估了实际的相关性。

证据。然而，平均非正常报酬率并不是度量股票价格对盈利公告作出反应的唯一指标，研究人员还运用非正常报酬率的方差来度量盈利公告的信息含量。

比弗（Beaver，1968a）是第一个运用非正常报酬率的方差作为年度盈利公告的信息含量的计量指标的研究人员。他运用方差的概念以避开预期盈利模型的构建。其基本思路是，信息可以改变投资者对公司未来现金流概率分布的估计，从而也改变了股票价格。如果盈利公告可向资本市场传递新信息，它就会引起股票价格变化。因此，比弗推测，与其他日子相对比，在盈利公布日观察到的价格变化会更多、更大。由于在一个有效的市场上，盈利公布日的预期非正常报酬率为零，这些股票价格变化必将在盈利公布日使非正常报酬率产生较大的方差。[①] 因此，盈利能向市场传递新信息的假设可通过观察非正常报酬率的方差在盈利公布时是否上升而得到验证。盈利信息含量的方差检验避免了平均非正常报酬率检验中用以分割盈利公布的未预期盈利的测量误差（如式（3.3））。由于无须建立模型，方差检验经常用于研究其他类型的信息披露。

3.4.1　比弗的研究

为了比较报告周（即围绕盈利公布的 17 个周：从第 -8 周到第 $+8$ 周）和非报告周的非正常报酬率的方差，比弗（Beaver，1968a）构建了一个比率 $U_{q,t}$（又称比弗的 U 统计值）：

$$U_{q,t} = \frac{e_{q,t}^2}{\sigma^2(e_q)}, \qquad t = -8, \cdots, +8 \tag{3.9}$$

式中，$e_{q,t}^2$ 表示根据市场模型对第 t 周的盈利公告 q 进行预测时产生的预测误差的平方；$\sigma^2(e_q)$ 则表示盈利公告 q 在估计的市场模型中的残差方差（residual variance）。由于在一个有效市场上盈利公布周的预期非正常报酬率为零，$e_{q,0}^2$ 同样为盈利公布周的非正常报酬率方差（$e_{q,t}^2$ 表

[①] 参见克利斯蒂对于以盈利公布日为前提的预期非正常报酬率趋于零的论述（Christie，1984）。

示报告周 t 的非正常报酬率方差)。残差方差 $\sigma^2(e_g)$ 是非报告周非正常报酬率方差的估计值。如果某个盈利公告未向市场传递新的信息,非正常报酬率方差应保持不变,而且盈利公布周的比率($U_{q,0}$)应接近 1。① 反之,比率 $U_{q,0}$ 应大于 1。

值得注意的是,如果盈利公布时的预期非正常报酬率为零的话,比率 U 就仅仅是对非正常报酬率方差变化的检验。由于所有上市公司都在比较有规律的时间间隔内公布盈利,所以,上述假定在盈利公告的随机样本里是较为合理的。一般而言,在一个有效市场上,盈利公告并不会传递新信息。② 相反,兼并公告(merger announcement)本身确实会传递新信息,因此在一个兼并公告样本里假设预期非正常报酬率为零,就不合理。对于兼并公告,盈利公告的非正常报酬率平方(比率 U 的分子)就不是非正常报酬率方差的估计值。由于受平均非正常报酬率的影响,比率 U 可能大于 1,这是因为兼并公告对平均非正常报酬率或非正常报酬率方差产生了影响。③

样本

比弗的样本包括 1961—1965 年间 143 家公司的年度盈利公布。这些公司具有如下特征:

1. 公司的相关数据都可在标准普尔公司的 Compustat 数据库中查到。

2. 都在纽约证券交易所上市。

3. 会计年度均不以 12 月 31 日为截止日。

4. 盈利公布周不发放股利。

5. 在报告期(即盈利公布的 17 个周)没有进行股票分割(stock-split)。

6. 每年在《华尔街日报》上的新闻发布少于 20 次。

对会计年度进行限定是为了避免盈利公布集中于少数几周。盈利公

---

① 参见帕提尔(Patell,1976)对比弗这个 U 统计值的评论。

② 请注意,盈利公布的时机本身(不论是在正常公布日之前或之后)并不会传递新信息(Chambers and Penman,1984)。

③ 参见帕提尔的研究(Patell,1976)。

布过于集中会增加由非盈利变量引发非正常股票价格效应的可能性。对股利和股票分割的限制也是为了减少非盈利变量的影响。对新闻发布次数的限制是为了便于对盈利公布周与非盈利公布周进行比较。然而这种做法可能会使挑选到的公司都是拥有较少信息渠道的小公司,从而过高估计了盈利公告的平均信息量(Grant,1980)。在143家公司中,并不是所有公司每个年度都能满足上述全部条件,所以,最终的样本只包含506次盈利公布。

比弗根据样本中的506次盈利公布计算出报告周比率 $U_{q,t}$,并据此测算出盈利公布时的周平均比率 $\overline{U}_t$:

$$\overline{U}_t = \frac{1}{506}\sum_{q=1}^{506} U_{q,t}; \quad t=-8,\cdots,0,\cdots,+8 \tag{3.10}$$

估计值 $\overline{U}_t$ 被用于验证报告期内的非正常报酬率方差是否增大。

结果

图3-3展示了在年度盈利公布周前后 $\overline{U}_t$ 的波动情况。

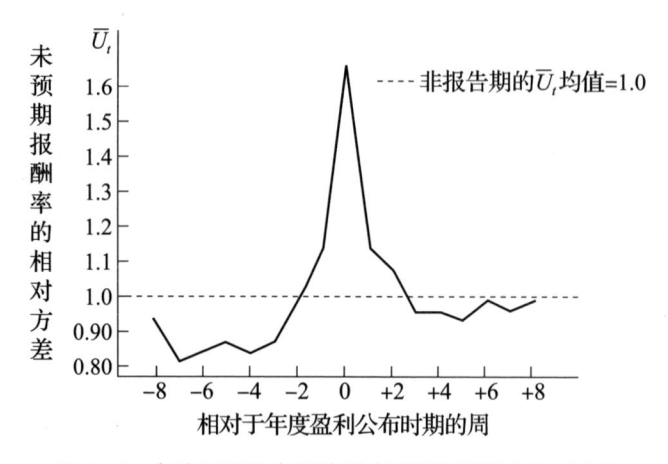

图3-3 年度盈利公布周前后未预期报酬率的相对方差

资料来源:W. H. Beaver, "The Information Content of Annual Earnings Announcements," *Empirical Research in Accounting: Selected Studies 1968*, supplement to Vol. 6 of *Journal of Accounting Research* (1968a), p. 91.

从图3-3中可以看出,年度盈利公布周的平均非正常报酬率的方差较大。当周数为0时,比率 $\overline{U}_t$ 为1.67,换言之,盈利公布周的方差比正常情况高出67%。增大的方差基本上出现在周数为0时,不过,第−1、+1和+2周的方差也超过平均水平。

从图3-3可以得出结论：年度盈利公告包含与证券估值有关的信息。尽管比弗未对图3-3中的数据进行显著性检验，但他已针对报告的方差增量是否正常进行了检验。首先，他分析了非报告期的U_t超出1.67的频率。在抽取的250个数据中，只有11个数据大于1.67，这表明，1.67的平均值已经非常高了。平均值大于1的频率在第0周最大，但其发生的概率小于0.00001。

即使盈利公布后那两周的非正常报酬率方差（见图3-3）显著地高出正常水平（这当然不太可能），这种现象仍不至于和有效市场假说相矛盾。增大的方差并不一定意味着存在获得非正常报酬率的机会。原因很明显，在第+1周，高出正常价格水平的变化可能一半为正值一半为负值，因而平均非正常报酬率仍然为零。

3.4.2 其他的方差研究

利用方差衡量盈利公告信息含量的方法已经被运用到除纽约证券交易所以外的交易所，并得出相似的结果。梅（May，1971）曾运用这一方法分析了在美国证券交易所（ASE）上市的公司在1964—1968年间的季度盈利公告。黑格曼（Hagerman，1973）也曾运用比弗的方法分析场外交易市场上银行股票的盈利公告，黑格曼和梅的研究结果与比弗的类似。

一般来说，运用非正常报酬率方差检验法和运用未预期盈利的变化方向与平均非正常报酬率的关系对盈利公告的信息含量进行研究，所得结果是一致的，这两组结果都证明了盈利公告能向资本市场传递新信息。

3.5 盈利公告与内含报酬率方差的关系

企业一般趋向于在每年大致相同的日子里公布季度盈利（Chambers and Penman，1984），因此，我们可以预计，在一个有效市场上，投资者有能力预测出盈利公布日以及与之相关联的报酬率方差的增加值。也就是说，我们可以预计市场有能力预测盈利公布时所发出的信息含量。市场价格当然不可能在盈利公布前调整，因为盈利此时仍是未知的，但是证券市场应该预计到信息将会发布，报酬率方差亦将增大。

市场有能力预测报酬率方差会在盈利公布时增大，这个假设可以通过**买方期权**（call option）的价格来检验。买方期权是指在指定的时期内以特定的价格即**履约价**（exercise price）购买某家公司一定数量股票的权利。这种买方期权可在芝加哥期权交易所（Chicago Board Options Exchange，CBOE）、美国证券交易所（ASE）、费城证券交易所（Philadelphia Stock Exchange）和太平洋证券交易所（Pacific Stock Exchange）里买卖。买方期权价格随着股票报酬率方差的变化而变化。

帕提尔与沃尔夫森（Patell and Wolfson，1979，1981）曾用买方期权价格检验市场是否能够预计方差将在盈利公布时增大。他们从布莱克与绍尔斯（Black and Scholes，1973）的买方期权计价模型中得出了方差的估计值。在该模型中，买方期权价格是下列变量的函数：同一时期优先股份（underlying share）的价格、买方期权的履约价、买方期权的约定期间、连续性无风险利率、每单位时间连续股份盈利的方差。如果方差是时间的确定性函数（deterministic function），模型中的方差即可定义为买方期权从计价期至到期日的平均方差（Merton，1973）。给定某个日期的买方期权价格、优先股份的价格、履约价和无风险利率，帕提尔和沃尔夫森通过布莱克-绍尔斯模型求得隐含在买方期权价格和股票价格里的平均方差。

根据盈利公告和盈利方差相关性的研究，帕提尔与沃尔夫森假定：股票盈利的瞬时方差一般为一个常数（k），然而，在盈利公布期间（见图 3-4 中从 t_3 至 t_4）则为 k 加上一临时增量（l）。给定该模型，常数 k 就应等于在时间 t_4 买方期权（将在 t_5 到期）与优先股份的价格的平均方差。不过，到期时间为 t_5，时间为 t_1 的价格方差应较大，因为它既包括了方差为 k 的时期（比如 t_2），又包括了方差为 $k+l$ 的时期。在这种情况下，平均方差即为 k 与 $k+l$ 的平均值。若到期时间 t_5 保持不变，同时改变股票及赎回价格（call price）的观察时间，则平均方差的变化如图3-5所示。

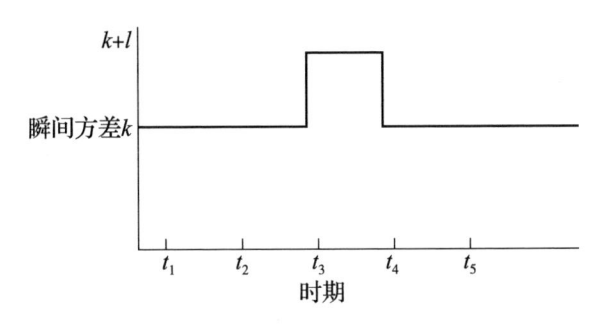

图3-4　盈利公布期前后时期 t_3 至 t_4 的瞬时报酬率方差的假想侧面图
资料来源：J. M. Patell and M. A. Wolfson, "The Ex Ante and Ex Post Price Effects of Quarterly Earnings Announcements Reflected in Option and Stock Prices," *Journal of Accounting Research* 19（Autumn 1981），p. 437.

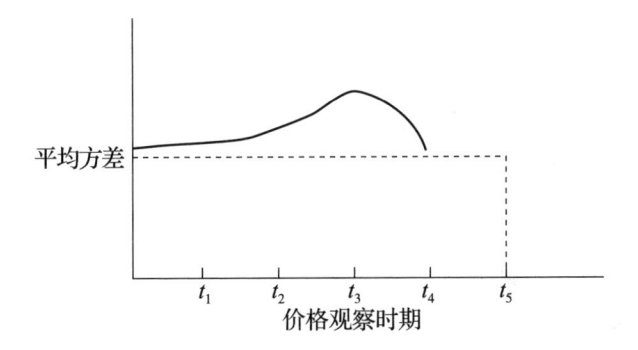

图3-5　平均方差的变化
资料来源：J. M. Patell and M. A. Wolfson, "The Ex Ante and Ex Post Price Effects of Quarterly Earnings Announcements Reflected in Option and Stock Prices," *Journal of Accounting Research* 19（Autumn 1981），p. 439.

帕提尔和沃尔夫森（Patell and Wolfson, 1981）验证了所计算的方差是否与图3-5相符，特别是，运用截至盈利公布时的买方期权，他们检验了：

1. 平均方差是否在盈利公布前的两天里增大（例如，在图3-4和图3-5中的 t_1 和 t_2 之间）。

2. 平均方差是否在盈利公布期（即 $t_3 \sim t_4$）变小。

3. 在盈利公布期间，上述1中的平均方差的增大幅度与股票价格的上升幅度之间是否存在相关性。

帕提尔和沃尔夫森（Patell and Wolfson，1981）使用的样本是由 96 家曾于 1976 年 8 月 23 日至 1977 年 10 月 21 日这段时期在芝加哥期权交易所进行买方期权交易的公司所组成。通过尽可能地利用道琼斯信息咨询公司（Dow Jones New Service）或"电脑信息咨询公司"（broad tape）公布盈利的确切时间，帕提尔与沃尔夫森确认了这 96 家公司在那段时期内的 333 次季度盈利公布。[1] 他们估算了公司股票盈利的市场模型并计算出盈利公布期间（从第 -1 日到第 $+2$ 日）的日剩余报酬率（residual return）平方与非盈利公布期间的平均剩余报酬率平方的比率。

这个比率与比弗的 U 统计值相似。第 -1，第 0，第 $+1$ 和第 $+2$ 日的平均比率分别为 1.72，3.34，2.01 和 1.24，前三日的比率是显著的（在 0.001 的水平上）。第 0 和第 $+1$ 日的比率大于比弗所报告的 1.67（Beaver，1968a），这是由于比弗使用的是周数据（因而包括在第 -2 日和第 $+2$ 日较低的比率）。

根据第 -1，第 0 和第 $+1$ 日方差增大的显著程度，帕提尔与沃尔夫森将其盈利公布时期定义为包括了所有这三天。他们运用盈利公布前 20 个交易日（即第 -20 日）和第 -2 个交易日的平均方差来检验平均方差率是否会在盈利公布之前增大，而平均方差在盈利公布期间趋于变小的假设则通过估计第 -2 日和第 $+1$ 日的平均方差得到了验证。

平均方差从第 -20 日到第 -2 日增大，不论是短期买方期权（20～90 天期）、中期买方期权（90～180 天期），还是长期买方期权（180～270 天期），在统计上都是显著的。其显著性的概率水平介于 0.0001～0.072 之间。方差从第 -2 日到第 $+1$ 日的下降对于各类买方期权的所有 9 种组合也都是显著的，其概率水平范围为 0.006～0.067。

对于盈利公布前平均方差的增大（从买方期权价格中推知）和盈利公布期日剩余报酬率平方比率的相对增加（从买方期权价格中推知）之间的相关性，帕提尔和沃尔夫森也都加以估计。若盈利公布期定义为从第 -1 日到第 $+1$ 日，该相关性在 0.03 的概率水平上显著。如此看来，盈利公布前的价格所隐含的平均方差的变化方向，不仅与市场关于方差

---

[1] 帕提尔和沃尔夫森获得这 333 家公司 290 次确切的盈利公布时间，而其他 43 家公司的盈利公布日被确定为其盈利在《华尔街日报》上发表的前一天。

会在盈利公布时增大的预计相一致,而且隐含的平均方差的增长幅度与盈利公布时方差的实际大小也具有相关性。所有这些证据既与图3-4中描述的平均方差随时间变动这一事实一致,也与市场可预见盈利公布时的信息发布这一假设一致。

3.6 盈利公告与交易量的关系

在介绍方差分析方法的文章中,比弗还探讨了与盈利公告有关的交易量的变化。比弗把交易量的增加解释为盈利公告中信息含量的存在,然而,这种看法存在一个缺陷。从理论上说,即使没有发生大的交易,信息仍然可传递到资本市场,证券价格亦可能发生大变动。例如,某日交易收盘后,一家公司可能会公布一笔很大的未预期损失。当证券交易所再度开市时,卖价和询价就会大大低于上一笔交易的成交价格。另外,即使没有信息发布,也会发生大笔交易(例如,由于投资组合的调整)。问题在于缺乏有关交易量的经济理论。结果就像比弗已经认识到的那样,用交易量来衡量信息具有很大的片面性。

在交易量的研究中,运用曾用于分析盈利公布时剩余报酬率方差的506次盈利公布,比弗计算了公司 i 在第 t 周的交易量。

$$v_{i,t} = \frac{\text{公司}\,i\,\text{在第}\,t\,\text{周的股份数}}{\text{公司}\,i\,\text{在第}\,t\,\text{周发行在外的股份数}} \times \frac{1}{\text{第}\,t\,\text{周的交易日数}} \tag{3.11}$$

根据样本中506次盈利公布计算出盈利公布时期(第-8周到第+8周)每周的日平均成交股份百分率,然后加总平均,得到

$$\bar{v}_t = \frac{1}{506}\sum_{q=1}^{506} v_{q,t}; \quad t=-8,\cdots,0,\cdots,+8 \tag{3.12}$$

图3-6显示了盈利公布期间的平均交易量。虚线表示非盈利公布时期的平均交易量。由图3-6可以看出,平均交易量在盈利公布周(第0周)远远大于非盈利公布周(高于33%)和盈利公布期间的其他周。

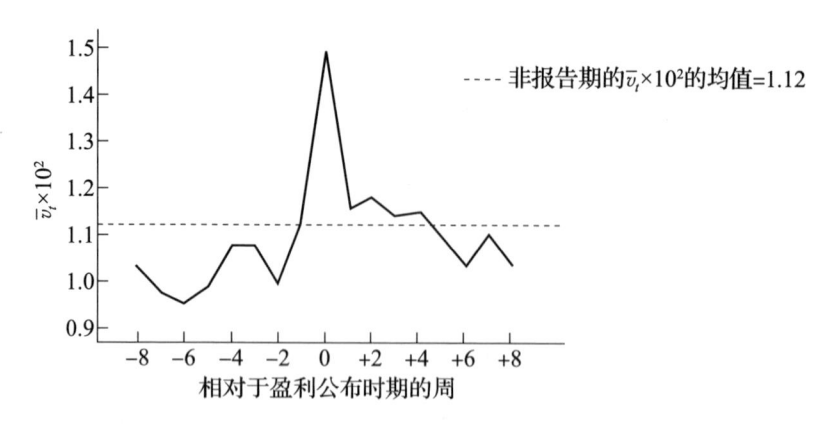

图3-6 股份交易量与年度盈利公告之间的关系

资料来源：W. H. Beaver, "The Information Content of Annual Earnings Announcements," *Empirical Research in Accounting: Selected Studies 1968*, supplement to Vol. 6 of *Journal of Accounting Research* (1968a), p. 91.

比弗还研究了剔除市场交易量后的公司股份交易量。其结果与图3-6很相似（也就是说，在盈利公布周，交易量大幅上升）。这样，交易量的变动进一步证实了运用非正常报酬率的平均值、方差以及内含平均方差进行分析所发现的结果：盈利公告能够向股票市场传递新信息。

3.7 盈利与现金流的关系

在非正常报酬率和未预期盈利的相关性以及盈利信息含量的检验中，隐含着一个基本理念，即盈利能够度量当前及未来的现金流。在第2章，一家公司某一时期的非正常报酬率被表示为该时期未预期现金流及未来时期预期现金流在该时期的变化量的正函数（如式(2.23)），未预期盈利与非正常报酬率之所以相关是因为未预期盈利是衡量当期未预期现金流或未来预期现金流的变化量的一个指数。如果与当期未预期现金流相比，未预期盈利是反映未来预期现金流的变化的更好的指数，那么，未预期盈利与非正常报酬率的相关性就高于未预期现金流与非正常报酬率的相关性。这很有可能就是会计人员把当前现金流转换成会计盈利的权责发生制程序，使得盈利比当前现金流更能反映永久盈利或未来的预期现金流。

许多研究尝试探讨未预期盈利或未预期现金流中的哪一个与非正常报酬率具有更强的相关性。这些研究使用的是经营现金流（operating cash flows）（现金流减投资现金流）而不是总现金流，其原因是投资现金流（支出和残值）是不稳定的。鲍尔和布朗（Ball and Brown, 1968, pp.172-173）用现金流取代盈利之后重复了这些研究。他们用经营收入来代替经营现金流。结果，对于正数和负数的现金流变化，其非正常报酬率的绝对值都略小于盈利变化情况下的非正常报酬率，这表明当期现金流与非正常报酬率的相关性要弱一些。

比弗和杜克思（Beaver and Dukes, 1972）的研究支持了鲍尔和布朗的结论。他们把折旧、损耗和摊销费以及资产负债表上的递延税收的变化量重新加回到盈利中，从而求得了经营现金流的近似值。他们发现：与未预期经营现金流相比，未预期盈利与非正常报酬率具有较强的相关性。

帕提尔和卡普兰（Patell and Kaplan, 1977）检验了经营现金流是否能够提供年度盈利未曾提供的信息。他们的结论是，现金流根本不具有任何边际信息。在研究中，帕提尔和卡普兰使用Compustat数据库中的经营总资金（total funds from operations）这一变量来代替经营现金流。该变量的定义为：扣除非常项目后的净盈利＋递延税收和折旧－非合并部门未上缴的盈利＋其他调整项目。

尽管前述结论都表明会计盈利比当期现金流更能预测未来现金流（式（2.23）成立的前提下），但要注意，没有哪一个研究真正采用过经营现金流。尽管它们都扣除了盈利中的某些应计项目来估计经营现金流，但没有扣除存货变化和应收款变化这类应计项目。扣除这些应计项目将提高经营现金流与非正常报酬率的相关性，因为有证据表明经营者通过操纵这些应计项目来影响其报酬（Healy, 1985, Ch.11）。另外，使用净现金流的总量而不是经营现金流，也将产生不同的研究结果。扣减投资现金流将降低非正常报酬率和现金流的相关性。

3.8 信息含量的差异

在本章一开始我们就提到,在鲍尔和布朗(Ball and Brown,1968)的研究之前,人们还没有明确认识到盈利公告能传递新信息。原因在于,根据有效市场假说,信息竞争使得其他信息来源在盈利公布之前就已向市场传递了盈利所反映的信息。前面几部分展示的证据表明,其他信息来源并不能传递盈利所反映的全部信息,即从总体上说,盈利公告具有信息含量。不过,可获得的公开信息的数量因公司而异。有关大公司的传闻总比小公司多,而研究大公司的分析师也比小公司多。这意味着,小公司的信息来源较少,因而其盈利公告的信息含量也较多。格兰特(Grant,1980)对这个假设进行了检验。

假定盈利公告传递信息,那么,过于频繁的盈利公告是否会降低信息含量呢?例如,当一家公司由按年度报告盈利转向按季度报告盈利时,年度盈利公告的信息含量会降低吗?麦克尼古拉斯和曼尼古尔德(McNichols and Manegold,1983)对这一假设进行了检验。

3.8.1 格兰特的研究

格兰特(Grant,1980)研究了在纽约证券交易所上市和在场外交易市场上的公司年度盈利公告的相对信息含量。场外交易公司的规模通常小于在纽约证券交易所上市的公司。格兰特观察到:《华尔街日报》对场外交易公司所做的新闻报道远远少于对纽约证券交易所上市公司的报道,格兰特由此预言:场外交易公司的年度盈利公告具有更多的信息含量。

信息含量的度量可使用比弗的 U 统计值,即报告期预期误差的平方与非报告期残差方差的比率。格兰特利用 1960—1964 年 211 个场外交易公司的 747 次盈利公布和 101 个纽约证券交易所上市公司的 336 次盈利公布组建样本并计算了 U 统计值。对于场外交易公司,U 统计值为 2.60,并且在盈利公布周具有统计显著性(至少在 0.10 的概率水平上);纽约证券交易所上市公司的 U 统计值则为 1.28,且不具有统计显著性。纽约证券交易所的 U 统计值低于比弗计算的 1.67，这可能是因为比弗的样本都是那些《华尔街日报》报道很少的在纽约证券交易所上市的公司。换言之，比弗所调查的在纽约证券交易所上市的公司的盈利公告的信息含量本来就更高。

格兰特在 0.001 的概率水平上拒绝了纽约证券交易所上市公司与场外交易市场上的公司在盈利公布周的 U 统计值不存在差异这一假设。由于《华尔街日报》对场外交易市场上的公司报道较少，因此上述证据与盈利公告的信息含量随着信息来源渠道的多寡而有所差异这一假设是一致的。

3.8.2　麦克尼古拉斯和曼尼古尔德的研究

1962 年，美国证券交易所（ASE）发布一项规定：在 ASE 上市的公司应按季度报告盈利。在此之前，很多在 ASE 上市的公司只报告年度盈利。在 ASE 上市的公司开始按季度报告盈利之后，麦克尼古拉斯和曼尼古尔德（McNichols and Manegold，1983）调查了年度盈利公布时的报酬率方差是否降低。

麦克尼古拉斯和曼尼古尔德构建了一种类似于比弗的 U 统计值的相对方差量。他们计算了每家公司某个非盈利公布期的平均日报酬率和日报酬率方差，然后，把盈利公布期某一日的报酬方差表述为非盈利公布期的平均报酬率与日报酬率之差。盈利公布期某一日的报酬方差与非盈利公布期日报酬方差的比率即为相对方差量。

利用一个包括 34 家公司的样本，他们比较了公司开始按季度报告盈利前后的年度盈利公告的平均相对方差量。他们发现第 -4，第 $+1$ 和第 $+2$ 日的相对方差在季度报告实施后明显变小了（概率水平为 0.05）。若比较从第 -5 到第 $+2$ 日的平均相对方差，季度报告实施后的相对方差就更小（概率水平为 0.01）。这些证据与引进季度报告之后年度盈利公告的相对信息含量就会减少的看法一致。

3.9　小结

本章概述并分析了会计盈利与股票价格之间关系的经验性文献。这类文献直接起源于鲍尔和布朗（Ball and Brown，1968）的研究，正是鲍尔和布朗推动了实证理论和科学方法论在会计研究中的运用和普及。这类文献假定：有效市场假说是描述性的并可据此相应地解释经验性研究的结果。

本章概述的证据表明：某一给定期间（如季度或年度）的股票价格变化不仅与那个时期未预期盈利的变化方向相关，而且与未预期盈利的变化幅度相关。给定有效市场假说，这类证据与会计盈利反映了影响股票价格因素这一假说是一致的。证据还表明，年度盈利和季度盈利能够向股票市场传递新信息。股票价格还经常在盈利公布时发生变化。这个发现来自信息的四种测量指标，即平均非正常报酬率、非正常报酬率的方差或离散度、隐含在股票和期权价格中的报酬率方差和股票成交量。

股票价格在季度盈利公布日的变化小于与未预期季度盈利相关的所有股票价格的变动。这表明其他信息来源的存在使得市场可以预见到会计盈利。盈利公告的信息含量与公司在《华尔街日报》上的新闻发布频率呈反向变化，这一事实证实了其他信息来源在决定盈利公告的信息含量时起着重要作用。年度盈利公告的信息含量还因是否存在中期盈利公告而有所差别，如果公司报告季度盈利，那么年度盈利公告的信息含量将减少。

研究表明，非正常报酬率与盈利的相关性高于非正常报酬率与经营现金流的相关性。给定有效市场假说和资本资产定价模型，会计人员的权责发生制程序使得会计盈利能更好地预测未来现金流。不过，这些研究使用的是包含应计项目的经营现金流的代理变量。剔除现金流代理变量中的应计项目并且（或者）使用实际现金流而不是经营现金流，或许会改变这些结论。

本章介绍的研究未曾试图对有效市场假说和早期会计学文献中的假设进行区分。相反，紧接着鲍尔和布朗之后，很多研究都假定有效市场假说是可描述的，并据此解释经验性研究的结果。在我们看来，其原因无非是研究者大都有公司财务学和经济学知识背景，因而已认识到公司财务的证据与有效市场假说是一致的。然而，随着这类研究的发展，后续研究开始试图区分有效市场假说和会计学文献中的重要假说。这些研究力图提供一些证据以影响那些接受了早期会计文献中的重要假设的会计人员的观点。第 4 章将分析这类研究。

延伸阅读文献

Barth, M. E., W. H. Beaver, AND W. R. Landsman, "The Relevance of the Value Relevance Literature for Financial Accounting Standard Setting: Another View," *Journal of Accounting and Economics*, 2001, pp. 77 – 104.

Basu, S., "The Conservatism Principle and the Asymmetric Timeliness of Earnings," *Journal of Accounting and Economics*, 1997, pp. 3 – 37.

Dechow, P., "Accounting Earnings and Cash Flows as Measures of Firm Performance: the Role of Accounting Accruals," *Journal of Accounting and Economics*, 1994, pp. 3 – 42.

Dechow, P., AND I. Dichev, "The Quality of Accruals and Earnings: the Role of Accrual Estimation Errors," *The Accounting Review*, 2002, pp. 35 – 59.

Lev, B., AND P. Zarowin, "The Boundaries of Financial Reporting and How to Extend Them," *Journal of Accounting Research*, 1999, pp. 353 – 385.

Holthausen, R. W., AND R. L. Watts, "The Relevance of the Value Relevance Literature for Financial Accounting Standard Setting," *Journal of Accounting and Economics*, 2001, pp. 31, 3 – 75.

Penman, S. H., AND X. Zhang, "Accounting Conservatism, the Quality of Earnings, and Stock Returns," *The Accounting Review*, 2002, pp. 237 – 264.

Sloan, R., "Do Stock Prices Fully Reflect Information in Accruals and Cash Flows about Future Earnings?," *The Accounting Review*, 1996, pp. 289 – 315.

第4章　竞争性假说的辨识

导　读

　　本章主要关注会计程序变动与股票价格的相关性研究。通过对会计程序变动与股票价格之间的关系来研究相互矛盾的有效市场假说（无效应假说）与机械性假说。

　　在有效市场假说被引入会计领域之前，有研究者认为公司的财务报表是人们获取公司信息的唯一来源，如果经营者具有选择会计程序的灵活性，那么经营者就会随心所欲地报告公司的经营业绩，甚至会通过操纵会计数据来影响股票市场，导致股票市场无法对市场上的公司进行合理区分，这就是机械性假说。有效市场假说则认为，竞争也存在于信息市场上，投资者会从各种渠道（包括新闻、分析师报告等等）收集公司信息，资本市场终究会了解公司的真实情况。

　　研究结果发现，有的结果与有效市场假说一致，有的结果与机械性假说一致，但这些研究都不同程度地存在着样本选择、样本聚集等问题。这促使后来的研究人员放弃早期研究所使用的一些假设，同时寻求更好的研究方法。

　　本章和后面几章介绍的会计程序变动或者说会计选择的研究范围在

后来得到了扩展。有些研究给出了一个很宽泛的会计选择的定义,不仅包括先进先出、后进先出这样的经典会计选择,还包括租赁选择、披露水平的选择、新准则采用的时点选择,甚至包括减少研发(R&D)以增加利润这样的真实企业行为(Fields, Lys and Vincent, 2001)。这样,读者就能把后来的披露、盈余管理等文献和之前的会计选择的研究联系起来。

也有研究把财务信息的来源划分为五种:管理层预测(management forecast)、分析师预测(analyst forecast)、证监会文件(SEC filing)、业绩预告(earnings guidance)和盈利公告。通过实证研究发现,不同来源的信息带来的市场反应存在一定的差异。其中,带来市场反应最大的信息来源为管理层预测和分析师预测,接下来是业绩预告以及盈利公告。自愿披露(包括管理层预测和业绩预告)解释了大部分的市场反应,而强制披露解释的部分非常小。并且很多信息在盈利公告之前已经在市场上出现了(Beyer, Cohen, Lys and Walther, 2010)。

前期的研究发现强制披露对股票价格变动的解释力没有那么大,随着实践的发展和数据可得性的提高,越来越多的研究开始关注管理层盈利预测这样的自愿披露。管理层自愿披露是强制性盈利公告的一种补充形式,即在年度或者季度报告日前,管理层自愿披露其预测的会计盈利。管理层在本期中披露下一期季报或年报的盈利预测值,这被称为管理层盈利预测;而在本期会计期间结束到实际盈利公布日之间进行的盈利预测信息披露则通常称为业绩预告。

并不是所有的公司在每一个会计年度里都会进行自愿性盈利预测和业绩预告。影响管理层是否进行盈利预测的因素有很多。管理层盈利预测的及时性、预测精度等变量也逐渐受到关注。研究发现影响管理层盈利预测行为和预测精度的因素包括董事会、审计委员会等公司内部因素和分析师、机构投资者、诉讼成本等外部因素。

对于强制披露也有进一步的研究。尽管监管对披露形式和内容做了一些规定,仍然给管理者留下了很大的空间。比如一些研究发现报表和报表附注中的信息含量是不同的。再比如一些研究对于报表的可读性进行了分析,发现管理者对于报表的可读性把握也有很大的自由裁量权。

当然，前期因计量方法而没法得出有效结论的问题也得到了进一步的研究。如样本自选择或者遗漏变量等问题在后面的研究中都得到了重视。解释和预测的任务并不容易完成，因为这意味着只论述相关关系是不能达到目的的，因此后来的研究更重视因果关系的建立和检验。各种用以解决内生性问题的计量方法和研究方法也得到了重视和发展。

第3章讨论了有效市场假说及会计盈利在股票定价中的作用。这方面的研究虽然使用了传统的实证科学方法，但未试图从实证角度去区分有效市场假说和机械性假说。机械性假说见诸早期的很多文献，并且宣称会计盈利和股票价格之间存在一种机械性的联系。这意味着股票市场会受到会计程序的系统性误导。本章分析的文献旨在辨析这两个不同的假说。我们将介绍这两个竞争性假说产生相矛盾的预测的情景，然后进行检验以确定哪一个假说更符合实际。

这种辨析试图开启一系列关于方法论问题的讨论。这种讨论及本章的目的在于进一步深化对实证经济学这一科学方法论的理解。文献是理论如何演变的一个例证。早期的那些雄心勃勃的研究文献实际上存在着严重的方法论问题。这些问题在跟踪研究中得到讨论，跟踪研究反过来又受到批评并由此得到进一步的完善。总的来说，早期的研究和跟踪研究并没有把这两个假说区分开来，但是，它们已相当接近发现问题并以恰当的方式把这些问题表述出来的目标。不仅如此，这些研究收集的证据还促进了会计现象新假说的发展和会计研究新视角的提出。

本章首先概述这两个竞争性假说在会计变动时对股票价格的变化所作出的相互矛盾的预测，然后介绍卡普兰和罗尔（Kaplan and Roll, 1972）的研究，他们是这类研究的发起者，接着，以卡普兰和罗尔的研究为例，分析会计变动研究中存在的方法论问题。另外，我们还将评估鲍尔（Ball, 1972）的有关如何处理方法论问题的研究。

回顾了早期研究之后，通过追踪分析关于先进先出和后进先出这两种存货计价方法对股票价格产生影响的一系列研究（Sunder, 1973, 1975; Ricks, 1982; Biddle and Lindahl, 1982），我们就可以了解这一领域会计文献的发展。最后，本章将就股票价格变化和会计方法变动的相关性问题进行总结，并指出理论发展过程中的一些经验教训。

4.1 竞争性假说

早期实证会计研究者通过股票价格变化和会计程序变化（即会计变动）的关系来区分有效市场假说和机械性假说。与资本资产定价模型以及无交易成本、无契约成本、无信息成本和无税收的假设相结合，有效市场假说预测会计程序自发的变化不会引起股票价格的变化。这就是所谓的**无效应假说**（no-effects hypothesis）。与其竞争的另一个假说（即股票价格系统性地受到会计程序的误导）预测股票价格变化与那些特定的会计程序变化息息相关。这就是所谓的**机械性假说**（mechanistic hypothesis）。

4.1.1 无效应假说

根据次强式有效市场假说，人们不可能仅仅依靠一个会计变动的公布而获取非正常的交易报酬。换言之，伴随着会计变动的任何股票价格的变化都是无偏的（即股票价格变化反映了会计变动中隐含的公司未来价值的变化）。有效市场假说本身也未能提供有关股票价格随着会计程序变化而变化的预测。例如，如果一家公司转而使用加速折旧法，股票价格可能上升也可能下降。有效市场假说并不预测股票价格的变化方向，仅仅预测在会计变动公布之后，股票价格并不上升或下降。预测股票价格的变化方向需要一个定价模型和一个关于会计变动与影响估值因素之间关系的假设。早期研究者使用资本资产定价模型作为估值模型。

在多期间资本资产定价模型下，一家企业的市场价值是其预期现金流和预期报酬率的函数。根据第3章概述的资本资产定价模型，人们没有理由预期会计程序变化会引起现金流的变化。该模型假定不存在交易成本、契约成本和信息成本。信息是免费的，所有投资者都可获得。既然投资者在处理由不同的会计方法计算出来的会计盈利时花费的成本是一样的（都为零），公司经理就没有理由对会计方法厚此薄彼。因此，在资本资产定价模型里，如果没有其他假设，会计变动对股票价格就没有任何意义。[①]

会计方法与企业的价值无关，这个假定与著名的莫迪利安尼和米勒（Modigliani and Miller，1958）关于资本结构是不相关的假定有着惊人的相似之处。这两个假定在资本资产定价模型下均成立。资本结构仅仅是把企业的现金流分割成与各种不同类型的现金流相对应的要求权。如此说来，由于交易成本为零，投资者可以毫不费力地创建或拆毁资本结构。因此，资本结构是不相关的（Brealey and Myers，1984，Ch. 17）。

资本结构不具相关性的假定不只是一种类比，它大大影响了早期会计研究者对股票价格是否伴随着会计变动而变化这一问题的预测。在资本资产定价模型里，资本结构和会计方法都只是形式而已，都没有价格效应。不过，如果存在税收，资本结构和会计方法都会影响现金流和企业价值。莫迪利安尼和米勒（Modigliani and Miller，1963）的研究表明：在一个存在着公司税的世界里，如果利息支付是免税的，而股利支付是不免税的，资本结构就会影响企业的现金流，进而影响企业价值（Brealey and Myers，1984，Ch. 18）。一些会计变动（如后进先出法的变化）会影响公司税，从而也影响现金流和企业价值。在试图区分竞争性假说的这类研究的早期阶段，莫迪利安尼和米勒的税收分析是关于资本结构影响企业现金流和企业价值的唯一严谨的分析。因此，会计研究者认为除非某种会计变动具有税收方面的含义，否则，它不具有任何股票价格效应，这种看法是很自然的。

在有效市场假说与资本资产定价模型里，税收效应还不足以说明股票价格会随着会计变动而发生变化。会计变动还必须是未被市场预期到的。如果会计变动是预料之中的，其税收效应就早已融入股票价格，会计变动真正发生时股票价格不会发生任何波动。

对无效应假说（除非某种会计变动影响了税收，否则会计变动不会影响股票价格）的检验不是对有效市场假说的检验。它是对有效市场假

[①] 交易成本、契约成本和信息成本在会计变动与股票价格的相互关系中的作用也在霍尔特豪森和列夫威奇（Holthausen and Leftwich，1983）的研究中得到剖析。

说、资本资产计价模型、无交易成本、无契约成本、无信息成本等联合假设的共同检验。对无效应假说检验的失败不一定意味着有效市场假说不成立，因为无效应假说也可能因联合假设当中的任何一个（如无交易成本）不成立而宣告无效。

4.1.2　机械性假说

早在有效市场假说问世之前，很多会计学文献就假定会计方法的变化会影响股票价格，即使会计程序的变化对企业现金流没有任何影响也是如此。这个假说源自下述假设：会计报告是有关某家企业的信息的唯一来源，因而投资者使用会计盈利来评估该企业股票的价值。[1]

一些接受机械性假说的会计实务工作者和财务投资者宣称，公司经理会改变会计方法，借此夸大报告盈利并提高公司的股票价格。[2] 例如，美国注册会计师协会执行副主席伦纳德·萨瓦（Leonard Savoie）认为：

> 在公司财务报告中……报表粉饰的目的是展示出一个稳定增长的每股盈利额，以此刺激投资者对股票的需求，抬高股票价格，从而在急需追加资本时营造出一个有利于股票发行的氛围。
>
> 报表粉饰的做法可分为两类——进攻性的和防御性的。进攻性的做法在20世纪60年代后期盛极一时。那时股票市场一派繁荣，企业合并司空见惯，经济处于繁荣时期。报表粉饰的做法花样百出，比如滥发股利、权益集合法、递延研发费、扩大折旧以及充斥着回收性含糊不定的分期收入等。
>
> 当企业收购风愈演愈烈时，即使是最具防御意识的策划者也不得不采取比较开明的会计做法以保护自己。1968年钢铁工业就由采用双倍余额递减法转向直线折旧法，借此提高每股盈利额和资产价值（Savoie，1970）。

---

[1] 提出这种假说的学术文献的例子参见鲍尔的研究（Ball，1972）。
[2] 参见卡普兰和罗尔在《巴诺》（*Barron*）和《财务分析师杂志》（*Financial Analysts Journal*）发表的文章（Kaplan and Roll，1972，p. 226）。

管理者也相信股票市场会被会计方法的变化误导。1974年10月1日的《华尔街日报》曾刊登一篇社论：

> 很多经理人员显然相信，如果他们能够找到妙法来夸大报告的会计盈利，他们的股票价格就会提高，即使这些夸大的会计盈利并不代表实质性的经济变化。换言之，经理人员认为自己是精明能干的，而市场则是愚笨无能的。

即使是那些转向后进先出法据以增加现金流（通过降低税收）的管理者，也在关心报告的每股盈利额的下降引起的股票价格效应这一问题。他们力图使董事会和股东相信盈利的下降并不影响股票价格。托马斯·布雷（Thomas Bray）在《华尔街日报》著文（1972年10月7日），描述了管理者担心的问题。

> 由于对盈利的消极影响，后进先出法并不总是受到股票市场的欢迎。

上述观点意味着某些精明人士相信，当某种会计程序的使用和它对盈利的影响为公众所知晓时，市场会受到这种会计程序的系统性误导。他们相信市场是无效的。当然，他们的信念并不意味着市场就是无效的。有效市场假说是一个总体概念，它的成立并不要求所有人都相信市场是有效的。即使有人认为市场是无效的，有效市场假说仍可以是一个描述总体市场行为的概念。

机械性假说假定盈利和股票价格之间存在一种机械的关系。早期实证研究者把机械性假说看成是由有效市场假说、资本资产定价模型和无交易成本假设组成的联合假设的一个备选的或竞争性的假说。这个竞争性假说预言，不管会计变动对现金流现值的影响如何，可增加盈利的会计变动必然伴随着正的非正常股票盈利，而可减少盈利的会计变动则必然伴随着负的非正常股票盈利。

这种竞争性假说有多种叫法。鲍尔称它为"垄断性假说"。[①] 他认为,之所以这样称呼,是因为这种文献假定除了会计报告以外,再没有别的可供选择的信息来源。

人们通常假定,会计人员对市场上使用的会计数据拥有一种垄断性质的影响力。因为不存在其他竞争性的信息来源,或者即使存在也不会得到利用(Ball,1972,p.4)。

4.1.3 两种假说的辨识

早期的研究运用下列三类会计变动对两种竞争性假说进行辨识:
1. 所有的会计变动,不管它们是否影响税收(Ball,1972)。
2. 不影响税收的会计变动(Kaplan and Roll,1972)。
3. 影响税收的会计变动(Sunder,1973,1975)。

辨识两种竞争性假说的方法之一是观察股票价格是否随着与税收无关的会计变动而变化的情况。在无效应假说之下,这样的会计变动不应产生任何股票价格效应。机械性假说则预言会计变动影响股票价格,影响方向与它影响盈利的方向一样。卡普兰和罗尔通过观察不影响税收的会计变动与股票价格变动的关系,检验了这两个相互矛盾的假说(Kaplan and Roll,1972)。

鲍尔(Ball,1972)采取了另一种方法。他认为,在有效市场假说和资本资产定价模型下,当影响税收的会计变动(特别是后进先出法与先进先出法之间的变化)公布时,股票价格不会发生任何可观察到的变动。因此,他观察了伴随着所有会计变动的非正常盈利,并预言不存在非正常盈利。鲍尔实际上含蓄地假设,根据机械性假说,会计变动通常伴随着特定(假定为正)的非正常盈利。

桑德(Sunder,1973,1975)则专门研究在两种竞争性假说下有关存货计价方法变动的股票价格效应。由先进先出法转为后进先出法

[①] 另一种叫法是"功能性固定化假说"。

显然会影响未来的税收和未来的现金流。如果采用后进先出法来申报税收,那么也必须使用后进先出法来编制财务报表。因此,基于对外报告的目的而采用后进先出法,一般意味着税收变化。[①] 采用后进先出法,通常会降低税收,提高净现金流。仅仅由于这一个原因,假定其他情况不变,后进先出法便会提高股票价格。这与机械性假说关于股票价格的预测截然相反。按照机械性假说,采用后进先出法会降低盈利从而压低股票价格,换言之,市场将无视会计变动对未来现金流的影响。

卡普兰和罗尔、鲍尔以及桑德的研究带动了一大批类似的研究,它们都力图区分这两种竞争性假说。[②] 遗憾的是,这些研究并没有得出明确的结论。尽管如此,这些研究仍然是至关重要的,因为它们说明了理论是如何发展的。

1. 这些研究与文献促进了新理论的发展。它们证实了无交易成本和无信息成本的假定不会得出一个有关会计实务的描述性理论。交易成本和信息成本随之被用来解释管理人员对会计方法的选择(第8、9章)。

2. 这些研究以及后来的文献暴露了很多方法论问题,并促使人们去解决这些问题。

由桑德率先发起的研究方法(即研究后进先出法的选择)在区分两种竞争性假说方面具有较大潜力。为此,本章将讨论那些试图使用后进先出法的变化来区分两种竞争性假说的研究。

4.2 卡普兰和罗尔的研究

4.2.1 会计变动的调查

卡普兰和罗尔(Kaplan and Roll,1972)对那些不影响税收的会

[①] 在1979年以前,基于纳税申报而采用后进先出法的企业必须在对外报告中采用后进先出法,并且不能以辅助方法披露按其他方法计算的盈利。从1979年开始,公司获准披露采用其他存货计价法计算的盈利和存货额。

[②] 由于篇幅限制,这里不可能全面且详尽地对这些文献(Cassidy,1976;Harrison,1977;Archibald,1972;Abdel-Khalik and McKeown,1978)加以评价。关于这些文献的评价,也可参见卡普兰和本斯顿的研究(Kaplan,1978;Benston,1980)。

计变动进行了调查研究。他们选择的特定会计变动是：

1. 1964 年，一些企业将递延法改为全额冲销法来应对投资税减免问题。

2. 20 世纪 60 年代，一些企业将加速折旧法改为直线折旧法。

投资税减免最早出现于 1962 年。购买新资产的公司可获得一笔直接的税收减免，其数额等于新购资产成本的 7%，例如，如果一家公司以 1 000 美元购置了一项合法的资产，该公司的所得税就可立即减少 70 美元。当投资税减免开始实施时，会计原则委员会（APB）禁止企业使用全额冲销法。按照全额冲销法，公司可以在购置资产的当年把全部抵缴额都从税收费用中减掉。相反地，会计原则委员会准许公司采用两种递延法，按照这两种方法，企业不得在购置资产的当年将减免的税额（70 美元）全部作为费用的减少处理。这两种方法分别是：（1）将减免的税额在资产使用年限里逐年分摊；（2）将减免的税额的 48% 摊入购置资产的那一年，剩下的 52% 在以后的期间中逐期分摊。

1964 年，会计原则委员会修订其决策，准许企业在购置资产的当年把全部的税收减免额都纳入当年的盈利。虽然有些公司依旧采用递延法，但是绝大多数公司都转向全额冲销法，据此提高报告盈利。[①] 当然，这种变化没有什么税收效应，并且是自愿的。在我们的例子中，不论采取什么样的报告方法，投资税减免都会在购置资产的年度使应付税金减少 70 美元。

转向采用直线折旧法在 20 世纪 60 年代盛极一时，有时是整个行业都转而采用这种折旧方法。1965 年，造纸行业率先转向采用直线折旧法，1968 年钢铁行业也转而采用这种方法。这种折旧方法的改变并不产生税收效应。在 1961—1972 年间，《财富》世界 500 强企业以及《会计趋势与技术》(Accounting Trends and Techniques) 一书中收录的企业中的 13% 都转而采用直线折旧法（Holthausen，1978，Table 1）。（《会计趋势与技术》是美国注册会计师协会编辑的，它收录了 600 家大公司和小公司的年度报告。）

---

① 鲍尔（Ball，1972，p. 31，fn. 33）曾描述说大约 62% 的 CRSP 数据库中的企业改用全额冲销法。

4.2.2 样本

投资税减免样本

从《会计趋势与技术》中,卡普兰和罗尔挑选了275家由递延法转向全额冲销法的公司(实验组)和57家继续采用递延法的公司。会计方法无变化的样本被选为控制组(或称比较组),以研究会计方法有变化的样本的股票价格变化。股票价格是在受会计变动影响后第一次年度盈利公布时观察的价格。

转而采用直线折旧法的样本

这个样本是通过对《会计趋势与技术》(1962—1968年)的普查,并将它与其他研究者的相应样本进行对比而得到的。宣布改用直线折旧法的日期来自《华尔街日报》,就像受折旧法改变影响的第一个年度盈利公布日一样。在很多场合下,这两个日期是一致的。卡普兰和罗尔分别在盈利公布日和折旧法改变宣布日观察了与改变折旧法有关的股票价格变化。

与投资税减免样本不同,折旧法变动样本涉及多个年份。尽管如此,与鲍尔和布朗或福斯特关于年度盈利和季度盈利的样本相比,卡普兰和罗尔的样本的事件在时间上还是比较集中的。在卡普兰和罗尔的样本中,有70%于1965年、1966年和1968年宣布改变折旧方法。

4.2.3 方法

卡普兰和罗尔使用非正常报酬率来研究会计变动发生时的股票价格变化。他们首先估计了下列回归方程:

$$r_{i,t} = a_i r_{f,t} + b_i r_{m,t} + e_{i,t} \tag{4.1}$$

式中,$r_{i,t}$ 表示企业 i 在 t 周的报酬率;$r_{f,t}$ 表示 t 周的无风险报酬率;$r_{m,t}$ 表示 t 周的市场报酬率。盈利公布前后的60个周被排除在测算期间之外,因为根据竞争性假说,这一期间存在非零值的非正常报酬率。如果这种预测是正确的,不把这一期间排除在观察范围之外将使得这一期间的非正常报酬率被纳入估计的参数之中。

盈利公布周前的各个周的非正常报酬率是作为式(4.1)的预测误

差计算出来的。由第-30周到第+29周这一期间的平均非正常报酬率（$\bar{e}_t$）和累计非正常报酬率也被计算出来。如果把 CAR_T 定义为由第-30周到第+29周这一期间的累计非正常报酬率，那么按照机械性假说，在所有会计变动的样本中，$\bar{e}_0 > 0$，$CAR_0 > 0$（假定其他情况均不变）。因为那些改变会计方法的企业通过会计变动通常会提高它们的盈利。按照无效应假说，在所有样本中，$\bar{e}_0 = CAR_0 = 0$（假定其他情况均不变）。

4.2.4 研究结果

投资税减免

图 4-1 展示了对改变投资税减免会计处理方法的样本企业的研究结果。图 4-1 反映了累计非正常报酬率（CAR_T）的图像。控制组即那些没有改变投资税减免会计处理方法的企业，其累计非正常报酬率如图 4-2 所示。

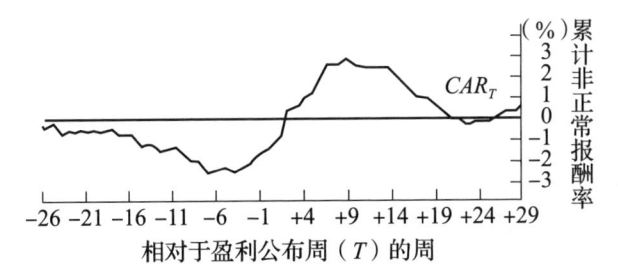

图 4-1 与投资税减免相关的累计非正常报酬率（CAR_T）

资料来源：R. Kaplan and R. Roll, "Investor Evaluation of Accounting Information: Some Empirical Evidence," *Journal of Business* 45 (April 1972), p. 237.

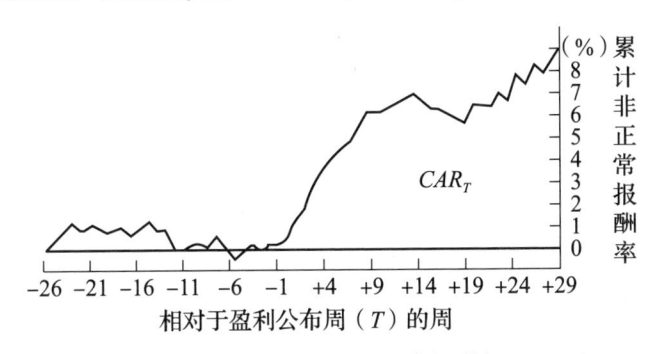

图 4-2 控制组企业的累计非正常报酬率（CAR_T）

资料来源：R. Kaplan and R. Roll, "Investor Evaluation of Accounting Information: Some Empirical Evidence," *Journal of Business* 45 (April 1972), p. 237.

图 4-1 和图 4-2 的一个引人注目的地方是 CAR_T 与第 3 章的 API 和 CAR 图（图 3-1 和图 3-2）不太一致。在盈利公布日之前，CAR 并不是持续地沿着一个方向移动；在第 0 周之后，CAR 也不是很平滑。在盈利公布之前，CAR 缺乏方向性。这种现象符合无效应假说。

乍看起来，盈利公布之后的 CAR 的移动情况不符合有效市场假说。例如，控制组的企业的 CAR （图 4-2）由第 0 周的 1.96% 上升到第 +29 周的 9.17%。这意味着，投资者可以在盈利公布后的 29 周之内获得约为 7.2% 的非正常报酬率。卡普兰和罗尔所做的统计检验表明，盈利公布后的价格移动至少在 20% 的概率水平上（双尾检验）是有意义的。这种移动方式对卡普兰和罗尔的方法论提出了重大的挑战，这些问题将在后面讨论。

若不考虑盈利公布后的非正常报酬率，卡普兰和罗尔发现盈利公布周的平均非正常报酬率，对于那些改变了投资税减免会计处理方法的企业为 1.18%[①]；对于控制组的企业则为 0.55%。1.18% 在任何合理概率水平上都是显著的，这与改变了投资税减免会计处理方法的样本 $\bar{e}_0 > 0$ 的预测相吻合。对于控制组的企业，0.55% 在 0.10 的概率水平上不显著。[②] 由于无效应假说和机械性假说都不曾预期控制样本 $\bar{e}_0 \neq 0$，所以这个结论与这两个假说都一致。虽然卡普兰和罗尔没有说明他们的研究结果的含义，但是从表面上看，他们得出的两个结论——实验组企业 $\bar{e}_0 > 0$，控制组企业 $\bar{e}_0 = 0$，证实了机械性假说而不是无效应假说。

对无效应假说和机械性假说的检验依赖于"其他情况均不变"这一前提条件，后面我们会看到，卡普兰和罗尔的研究结果对实验组（投资税减免发生变化）样本和控制组样本中的"其他情况均不变"这一假设提出了质疑。

---

① 卡普兰和罗尔假设非正常报酬率具有一个特征指数为 1.6 的对称均衡分布，据此为 $\bar{e}$ 计算一个 80% 的置信区间。若 $\bar{e}_0 > 0$，对于改变投资税减免处理方法的样本 $\bar{e}_0$ 而言，该区间的下限为 0.89，表明 $\bar{e}_0$ 在 0.10 的水平显著为正。显而易见，根据这些分布假说，$\bar{e}_0$ 在更低的水平上时，也将具有统计显著性。倘若假设非正常报酬率为正态分布（即特征指数为 2），则 $\bar{e}_0$ 就更具有统计显著性。

② 无效应假说和机械性假说均未预测到控制组样本 $\bar{e}_0 \neq 0$，因此，我们的上述论点是以双尾检验为基础的。

折旧方法的转变

图 4-3 描述了折旧方法发生了转变的样本的累计非正常报酬率的变动情况。与图 4-1 和图 4-2 一样,图 4-3 中 CAR 曲线也不是很规范。盈利公布周之后的 CAR 呈现明显的下降趋势,这意味着盈利公布之后仍然可以赚取非正常报酬率。这与有效市场假说不一致。这种趋势是否显著取决于非正常报酬率的假定的分布状态。如果假定非正常报酬率是正态分布,这种趋势就是显著的;如果假定非正常报酬率是对称均衡分布且其特征指数为 1.6,这种趋势就是不显著的。

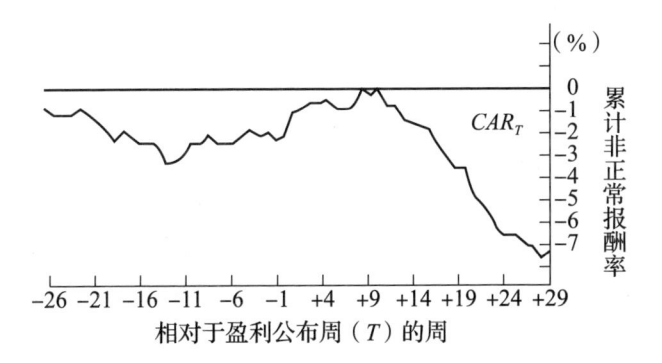

图 4-3 折旧方法发生了转变的样本的累计非正常报酬率

资料来源:R. Kaplan and R. Roll, "Investor Evaluation of Accounting Information: Some Empirical Evidence," *Journal of Business* 45 (April 1972), p.239.

受折旧方法转变影响的第一次年度盈利公布周的平均非正常报酬率为 0.18%,并没有显著异于 0。这个结果不符合机械性假说,但与有效市场假说、资本资产定价模型和无交易成本等联合假设相一致。

从表面上看,卡普兰和罗尔关于改变投资税减免会计处理方法的研究结果与关于折旧方法转变的研究结果似乎矛盾。投资税减免的研究结果验证了机械性假说(即市场深受会计变动的盈利效应的误导)。但折旧方法转变的研究结果与无效应假说相一致,它表明市场不受折旧方法转变的误导。根据第+29 周的 CAR,卡普兰和罗尔认为市场不受这两种会计变动的影响。不过,这个结论深受卡普兰和罗尔在研究过程中所体现的方法论的影响。下一部分将介绍这些方法论问题,以及卡普兰和罗尔尚未论及的其他问题。

4.3 卡普兰和罗尔的研究中的方法论问题

在下面的讨论中，读者务必记住，在卡普兰和罗尔开展研究的那个年代里，他们的研究是富有创造性且十分严谨的。

为了简便起见，我们把问题分为两类：(1) 源自对被检验假说的具体限定问题。(2) 与累计非正常报酬率或**事件研究**（event study）方法论有关的问题。这样分类的结果算不上泾渭分明，因为一些问题实际上介于两者之间。

4.3.1 对被检验假说的具体限定

由卡普兰和罗尔（Kaplan and Roll，1972）以及鲍尔（Ball，1972）率先发起的研究旨在区分无效应假说和机械性假说，机械性假说认为市场会受会计程序误导。然而，这其中的绝大多数研究只集中对两个假说中的某一个进行检验。在卡普兰和罗尔以及绝大多数的其他研究中，集中检验了与无效应假说相抗衡的假说——机械性假说。

卡普兰和罗尔对受会计变动影响的年度盈利的第一个公布周的市场非正常报酬率（$\bar{e}_0$）等于零这一**原假设**（null hypothesis）进行了统计检验。他们感兴趣的**对立假设**（alternative hypothesis）为：与会计变动有关的平均股票价格变化不等于零，$\bar{e}_0 \neq 0$（即机械性假说）。他们没有试图对无效应假说进行识别和检验。相反，如果原假设不被推翻的话，他们就趋向于接受无效应假说。这种做法在文献中十分盛行，它继承了金融理论对有效市场假说的检验方法。不过，下面我们将发现这种做法存在许多问题。

检验机械性假说很不容易。对这个假说进行检验的许多研究人员都学过金融学，他们检验的是别人的假说。提出这个假说的人往往不是经验主义者，因而从未对这个假说进行充分的限定。例如，他们没有说明股票价格在何时会对会计变动的盈利效应作出反应。这样，当卡普兰和罗尔通过检查受会计变动影响的第一次年度盈利公布时的非正常报酬率来检验机械性假说时,另外一些支持机械性假说的研究人员可能会争论道:股票价格会作出反应,但那是在其他时间。检验机械性假说就好比想抓住一条游动的鳗鱼。下面我们先讨论如何限定机械性假说的问题,然后再回到对无效应假说的检验问题上。

限定机械性假说

从理想的角度看,人们当然希望严格地限定机械性假说的检验。也就是说,令**第Ⅰ类错误**(TypeⅠerror)的概率保持不变,人们希望把发生**第Ⅱ类错误**(TypeⅡerror)的概率降至最低。当对立假设被接受而原假设又是正确的时候,就会出现第Ⅰ类错误;当原假设被接受而对立假设又是正确的时候,就会出现第Ⅱ类错误。因此,在尽力降低第Ⅱ类错误发生的概率时,我们事实上给了对立假设最大的可能性被接受。

机械性假说的支持者没有详细地限定他们的假说,因此很难对机械性假说的检验进行严格的限定。不过,还是应该努力检验机械性假说。卡普兰和罗尔在对非正常报酬率进行双尾检验时,未能使他们的检验具有充分的说服力。这意味着存在一个非正常报酬率不为零的对立假设。因为卡普兰和罗尔把机械性假说解释为那些改变会计程序的企业会提高报告盈利和股票价格(至少对投资税减免来说是如此,Kaplan and Roll,1972,pp. 227-228),一个更具有说服力的检验应当把对立假设设为 $\bar{e}_0>0$,零假设设为 $\bar{e}_0 \leqslant 0$。

另一个提高检验效力的办法是计算会计变动的盈利效应,然后研究与最大效应相关的非正常报酬率。例如,若能得到数据的话,卡普兰和罗尔更应研究另一些企业的非正常报酬率,这些企业因采用全额冲销法而对盈利产生了极大影响(相对企业价值而言)。根据机械性假说,这些企业应该具有最大的非正常报酬率,倘若这些非正常报酬率存在的话,它们更有可能被观察到。

卡普兰和罗尔利用投资税减免变化的盈利效应来提高检验的效力。他们调查了实验组样本的非正常报酬率在变化发生时是否因递延投资税贷项方法的不同而不同,即他们调查了递延投资税减免是否包含在当期盈利里面。有一半的企业把这些递延贷项转作当期盈利,从而最大限度地夸大当期盈利。如果其他情况均不变,那么根据机械性假说,这些企业应该有着最剧烈的股票价格反应。这样的话，一个更有效的检验就是检查由这些企业组成的子样本的非正常报酬率。样本中的其他企业则照旧把递延贷项分摊到各相关时期或把它转至所得税负债，因而没有把它当作提高当期盈利的手段。卡普兰和罗尔发现，第二组的累计非正常报酬率在图像上更接近图 4-2 关于控制组样本的累计非正常报酬率。具体说来，和控制组样本一样，这些企业在盈利公布前的累计非正常报酬率大于那些将递延贷项转作当期盈利的企业的累计非正常报酬率。卡普兰和罗尔把这一结果解释为拙劣的经营者改变会计方法以夸大报告盈利。

如前所述，在机械性假说中，股票价格对会计变动的反应时间并未得到说明，卡普兰和罗尔选择的是第一次受会计变动影响的年度盈利公布的时候。对于机械性假说检验来说，这比选取会计变动自身的公布时间更合适，如果会计变动的公布不伴随着盈利公布的话。如果机械性假说正确无误且股票市场不采取措施去应对会计变动的影响，有什么理由去期望市场对一个公布的会计变动作出反应呢？

另外，利用第一次受会计变动影响的盈利数据的公布时间，不论是季度盈利还是年度盈利，似乎更为合适。卡普兰和罗尔使用了第一次公布的年度盈利数据，这些数据不一定是使用变化后的会计方法所产生的数据。假如会计变动对各季度盈利的影响是均衡的，那么，根据机械性假说，我们期望在第一次受会计变动影响的季度盈利公布时看到股市变化。以后的季度盈利变化就不会受影响（第 6 章），因此，以后公布盈利的时候一般不存在非正常报酬率。这意味着卡普兰和罗尔选用了不恰当的公布日期。霍尔特豪森（Holthausen，1981）发现，在 75 例折旧方法转变和盈利一起公布的案例中，43% 是和年度盈利一起公布的，57% 是和早期的季度盈利一起公布的。

根据公司是在年度盈利报告之前还是在报告之时宣布折旧方法的转变，卡普兰和罗尔把折旧方法转变的企业分成两组。他们发现那些在会计年度结束之前就宣布折旧方法转变的企业，它们的累计非正常报酬率在盈利公布之前呈上升趋势；而在对外报告之时宣布折旧方法转变的企业，它们的累计非正常报酬率在盈利公布之前呈下降趋势。这个结果符合下面的假设，即最拙劣的经营者总是尽可能地改变会计程序以掩饰其经营绩效的低下。

对无效应假说的检验

早期研究不太注重对无效应假说的检验——卡普兰和罗尔以及鲍尔仅仅检验了机械性假说。这种对机械性假说过分偏重的现象，是受了金融学文献中有关有效市场假说证据的影响。到了1972年，有效市场假说已为许多金融学研究者和学过金融学的会计研究者接受。与资本资产定价模型一起，有效市场假说的被认可促使早期会计研究者在无效应假说未被完全证伪的时候轻易地接受了这一假说，无效应假说在这种情况下只是与机械性假说对应的一个原假设。[①]

在研究一个特定的对立假说时，若原假设未被完全证伪就接受原假设，这种做法很容易犯错误。这样的检验不是对原假设的有力检验。为了说明这一点，让我们考虑镇静药的服用问题。在镇静药推出之前，研究人员研究了特定类型的副作用的可能假设并检验了无副作用这一原假设。他们为特定的对立假设设计了能使第Ⅱ类错误减至最小的强有力的检验，结果他们未能拒绝无副作用这个原假设。当然，那些副作用并不是镇静药的唯一副作用。接受了原假设并推出镇静药之后，他们才发现还有另外的副作用，还存在着从未被检验过的对立假设。

很明显，对于股票价格不会因会计变动而变化这一原假设存在着无数的对立假设。我们无法对其逐一检验。只有研究了绝大多数明显的看起来有道理的假设之后，才能决定是否接受原假设。仅仅研究一种假设（机械性假设），然后就根据原假设未被拒绝这一事实来接受原假设是一种十分危险的做法。

鉴于有效市场假说的许多对立假设需要予以检验，研究者（包括我们自己）的前述批评就不公正了。但是，仅有有效市场假说并不能说明无效应假说。无效应假说可能是由于无信息成本或交易成本假说而形成的。

---

① 这不是针对曾就机械性假说进行检验的卡普兰和罗尔的评论，而是针对当时具有实证传统的研究者的态度的一种表述，这些表述在当时公共政策的辩论中都有所体现。

4.3.2 事件研究法

在事件研究中，研究人员把不同年份和不同企业的观察事件集中在一起以便获得累计非正常报酬率。集中的目的在于排除一些特定变量的股票价格效应，这些变量不包括在累计非正常报酬率样本中。例如，鲍尔和布朗（Ball and Brown，1968）利用 261 家企业和 9 个年份的数据分别计算了未预期盈利为正的样本和未预期盈利为负的样本的累计非正常报酬率。在任何一个年度里，未预期盈利为正的样本与未预期盈利为负的样本的行业分布并不相同。同一行业的企业的盈利趋向于同步波动。这样，在某一特定年份里，两个样本的累计非正常报酬率就取决于行业变量。不过，在所研究的 9 个年份里，行业在两个样本中是随机分布的，因而行业变量也随机化了。这样，行业变量的平均效应也就从汇集起来的累计非正常报酬率中剔除了。

有两个理由可以相信由卡普兰和罗尔计算并展示在图 4-1、图 4-2 中的累计非正常报酬率没有把其他变量随机化。一个理由是观察事件大多聚集在某几个特定年份和行业里，另一个理由是有证据表明结论中存在着选择性偏差。

群集现象

当我们介绍卡普兰和罗尔的样本时，我们注意到投资税减免的变化以及折旧方法的转变中样本的聚集问题。几乎所有的投资税减免变化都发生在同一个年份里（1964 年），折旧方法的转变也主要发生在三个年份里（1965 年、1966 年和 1968 年），并且这些变化都发生在几个行业（如造纸和钢铁行业）中。

群集现象的影响在于导致实验组样本的非正常报酬率数据存在横向相关性。公布周的非正常报酬率的变化也相应地增加了。结果，第 0 周之后累计非正常报酬率的波动，以及受投资税减免变化影响而在盈利公布时出现的明显非正常报酬率，都可能归因于偶然因素。卡普兰和罗尔显著性检验假定非正常报酬率数据不存在横向相关性，因此高估了累计非正常报酬率的显著性。同样地，公布投资税减免变化时出现的正的平均非正常报酬率的显著性也被高估了。

选择性偏差

卡普兰和罗尔认为图4-1、图4-2和图4-3中的证据表明，经营绩效较差的企业较常改变会计方法。在盈利公布日投资税减免变化样本的累计非正常报酬率（图4-1）低于控制组样本的累计非正常报酬率（图4-2）。折旧方法转变样本的累计非正常报酬率在盈利公布时为负值。尽管不太清楚累计非正常报酬率的差异和负的累计非正常报酬率是否显著，这些观察结果向人们提出了很多关于累计非正常报酬率如何解释的问题。

让我们分析改变了投资税减免会计处理方法的样本和控制组样本。它们的累计非正常报酬率在盈利公布之前是不一样的。这样，根据企业是否改变投资税减免的会计处理方法来划分企业的同时，也把企业按照变化之前的股票价格状况区分开来。根据一个变量（例如，会计方法的变化）挑选样本，后来却发现挑选的样本与观察总体在其他变量（例如，先前的股票价格状态）上也存在差异，这时就存在选择性偏差。其他变量或与之相关的事件可能影响样本的研究结果。换言之，其他情况不变的假设对于这些横向检验而言可能并不成立——其他情况不是不变的。

如果改变会计方法的企业的股票价格在公布会计变动之前就处于不良状态，那么它们的季度盈利在年度盈利公布之前也可能各不相同（给定第3章证据的话）。这意味着实验组样本和控制组样本公布的第0周的未预期盈利（调整了会计变动的影响）是不可比的。如果这种盈利是不可比的，那就不好理解公布周的非正常报酬率了。既然存在选择性偏差问题，再加上事后认识，卡普兰和罗尔本应在估计年度盈利公布时会计变化对非正常报酬率的影响的过程中考虑未预期盈利（调整会计变动的影响）问题。

4.3.3 结论

考虑到卡普兰和罗尔的研究中体现的方法论问题，人们很难同意他们关于依靠会计方法来窜改盈利数据不会长久地影响股票价格的结论。

很多方法论问题当时还没有被认识到，因此卡普兰和罗尔之后的研究也未对此加以探讨。下面要讨论的研究（Ball，1972）与卡普兰和罗尔的研究同时进行，因而严格地说不是一个步卡普兰和罗尔后尘的研究。不过，它确实曾试图解决群集现象带来的问题。

4.4 鲍尔的研究

4.4.1 会计变动的调查

鲍尔曾对某个特定时期内所有类型的会计变动进行研究（Ball，1972）。他并没有把他的样本限制在那些发生了不影响税收的会计变动的企业中，改为后进先出法的会计变动的企业也包括在内。虽然如此，鲍尔还是认为在无效应假说下，会计变动在公布时不具有可观察到的股票价格效应。

鲍尔认为有三个原因可以说明为什么在可影响税收的会计变动（如存货的后进先出法）发生时不存在非正常报酬率。首先，为实现税收最优化的存货计价方法的变动，会诱使其他影响管理决策的变量发生变化（例如，要素价格的变化）。这些变量变化产生的净股票价格效应会抵销后进先出法带来的减税效应。其次，税收效应太小，难以观察到。最后，其他变量的变化发生在会计变动之前，使得股票市场能够事先预见会计变动。这样，股票价格对税收效应作出的反应会先于会计变动，即在其他变量发生变化时作出反应。

鲍尔的三个论点包含着事实性问题（即它们都属于经验性问题）。这样的问题只有通过调查会计程序变动时股票价格的变化状况，并观察它们是否与会计变动的预期现金流效应相吻合而得到解答。因此，我们讨论鲍尔的研究结果就要先分析其假设的有效性。他的假设是，根据无效应假说，会计变动公布时不存在对股票价格的税收效应。

4.4.2 样本

鲍尔从 1947—1960 年间《会计趋势与技术》上登载的文献中寻找会计程序变动。他发现了涉及 365 家企业的 517 起会计变动。由于要求

第4章 竞争性假说的辨识

企业的相关资料必须储存于 CRSP 档案库中（以便得到报酬率），这样样本数量减少为涉及 300 家企业的 430 起企业变动。再考虑到必须有充分的报酬数据以便估计市场和其他模型，最终的样本只包括 197 家企业的 267 起会计变动。表 4-1 的第一列是根据变动类型及变动的盈利效应是否披露对样本进行的分类。

表 4-1 根据会计变动类型（已剔除相对风险变动的影响）列示的第 0 月非正常报酬率以及累计非正常报酬率

类型	变动次数	第 0 月的非正常报酬率	第 −109 月到第 0 月的累计非正常报酬率	第 −12 月到第 0 月的累计非正常报酬率
(a) 会计变动的类型			
零星变动	3	0.021 5	0.111 1	−0.096 4
存货			
其他变动	14	0.010 6	−0.390 4	−0.079 0
改用后进先出法	71	0.009 4	0.004 4	0.070 1
折旧			
其他变动	12	−0.009 2	0.025 1	−0.107 3
改用加速折旧法	46	−0.021 3	−0.091 8	−0.009 3
改用直线法	5	0.015 7	0.189 7	−0.003 4
改用重置成本	12	0.005 0	−0.379 2	−0.005 4
其他费用			
其他变动	19	−0.003 6	0.044 9	0.021 7
改用应计制	17	−0.000 21	−0.197 6	0.028 0
改用现金制	5	−0.001 9	−0.124 1	−0.020 6
净收益包含项目	6	−0.005 9	−0.413 3	0.003 4
收入确认	5	0.024 5	−0.006 8	0.043 0
子公司会计			
其他变动	5	−0.001 8	−0.179 6	0.006 9
纳入合并报表	26	0.007 2	0.064 6	−0.004 1

续表

类型	变动次数	第0月的非正常报酬率	第-109月到第0月的累计非正常报酬率	第-12月到第0月的累计非正常报酬率
不纳入合并报表	15	0.013 2	0.074 9	−0.001 2
用权益法反映未合并子公司	3	0.013 2	0.727 0	0.109 8
用成本法反映未合并子公司	3	0.008 8	0.123 8	0.088 3
平均	267	0.001 2	−0.050 1	0.011 8
(b) 对净收益影响的披露				
披露的影响				
提供估计数（美元）	108	0.006 8	−0.119 6	0.020 3
当作非重大影响	35	−0.009 4	0.178 9	0.019 3
未披露的影响	124	−0.000 1	−0.054 8	0.002 3

资料来源：R. J. Ball, "Changes in Accounting Techniques and Stock Prices," *Empirical Research in Accounting: Selected Studies 1972*, supplement to Vol. 10 of *Journal of Accounting Research* (1972), Table 6, p. 24.

表4-1表明，存货计价方法的变动（主要是改用后进先出法）和折旧方法的变动（主要是改用加速折旧法）是样本中最频繁的变化。这两类变动都可能与税收效应相关。基于财务报告的目的而采用加速折旧法的做法发生于20世纪50年代，并且很可能伴随着基于税收目的而发生的会计变动。

为了满足企业数据资料必须储存在CRSP档案库这个前提，样本数据无法包括最近期的会计变动资料，因为没有足够的会计变动后的股票价格数据，而这些又是分析盈利效应必须掌握的变动资料信息。这个条件把样本由430起会计变动压缩到267起。这个条件还使得样本中包含的由加速折旧法转向直线折旧法的次数减少（由25次减少到5次）。很多转向加速折旧法的变化因其发生在20世纪50年代中期且可获得足够多的变化后的股票价格数据，因而被保留在样本中。尽管样本缺少最近期的变动，这个267起变动的样本还是比较均匀地分布在14年的时间里，从而避免了卡普兰和罗尔遇到的变动时间集中在一起的问题。还应注意的是，鲍尔的样本没有与卡普兰和罗尔的样本重复，因此他的结论独立于卡普兰和罗尔的结论。

4.4.3 研究方法与结果

鲍尔检验了在年度盈利公布日，受某种会计变动影响的平均非正常盈利是否为非零值。为了形成一个关于机械性假说的假设检验，鲍尔必须间接地假定会计变动的平均盈利效应为零。鲍尔的研究中所隐含的假定是与管理人员倾向于改变会计方法以提高报告盈利这一论点相一致的。但是，在机械性假说的检验中既包括导致盈利增加的会计变动，又包括导致盈利减少的会计变动，这削弱了检验的有效性。混淆这两类变动降低了平均股票价格效应，增加了第Ⅱ类错误发生的可能性。

为了提高检验效果，鲍尔根据会计变动的类型（即后进先出法/先进先出法的变化、折旧方法的转变）分类计算了非正常报酬率。利用可以观察到盈利效应的企业的数据，鲍尔还为增加盈利的会计变动和减少盈利的会计变动的组分别计算了非正常报酬率。这些非正常报酬率为对机械性假说进行强有力的检验提供了数据基础。

鲍尔还调查了会计变动是否与企业风险的变化有关。在发现它们之间的关系后，鲍尔对风险变化做了调整，并在调整的基础上计算了非正常报酬率。

我们对鲍尔的研究方法和结果的讨论可分成三个部分：

1. 在对风险变化不做调整的基础上，利用总体样本检验机械性假说。

2. 检验风险变化是否伴随着会计变动，并在对风险变化加以调整的基础上，利用总体样本检验机械性假说。

3. 在对风险变化加以调整的基础上，利用子样本检验机械性假说。

未经风险变化调整的总体样本的非正常报酬率

鲍尔估计了第 -159 月到第 -140 月及第 $+20$ 月到第 $+90$ 月的市场回归模型。他把第 -139 月到第 $+19$ 月这段时期排除在外是因为早在第 -139 月（盈利公布前的 11~12 年），月度非正常报酬率就有规律地呈现为负值。鲍尔发现，实验组样本的累计非正常报酬率从第 -140 月到第 -60 月（近似）持续下降。在这 5~6 年的时间里下降幅度达 30%

（近似值）。既然价格下降早在变动发生的前5年就已停止，我们就很难把价格下降归结为会计变动本身。一个替代解释是本研究存在类似于卡普兰和罗尔研究中的样本选择性偏差问题：拙劣的管理人员总是喜欢在会计方法上做手脚。不过，如果这种解释有道理，那么他们为什么要等上5年的时间才改变会计方法呢？看来，盈利公布并不会引起股票价格变化。这一点与无效应假说一致。

对风险变化的检验及经过风险变化调整的非正常报酬率

鲍尔假定，那些改变会计方法的企业经历了风险变化。鲍尔关于并发性风险变化的看法是有道理的。我们观察到属于同一行业的企业趋向于采取同样的会计方法，并且会计方法因行业而异。而同一行业的企业，其 β 值也比较接近。因此，如果一家企业通过兼并或脱离母公司的方式改变所属行业，那么不仅会计方法会改变，其 β 值也会改变。

某些会计变动，特别是改用后进先出法的变动，会自动引起企业相对风险的变化，这个看法也很有道理。例如，在经济繁荣阶段，企业的存货和存货价格看涨。这时，如采用后进先出法就有可能降低税负，增加现金流，市场上的报酬率也会上升。在经济萎缩时期，存货可能减少。这时采取后进先出法就会打乱存货的进货批次。这样就会产生盘存盈利并提高税负（即相对于先进先出法，减少了现金流），同时，市场报酬率也会低于正常水平。结果，后进先出法不仅会增加企业的现金流和市场的协方差，而且会增大公司的 β 值。[①]

鲍尔为每家企业的各个月份估算出了一个各不相同的 β 值，并据此调整了风险变化。为了估计 t 月的 β 值，鲍尔估计了 t 月之前的 50 个月、t 月及 t 月之后的 50 个月的市场模型。例如，企业 i 第－10 月的 β 值就是通过估计从第－60 月一直到第＋40 月的市场模型而得到的。

图 4－4 描绘了从第－109 月到第＋49 月这段时期内会计变动样本（即实验组样本）的平均相对风险（β）。由图 4－4 中可以看出，β 的平均值由第－109 月的 0.909 上升到第 0 月的 0.995 再上升到第＋49 月的 1.028。鲍尔没有展示有关这种上升趋势显著性的检验。这种上升如果

[①] 关于后进先出法与先进先出法抉择中的影响因素，参见比德尔的研究（Biddle, 1980）。

显著的话，主要发生在第-50月到第+49月这段时期内。除非来自总体观察，我们只能作出这样笼统的判断。整个上升从第0月开始，在第-50月到第49月之间平滑持续。之所以如此，完全是所采取的估计β值的方法所致。或者，β值也可能是在第0月开始后的几个月内开始上升的（请记住，第-50月是估计第0月的β值的第一个月）。

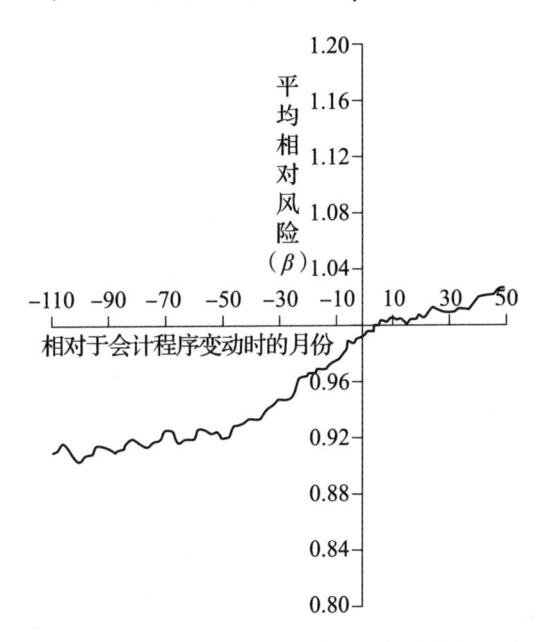

图4-4 会计程序变动前后的平均相对风险（β）

资料来源：R. J. Ball, "Changes in Accounting Techniques and Stock Prices," *Empirical Research in Accounting: Selected Studies 1972*, supplement to Vol. 10 of *Journal of Accounting Research* (1972), Figure 4, p. 20.

鲍尔是按照会计变动的类型来估算相对盈利公布月的β值的。会计方法转为采用后进先出法的企业的平均β值（估计值）由第-50月的0.990上升到第0月的1.049，这证实了采用后进先出法的企业具有较高的风险以及会计变动（采用后进先出法）会自动引起风险增加这两个假设。另外，对于各种会计变动而言，平均β值的变化方向并不一致。例如，对于12种零散的折旧方法的变动，估计出的平均β值在第-50月到第+49月这段时期下降了而不是上升了。

鲍尔使用估计的各个月份的β值来估算经过风险变化调整的非正常报酬率和累计非正常报酬率。得到的累计非正常报酬率如图4-5所示。

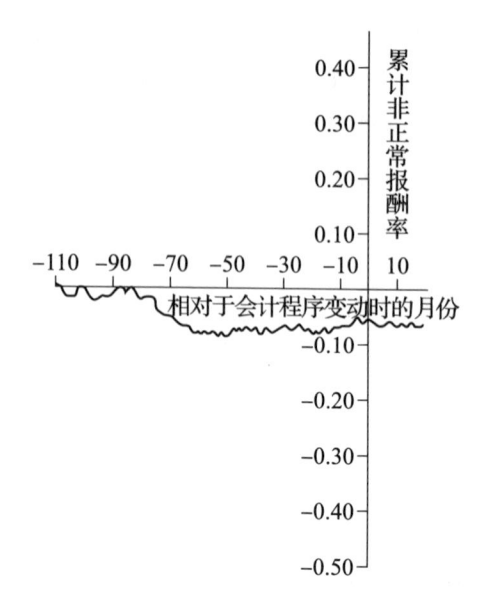

图 4-5　会计变动前后的累计非正常报酬率（已剔除相对风险变化的影响）

资料来源：R. J. Ball, "Changes in Accounting Techniques and Stock Prices," *Empirical Research in Accounting: Selected Studies 1972*, supplement to Vol. 10 of *Journal of Accounting Research* (1972), Figure 5, p. 22.

图 4-5 表明：

1. 随着会计变动发生的股票价格下降主要是在第 -60 月，即在受会计变动影响的第一次年度盈利公布之前的第 5 年。这个结果与拙劣的经营者的选择性偏差假设一致。它并没有显示出会计变动的股票价格效应，因为股票价格根本不可能在 5 年之前就充分体现出会计变动的影响。由于选择性偏差在会计变动发生前就存在，鲍尔（像卡普兰和罗尔一样）应该对变化样本（实验组样本）当前的未预期盈利进行研究。

2. 第 0 月的非正常报酬率趋于零（统计上并不显著）。如果我们接受鲍尔在第 0 月不存在股票价格的税收效应这一假设，并假定变化样本（实验组样本）的平均未预期年盈利为零，那么，在第 0 月不存在股票价格效应这一事实就与无效应假说相吻合。

在第 0 月不存在股票价格效应这一事实是否背离了机械性假说取决于：(a) 会计变动对于报告盈利的平均效应；(b) 变化样本（实验组样本）的平均未预期盈利。如果平均效应为零，且平均未预期盈利亦为零，那么，在第 0 月不存在股票价格效应这一事实与机械性假说也是一致的。相反，如果平均盈利效应为正值，且平均未预期盈利（经过盈利效应的调整）为零，那么，不存在股票价格效应这一事实就不符合机械性假说。遗憾的是，由于未能获取所需信息，鲍尔没有提供这267起会计变动的平均盈利效应。在控制了盈利效应的方向后，鲍尔提供了盈利效应得以披露的那些变化的股票价格效应方面的证据。尽管如此，他未能提供任何说明会计变动的（经过盈利效应调整的）平均未预期盈利方面的证据，尽管盈利效应已经得到披露。

3. 在第0月之后不存在非正常报酬率，这与有效市场假说吻合。

经过风险变化调整的某个具体的会计变动的非正常报酬率

表4-1根据会计变动的类型列示了第0月的非正常报酬率，以及从第-109月到第0月、从第-12月到第0月的累计非正常报酬率。从表4-1中可以看出，鲍尔关于会计变动不具有税收效应的假设是不切实际的，或者变化样本（实验组样本）的平均未预期盈利（调整了会计变动对盈利的影响）不等于零。

后进先出法的转变伴随着现金流效应。对于71起这类转变，到盈利公布月为止的12个月的累计非正常报酬率为0.0701，这个数值可能是显著的（鲍尔未做显著性检验）。对于这样的转变，第0月的非正常报酬率为0.0094，这个数值虽是正的，但显然统计上不显著。

改用后进先出法一般会减少报告盈利。如果我们假定改用后进先出法的平均未预期盈利（调整了变动的影响）为零，且不存在税收效应，那么，在第0月不存在显著的非正常盈利这一事实就与无效应假说一致，而与机械性假说不一致。不过，根据未预期盈利为零的假设，我们如何解释在第0月之前的12个月里7%的非正常盈利呢？这一点与上述两个假说都不一致。

一个能与无效应假说保持一致的潜在解释是，非正常盈利来自改用后进先出法所引起的税收减少。另外一个潜在的解释是，改用后进先出法的企业，它们的当前及（或）未预期盈利上升，从而股票价格也上升。这两种解释并不矛盾。不过，后一种解释隐含着选择性偏差问题，即并不存在其他情况均不变的情形。

布朗（Brown，1980）提供的证据表明，改用后进先出法的企业在改变存货计价方法的当年或随后的那个年份的盈利出现了急剧增长。1974年采用后进先出法的企业,其盈利水平将比1973年提高47%;1975年改用后进先出法的企业,其1976年的盈利水平比1975年提高66%。这个证据表明改用后进先出法的企业存在着选择性偏差。这些企业的当前未预期盈利都为正值并且预期未来盈利呈上升趋势。这两方面都会导致第0月之前的12个月里产生非正常报酬率。这种选择性偏差提醒我们,在研究与会计变动相关的股票价格变化时,要控制并发性的未预期盈利。这种控制对于判断前面提到的7%的非正常盈利是否源自后进先出法的转变所带来的减税效应也是非常必要的。

我们已经注意到,鲍尔利用会计变动的总体样本所做的检验,假定会计变动的平均盈利效应为非零值。对竞争性假说的一个更有说服力的检验是:当会计变动提高了报告的盈利时,股票价格是否会上升;当会计变动降低了报告的盈利时,股票价格是否会下降。鲍尔基于108起会计变动研究了这种关系,这些变动的盈利效应的符号在年度盈利报告中已展示出来。

表4-2展示了盈利效应符号与截至第0月的12个月的累计非正常报酬率符号之间关系的列联表。χ^2的值为0.03,在统计上不显著,这说明二者不相关。盈利效应符号和第0月的累计非正常报酬率符号之间关系的χ^2的值为0.05,同样不显著。与鲍尔和布朗(Ball and Brown, 1968)的研究相比,这些结果就显得特别重要了,他们的研究得出:年度盈利变化方向和盈利公布月的平均非正常报酬率符号之间存在显著的

表4-2 会计变动公布前12个月的累计非正常报酬率的符号
与会计变动对盈利产生影响的方向之间的关系

盈利效应	第−12月至第0月累计非正常报酬率的符号		
	+	−	合计
正的	48	27	75
负的	21	12	33
合计	69	39	108

资料来源:R. J. Ball, "Changes in Accounting Techniques and Stock Prices," *Empirical Research in Accounting: Selected Studies 1972*, supplement to Vol. 10 of *Journal of Accounting Research* (1972), Table 7a, p. 28.

相关关系（$\chi^2=28$）。问题在于，假定其他情况均不变，股票市场能够分辨出哪些报告盈利的变化反映了现金流变化，哪些没有反映现金流变化。这个证据表明，股票价格只会对真正反映经济变化的年度盈利作出反应（Ball and Brown, 1968），对那些仅仅由于会计变动而没有现金流效应的盈利变化则不会作出反应（Ball, 1972）。

在鲍尔的研究中，盈利效应符号与股票价格变化互不相关。这一现象在其他情况均不变的情形下不符合机械性假说。"其他情况均不变"这个前提条件至关重要，因为会计变动的盈利效应可能会被现金流变化所引起的盈利变化所抵消。假定由于选择性偏差，期望改变会计方法来提高（降低）盈利的公司反而降低了（提高了）公司盈利。这时，如果市场被会计变动误导，那么会计变动的盈利效应和截至第 0 月的 12 个月的累计非正常报酬率之间就可能不存在任何关系。

4.4.4 结论

鲍尔的研究在卡普兰和罗尔进行研究时就已经开始。因此，他们的研究存在着很多相同的方法论问题也就不足为奇了。与卡普兰和罗尔一样，鲍尔致力于检验机械性假说，而在无效应假说方面提供的证据很不充分。

由于研究范围仅限于机械性假说的检验，鲍尔同样没有考虑与会计变动相关的选择性偏差问题。（例如，发生会计变动的企业，其平均未预期盈利剔除了会计变动的影响之后不可能等于零。）不过，正是卡普兰和罗尔以及鲍尔对改用后进先出法这一会计变动的研究才暴露出存在选择性偏差问题的可能性，我们又怎能埋怨他们没有考虑选择性偏差问题呢？我们期望且确实发现之后的研究能够借鉴前人的经验教训，并探讨并发性的未预期盈利问题。

鲍尔避免了会计变动在时间和行业方面过于集中的问题，因为他的样本包括了所有类型的会计变动。当使用总体样本进行检验时，这种做法会弱化对机械性假说的检验效力。样本中会计变动的平均盈利效应可能会为零。因此，按照机械性假说，样本的非正常盈利在会计变动发生影响的第一次年度盈利公布时亦会为零。

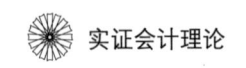

鲍尔的检验因其研究局限于那 108 起盈利效应已得到披露的会计变动而更具说服力。不过，与并发性盈利相关的潜在选择性偏差暴露出盈利效应与非正常报酬率不相关是与机械性假说不一致的。

鲍尔以及卡普兰和罗尔对无效应假说的检验不是有说服力的检验，因为他们所检验的是无股票价格效应这一预测。对无效应假说更有说服力的检验依赖于非零值股票价格效应这一预测。这种预测可以通过存货计价方法的变动来检验，因为存货计价方法影响税收。第三个早期研究（Sunder，1973，1975）检验了这种预测。继桑德之后关于存货计价方法的研究为我们对无效应假说和机械性假说作出正确的辨识提供了极好的机会。

4.5 存货计价方法变动的研究

机械性假说预测，改用后进先出法以降低报告盈利的企业在公布较低盈利时将出现负的非正常报酬率。而无效应假说则认为，股票市场有能力"洞察"众所周知的会计变动，因此，与会计变动有关的非正常报酬率是当市场了解到会计变动时（可假定为会计变动公布时）发生变动的。这一公布时间可能在受会计变动影响的第一次年度盈利公布之前，或公布之时，或公布之后。假设经理人员决定改用后进先出法是为了降低税收支出的现值，那么与会计变动的公布相关的非正常报酬率必定为正值。

4.5.1 桑德的研究

桑德（Sunder，1973，1975）意识到后进先出法的转变在区分两种假说（无效应假说和机械性假说）方面的潜力。他研究了与后进先出法有关的非正常报酬率和风险变化。不过，桑德的检验旨在验证机械性假说，而不是验证无效应假说。根据大多数年度盈利在财政年度末期为人所知晓的假设，他研究了财政年度里累计非正常报酬率的变化。他没有确认会计变动公布的日期，也没有研究那时的非正常报酬率。

此外，桑德同样没有解决他之前的研究中存在的某些方法论问题

(Kaplan and Roll，1972；Ball，1972)。具体来说，桑德没有考虑并发性盈利中的选择性偏差问题，也没有考虑那些改用后进先出法的企业在改变会计方法的年度里具有正的未预期盈利这一基本趋势。

样本和方法

桑德的样本包括1946—1966年间118家改用后进先出法的企业和21家摒弃后进先出法的企业。为了估计市场模型，他使用了一种能使β因时而变的回归方法。使用这种回归方法，桑德得到了会计变动发生前后24个月（$t=-11,\cdots,+12$）中各月的β值，再用这些估计出来的β值并根据相对于公布月的月份（$\bar{b}_t$），桑德计算了样本的平均β值。

各月的非正常报酬率是所估计的市场模型的残值。与第0月有关的各月的平均非正常报酬率是样本残值的平均值（$\bar{e}_t$）。各月累计非正常报酬率（CAR_t）刚好是从第-11月到第t月的e_t的总和。

研究结果——β的变化

表4-3按月列示了那些转为后进先出法及那些放弃后进先出法的企业的$\bar{b}_t$。那些改用后进先出法的企业，其平均β值由第-11月的1.058增加到第$+12$月的1.115，增加了5.4%。鲍尔发现他的后进先出法的转换样本的平均β值由第-50月的0.99增加到第0月的1.049，增加了6.0%。因此，桑德的研究进一步证实，企业风险随着会计方法转为后进先出法而增加。[1]

表4-3 改用后进先出法和摒弃后进先出法的企业逐月的平均β值（相对于发生变动的会计年度末期而言）

月份	118家改用后进先出法的企业的平均β值	21家摒弃后进先出法的企业的平均β值
第-11月	1.058	1.090
第-5月	1.086	1.111
第0月	1.102	1.065
第$+12$月	1.115	1.032

资料来源：S. Sunder, "Stock Price and Risk Related to Accounting Changes in Inventory Valuation," *Accounting Review* 50 (April 1975), Table 1, p.312.

---

[1] 由于这两个样本包含许多相同的企业，这些检验并不是独立的。

由表 4-3 还可以看出，企业风险随着后进先出法被摒弃而下降。这进一步印证了上述 β 值随着会计方法转为后进先出法而增大这一发现。对于那 21 家摒弃了后进先出法的企业，其平均 β 值在第 -11 月为 1.090，在第 $+12$ 月则为 1.032，下降了 5.3%。

如前所述，后进先出法能够引起风险变化。如果存货下降在经济增长时期不如经济紧缩时期那样频繁，那么采用后进先出法就会引起相关风险的增加。这个证据与前面的假说是一致的。

研究结果——非正常报酬率

图 4-6 展示了改用后进先出法前后的企业的累计非正常报酬率。在发生会计变动的会计年度的 12 个月中，累计非正常报酬率为 4.7%，而鲍尔所获得的截至盈利公布月的 12 个月的累计非正常报酬率为 7%。因此，在改用后进先出法时会出现非正常的价格上升这一点上，桑德的结论与鲍尔的是一致的。对于那些摒弃后进先出法的企业，由于样本量有限，我们不能从累计非正常报酬率中推导出任何有意义的结论。

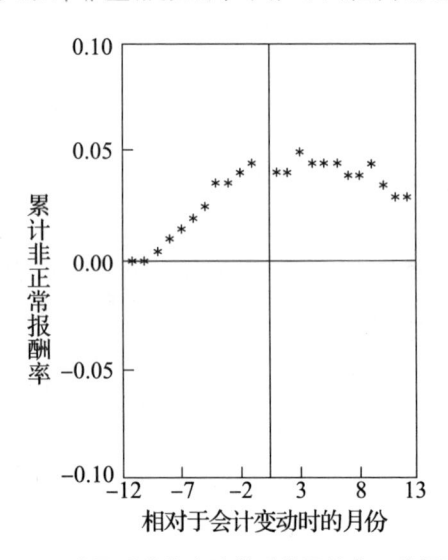

图 4-6　改用后进先出法前后的累计非正常报酬率

资料来源：S. Sunder, "Stock Price and Risk Related to Accounting Changes in Inventory Valuation," *Accounting Review* 50 (April 1975), Figure 1, p. 313.

图 4-6 展示的结果同时满足无效应假说及机械性假说。鉴于并发性盈利的选择性偏差，在改用后进先出法的年份里，因转换而引起的盈

利增加足以抵消由转换而引起的盈利减少。由于它们没有对未预期盈利进行控制，这些对后进先出法的检验不能区分无效应假说和机械性假说。

很多企业并不公开宣布后进先出法的转换。第一次公布的有关变化的信息（年度报告）在会计年度结束后的几个月内才作出。如果市场在年度报告公布时就了解后进先出法的转换，那么第 0 月 4.7％的累计非正常报酬率就没有包括后进先出法转换导致的股票价格效应。

桑德的研究存在着类似于卡普兰和罗尔的研究中的群集问题。在他的样本中，改用后进先出法的企业的会计年度的最后一个月有 40％介于 1950 年 12 月与 1952 年 12 月之间（Sunder, 1973, Table 2c, p.13）。

结论

在选择存货计价方法的变动时，桑德着重说明那些能最有效地区分无效应假说和机械性假说的会计程序的变动。遗憾的是，桑德没有控制并发性的未预期盈利，从而未能真正地把两个假说区分开。随后的研究（Ricks, 1982; Biddle and Lindahl, 1982）在调查与存货计价方法变动有关的非正常报酬率时，对这些方法论问题做过论述。[①]

4.5.2 莱克斯的研究

莱克斯（Ricks, 1982）在研究那些于 1974 年改用后进先出法的企业的过程中，试图控制由后进先出法的转换引起的未预期盈利。仅仅研究一个年份里的会计变动当然会遇到群集问题，不过，莱克斯试图通过使用行业和未预期盈利匹配变化和无变化企业样本来缓解这个问题带来的不利影响。

选择性偏差

1974 年通货膨胀水平相对较高，有 400 多家在纽约证券交易所和美国证券交易所上市的企业转而采用后进先出法。样本企业包括 Compustat 数据库中那些在纽约证券交易所或美国证券交易所上市且存货与

[①] 其他研究（Abdel-khalik and McKeown, 1978; Brown, 1980）也对股票价格变化与后进先出法变动的关系进行了探讨。然而，这些研究不像莱克斯的研究（Ricks, 1982）以及比德尔和林达尔的研究（Biddle and Lindahl, 1982）触及方法论问题，因而本章不予讨论。

资产比率大于 5% 的企业。经过筛选，莱克斯保留了 354 家改用后进先出法的企业及 693 家没有改用后进先出法的企业。他对比两类企业的特征，发现要是那些企业不改变会计方法的话，每股盈利额的平均增长幅度在 1974 年将达到 47%。盈利是在假定转换没有发生的基础上计算出来的。未发生会计变动的企业，其每股盈利额的变动平均为 −2%。这一差异在 0.05 的概率水平上具有统计显著性。因此，要区分机械性假说和无效应假说就必须解决选择性偏差问题。

控制选择性偏差

莱克斯试图控制盈利及其他未加说明的选择性偏差。他采取的方法是将发生会计变动的企业和未发生会计变动的企业按照行业（两位数标准行业分类代码（SIC 代码））及盈利变化率匹配起来。① 莱克斯假定那些企业没有改用后进先出法（"虚拟"盈利），利用 1974 年的盈利按照盈利变化率这一变量进行匹配。匹配的结果是产生了 275 对发生会计变动和未发生会计变动的企业。对于发生会计变动的企业（假定它们并没有变化），平均盈利变化率是 30%，对于未发生会计变动的企业则为 28%。

关于报酬的研究结果

莱克斯将第 0 月定义为：(1) 后进先出法变动的公布月，如果变动予以公布的话，或 (2) 第一次年度盈利公布月，如果变动未公布的话。他计算了发生变动和未发生变动的样本在第 0 月累计非正常报酬率上的差异。

图 4-7 展示了那 275 对根据虚拟盈利进行匹配的企业的累计非正常报酬率的差异。累计非正常报酬率的差异在第 −1 月之前在 0 值上下波动，在 3 个月后则下降近 8%。在这 3 个月里，人们知道那些发生会计变动的企业不会再报告虚拟盈利，因而所报告的盈利会变小（只有 5% 的企业在第四季度之前宣布采用后进先出法）。这种股票价格的差异是显著的，且与机械性假说一致。市场似乎受到由后进先出法变动引起的盈利下降的误导。

---

① 莱克斯根据三位数标准行业分类代码和报告盈利进行匹配，其结果与用两位数标准行业分类代码及盈利变化率匹配的结果十分相似。

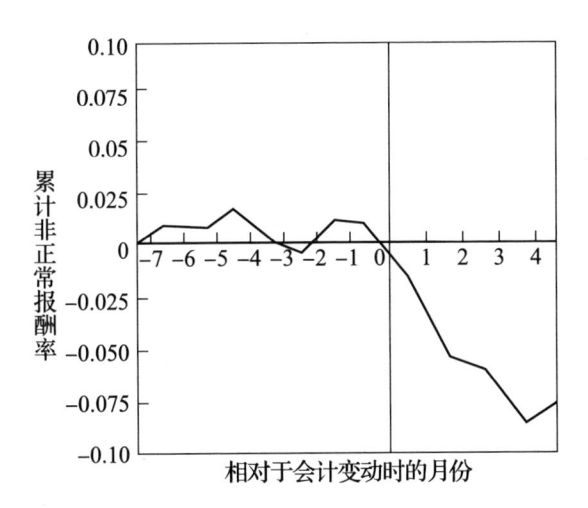

图 4-7　累计非正常报酬率的差异（发生会计变动企业的总报酬率
减去未发生会计变动企业的总报酬率）

资料来源：W. Ricks, "The Market's Response to the 1974 LIFO Adoptions," *Journal of Accounting Research* 20 (Autumn 1982, Part 1), Figure 1, p. 375.

莱克斯利用周报酬率重复了股票价格分析。他把第0月定义为第一次盈利公布周。累计非正常报酬率差异在盈利公布的前六周开始下降。到第0周，累计差异为－5%。在第0周，累计非正常报酬率差异为－2%，在0.05的概率水平上具有统计显著性。由于企业已按虚拟盈利进行匹配，因此，累计非正常报酬率的差异主要是由后进先出法转换带来的盈利效应所致。这个结果与机械性假说吻合，与无效应假说不一致。[①]

上述结果因莱克斯将发生会计变动的企业的盈利效应与报酬差异联系起来而得到了进一步强化。盈利效应是指由1974年度的虚拟盈利与报告盈利的差异除以1973年度的盈利，所计算出来的发生会计变动和未发生会计变动的企业的报酬率差异，短的只涉及第0日（第一次盈利公布日）那一天，长的可涉及围绕第0日的11个周。在每种情况下，盈利差异和报酬率差异的相关系数都是负的且在0.05的概率水平上具

[①] 如果市场意识到盈利的下降归因于盈利公布后的后进先出法的变动，那么，第0周负的非正常报酬率是与无效应假说相一致的，然而，倘若如此，这个负的非正常报酬率在市场了解到后进先出法变动后将完全逆转。况且，证券交易委员会到了第+4月便会将此消息公之于众，但在图4-7中，一直到了第+4月，这一负的非正常报酬率都未发生逆转。

有统计显著性。[1]

结论

莱克斯提供的证据更有助于证明机械性假说,而不是无效应假说。主要的方法论问题是会计变动过于集中在1974年。一个与后进先出法的转换相关的变量可能因会计变动的群集现象而未被随机化,因而解释了发生会计变动的企业和未发生会计变动的企业在报酬方面的差异。

如果市场能将改用后进先出法引起的税金节约额资本化,我们将期望发生会计变动的企业和未发生会计变动的企业在非正常报酬率上存在系统性差异。例如,采用后进先出法这一决策是根据存货的预期通货膨胀率作出的,因而预期的通货膨胀率对于两类企业可能是不相同的。企业的管理人员根据经济变量诸如相对价格变化等来自行决定是否采用后进先出法。这些经济变量能够解释莱克斯的结果。

比德尔和林达尔(Biddle and Lindahl,1982)认为莱克斯的样本存在选择性偏差问题。他们认为发生会计变动和未发生会计变动的企业在1973—1975年经济萧条时期所受的影响根本不同。在图4-7中,从第-1月到第+3月这段时期,发生会计变动的企业的报酬率明显低于未发生会计变动的企业。由于绝大多数企业的会计年度都以12月31日为界,因此,莱克斯的样本对应的是1974年12月到1975年3月。尽管在图4-7中没有展示,在紧接着第+4月的8个月里,莱克斯的样本中发生会计变动的企业,其报酬率明显高于未发生会计变动的企业。这段时期对应着1975年5月到1975年11月(Biddle and Lindahl,1982,pp.557-558)。发生会计变动和未发生会计变动的企业在股票价格表现上的差异恰好与工业生产自1974年10月至1975年3月严重衰退然后稳步上升相吻合(Biddle and Lindahl,1982,p.558)。这个证据说明,两个样本之间存在着显著的经济差异,莱克斯在解释两个样本的报酬率

---

[1] 与鲍尔和桑德一样,莱克斯在后进先出法变动前后对 β 值进行检验。对于发生会计变动的企业来说,变动前的 β 值与变动后的 β 值并没有显著的差异(0.94和0.93)。不过,在同一期间里,未发生会计变动的企业,其 β 值显著减小(从1.01降到0.96)。因而,对于发生会计变动的企业来说,存在着一个相对增大的风险。考虑到1974年股票市场的报酬率状况,这一差异倾向于降低发生会计变动和未发生会计变动样本中的累计非正常报酬率的差异,所以支持机械性假说的证据不受风险变动的影响。

差异问题时漏掉了一个很重要的变量。

4.5.3 比德尔和林达尔的研究

比德尔和林达尔（Biddle and Lindahl，1982）采取了不同的方法以避免为控制预期盈利偏见而采用控制样本时所遇到的自选择偏差。应用这种方法，他们认为研究结果与无效应假说一致。

研究方法

比德尔和林达尔采取了直接的方法来决定市场在多大程度上对后进先出法变动产生的税金节约额作出反应。他们利用改用或进一步使用后进先出法的企业样本，估计了下述回归方程：

$$CAR_i = c_0 + c_1 \log \frac{TSAV_i}{S_i} + c_2 \frac{\Delta A_i^*}{S_i} + u_i \quad (4.2)$$

式中，CAR_i 为至第+3月为止的15个月内，企业 i 的累计非正常报酬率，其中，第0月被定义为后进先出法变动发生的那个会计年度的年底；$TSAV_i$ 为后进先出法变动发生年度的税金节约额；S_i 为在变动发生的那个会计年度之初，权益的市场价值；ΔA_i^* 为假定变动没有发生而计算出来的盈利变化（即虚拟盈利变化）；u_i 为误差项。

非正常报酬率以15个月为期进行计算，是因为市场获得税金节约额的信息之前，这些非正常报酬率尚不明显。将非正常报酬率的计算期间延长，提高了把任何与税金节约额有关的非正常报酬率都囊括进去的可能。当然，这也增加了计算误差，因为由其他因素引起的非正常报酬率也一并被计算在内了。

通过计算已披露的会计变动对销售成本的影响与对税后盈利的影响之间的差异，可以估计出税金节约额。当然，估计出来的税金节约额与报告盈利中会计变动效应呈反向变动关系。

鉴于非正常报酬率是在年度盈利已确定并被传递给市场的那些时期里计算出来的，比德尔和林达尔使用虚拟盈利的变化（$\Delta A_i^*/S_i$）来控制未预期年度盈利。使用所估计的 β 值分别在后进先出法变化之前和之后计算非正常报酬率，这样还可以求出风险变化的效应。

在比弗、克拉克和赖特的研究中，未预期盈利系数（c_2）都被预测为正值（第3章）。如果市场利用了税金节约额的信息，税金节约额系数（c_1）也会被预测为正值。不过，在机械性假说之下，系数被预测为负值，因为税金节约额被看作会计变动对报告盈利的影响。

样本和结果

比德尔和林达尔的样本由1973—1980年311家改用后进先出法的企业组成，但是样本的一大半即183家企业集中在1974年。研究发现系数c_1和c_2都是正值并且具有统计显著性，即税金节约额越大，企业价值的变化也越大。同样地，未预期虚拟盈利越大，企业价值越高。这些结论与有效市场假说及税金节约额的资本化一致，但与机械性假说不一致。

比德尔和林达尔样本中的大多数企业，其风险都减少了，这一点与桑德和莱克斯的结果不一致。在考虑了风险变化之后，税金节约额的系数依然是正值并且具有显著性。

这个研究在方法上的一个问题是样本在时间和行业方面存在群集现象。所得结论主要归结于1974年度的会计变动。群集现象意味着数据之间存在横向相关，这种相关会使系数c_1和c_2的标准差被低估，从而高估c_1和c_2的显著性。

当比德尔和林达尔使用1974年个别季度的非正常报酬率来估计方程（4.2）时，他们发现了一个更重要的问题。税金节约额这一变量的系数只是在使用1974年第一和第三季度的数据估计时，才显著为正，使用第四季度的数据时，系数就显著为负。比德尔和林达尔（Biddle and Lindahl，1982，p.581）认为这是由非正常报酬率的测量误差所致。他们用测量误差所做的解释并不能否定机械性假说，但这种解释可形成另一个竞争性假说。

结论

比德尔和林达尔认为莱克斯的结论受自我选择偏差的影响的观点是有道理的，并且是与宏观经济数据一致的。他们利用15个月的累计非正常报酬率所得出的结论（这些结论证实了联合假设而推翻了机械性假说），与这个观点一道，证实了无效应假说而不是机械性假说。不过，1974年第四季度负值的税金节约额系数使问题复杂化。后续更多的研究开始探讨第四季度的效应及莱克斯（Ricks，1982）的研究与比德尔和林达尔（Biddle and Lindahl，1982）的研究彼此之间矛盾的结论。

4.6 小结

早在有效市场假说、资本资产定价模型和实证理论出现之前，会计文献中就盛行着一个假说，即股票市场会受到会计程序变动的误导。这个假说与有效市场假说相矛盾。根据有效市场假说，股票市场无任何偏好地对包括会计程序变动在内的所有信息作出反应。鉴于早期经验主义者严格遵循科学方法，一场试图区分两个假说的努力就很自然地出现了。

有效市场假说没有就由会计变动引起的股票价格变化的方向和符号做任何预测。它仅仅预测：不论股票价格如何随着会计变动而波动，最终的股票价格肯定是对股票未来价值的无偏估计。预测股票价格变化需要一个估值模型。受金融文献的影响，早期的研究人员接受了资本资产定价模型及无信息成本和无交易成本的假设。会计变动唯一的现金流效应被假定为税收效应。因此，他们预言，除非会计变动影响税收，否则会计变动是不会引起股票价格变化的。

与之竞争的假说（机械性假说）的预测刚好相反（即能够增加盈利的会计变动会抬高股票价格）。早期的研究人员试图对这两个相互矛盾的假说进行辨识。卡普兰和罗尔（Kaplan and Roll，1972）运用了鲍尔和布朗（Ball and Brown，1968）在研究中引入的事件研究法，对投资税减免和折旧方法的改变这两种会计变动所引起的股票价格变化进行研究。鲍尔（Ball，1972）则研究了所有类型的会计变动的股票价格效应，并认为任何影响税收的会计变动的股票价格效应都不足以影响上述预测。

这两个研究都暴露了使用事件研究法来检验会计变动的股票价格效应所存在的方法论问题。第一个问题是选择性偏差问题，它与并发性未预期盈利有关。它的存在使得研究人员难以将会计变动以外的变量的影响排除。卡普兰和罗尔的研究中存在的第二个问题是群集问题——样本在时间和行业上过于集中。群集问题的存在同样使非会计变动变量的影响难以被剔除。鲍尔的研究发现的第三个问题是违背了"其他情况均不变"这一假设——当会计程序变动时，企业股票所面临的风险也随之发生变化。

早期研究致力于检验机械性假说。不过，不能推翻机械性假说的原假设为无效应假说提供了很不充分的证据。这个方法论问题以及前面提及的方法论问题降低了早期研究对无效应假说和机械性假说进行辨识的效力。

对无效应假说的一个更具效力的检验是检验关于非零值股票价格变化的预测。对于那些影响税收的会计变动而言，这种预测根源于无效应假说。桑德（Sunder，1973，1975）将会计文献引向了这个方向，他试图利用后进先出法和先进先出法的变动来区分两种竞争性假说。尽管如此，桑德的研究仍然存在群集问题及并发性未预期盈利导致的选择性偏差问题。

逐渐地，一些研究试图利用后进先出法的变动，同时控制并发性未预期盈利导致的选择性偏差来区分两个假说。莱克斯（Ricks，1982）通过将那些改用后进先出法的企业与那些未采用后进先出法但有着相似的盈利变化的企业进行比较，借以解决选择性偏差问题。他发现研究证据与机械性假说一致，而与无效应假说不一致。

比德尔和林达尔（Biddle and Lindahl，1982）认为莱克斯的匹配方法隐含着一种自我选择偏差，这种偏差可以解释莱克斯的结论。他们集中研究了发生后进先出法变动的企业。在检验后进先出法的税金节约额对非正常报酬率的效应时，他们使用未预期盈利作为解释变量从而控制了未预期盈利导致的选择性偏差。比德尔和林达尔的研究结果与无效应假说一致，而与机械性假说相悖。不过，他们的结论还不是非常肯定的，因为他们只注意前面几个季度税金节约额对股票价格的影响，而且他们的样本也存在群集问题。

辨识性检验发展之路说明了后期研究是建立在早期研究的基础上的。一项研究中发现的问题在后继研究中得以进一步探讨。研究文献逐步迈向更具效力的检验之路,迈向能更好地对竞争性假说进行辨识的检验之路。早期的研究结论并非确定无疑。理论的发展过程显示了理论在问题不断解决的过程中向前推进。比德尔和林达尔所用的更有说服力的检验之所以可行,正是那些先驱人物,如卡普兰和罗尔、鲍尔和桑德,不懈努力的结果。

本章概述的文献还有另外一个重要的作用:它促使研究人员研究那些虽然相关但与会计变动的股票价格效应不同的文献。其中的一个问题是,为什么整个行业(例如,卡普兰和罗尔样本中的造纸行业和钢铁行业)在会计变动的成本很高且对股票价格没什么益处时仍然要改变会计方法?这些问题反过来促使研究人员放弃本章讨论的研究所使用的无信息成本和无交易成本的假设并用这些成本去解释会计变动。

关于信息成本和交易成本对管理人员选择会计程序的影响的经验性研究将在第 11 章介绍。会计变动的股票价格效应的研究将在第 12 章介绍。这些文献力图解释会计程序,而不是为了区分有效市场假说和机械性假说。

延伸阅读文献

Beyer, A., D. Cohen, T. Lys, AND B. Walther, "The Financial Reporting Environment: Review of the Recent Literature," *Journal of Accounting and Economics*, 2010, pp. 296 - 343.

Fields, T., T. Lys, AND L. Vincent, "Empirical Research on Accounting Choice," *Journal of Accounting and Economics*, 2001, pp. 255 - 307.

Francis, J., "Discussion of Empirical Research on Accounting Choice," *Journal of Accounting and Economics*, 2001, pp. 309 - 320.

Leuz, C., AND P. D. Wysocki, "The Economics of Disclosure and Financial Reporting Regulation: Evidence and Suggestions for Future Research," *J. Account. Res*, 2016, pp. 525 - 622.

Piotroski, J., AND D. Roulstone, "The Influence of Analysts, Institutional Investors, and Insiders on the Incorporation of Market, Industry, and Firm-specific Information into Stock Prices," *The Accounting Review*, 2004, pp. 1119 - 1151.

Skinner, D., "Why Firms Voluntarily Disclose Bad News," *Journal of Accounting Research* (Spring 1994), pp. 38 - 60.

第 5 章　会计数据、破产与风险

导　读

　　公司只有保持持续获利的能力，才能生存和发展下去。在变化不断加剧的市场环境下，财务状况（财务困境、危机或破产）的评估和预测成为一项十分关键的工作。不管是管理层其他利益相关者，还是监管者，了解上市公司的财务运行状况都是十分重要的。例如债权人就很重视借款企业的财务状况和运营能力。在中国境内上市公司连续亏损两年，会收到退市风险警示，股票会被打上 ST 标签。

　　早期的实证会计研究者尝试研究会计数据在证券价值评估中的作用，同时也研究会计数据是否反映了影响股票和债券的风险因素，尤其是影响破产的风险因素。研究表明，会计数据包括非盈利会计数据与预期的未来现金流有关，因此与破产可能性具有一定的联系，可用于预测债券的风险。这类研究可以视为财务报表分析的一个分支或者运用。

　　风险与破产识别的基本工作是以财务会计信息为基础，通过设置并观察一些敏感性预警指标的变化，对企业可能或者将要面临的财务危机进行实时监控和预测警报。会计学者想利用财务以及非财务指标，建立相关数学模型，从而判断企业实际的财务状况。学者们根据不同类型不同行业的案例企业的资料信息，选取预测研究指标，并创建了一些财务困境预测方法。预测方法可以总结为以下几种：

单变量分析法是指以某一个财务指标作为判别标准来判断企业是否处于破产状态的预测方法。通常首先将测试样本（包括破产企业和非破产企业）按照某一选定的指标如财务比率进行排序，选择临界值，使得两组的误判率达到最小。然后，将选定的临界值作为判别规则，对测试样本进行测试。寻找判别临界值成了这个方法里最为关键的一点。该方法简便易行，实践中可操作性强，但也有着明显的局限性，如一个指标不能全面预测和监控企业的财务状况，公司管理层很有可能为了财务业绩和其他目的粉饰这一财务指标，出现财务造假的风险。

多变量分析法将多个变量、多个财务指标设为自变量，随后完成加权运算过程，按照整体的判定结果来对公司的困境情况进行预测。和单变量分析法相比，多变量分析法能够更为合理地展示公司的财务状况，进而提升辨别能力和实际使用效果，成为最常用的财务困境预测方法。多变量分析模型的基本原理是通过统计技术筛选出那些在两组间差别尽可能大而在两组内部的离散度最小的变量，从而将多个标志变量在最小信息损失下转换为分类变量，获得能有效提高预测精度的多元线性判别方程。最著名的多变量分析模型是 Z-score 模型（Altman，1968）。

多变量分析法还包括线性概率预测模型，进一步地，线性概率预测模型又分为 Probit 模型和 Logit 模型。这两种模型建立在累计概率分布函数的基础上，目标是寻求观察对象的条件概率，据此判断观察对象的财务状况和经营风险。做法是确定企业样本的极大似然函数，通过求似然函数的极大值得到参数，进一步判断企业破产的概率。Probit 模型和 Logit 模型的思路很相似，但在具体的计算方法和假设前提上有一定的差别。

近年来新的研究方法，如生存分析法、专家系统法、神经网络法等也被引入财务困境预测研究领域。这些方法能更为动态地描述财务正常企业和财务困境企业的特征，提高预测准确度，逐渐成为该领域的主流研究方法。

有研究（Bellovary，Giacomino and Akers，2007）总结了 20 世纪

60年代到21世纪初的100多篇关于财务困境（破产）预测的研究，结果发现：20世纪六七十年代使用最多的是判别分析法，而八九十年代则转向了线性概率预测模型和神经网络法；被用来预测的变量有所变化，基本在十个左右；多元判别分析法和神经网络法的准确度相对较高；准确度的高低和变量个数无关，一两个变量的模型的准确度和二十几个变量的模型的准确度相差不大。

可以说关于财务困境预测的研究，直到今天都未达成绝对的共识。各方法都有一定的优势和劣势，无论是在理论研究中还是在实践中都无法分出绝对的高下，也不存在一种绝对行之有效的方法。毕竟这些方法很多都是通过实证研究得到的，缺乏理论上的依据。同时财务困境预测方法会受到样本选取范围和样本时间区间的限制，不同国家、不同地区以及不同行业的影响也会不一样。最后，在传统的财务困境预测研究以及方法创建中，并未考虑到外部宏观因素、公司治理、商誉、媒体等非财务因素的影响。伴随着研究的深入发展，许多动态指标以及非财务因素被纳入，财务困境预测体系将更加科学完善。

对于企业财务困境预测问题的研究不只是看财务信息的影响，对困境公司的破产预测还扩展到对困境公司的估值、困境公告的市场反应、财务困境下各个利益相关者的行为、财务困境和重组、财务困境与公司治理等方面。

随着数据可得性的提高，相关研究进一步拓展到债权人的债务契约、评级机构的信息运用等方面。例如有很多研究就关注主要的评级机构（穆迪（Moody's）、标准普尔（Standard & Poor's）和惠誉国际（Fitch））是否运用了特定的会计信息。当然，评级机构由于自身的利益冲突而是否能有效地向市场发布及时有用的信息、是否及如何对这些评级机构进行管制又是另外一个问题了。

第3章指出，会计盈利反映了影响股票价格的诸多因素并通过盈利将与这些因素有关的信息传递给股票市场。然而，盈利数据并非投资者在资本市场上所能获得的唯一的会计数据。公司年报和证券交易委员会的档案也提供了丰富的会计数据（包括资产负债表数据和盈利构成要素，如收入与费用）。投资者、财务分析师和其他人在其投资决策中可充分利用这些数据。这表明，如同盈利数据，这些数据亦能反映影响资产市值的诸多因素。

非盈利会计数据在证券估值中的明显运用、借助实证惯例解释所观察的现象，以及来自公司财务的影响（资本资产定价模型）促使早期的实证会计研究者去研究会计数据是否反映了影响证券估值的因素。在鲍尔和布朗（Ball and Brown, 1968）之前，学界就开始研究资本资产定价模型应包含的因素（Horrigan, 1966）。根据这一模型（第2章），一项资产的市值是它的预期现金流、未来现金流的风险（β）、风险价格以及无风险报酬率的函数。无风险报酬率与风险价格是由资本市场决定的，它们不可能与企业的特定变量相关。企业的会计数据对于估算其证券资产的预期现金流和风险可能更有用。因此，学术研究力图提供证据以表明会计数据有助于评估这两个因素就不足为奇了。

本章将综述针对有助于证券估值的非盈利会计数据而进行的研究。我们将对三种不同的研究加以评论。首先评论的是关于利用会计数据预测破产的研究。破产会减少企业的未来现金流，因此，企业预期现金流的评估就必须涉及对破产可能性及其相应现金流出的评估。其次，我们将论述涉及会计数据与股票风险关系的研究。最后，我们将对那些涉及会计数据、债券等级评定和债券价格的研究加以评论。债券等级评定是反映债券系统风险的一种方法。

5.1　会计数据与破产

5.1.1　破产的性质

破产是指"当一个公司无力偿债或未能在法庭之外与债权人达成协议时，依据《破产法》而进行的一种诉讼程序"（Warner, 1977, p.241）。破产诉讼是在企业或其他当事人向法院提出协助解决企业债务清偿问题的时候开始的。一旦企业触犯《破产法》，譬如，未能根据债务契约履行清偿责任（如支付利息），债权人或信托人就有权起诉。然后，法院通常会委派一个破产托管人，由其负责该企业的管理。

当企业主动提出破产申请时，它将在管理当局与债权人力图制订一个偿债方案的时期里继续经营。这种自动申请破产（voluntary bankruptcy）的代价一般小于强制破产（involuntary bankruptcy）的代价。但是，不论哪种破产都不意味着该企业不复存在（即停业清理）了。企业仍可作为一个追求利润的实体而存在，其未来现金流的市值仍可超过其资产清理价值的总和（因而最佳的选择是继续经营）。总之，破产并不意味着企业应当停业。

如果债务索偿权（debt claims）的面值超过企业的市场价值，债权人就会主动提出破产请求从而取消股东的索偿权。如果债权人不取消股东的索偿权，企业未来的现金流可能增加，倘若企业的价值超过债务的价值，那么股东而不是债权人将分享这一差额。因此，允许股东继续作为企业现金流的剩余索偿人（residual claimants），意味着债权人给予股东一项有价值的东西——获取企业未来现金流的选择权——但债权人自己的财富减少了。

倘若股东选择权的价值大于下列破产成本，债权人就会提出破产申请：

1. 付给律师、会计师、信托人以及其他人的手续费。
2. 由于法院或信托人未能最大化企业的市场价值而发生的损失（Warner，1977），就是说，信托人缺乏管理者那种最大化企业市场价值的动机和比较优势。

如果这些成本大于股东选择权的价值，那么，企业的债权人就有理由主动提出不诉诸法院的方案，留给股东一些索偿权。

上述成本的期望值随着破产可能性的增大而增加。在其他条件相同的情况下，企业预期现金流及其市场价值随着破产可能性的增大而减少。企业价值一旦下降，企业索偿权（如股票、债券、债权人索偿权）的价值也就随之下降。因此，股票、债券以及其他索偿权的预期价值取决于企业破产的可能性。这就难怪学界许多学者致力于研究破产预测模型。

5.1.2　会计数据在破产预测中的作用

大多数破产预测模型都会用到会计数据。这些数据通常以比率的形式（如负债比率、流动比率、利息保障倍数）表示。会计数据有助于预测破产的一个原因是，债券契约（bond indentures）和贷款协议经常利用会计比率来约束管理者的行为。譬如，企业可能被要求将其流动比率保持在一定限度上。违反有关会计比率的协议会使企业陷于违约的境地并可能因此破产。

不过，违反协议中的会计比率条款并不一定必然导致破产。会计比率与破产之间不存在着必然的联系，因为这里所谓的违约只不过是由这些比率来界定罢了。如前所述，如果申请破产的成本（律师和会计师的手续费以及委派信托人的机会成本）超过取消股东选择权的利益，债权人是不会提出破产请求的。

尽管技术性违约不会自动导致破产，但是，在债券契约里，运用会计数据来表明企业是否违约并使债权人有权迫使企业破产这一事实说明，会计数据和比率与企业的价值和债务的面值是密切相关的。[1] 因而，这些数据很可能是破产可能性的计量指标，由此不难想象为何许多研究都是运用会计数据进行破产预测。

破产预测研究有两种类型：第一类研究（Beaver，1966）分析个别会计数据和比率与破产的关系（单变量分析法）；第二类研究则运用多个比率来预测破产（多变量分析法）。单变量分析法（univariate approach）每次只运用一个比率来进行破产预测。由于不同比率可能反映企业财务状况的不同侧面，因此，运用一组比率，而不是一个比率，即可获得更佳的预测效果。基于这个原因，多变量分析法（multivariate approach）很快就取代了单变量分析法。奥特曼（Altman，1968）率先发表了采用多变量分析法的论文。

5.1.3 预测破产的多变量分析法

判别分析

大多数多变量分析法采用的是线性判定分析。为了理解这一分析技巧，假设有五个会计比率用于破产预测。令 $z=1$ 为不会破产，$z=0$ 为

---

[1] 参见史密斯和沃纳、福格尔森以及列夫威奇关于会计数据在债务协议中所起作用的分析（Smith and Warner, 1979; Fogelson, 1978; Leftwich, 1983）。

破产。选择一个估计样本并对估计样本中所有企业的 z 与 w_1，…，w_5 进行回归（$i=1$，…，N），即

$$z_i = c_0 + c_1 w_{1,i} + c_2 w_{2,i} + c_3 w_{3,i} + c_4 w_{4,i} + c_5 w_{5,i} + u_i \quad (5.1)$$

式中，$c_j(j=1$，…，5) 是参数。估计参数可用于计算样本中每个企业的 $\hat{z}_i$：

$$\hat{z}_i = \hat{c}_0 + \hat{c}_1 w_{1,i} + \hat{c}_2 w_{2,i} + \hat{c}_3 w_{3,i} + \hat{c}_4 w_{4,i} + \hat{c}_5 w_{5,i} \quad (5.2)$$

最后，为 $\hat{z}$ 选择一个可以使目标函数最小的临界值。通常的目标是尽可能减少错误分类的数量，即将破产企业误判为非破产企业的数量（第Ⅰ类错误）加上将非破产企业误判为破产企业的数量（第Ⅱ类错误）。

基于不同目的而采用的临界值确定基础并不一定处于最优状态。假设银行考虑一项贷款，它必须根据所犯错误类型的成本权衡每一类错误，并使这些误差的加权总和最小化。权衡第Ⅰ类错误和第Ⅱ类错误的方法是不一样的，因为把一个破产企业误判为非破产企业的代价高于把一个非破产企业误判为破产企业的代价。

估计了式（5.1）并计算了 z 的最优临界值之后，即可将所估计的式（5.2）用于保留样本并据以计算 z 值。那些 z 值高于临界值的企业将被预测为不会破产，而那些 z 值低于临界值的企业则将被预测为会破产。在实际运用多变量进行判别分析时，必须对许多变量（w_j）进行验证，只有那些能最有效地区分破产类企业与非破产类企业的变量才可用于估计 z 的值。

奥特曼（Altman，1968）曾运用多变量判别分析对 1946—1965 年间破产制造企业与非破产制造企业加以区分。奥特曼采用了配对抽样法（paired sample approach）。他根据行业和资产规模对 33 家破产企业和 33 家非破产企业进行匹配。破产前一年计算的 22 个变量被选作判别函数（discriminant function）的预测变量。最终选定的组合变量以及所估计的判别函数为：

$$z = 0.012 w_1 + 0.014 w_2 + 0.033 w_3 + 0.006 w_4 + 0.999 w_5 \quad (5.3)$$

式中，w_1 为营运资本对总资产的比率；w_2 为留存盈利对总资产的比率；w_3 为扣除利息与税金之前的盈利对总资产的比率；w_4 为股票市值对总负债面值的比率；w_5 为销售额对总资产的比率。

在奥特曼的估计样本中，式（5.3）正确地从33家破产企业中识别出31家破产企业，从33家非破产企业中识别出32家非破产企业。为了验证这个模型，奥特曼在一个由25家破产企业与56家非破产企业组成的新样本中收集了资料，并用原先从33对企业估计出的模型式（5.3）对新样本（保留样本）中的企业进行区分。结果，该模型正确地从25家破产企业中判别出24家破产企业，从56家非破产企业中判别出52家非破产企业。

使用保留样本是一种重要的研究方法。事先了解企业的比率以及它是否破产，有助于在估计样本中确定判别函数和"最优"临界值 z。从本质上说，这一方法运用了"事后推断"。当判别函数和最优临界值用于预测另一个样本时，事后推断将失去作用，判别函数的预测效果也随之降低。因此，使用保留样本来评估判别函数的预测能力是十分必要的。

奥特曼还研究了该模型在破产前5年的预测能力。以原来那33家破产企业作为样本，他发现该模型可在破产前5年把这些企业中36%的企业判定为破产企业。在随后的一个研究里，奥特曼、荷德曼和纳雷亚兰（Altman, Haldeman and Narayanan, 1977）指出，70%的破产企业可在破产前5年通过模型预测出来。[1]

---

[1] 在解释准确率时存在着这样一个问题。奥特曼、荷德曼和纳雷亚兰（Altman, Haldeman and Naryanan, 1977）是在假定企业被测定为破产 $P(B|PB)$ 的前提下报告破产概率的。但这个条件概率取决于样本中破产企业与非破产企业的各自所占的比例即 $P(B)$ 和 $P(NB)$。根据贝叶斯定理：

$$P(B|PB) = \frac{P(PB|B)P(B)}{P(PB|B)P(B) + P(PB|NB)P(NB)}$$

按照这个公式，奥特曼的预测准确性取决于样本各自所占的比例，$P(B)=P(NB)=0.5$。在他抽取的样本中，破产企业数等于非破产企业数，所以奥特曼高估了该模型的预测能力，这是因为在现实生活中，$P(B) \cong 0.02$，而 $P(NB) \cong 0.98$。奥尔逊（Ohlson, 1980）对该模型的预测能力进行过正确的比较，他使用了一个与现实中破产与非破产企业所占比例相一致的样本对该模型进行估计，然后他把预测准确率与把所有企业测定为不会破产的简单模型进行对比。

奥特曼的发现以及其他研究（Deakin，1972）表明，会计数据在破产预测中是十分有用的。然而，他们未能提供证据来说明以会计为基础的模型会比资本市场具有更好的预测效果。韦斯特菲尔德（Westerfield，1970）及阿哈罗尼、琼斯以及斯沃利（Aharony，Jones and Swary，1980）研究发现，破产企业的股票在其破产前5年的非正常收益就为负。这说明资本市场在企业破产前5年就已开始对破产企业的业绩期望进行向下的修正。

拓展

有两篇论文（Altman，Haldeman and Narayanan，1977；Ohlson，1980）进一步完善了上述研究方法。如前所述，大多数研究侧重于评估那些尽量减少误判数量的模型。这种研究方法假定犯第Ⅰ类错误与犯第Ⅱ类错误的代价相等。奥特曼、荷德曼和纳雷亚兰（Altman，Haldeman and Narayanan，1977）曾运用关于贷款呆账损失和贷款利率方面的银行数据来估计犯这两类错误的相对成本。研究结果表明，向嗣后将违约的客户发放贷款（第Ⅰ类错误）的代价比拒绝向嗣后不会违约的客户发放贷款（第Ⅱ类错误）的代价高出35倍。奥特曼、荷德曼和纳雷亚兰（Altman，Haldeman and Narayanan，1977）曾运用这些相对误判成本来计算不同的临界值。

奥尔逊（Ohlson，1980）指出，早期的研究（经常是错误地）假设破产年度的财务报表在提出破产申请之前就已公之于众。这种错误假设导致了对模型预测能力的高估。奥尔逊使用的数据取自企业呈送给证券交易委员会的年报，这样他就能确定这些报告在何时公之于众。奥尔逊的抽样期为1970—1976年。

奥尔逊的研究的另一个重要论点是，评估模型的预测能力要求样本中破产企业与非破产企业的比例必须与总体中的相应比例保持一致。否则，模型准确性的评估就会产生误差。Compustat数据库中包含了105个破产样本企业和2 058个非破产样本企业。奥尔逊把他的模型与预测没有一个企业会破产的简易模型（naive model）相比较，结果，简易模型的误判率为4.85%即105/(2 058+105)；奥尔逊的破产预测模型运用9个会计比率并以均等权数对第Ⅰ类错误和第Ⅱ类错误进行加权平均来计算区分点，其误判率为 3.88%。[①]

上述研究都存在的一个共同问题是独立变量的选择。迄今为止，还没有一个重要理论能够说明会计比率在破产前的预测能力。因此，变量的选择取决于研究者的直观判断以及资料的可获得性。建立这样的理论将是一项既艰巨又重要的拓展工作。

结论

许多研究表明，会计比率可用于破产预测。但会计比率的预测能力能否优于股票价格仍是一个没有定论的问题。运用会计比率的模型似乎有助于预测非上市企业破产的可能性，所以它们对于预测这些企业的预期现金流是十分有帮助的。

5.2 会计数据与股票风险

5.2.1 β——风险的计量

第 2 章论述了资本资产定价模型中的资产风险计量指标。这一计量指标就是 β：

$$\beta_i = \frac{\text{cov}(r_i, r_m)}{\sigma^2(r_m)} \tag{5.4}$$

资产的预期报酬率以及资产的市场价格取决于它的 β。

个别证券的 β 通常是基于市场模型利用普通最小二乘法（OLS）估计的：

$$r_{i,t} = a_i + b_i r_{m,t} + e_{i,t}; \quad t = 1, \cdots, T \tag{2.32}$$

计算出的 $\hat{b}_i$ 是 β_i 的估计值。虽然这一回归方程以及第 2 章的多期间资本资产定价模型假设 β 在不同期间是稳定的，但事实上 β 在不同期间是有所差异的。

[①] 奥尔逊采用 Logit 分析方法，这种分析方法解决了判别分析中存在的许多问题，包括会计比率符合正态分布的假设以及破产企业与非破产企业具有同样的方差-协方差矩阵的假设。

β 的不稳定性要求研究者作出抉择。若 β 稳定不变，式（2.32）的估计期间越长，则 β 的估计就越准确（更为有效且测量误差较小）。若 β 不稳定，估计期间越长，β 越有可能发生变动。波格（Bogue，1972）和冈尼蒂斯（Gonedes，1973）曾对这一问题进行了研究，他们的结论（以实证为基础）是，就月度报酬而言，适合他们样本的最佳估计期间为 60 个月。

式（2.32）的估计值 $\hat{b}_i$ 是对 β 的无偏估计。但是，用 $\hat{b}_i$ 来计量 β_i 存在一定的误差，因此，利用额外信息得到的 β_i 的估计值比应用式（2.32）得到的 β_i 的估计值可能更为准确。一种证券现行 β 的更为准确的估计值可促使人们更好地估算未来的 β 和预期报酬率。这种信息可以帮助投资者消除他们投资组合中的风险，并建立更为有效的投资组合，就是说，对于给定的期望投资报酬率，这些投资组合具有最小的可接受报酬方差率。[1]

有理由相信，会计数据可用以估计未上市证券的 β。此外，结合运用会计数据和市场模型来估计 β，就可得出更准确的未上市证券的 β 估计值。

5.2.2 会计数据与 β 的估计值

在第 2 章里，企业在特定期间里的股票报酬率是企业当期实现的现金流的一个函数。因而，一个企业的 β 可表述为该企业现金流与现金流市场指数之间协方差的一个函数（Fama and Miller，1972，p.296）。如果把会计盈利视作现金流的替代，那么，会计风险 β（企业的盈利与盈利的市场指数之间的协方差除以盈利的市场指数的方差）就可作为企业风险 β 的一个替代。由此可见，会计盈利可用于计算 β 的估计值。

会计盈利并不是有助于估计证券风险 β 的唯一变量。在第 2 章里，我们假设企业没有举债（即资本结构中没有负债），以便使企业风险 β 等于其股票风险 β。然而，若企业有债务，则它的风险 β 就不同于其股票风险 β。在这种情况下，企业的财务杠杆（负债与权益的比率）将对其股票风险 β 产生影响，因而它在估计这个风险 β 中具有一定的作用。

---

[1] 克莱恩与贝瓦（Klein and Bava，1976，1977）的研究说明，投资报酬率分布的参数估计误差影响了最佳投资组合的选择，这里的"最佳"是以均值方差的有效性来定义的。

倘若无法知悉债务与股票的市场价值，会计账面价值便可在估算风险 β 时作为财务杠杆的一个替代。

从理论上说（第 2 章中的无税收资本资产定价模型），股票风险 $\beta_{S,i}$、债务风险 $\beta_{B,i}$ 与企业风险 $\beta_{V,i}$ 的关系可表述为：

$$\beta_{V,i} = \frac{B_i}{V_i}\beta_{B,i} + \frac{S_i}{V_i}\beta_{S,i} \tag{5.5}$$

式中，B_i，S_i 和 V_i 表示债务、股票以及整个企业的市场价值；$V_i \equiv B_i + S_i$（Brealey and Myers，1984，Ch. 17）。式（5.5）把企业风险 $\beta_{V,i}$ 表述为股票与债务风险 β 的加权平均数，其权数为股本与负债的相对比例。式（5.5）可重新调整为：

$$\beta_{S,i} = \beta_{V,i} + \frac{B_i}{S_i}(\beta_{V,i} - \beta_{B,i}) \tag{5.6}$$

在无税收的资本资产定价模型中，企业的价值独立于企业的资本结构即企业举债经营的比例（Modigliani and Miller，1958；Brealey and Myers，1984，Ch. 17），这反过来（给定企业的现金流）意味着 $\beta_{V,i}$ 独立于财务杠杆 B_i/S_i，所以财务杠杆指数的增大并不会改变 $\beta_{V,i}$。但是，日益增大的财务杠杆指数会增加企业的股票风险 $\beta_{S,i}$，从而导致 $\beta_{V,i} > \beta_{B,i}$（见式（5.6））。①

然而，需要指出的是，财务杠杆的差异很可能与企业经营特点（如合并、收买、让产易股）的差异相关。因此，$\beta_{S,i}$ 可能随着财务杠杆的改变而增大或减少（Smith，1979，p.90）。

上述杠杆（如举债经营的比例）是一种**财务杠杆**（financial leverage）。金融理论亦表明风险 β 因**经营杠杆**（operating leverage）的不同而不同。因而，经营杠杆可能也有助于估计 β。经营杠杆是指固定成本对变动成本的比率。列夫（Lev，1974）曾指出，经营杠杆比率愈高，

---

① 如果债务具有风险，日益增大的财务杠杆也会增大债务风险 $\beta_{B,i}$。在这种情况下，从式（5.6）中难以明显看出 $\beta_{S,i}$ 随着财务杠杆的增大而增加，但事实确实如此。理由是，在式（5.5）中，随着财务杠杆指数 B_i/V_i 的增大，债务风险 β 的权数也在增大，而这个债务风险 β 小于股票风险 β。为了使风险 β 保持不变，股票的 β 必须增大。

企业风险 β 亦愈大。他的实证结果证实了这一论点。用于计算经营杠杆比率的固定成本和变动成本的估计值通常来自会计数据。

这里应当就经营杠杆对 β 的影响做一点说明。我们期望企业的资本结构与经营杠杆相关（Myers，1977）。拥有较多固定资产的企业可以较低成本获得长期融资，因而其财务杠杆指数较大。列夫（Lev，1974）检验经营杠杆对 β 的影响时并没有控制财务杠杆变量，所以他的经营杠杆变量可能是财务杠杆变量的替代。

上述讨论表明，我们有理由相信会计数据不仅有助于估算未上市企业的股票风险 β_S，而且有助于估算上市企业的股票风险 β_S（可通过市场模型予以估计），因为会计数据可能随着 β 的变化而变化，所以它们可用来降低市场模型 β 估计值的测量误差，可以提供一个更准确的估计值。有鉴于此，研究者已就会计数据与 β 估计值之间的相关性做了大量的调查研究。

5.2.3 鲍尔和布朗的研究

鲍尔和布朗（Ball and Brown，1969）最先发表了关于会计数据与市场模型 β 估计值之间相关性的研究。"会计 β"是通过下列回归方程估计的：

$$\Delta A_{i,t} = g_i + h_i \Delta M_t + \omega_{i,t}; \quad t = 1, \cdots, T \tag{5.7}$$

式中，$\Delta A_{i,t}$ 为会计盈利从 i 年到 t 年的变化额；ΔM_t 为 t 年会计盈利市场指数的变化额；$\omega_{i,t}$ 为误差项；g_i 和 h_i 为参数。$\hat{h}_i$ 为"会计 β"的估计值。鲍尔和布朗利用式（2.32）（市场模型）和式（5.7）对1946—1966 年的 261 家企业进行预测，据以推算 β 的估计值 $\hat{b}_i$ 和"会计 β"的估计值即 $\hat{h}_i$。经营盈利、净盈利和归属于普通股盈利的会计估计值和市场模型估计值的斯皮尔曼相关系数分别为 0.46、0.39 和 0.41。从这些相关性可清楚地看出，"会计 β"是与市场模型估计的 β 相关的。

鲍尔和布朗的研究结果是针对会计盈利而言的。影响极大的比弗、凯特勒和绍尔斯（Beaver，Kettler and Scholes，1970）的研究通过计

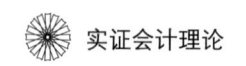

算其他会计变量（除了"会计 β"）与市场模型估计的 β 的相关性，进一步发展了鲍尔和布朗的研究。

5.2.4 比弗、凯特勒和绍尔斯的研究

比弗、凯特勒和绍尔斯选用的变量是"常识"所指的那些随着风险的变化而变化的变量。从理论上说，有理由相信有些变量因风险的不同而有所差异，而其他变量则不会随着风险的改变而改变。这些变量是股利发放率（dividend payout）、资产增长（asset growth）、财务杠杆（leverage）、变现能力（liquidity）、资产规模（asset size）、盈利变化（earnings variability）、会计风险（accounting beta）。

下面将分别讨论这些变量。

股利发放率为发放的股利与普通股可获得盈利的比率。人们经常宣称，较高风险的企业一般发放较低比例的盈利。其常见的理由是，企业通常不愿削减股利，企业风险越高，盈利的变化就越大，因此股利发放率越低，削减股利的可能性也就越小。这个基本原理归于林特纳（Lintner，1956）的研究贡献，是一种基于实证的断言。

然而，根据实际调查的证据，人们可预计股利发放率与 β 存在负相关关系。有人注意到，股利发放率同负债与权益的比率负相关（Ben-Zion and Shalit，1975）。如果较高的负债与权益比率会产生较大的 β，那么股利发放率与风险便可能负相关。

资产增长被定义为总资产在一段时期的增长率。根据比弗、凯特勒和绍尔斯的预测，资产增长与 β 存在正相关关系，但这一预测缺乏理论基础。

财务杠杆被定义为一定时期里优先债务（senior debt）的平均数与总资产的比值。根据式（5.6），假设财务杠杆本身与企业的现金流的主要风险无关（有问题的假设），则企业的财务杠杆愈大，企业的股票风险 β 也就愈大。比弗、凯特勒和绍尔斯预测，财务杠杆与风险正向相关。[1]

---

[1] 比弗、凯特勒和绍尔斯以及其他人所做的研究均在财务杠杆的测量过程中使用债务面值，鲍曼发现，使用债券的市值而不是面值并不改变上述结论（Bowman，1980a）。也可参见鲍曼的另一项研究（Bowman，1980b）。

变现能力被定义为一定期间的平均流动比率。根据常识，比弗、凯特勒和绍尔斯预测，变现能力越强，风险越小（即二者负相关）。可是，没有什么理论能支持这一点。

资产规模被估计为一定期间里总资产对数的平均数。常识告诉我们，企业越大，风险越小。证券组合学说（portfolio theory）预言，较大型企业的投资报酬率的方差较小，但其 β 不一定较小。当企业变得越来越大时，它的 β 趋向于 1（市场 β），而不一定趋向于 0，由此可见，风险与企业规模负相关的预测是以常识为依据的，而不是以理论为依据的。[1]

盈利变化通过一定期间里盈利对价格比率（earnings/price ratio）的标准差来测量。盈利对价格比率是企业预期报酬率的一个粗略估计。[2] 因此，盈利对价格比率的标准差与报酬率的标准差正相关。从实际经验看，由于股票报酬率的标准差与 β 正相关（尽管从理论上看不一定如此），因此盈利变化可能与 β 正相关。

企业的会计风险被估计为企业会计盈利对市场盈利指数的回归系数，如式（5.7）所示。然而，企业盈利与市场盈利都被定义为盈利对价格的比率。鉴于盈利对价格的比率只是预期报酬率的一个粗略的测量指标，据此估算的会计风险 β 充其量也只是市场风险 β 的一个粗略估计。由此不难推断，会计风险与市场风险正相关。

---

[1] 瓦茨和齐默尔曼（Watts and Zimmerman, 1978）提出另一个假设，解释企业规模与方差及 β 之间的负相关性。大企业更易受到政治压力的影响，报告的巨额利润可能引起不利于企业的关注和政治指控，企业必须为此辩护。他们假设大企业倾向于投资低风险、低方差的项目以免赚取过高的利润。如果低方差的项目导致低风险，那么企业规模与风险就是负相关关系。

[2] 如果未来的利率和企业的预期现金流稳定不变，如果当期盈利（A_0）等于预期现金流，那么第 2 章里多期间资本资产计价模型的企业价值公式变成：

$$V_0 = \frac{E(C)}{E(r)} = \frac{A_0}{E(r)}$$

此外，将上述公式除以发行在外股份数（n_0），整理后得：

$$\frac{A_0/n_0}{P_0} = E(r)$$

式中，P_0 是股票的现行市场价格；A_0/n_0 是市盈率。根据这些假设，盈利对价格的比率等于股票的预期报酬率。

研究结果——会计风险与风险的关系

比弗、凯特勒和绍尔斯分析了 1947—1956 年以及 1957—1965 年 Compustat 数据库中 307 个在纽约证券交易所注册的企业。除了从企业角度分析会计变量与所估计风险 β 的相关性之外,比弗、凯特勒和绍尔斯还从 5 个企业组合角度分析了它们之间的相关性。把企业划分为不同的组合并计算组合变量的做法降低了变量的测量误差,同时提高了观察到相关性的可能性。他们对企业的会计变量加以排列组合以便构建不同的组合,然后把具有相似等级的企业划归到各个组合里。那 5 个具有最大指标值的企业被纳入第一个组合,指标值介于第 6 到第 10 大的 5 个企业被纳入第二个组合,依此类推。这一分类法共产生 61 个组合(每组由 5 个企业组成)。

表 5-1 列示了 1947—1956 年和 1957—1965 年这两个时期会计变量与估计风险 β 在单个企业水平上和在 5 个企业组合水平上的斯皮尔曼等级相关系数和皮尔逊积矩相关系数(在括号里)。表 5-1 中不符合预期的相关性只有 1957—1965 年这一期间的变现能力变量。

表 5-1 由市场确定的风险计量指标与七项会计风险计量指标在同一个时期里的相关性 *

变量	第一个时期(1947—1956) 单个企业	企业组合†	第二个时期(1957—1965) 单个企业	企业组合	测定符号
股利发放率	−0.49 (−0.50)	−0.79 (−0.77)	−0.29 (−0.24)	−0.50 (−0.45)	−
资产增长	0.27 (0.23)	0.56 (0.51)	0.01 (0.03)	0.02 (0.07)	+
财务杠杆	0.23 (0.23)	0.41 (0.45)	0.22 (0.25)	0.48 (0.56)	+
变现能力	−0.13 (−0.13)	−0.35 (−0.44)	0.05 (−0.01)	0.04 (−0.01)	−
企业规模	−0.06 (−0.07)	−0.09 (−0.13)	−0.16 (−0.16)	−0.30 (−0.30)	−

续表

变量	第一个时期（1947—1956） 单个企业	第一个时期（1947—1956） 企业组合[†]	第二个时期（1957—1965） 单个企业	第二个时期（1957—1965） 企业组合	测定符号
盈利变化	0.66 (0.58)	0.90 (0.77)	0.45 (0.36)	0.82 (0.62)	+
会计风险	0.44 (0.39)	0.68 (0.67)	0.23 (0.23)	0.46 (0.46)	+

[*] 第一行列示的是等级相关系数，第二行括号里列示的是积矩相关系数。
[†] 组合相关性是以由 5 个企业组成的 61 个组合为依据的。
资料来源：W. H. Beaver, P. Kettler, and M. Scholes, "The Association Between Market Determined and Accounting Determined Risk Measures," *Accounting Review* 45（October 1970），Table 5, p. 669.

在 7 个变量中，有 4 个变量（股利发放率、财务杠杆、盈利变化和会计风险）在两个时期的企业范围内和企业组合范围内都具有相关性，并在 0.01 的概率水平上是显著的。所以会计变量与风险具有相关性。

其他研究（Bildersee，1975；Eskew，1979；Elgers，1980）对鲍尔和布朗（Ball and Brown，1969）以及比弗、凯特勒和绍尔斯的发现做了进一步的拓展。研究结果表明，在不可能对市场模型加以预计的情况下，会计变量可用于估计 β 以及市场的期望报酬率。

研究结果——使用会计数据预测风险

除了发现会计变量与股票市场风险 β 具有相关性外，研究者还分析论证了会计变量能否用于预测下一期的市场风险 β，通常必须在某个期间里对如下所示的截面回归方程进行估计：

$$\hat{b}_i = c_0 + c_1 w_{1,i} + c_2 w_{2,i} + \cdots + c_5 w_{5,i} + u_i \tag{5.8}$$

式中，$\hat{b}_i$ 为当期用市场模型估计出的企业 i 的风险 β；$w_{j,i}$ 为企业在当期的第 j 个会计变量。

然后，运用估计系数（$\hat{c}_0$, $\hat{c}_1$, $\cdots$, $\hat{c}_5$）和会计变量（w_1, $\cdots$, w_5），并以会计变量 $\hat{b}_i^A$ 为基础，即可为各个企业 i 计算一个 β 估计值：

$$\hat{b}_i^A = \hat{c}_0 + \hat{c}_1 w_{1,i} + \hat{c}_2 w_{2,1} + \cdots + \hat{c}_5 w_{5,i} \tag{5.9}$$

这个以某个特定时期的会计变量为依据估计出来的 β 便可用于预测下一个时期市场模型的 β 估计值。如果会计变量有助于预测 β 的估计值，那么以会计为基础的 β 估计值，就能比本期市场模型 β 的估计值 $\hat{b}_i^A$ 更精确地预测下期市场模型的 β。

许多研究（Beaver, Kettler and Scholes, 1970; Bildersee, 1975; Rosenberg and Marathe, 1975; Eskew, 1979）表明，建立在会计变量基础上的预测模型能比完全依赖市场模型 β 的前期估计值更精确地预测市场风险的预期水平。但是，艾格斯（Elgers, 1980）发现，运用贝叶斯统计法对最小平方 β 的计量误差加以控制后，会计变量无法提供更精确的 β 估计值。

5.2.5 结论

从所掌握的证据可清楚地看出，会计变量同以市场信息为基础的风险测量指标相关联，会计变量可用于估计未上市证券的风险。从这个意义上说，会计数据是大有裨益的。但是，目前还没有明显的证据可以说明会计数据可用于提高上市证券市场模型风险估计值的准确性。

5.3　会计数据与债券风险

5.3.1　债券等级评定与债券风险

资信评定机构颁布的债券等级评定被信托管理人和监管机构广泛用于评估公司债券（corporate bond）与市政债券（municipal bond）的风险（Wakeman, 1981）。许多投资者基于同样目的使用债券等级评定资料。穆迪与标准普尔就是两个最著名的资信评定机构，有些观察家认为这两个机构的资信评定会极大地影响债券价格（Wakeman, 1981, pp. 28 - 29）。例如，罗斯（Ross, 1976, p. 133）曾指出：

> 穆迪与标准普尔有时可能会出错，但他们公布的等级评定将引起贷款成本出现极大差异，有时甚至能决定你是否可以贷到款。

在资本资产定价模型下,债券的风险测量指标就是债券的 β,倘若债券等级评定能够测量风险,则这些等级评定结果就应当与 β 保持截面上的相关性。帕西瓦与罗捷夫(Percival,1973;Rozeff,1976)曾对这种截面上的相关性进行研究,其结论是,公司债券 β 与等级评定结果具有负相关关系,就是说,等级评定愈高,β 愈低。此外,倘若资本资产定价模型能够说明问题,资信评定机构确实有能力测量风险,那么,等级评定结果与 β 的相关性就应高于其他风险测量指标如报酬率方差与 β 的相关性。犹维兹(Urwitz,1975)发现,等级评定结果与 β 之间的相关性远远高于等级评定结果与报酬率方差之间的相关性。他掌握的证据与资信评定机构有能力测量风险的假设是一致的。

资信评定机构不仅有能力测量风险,而且有证据表明它们在风险测量过程中会运用会计数据。如果事实确实如此,给定等级评定与债券的 β 保持相关的话,会计数据就可能有助于测量债券风险。

5.3.2 资信评定机构运用会计数据的证据

韦克曼(Wakeman,1981,p.5)曾用下列三个证据来说明资信评定机构运用公开的会计数据评定公司债券的等级:评定机构的解释;等级评定变化的时点;力图解释等级评定或等级评定变化的实证研究。

(1) 评定机构的解释。第一类证据由资信评定机构就债券信用等级变化所做的解释构成。韦克曼指出,对 1974—1976 年间穆迪改变债券等级的理由进行的分析表明:与会计有关的理由占全部变化(不涉及新融资的变化)的 2/3 以上。按照舍伍德(Sherwood,1976)的看法,标准普尔在决定债券信用等级时着重对下面五个方面进行评估:债券契约条款、资产保障、财务资源(变现能力)、预期盈利能力以及管理素质。前四个方面的全部或部分分析都是以公布的会计报告为基础的。

(2) 等级评定变化的时点。韦克曼报告了 1950—1976 年穆迪资信等级评定发生变化的逐月分布状况。等级评定变化在 5 月和 6 月最为普遍,而这两个月恰恰是紧挨着公司年报的公布时间(4 月)。这类变化的时间公布差异具有统计显著性。变化频率在每个月里保持相同这一原假设在 0.001 的概率水平上被拒绝。

（3）实证性研究采用了类似用于预测破产的多变量法来预测等级或等级评定变化。所用模型通常只运用公开的会计报告数据，但它们能够在所控制的样本中正确地测出 80% 的债券的等级。[1] 这类研究的一个例子是卡普兰和犹维兹（Kaplan and Urwitz, 1979）采用了一种所谓的 N-Probit 多变量统计程序（类似于奥尔逊的 Logit 模型），去检验资产总额、长期负债与资产总额的比率以及股票的风险 β 与发行在外的债券和新发行的再融资债券。他们能从留存样本中正确地划分出 2/3 债券的资信等级。此外，他们还重复检验早期关于会计数据有助于预测债券等级评定的研究结果，他们也发现其较为复杂的统计程序未能比一般最小二乘法提供更准确的研究结果。他们由此得出一般最小二乘法"似乎具有很高的预测能力且不会导致预测方程的偏差"的结论（Kaplan and Urwitz, 1979, p.260）。

5.3.3　债券等级评定与资本市场有效性

如果债券等级评定完全以公开的会计数据为依据，如果资本市场是有效的，那么，除非资信评定机构的分析师能比资本市场上的其他人士更好地运用会计数据，否则，债券市场就不应在资信等级发生变化时作出反应。相反，由修订后的等级评定反映的与风险变化有关的债券价格变化就应当在宣布等级评定变化之前发生。

韦恩斯坦（Weinstein, 1977）与韦克曼（Wakeman, 1981）并未发现等级评定发生变化时债券价格会对其作出反应。韦克曼的研究还发现，宣布债券等级的提高并不会对股票价格产生影响，股票价格对债券等级降低也只不过作出微不足道的消极反应。一般来说，这类证据与债券等级的变化并不向债券市场或股票市场传递有价值的信息的事实是一致的。事实上，资信评定机构只是运用公开的会计数据来记录已经反映在市场价格上的债券风险变化。给定债券等级评定并不是及时的信息来源这一条件，韦克曼（Wakeman, 1981）提出了这样一种假设：等级评定通过提供易于理解和准确的债券风险测量指标，仍将继续发挥监督

---

[1]　参见卡普兰和犹维兹以及奥特曼的相关研究（Kaplan and Urwitz, 1979; Altman, 1977）。

管理债券契约的积极作用。

上述研究表明，会计数据有助于预测债券风险，不过，以公开会计数据为依据计算的风险测量指标业已反映在债券价格和股票价格上。

5.4 小结

本章概述的证据表明，除会计盈利外的其他会计信息与影响证券价值的因素（如预期的未来现金流和风险）是相关的。会计数据与破产可能性具有一定的关系，因而也与预期的未来现金流有关。此外，它们还与股票和债券的风险 β 相关。

利用会计数据比简易模型（即破产的实际频率）能够更好地预测破产，这表明会计数据在无法对权益索偿权的市场价格进行观察的情况下是十分有用的。譬如，这使人联想到会计数据在信贷决策过程中的作用。建立在会计数据基础上的贷款决策模型为银行证实了会计数据的这一作用。然而，如果存在着企业的索偿权市场，目前所能获得的证据尚无法证明会计数据在破产预测方面优于企业的股票和债券价格所隐含的破产预测能力。在破产前 5 年，企业股票价格就开始下跌（特别是与债券评级的变化和一般意义上的市场效率综合起来考虑），这使得人们怀疑利用会计数据能否进行更有效的破产预测。

会计数据和预期风险 β 及债券等级之间存在的相关性说明，在无法对企业债券的市场价格或债券等级加以观察的情况下，会计数据在获得企业债券的风险预测上是十分有用的。考虑到风险对公司投资决策具有一定的影响，这无疑是个重要的发现。

延伸阅读文献

Armstrong, C. S., W. R. Guay, AND J. P. Weber, "The Role of Information and Financial Reporting in Corporate Governance and Debt Contracting," *Journal of Accounting and Economics*, 2010, pp. 179 - 234.

Beaver, W. H., M. Correia, AND M. F. McNichols, "Financial Statement Analysis and the Prediction of Financial Distress," *Foundations and Trends in Accounting*, 2010, pp. 99 - 173.

Bellovary, J. L., D. E. Giacomino, AND M. D. Akers, "A Review of Bankruptcy Prediction Studies: 1930 to Present," *Journal of financial Education*, 2007, pp. 1 - 42.

Christensen, H. B., V. V. Nikolaev, AND R. Wittenberg-Moerman, "Accounting Information in Financial Contracting: The Incomplete Contract Theory Perspective," *Journal of Accounting Research*, 2016, pp. 397 - 435.

Lev, B., "On the Usefulness of Earnings: Lessons and Directions from Two Decades of Empirical Research," *Journal of Accounting Research*, 1989, pp. 153 - 192.

Roberts, M. R., AND A. Sufi, "Financial Contracting: a Survey of Empirical Research and Future Directions," *Annual Review of Financial Economics*, 2009, pp. 1 - 20.

第 6 章　盈利预测

导　读

　　盈利预测是基本面分析的一个重要方面。早期盈利的时间序列属性的研究主要关注会计信息的作用。研究表明，会计盈利能向股票市场传递信息并影响股票价格，年度盈利呈随机游走状态，不具有序列相关性，而季度盈利随季节变化而变化。

　　后来的研究也从盈利时间序列属性的角度评价盈利质量，主要考察可预测性和可持续性。可预测性是指过去或现在的盈利对未来的盈利具有的预测能力，过去或现在的盈利信息应该有助于改善投资者对未来投资收益的预期。可持续性是指当期盈利或当期相对于上期增加的盈利在未来能够维持或重现的可能性。可预测性和可持续性高的盈利被认为是高质量的。

　　另一些研究则从应计项目和现金流的关系来定义盈利质量，通过直接模拟权责发生制的过程，将异常应计项目从正常应计项目中区分出来。这类研究认为如果能正确构建模型，计算出应计项目的正常组成部分（反映基本业绩的调整），那么非正常部分（由于盈利管理或其他因素而造成）就能代表低质量的业绩扭曲的程度。学者们发展了很多模型来识别代表扭曲业绩的异常应计项目（Jones，1991；Dechow, et al.，1995；Kothari, et al.，2005；Dechow and Dichev，2002；Francis, et al.，2005）。

也有学者将盈利质量的代理变量分为三类：第一类为盈利的特征（properties of earnings），包括盈利持续性（earnings persistence）、应计项目（accruals）、盈利平滑度（earnings smoothness）、损失确认的及时性（timely loss recognition）以及盈利达标（target beating）几个方面。第二类是投资者对盈利信息的反应，包括盈余反应系数等。第三类是盈利误报的外部信号（external indicators of earnings misstatements），包括会计和审计报告（AAERs）、财务重述（restatements）以及内部控制缺陷（internal control weakness）(Dechow, Ge and Schrand，2010)。

因为盈利预测工作在资本市场上大多由财务分析师来完成，有很多学者进一步研究财务分析师的行为和作用。研究发现，作为证券市场不可或缺的参与主体，财务分析师通过跟踪关注、预测盈利、投资推荐等一系列行为成为上市公司与投资者的信息纽带，通过自身的专业优势进行信息收集和处理，满足了投资者对信息的巨大需求，缓解了企业管理层与外部投资者之间的信息不对称情况，财务分析师扮演着重要的传递信息的角色。

大量学者对盈利分析准确性的影响因素进行了研究，发现有很多因素会影响财务分析师盈利预测的准确性，包括公司信息及信息环境、分析师自身因素、经纪公司因素和管理层因素等。

近年来，随着研究的不断推进，学者们从传统的信息中介角度转向公司治理角度重新审视财务分析师的行为，进一步推动了认识财务分析师的价值的研究。基本结果发现有好有坏：比如有研究发现财务分析师能起到外部监督的作用，降低管理层的盈利管理水平。但也有研究发现，财务分析师的盈利预测可能给管理层带来压力，使他们更关注短期利润而忽视长期价值。

现实中，财务分析师的研究报告和预测行为经常为市场、媒体和监管机构所诟病。由于利益冲突等因素的存在，财务分析师经常发布过度乐观或者过度迎合某群体的预测报告，削弱了他们在信息传递和公司治理上所应发挥的积极作用。

第 6 章　盈利预测

过去 20 年来，大量学术文献以实证研究的方式描述了会计盈利在不同时期的形态，并根据观察到的趋势预测未来盈利。促进盈利**时间序列**（time series）文献得以发展的一个因素是研究人员试图运用模型（第 2 章）来对证券进行估值。① 这些研究者希望把预测的盈利当作未来现金流的一个替代。另一个促进因素是研究股票价格与会计盈利关系（第 3 章）的研究人员对更有效的盈利预测模型的需求。第三个促进因素是解释管理者如何进行会计程序选择的尝试（Gordon，1964），本书第 11 章将介绍这一研究领域的先驱者。

本章首先说明为什么会计盈利的时间序列研究在三个方面对研究人员，乃至对会计人员和财务分析师是至关重要的，然后考察不同类型的时间序列模型，并利用柯达公司的盈利来识别和测算时间序列模型。另外，本章还将阐述不同模型对市场估值、股票价格研究、管理者的会计程序选择的意义，最后还将说明盈利时间序列的证据及其对证券估值的重大意义。

6.1　盈利时间序列预测的相关性

在分析时间序列时，研究人员试图只通过数据的顺序来推导形成这种数据的程序。譬如，让我们来考察赌博用转轮的中奖号码的序列（17，28，1，0，19，11，…）。我们分析中奖号码的时间序列，据以确定产生这些号码的程序，并制定相应的下赌策略。如果这些号码是从时间上相互独立且完全相同（就是说，过去抽签不会影响将来抽签的概率分布）的均匀分布（即所有号码被抽到的可能性相同）中抽签得出的，那么所有下赌策略得到的中奖机会都是相同的。然而，如果某个号码具有较高的中奖概率，那么建立在这个号码基础上的下赌策略就应采纳。或者说，如果号码的中奖概率取决于这些号码过去的顺序（即号码顺序存在着**序列相关性**（serial correlation）），则下赌策略便可通过观察过去的开奖号码来制定。总之，赌博用转轮的中奖号码的时间序列为预测

---

① 时间序列是产生于随机（概率）过程、按时间顺序展示的观察事件。

149

未来结果提供了信息并影响着我们的行为。

同样,我们也可通过对一个企业(如柯达公司)过去盈利的时间序列进行考察,从而推断企业未来的盈利状况。如果我们发现前一个盈利增长或下降总是跟随着下一个增长或下降(即盈利变化存在着正的序列**相关性**或**序列依存性**(serial dependence)),我们便可运用这一结论来预测下一年度的盈利。若今年的盈利变化是正的,我们将预测明年会有更多的盈利。相反,如果我们发现的是负的序列依存性,即盈利下降总是跟随着盈利上升,那么在本年盈利增加的情况下,我们将预测明年会有更少的盈利。研究人员之所以对盈利时间序列感兴趣,是基于以下几方面的原因。

6.1.1 盈利预测在估值模型中的作用

公司证券的大多数估值模型是根据企业未来的现金流来对索偿权进行计价的。费希尔模型(式(2.4))和资本资产定价模型(式(2.11))都具有这个特征。使用这些估值模型要求对预期的未来现金流进行估计,但这种估计值通常难以获得,因此必须使用代理变量。一个最为常见的代理变量是未来会计盈利的预测值。

会计盈利包括会计应计项目(如折旧),而不包括投资支出(如购置厂房的支出)和投资收入(如出售汽车的收入)。因而,只有在某些极端的情况下,未来的会计盈利才会等于未来的现金流。[①] 拉波波特(Rappaport,1983)曾阐述盈利与未来现金流之间缺乏对应关系的几个原因。不过,这两者都包含了相同的经营现金流,所以,未来会计盈利

[①] 见第 2 章。下面的例子为所需的极端假设提供了说明。假设一个经营相对稳定的企业,其总资产由 N 项资产构成,每项资产的经济年限和账面年限均为 T 年,成本为 I 美元。再假设机器的使用年限均衡地分布于第 0 年至第 $T-1$ 年,企业将在使用年限终了时以成本 I 的价格重置每台机器。折旧是该企业唯一的应计项目,通过在将来不断地重置机器,企业期望持续地在未来创造现金流 C。市场对企业各期的预期报酬率均相等。根据这些假设,企业在未来各年的预期会计盈利(A)为:

$$A = C + I - D$$

式中,D 为折旧费用,I 可视作一个加项,因为 C 代表包括投资支出 I 的现金流总额。因此,$C+I$ 代表经营现金流。由于企业机器的使用年限在 T 年内均衡分布,故每年的折旧费用必然等于机器的成本(I),而不论采用的是哪种折旧方法。这样,我们得出:$A=C$。

这一等式在未来的各年里都成立,就是说预期会计盈利(A)等于预期未来无限期间内的现金流(C)。

第 6 章 盈利预测

与现金流是相关的。事实上,一些会计人员认为权责发生制可能使当期盈利比当期现金流更有效地预测未来现金流(第 3 章)。

毫无疑问,在估值模型中使用预测的会计盈利的理由与传统的财务分析是一致的。例如,在经典的投资分析教科书里,格雷汉姆、多德和科特尔(Graham, Dodd and Cottle, 1962, p. 28)曾论述道:

> 决定股票价值的一个最为重要的因素现已被认为是预期的未来平均盈利能力,即未来各年估计的平均盈利额。通过对盈利能力进行预测,然后把这一预测值乘以一个适当的资本还原因子,便可得出股票的内在价值。

预测会计盈利的一个方法是估计一个能够描述过去盈利时间序列的程序,然后利用这个程序来预测未来盈利。譬如,盈利($\widetilde{A}_t$)可能满足下列方程式:

$$\widetilde{A}_t = \psi + \widetilde{\omega}_t \tag{6.1}$$

式中,ψ 是一个常数;$\widetilde{\omega}_t$ 代表干扰项,$E(\widetilde{\omega}_t)=0$。在期间 t 里,$\widetilde{\omega}_t$ 的方差为 σ_w^2。符号"~"表示一个随机变量。未来各期的盈利被测定为 $\$\psi$(即 $E(\widetilde{A}_{t+\tau})=\psi$,对于所有 $\tau>0$)。

式(6.1)展示的是一个**恒定过程**(constant process)。它具有固定平均数和固定方差。① 假定年度盈利是固定由这个恒定过程创造的,则盈利在不同期间的变动状态可通过图 6-1 表示。

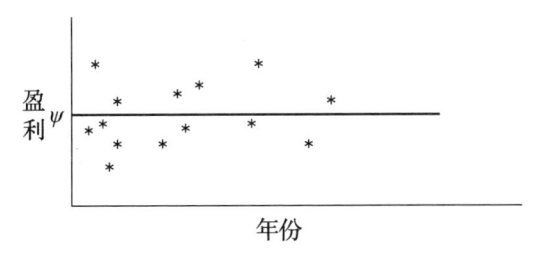

图 6-1 盈利状况图(假设盈利遵从恒定过程 $\widetilde{A}_t = \psi + \widetilde{\omega}_t$)

---

① 这种过程亦称均值回归过程。

必须注意的是，在一个恒定过程中，盈利在 ψ 上下随机波动，且方差在不同期间是固定不变的。对下一年或 10 年后盈利的最佳预测是 $\$\psi$。报告盈利一般不遵循这种变动过程，但如果确实呈这种变动状态，分析者将用估计值 $\$\psi$ 来确定企业的价值。这个估计值可以通过对过去的盈利进行平均而获得。若以 t 表示当期盈利，根据式（6.1），过去 10 年的平均盈利（$\overline{A}$）可表述为：

$$\overline{A} = \psi + \sum_{\tau=t-9}^{t} \frac{\omega_\tau}{10} \tag{6.2}$$

根据大数定律，干扰项的平均值 $\sum_{\tau=t-9}^{t}(\omega_\tau/10)$ 将会接近于它的平均值（即零），所以 $\overline{A} \cong \psi$。由于盈利（及现金流）被期望为恒定不变，企业的价值将等于 ψ 的**永续年金**（perpetuity）的价值。给定永续年金 ψ[①]，式（2.14）变为：

$$V_0 = \frac{\psi}{E(r)} \tag{6.3}$$

财务分析师把估计值 ψ（过去盈利的平均值）乘以资本还原因子 $1/E(r)$，便可得出企业的价值，犹如格雷汉姆、多德和科特尔所描述的那样。

除了盈利的过去时间序列外，其他信息（如了解到新签订的销售合同）在预测未来盈利中也可能十分有用。列夫（Lev，1980）发现，宏观经济变量如国民生产总值（GNP）有助于预测企业的盈利。但是，在缺乏其他信息的情况下，利用数据的相互依存性预测的时间序列无疑是十分有用的。

并非只有证券分析师才把未来会计盈利的预测用于估值模型。经济学家也把会计盈利当作其估值模型中现金流的代理变量（Modigliani and Miller，1958）。实际上，正是经济学家注意到以会计盈利替代报酬的时间序列，才使早期两个关于会计盈利的时间序列的研究得以诞生

[①] 永续年金指未来无限期持续地在每个期间支付某一特定金额（在我们的例子里为 ψ 美元）的一种承诺。

(Little，1962；Little and Rayner，1966)。

6.1.2 用于获得更准确的盈利预测模型

利用时间序列模型预测用于估值模型的盈利时，必须获得市场对未来盈利期望值的代理变量。更准确地说，必须获得对未来现金流的期望值的代理变量。第 2 章和第 3 章曾指出，关于年度或季度盈利信息含量的研究（Ball and Brown，1968；Foster，1977）也试图获得以会计盈利作为市场期望值的代理变量。这些研究假定，若盈利大于期望值，则当期现金流就可能大于期望值，而且未来现金流概率分布的平均值也会增大。那么，每一股股份所代表的索偿权可能会创造出更多的未来现金流，索偿权的价格也会随之上升。因此，未预期盈利的增加（或减少）导致股票价格的上升（或下降）。

在鲍尔和布朗采用的方法中，市场预期盈利的估计值越准确，盈利就越有可能被准确地划分成未预期盈利的增加或减少，假设的股票价格升降也就越有可能实现。为了说明这一点，假设研究人员用以替代市场盈利期望值的变量与市场期望值不存在相关性，那么，研究人员所使用的未预期盈利增长这一子样本就包括了盈利增加的样本和盈利减少的样本两种情况，从而使子样本的平均股票价格效应为零。预测模型越接近于市场对盈利的预期，就会有越少的盈利减少的样本和越多的盈利增加的样本被归类为盈利增长并包括在未预期盈利增长的子样本中，平均股票价格效应也就变成越来越大的正值。对于未预期盈利减少的样本也存在着同样的原理。由此可见，观察到正相关（未预期盈利增长具有正的股票价格效应）的可能性直接取决于研究人员所使用的盈利预测模型与市场对盈利的预期的接近程度。

在有效的资本市场上，股票价格充分地反映了众多投资者以较低成本所能获得的信息。一个公司年度盈利或季度盈利的过去的时间序列很容易从诸如穆迪等机构获得。那么，市场对未来盈利的预期很可能已将这种信息考虑在内。因此，在试图获取市场对盈利期望值的代理变量时，运用鲍尔和布朗倡议的方法的研究人员必然会对过去盈利的时间序列性态产生兴趣。这一动机促使福斯特（Foster，1977）和瓦茨（Watts，

1978）对季度盈利的时间序列性态进行研究。

6.1.3 用于解释管理者对会计方法的选择

第 1 章指出，迄今为止还没有完善的会计理论。第 4 章提到，缺乏这种完善理论已给研究会计程序变动对股票价格影响的研究人员带来诸多问题。在缺乏解释会计程序选择理论的情况下，控制会计程序变动对现金流影响的难度很大。尽管如此，戈登（Gordon，1964）在 20 世纪 60 年代中期的研究成果初步形成了解释管理者对会计方法选择的理论。戈登假设：

1. 公司管理者尽可能使其效用最大化。
2. 公司股票价格是会计盈利的水平、增长率以及变动方差的一个函数。
3. 公司管理者的报酬（及其效用）取决于公司的股票价格。

在第二个假设中，戈登采纳了机械性假说，即股票市场可能被会计程序变动所"蒙骗"。戈登认为，管理者选择会计程序的目的是提高报告盈利及报告盈利的增长率，并降低盈利变动的方差。

戈登、霍维兹和梅耶斯（Gordon，Horwitz and Meyers，1966）对戈登的这一立论，尤其是管理者试图降低盈利变动的方差以便使报告盈利平滑化这一观点进行检验。但是戈登、霍维兹和梅耶斯的论文存在着许多方法论问题，因此很难对他们的研究结果加以解释。不过，他们的论文促进了一大批有关盈利平滑化的学术文献的出现。[①]

对盈利平滑化假说的检验实际上是对联合假设的检验，也就是说，在不存在管理者人为操纵的情况下，会计盈利会遵循某个特定的变化过程，管理者采用或改变会计程序可降低这个变化过程的方差。例如，人们经常假设未经操纵的盈利是通过以下过程形成的：

$$\widetilde{A}_t = \psi + \delta t + \widetilde{\omega}_t \tag{6.4}$$

---

① 这方面的例子见以下研究，Dopuch and Drake，1966；Copeland，1968；Copeland and LiCastro，1968；Gaynon，1967；Barefield and Comiskey，1972；Barnea，Ronen and Sadan，1975；Ronen and Sadan，1981。

式中，$\widetilde{A}_t$ 代表期间 t 的盈利；ψ 和 δ 是参数；$\overline{\omega}_t$ 代表干扰项，$E(\overline{\omega}_t)=0$。σ_ω^2 在任何期间 t 均是常数，管理者选择会计程序旨在降低 σ_ω^2。

图 6-2 展示了在假定年度盈利是期间的线性函数（如式（6.4））这一情况下，年度盈利的变化性态。请注意，趋势线上下的方差在不同期间是稳定不变的。

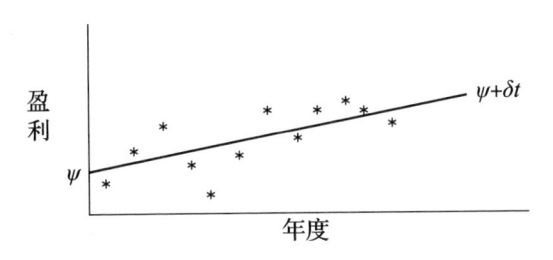

图 6-2　盈利状况图（假设盈利是期间的一个线性函数）

盈利平滑化假设的文献对于报告盈利的时间序列意义重大。例如，在上述例子里，如果"真实"盈利遵循式（6.4）描述的变化过程①，管理者通过降低盈利围绕直线 $\psi+\delta t$ 上下变动的方差而实现盈利平滑化，那么，报告盈利（$\hat{A}_t$）也将呈现为线性过程。实际上，这一过程为：

$$\hat{A}_t = \psi + \delta t + \widetilde{v}_t \tag{6.5}$$

式中，$\widetilde{v}_t$ 为干扰项。若管理者成功地使盈利平滑化，则 $\sigma_v^2 < \sigma_\omega^2$。因此，联合假设（盈利平滑化假设和式（6.4））可通过观察报告盈利的时间序列是否遵循式（6.5）而得到检验。鲍尔和瓦茨（Ball and Watts，1972）在这方面所做的检验稍后将进一步介绍。

6.2　可供选择的时间序列模型

6.2.1　理论的欠缺

研究人员运用各种统计方法来解释盈利的时间序列性态。他们分析

---

① 这一过程亦称趋势性均值回归过程。

报告盈利的特性，设计出具有这些特性的统计模型，并与盈利数据相对照。但是，他们并不试图建立一种能够解释为何报告盈利遵循某个特定变化过程的理论（Lev，1983）。建立这种理论是个十分艰巨的任务。为了便于说明，这个任务可划分为两个基本部分：

1. 解释企业的现金流。
2. 解释企业的会计程序选择。

如同第 4 章以及本书后半部分所论述的，上述两个任务并不是相互独立的。会计程序的选择影响着现金流（如税收），而现金流的模式反过来也影响着会计程序的选择（例如，改先进先出法为后进先出法，从而使所得税的现值最小化）。但是，即使忽略这种相互依存性，建立一个理论模型的任务仍是十分艰巨的。经济学家在相当长的时期里关注如何解释企业的现金流，但时至今日还没有出现能给出这种解释的企业理论。

在缺乏可解释企业现金流和会计程序选择的理论的情况下，我们很难说明那些驱使研究人员去研究盈利时间序列的问题。在检验估值模型（如把股票价格预测为现金流的一个函数的模型）和未预期盈利对股票价格的影响时，有两个问题被同时检验：估值模型以及报告盈利与现金流的接近程度。同样地，在检验盈利平滑化假设时，也有两个问题同时受到检验：在管理者运用会计程序之前假定的现金流和平滑化。

6.2.2　简易时间序列模型

时间序列过程有两种极端的类型：第一类，当期观察到的盈利不会引起对预期盈利的修正。第二类，预期的未来盈利完全取决于当期所观察到的盈利。第一类变化过程（未来盈利独立于当期盈利）可用**确定性模型**（deterministic model）来表述，而第二类变化过程（未来盈利完全取决于当期盈利）则可用**随机游走模型**（random walk model）来表述。

确定性模型把未来盈利预测为定值，而不依赖观察到的盈利。

式（6.1）和式（6.4）就是两个简易的确定性模型：

第6章 盈利预测

$$\widetilde{A}_t = \psi + \widetilde{\omega}_t \tag{6.1}$$

$$\widetilde{A}_t = \psi + \delta t + \widetilde{\omega}_t \tag{6.4}$$

在这两个模型下,未来期间 $t+\tau$ 的预期盈利分别为:

$$E(\widetilde{A}_{t+\tau}) = \psi; \quad \tau = 0, \cdots, \infty \tag{6.6}$$

及

$$E(\widetilde{A}_{t+\tau}) = \psi + \delta(t+\tau); \quad \tau = 0, \cdots, \infty \tag{6.7}$$

上述两个期望值均不依赖最近观察到的盈利额 A_t 或者时点 t 以前任何期间的盈利额。

随机游走模型则通过依赖最近的观察盈利值来获得未来盈利的期望值。这些模型曾用于描述股票价格的时间序列。简易的随机游走模型如下[①]:

$$\widetilde{A}_t = A_{t-1} + \widetilde{\omega}_t \tag{6.8}$$

这里,$E(\widetilde{\omega}_t) = 0$,$\sigma_w^2$ 在期间 t 里为常数,$\text{cov}(\widetilde{\omega}_t, \widetilde{\omega}_{t+\tau}) = 0$,$\tau \neq 0$。必须注意,$\widetilde{A}_t$ 是个随机变量,"~"表示一个随机变量,而 A_{t-1} 不是随机变量,因为它是期间 t 内所实现的盈利。在未来期间 τ 内,盈利的期望值为:

$$E(\widetilde{A}_{t+\tau}) = A_{t-1}; \quad \tau = 0, 1, \cdots, \infty \tag{6.9}$$

且完全依赖最近观察到的盈利。[②]

图 6-3 描绘了盈利呈随机移走状的企业盈利图像。实际盈利在图 6-3 由 * 表示并标有 A_t,A_{t+1},…。各年的盈利分布频率(假设前年的盈利已定)也附在图上,其期望值用 x 表示。一旦第 t 年的盈利已实现

[①] 这个模型是以 20 世纪初数学家对一个重要理论问题的阐述命名的。问题涉及的是某个夜晚(时间为 $t-1$)把一个醉汉置于田野间,让其以随机方式在田野内处闲逛。第二天早上(时间为 t),我们到何处去找他呢?办法是寻找他最后被发现的地点(即 A_{t-1}),因为这个地点是猜测他早上到底会在何处的最佳依据。

[②] 在第 3 章里,我们将之称作简单循环模型。简单循环模型就是期望值可用式 (6.9) 描述的模型。简易的随机游走模型属于简单循环模型,它以对 ω_t 的离差假设(即 ω_t 是独立且在期间 t 均衡分布)区别于其他简单循环模型。

(A_t)，它就变成第 $t+1$ 年盈利的预期盈利。第 $t+1$ 年的盈利是从平均值为 A_t 和方差为 σ_w^2 的分布中得出的。频率分布在不同年份是相同的，但随着上年实现的盈利额而上下波动。例如，第 $t+1$ 年的盈利大大低于第 t 年的盈利，因而随后年度的预期盈利将处于这个较低的水平上。必须注意到，随机游走这种模式可能使盈利到处"游荡"，而不一定趋向于回复到诸如由式（6.1）所代表的常定过程中的"ψ"这样的一个特定水平，或者呈现为式（6.4）所描述的线性过程的趋势线 $\psi+\delta t$。

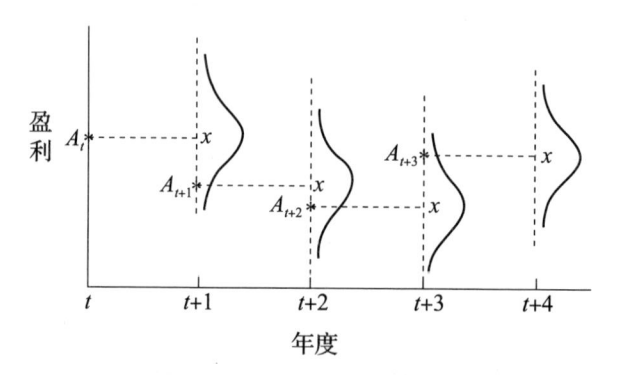

图 6-3 盈利时间序列状况图（假设盈利呈随机游走状 $\widetilde{A}_t = A_{t-1} + \widetilde{\omega}_t$）

随机游走模型也可能具有一定的趋势（或趋势项）。例如，下列模型就是个带有趋势项的随机游走模型：

$$\widetilde{A}_{t+\tau} = A_{t-1} + \delta\tau + \widetilde{\omega}_t; \quad \tau=1,\cdots,\infty \tag{6.10}$$

该等式中 $E(\widetilde{\omega}_t)=0$，$\sigma_w^2$ 在期间 t 里为常量，$\text{cov}(\widetilde{\omega}_t, \widetilde{\omega}_{t+\tau})=0$，$\tau \neq 0$。这样，期间 $t+\tau$ 的预期盈利为：

$$E(\widetilde{A}_{t+\tau}) = A_{t-1} + \delta\tau; \quad \tau=1,\cdots,\infty \tag{6.11}$$

且依赖最近观察到的盈利，但不依赖在此之前观察到的盈利。

确定性模型和随机游走模型都代表极端的模型，这里因为，在确定性模型中，最近观察到的盈利丝毫不影响预期的未来盈利。而在随机游走模型中，最近观察到的盈利却决定着预期的未来盈利。介于这两个极端之间的是其他盈利时间序列模型。在这些模型中，最近观察到的盈利

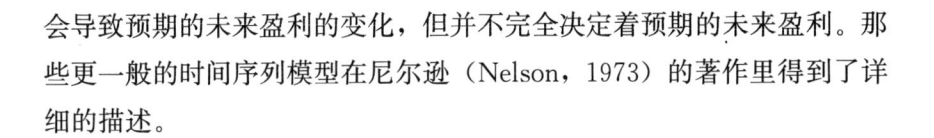

会导致预期的未来盈利的变化,但并不完全决定着预期的未来盈利。那些更一般的时间序列模型在尼尔逊(Nelson,1973)的著作里得到了详细的描述。

6.3 时间序列模型在柯达公司的应用

图6-4中的圆点"·"代表柯达公司1946—1983年的实际每股年度盈利额。人们怎样才能预测出柯达公司的未来盈利呢?首先,必须辨识出该公司的盈利变化过程。为了说明辨识这一过程的实际操作性问题,下列分析将只限于两个极端的情况:随机游走模型(式(6.8))及线性确定模型(式(6.7))。实际上,变化过程种类繁多,如自回归模型、多项式模型、移动平均模型、三角模型等。我们的目标不是全面且完整地给出所有的时间序列分析(Nelson,1973),而是让读者熟悉一些基本的时间序列分析。

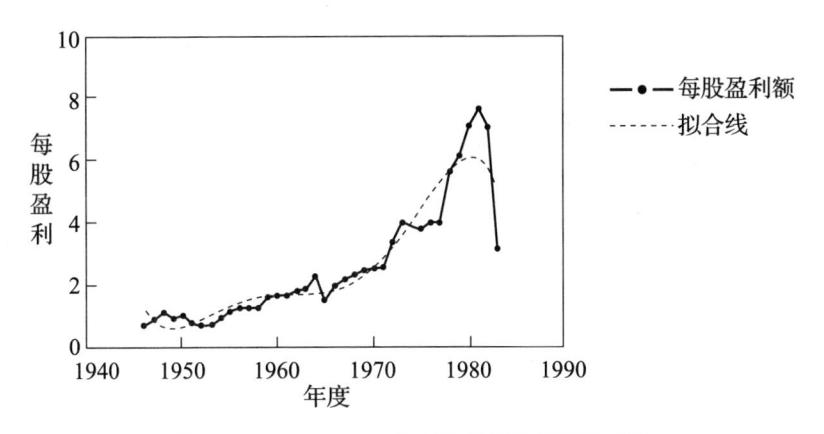

图6-4 1946—1983年柯达公司的每股盈利额
(实际的每股盈利额与估计的多项式方程)

图6-4描述了一个递增型的时间序列。在缺乏理论基础的情况下,随机游走模型是否优于线性模型呢?哪个模型更适合所反映的数据?要回答这些问题,需要对"更有效的"下个定义。如果在模型中运用足够多的参数,这些数据可以完美地拟合模型。例如,假设一个五次多项式

模型适合所反映的数据，则据此估计的回归方程为：

$$\widetilde{A}_t = \underset{(2.2)}{1.78} - \underset{(-1.9)}{0.732t} + \underset{(0.24)}{0.145t^2} - \underset{(-2.7)}{0.001t^3} \\ + \underset{(3.1)}{3.3 \times 10^{-4}t^4} - \underset{(-3.3)}{(-3.7) \times 10^{-6}t^5} \tag{6.12}$$

括号中为 t 统计量，且 $R^2 = 0.89$。

图 6-4 的虚线描绘了由数据得到的拟合线。显而易见，只要把高阶项（如 t^6、t^7、t^8、…）加入回归方程，实际时间序列的每个波动均可得到解释（$R^2 \approx 1$）。但这样做将使模型出现"过拟合"，从而形成一个预测能力甚至低于简易模型的模型，原因是系数将被加上以便反映干扰项所引发的波动，而这些波动在将来并不会重复出现。换言之，这种模型只适用于代表某个特定估计期间数据的波动。解决这个问题的一个方法是提出这样的问题：模型的预测能力如何？为了回答这个问题，必须截留预测过程的一些数据，并用这些数据去检验模型的预测能力。

下面我们将用"截留"（holdback）和"后延"（holdout）程序来检验线性确定性模型和随机游走模型的相对预测能力。由于随机游走模型没有参数，因此无须用"后延"样本来检验模型。但是，必须用某个期间来估算线性模型的系数（式（6.7）的 ψ 和 δ）。利用 1946—1970 年期间对式（6.7）进行估计，便可得出下列预测模型[①]：

$$A_t = \underset{(5.3)}{0.48} + \underset{(12.2)}{0.076t} \quad t = 1, \cdots, 25 \tag{6.13}$$

括号中为 t 统计量，残差平方和的平均值等于 0.05，$R^2 = 0.86$。

为了预测 1971 年的盈利，只要把 $t = 26$ 代入模型（6.13），便可得出 $E(\widetilde{A}_{26}) = 0.48 + 0.076 \times 26 = 2.45$ 美元/股。1971 年实际的每股盈利额为 2.60 美元。这样，这个模型的预测误差为 +0.15 美元。预测误差的平方 $0.15^2 = 0.0225$（预测误差的平方提供了衡量预测精确性的手段，并消除了正负号的影响）。

---

① 这一模型存在着一些计量问题。特别是残差存在着严重的自相关，这说明这个模型的设定不正确。

如何预测1972年的盈利呢？我们可将 $t=27$ 代入模型 (6.14)[①]，并得出 $E(\widetilde{A}_{27})=2.53$ 美元/股。但这样做忽略了1971年的实际盈利。在1971年盈利已知的情况下，若用线性模型来预测柯达公司的盈利，人们当然希望把1971年的盈利也包含到预测模型中去。方法之一是利用最近的25个观察数据重新估算一个线性模型。去掉第一个观察数据，加上1971年的盈利，修正后的线性模型为[②]：

$$\widetilde{A}_t = \underset{(4.6)}{0.44} + \underset{(12.7)}{0.078}t \quad t=2,\cdots,26 \tag{6.14}$$

括号中为 t 统计量，且 $R^2=0.87$。

请注意这个略微偏高的斜率系数。这是由于1971年较高的盈利所造成的。这一更新了的线性模型预测1972年盈利为2.56美元/股，比利用旧模型得出的数字高0.03美元/股。

加上最近一期的盈利，舍弃最早一期的盈利（使测算期间保持25年），并据此预测下一年的盈利，是分析者可能用于预测柯达公司下一年度的盈利的一种方法。那么在1971—1983年间，这些预测模型的效果如何呢？表6-1的前五列总结了预测结果。平均预测误差为0.75，即线性模型的预测结果每年平均比柯达公司的实际盈利低0.75美元，误差平方的平均值为2.30，与随机游走模型相比，这个线性模型的效果如何？

表6-1 线性模型和随机游走模型对1971—1983年柯达公司盈利的相对预测能力

年份	实际盈利	线性模型 预测盈利	线性模型 预测误差	线性模型 预测误差平方	随机游走模型 预测盈利	随机游走模型 预测误差	随机游走模型 预测误差平方
1971	2.60	2.45	0.15	0.02	2.50	0.10	0.01
1972	3.39	2.56	0.83	0.68	2.60	0.79	0.62
1973	4.05	2.80	1.25	1.56	3.39	0.66	0.44
1974	3.90	3.13	0.77	0.59	4.05	−0.15	0.02

[①] 原文如此，但从计算结果看，应代入的是模型(6.13)，而不是模型(6.14)。——译者
[②] 这个模型的残差同样存在着严重的自相关。

续表

年份	实际盈利	线性模型 预测盈利	线性模型 预测误差	线性模型 预测误差平方	随机游走模型 预测盈利	随机游走模型 预测误差	随机游走模型 预测误差平方
1975	3.80	3.40	0.40	0.16	3.90	−0.10	0.01
1976	4.03	3.63	0.40	0.16	3.80	0.23	0.05
1977	3.99	3.84	0.15	0.02	4.03	−0.04	0.00
1978	5.59	4.01	1.58	2.50	3.99	1.60	2.56
1979	6.20	4.40	1.80	3.24	5.59	0.61	0.37
1980	7.15	4.87	2.28	5.20	6.20	0.95	0.90
1981	7.66	5.45	2.21	4.88	7.15	0.51	0.26
1982	7.12	6.07	1.05	1.10	7.66	−0.54	0.29
1983	3.41	6.53	−3.12	9.73	7.12	−3.71	13.76
平均值			0.75	2.30		0.07	1.49

表 6-1 最后三列展示了分析者运用随机游走模型可能获得的预测结果。随机游走模型把下一年的预测盈利等同于当年的盈利。这样，预测盈利那一列的数据事实上是由上年的盈利数构成的。预测误差的平均值为 0.07，预测误差平方的平均值为 1.49，均比线性模型的误差小得多。

实际上，随机游走模型在 13 年中有 11 年绝对误差均小于线性模型。由此可见，随机游走模型优于线性模型。

或许有人会认为，长达 25 年的估计期间对于线性模型回归显得太长了，或者认为采用指数模型较为合适，但这些观点均得益于事后的认识。试分析一下图 6-4 中 1971—1983 年的盈利，然后，扪心自问哪个才是最佳模型呢？或者说，你将运用哪个模型来预测 1984 年的收益呢？

再回到图 6-4，时间序列是否稳定不变？就是说，创造盈利的随机过程在不同期间是否都一样？对柯达公司盈利的交叉检验（interoccular test）表明，这一重要过程已经发生了变化。直至 1972 年，盈利的逐年差异都很小。每年盈利的平均波动在每股 0.25 美元左右。而在 1972 年之后，每年盈利的平均波动则在每股 0.50 美元左右。盈利变动的差异急剧增大。这个随机过程似乎出现了结构性变化,差异增大的原因之一是《财务会计准则公告第 8 号》要求把外币损益包括在盈利中。事实上,许多会计变动导致时间序列不稳定。通货膨胀也可能导致盈利序列发生结构性变化。

结构性变化使时间序列模型的建立和估计变得极为复杂。显而易见的是,人们可能把与现在截然不同的期间排除在模型的估计模式之外。但是,这通常导致仅仅保留最后几年的数据。另一种做法是,人们可对过去的数据进行调整,使其与新环境适应。例如,可以把过去盈利调整为 1983 年美元的币值。但这种方法是很奇特的,很可能不现实。假若 1946 年的通货膨胀率达到 15% 而不是 2%,柯达公司很可能会制定出完全不同的经济决策。总之,除了充分认识结构性变化这一问题,并尽可能将估算期集中在与预测期具有最大相关性的期间之外,目前确实很难找出解决结构性变化问题的好办法。必须注意的是,结构性变化对随机游走模型有利。由于随机游走模型只需较少的数据,它不易受结构性变化的影响(就是说,它的调整速度快于其他模型)。

对于柯达公司而言,随机游走模型的预测能力优于线性模型,但这对其他企业是否同样有效呢?稍后我们将讨论与这一问题有关的证据。下面我们先分析不同模型对股票价格和盈利平滑化假设的意义。

6.4　预测模型对股票价格和盈利平滑化假设的意义

随机游走模型和确定性模型对于说明盈利与股票价格之间的关系以及盈利平滑化假设具有截然不同的意义。

6.4.1　盈利与股票价格之间的关系

如果创造会计盈利的过程能够表示创造现金流的过程,那么,盈利创造过程对于说明与未预期盈利有关的股票价格变动幅度就具有深远的意义。例如,在诸如鲍尔和布朗(Ball and Brown,1986)的研究中,年度盈利创造过程有助于说明截至（且包括）盈利公布日的 12 个月的累计非正常报酬率的大小。此外，盈利创造过程还有助于说明企业被观察到的盈利与企业清算可能性之间的关系。

对于特定水平上的未预期盈利，若盈利遵循随机游走过程，则股票价格的变动幅度将大于盈利遵循确定性过程情况下的变动幅度。这个变化过程所隐含的原理十分简单明了。例如，未预期盈利为 2 美元，若盈利遵循确定性过程，则分派股利之前企业的价值只上升 2 美元，但若盈利遵循随机游走过程，企业价值（同样指分派股利之前）的上升幅度远不止 2 美元，因为整个未来的预期盈利流量（以及现金流）已经上升了 82 美元，如果股票的预期报酬率为 10%，那么企业价值的增加额为 22 美元，而在确定性模型下，未来的预期盈利（以及现金流）并不受本期较高盈利额的影响。

上述分析同样可用于清算问题。如果企业盈利很低（或为负值），在盈利遵循确定性过程的情况下，清算的可能性就会小于盈利遵循随机游走过程下的可能性。在确定性过程下，本期的低盈利无法说明可能回复其原有趋势的下期盈利。而在随机游走过程下，低盈利表明未来的预期盈利将低于本期，因而清算的可能性就大。

6.4.2 盈利平滑化假设

创造报告盈利这一过程的本质对于平滑化假设具有重大的意义。这个假设经常假定盈利是由式（6.4）（即线性模型）所形成的，管理者都倾向平滑化。如果管理者能完全成功地使盈利平滑化，那么式（6.4）中的方差 $\tilde{\omega}$ 将等于零。换言之，报告盈利将落在一条直线上：

$$A_t = \psi + \delta t \tag{6.15}$$

如果管理者有能力降低 σ_ω^2，但无法使其降至零，则报告盈利仍可由类似于式（6.4）的等式来表述。由此可见，认为盈利形成于式（6.4）的观点是与盈利平滑化假设倡导者的联合假设吻合的。但是，认为盈利形成于随机游走过程的观点与联合假设相矛盾。

尽管随机游走与有关盈利平滑化文献提出的联合假设不一致，但它

第 6 章 盈利预测

与盈利平滑化本身是一致的。初始的盈利变化过程可能与式（6.4）不一样。就是说，管理者可以使盈利平滑化，但其内在的现金流以及相应的报告盈利的时间序列不呈现为确定性的时序趋势。实际上报告盈利序列（研究人员所能观察到的唯一数字）表现为随机游走模式。

为了说明管理者如何使盈利平滑化，假设盈利（在受到管理者人为操纵之前）形成于下列过程：

$$\widetilde{A}_t = A_{t-1} + \widetilde{\omega}_t - \theta \omega_{t-1} \tag{6.16}$$

这里，$E(\widetilde{\omega}_t) = 0$，$0 < \theta < 1$。这个变化过程曾在尼尔逊（Nelson，1973）的研究中得到说明。基于现在讨论的目的，设期间 t 等于上期的盈利（A_{t-1}）加上随机误差项（$\widetilde{\omega}_t$）减去上期的一部分误差项（$\theta \omega_{t-1}$）。管理者报告的不是 A_t，而是 $\hat{A}_t$，其中：

$$\hat{A}_t = \widetilde{A}_t - \theta \widetilde{\omega}_t \tag{6.17}$$

管理者对盈利的改变量为 $\theta \omega_t$。也就是说，管理者通过减去 $\theta \widetilde{\omega}_t$ 使当期盈利平滑化。假设 $\omega_t > 0$，则这意味着管理者通过多计提金额为 $\theta \omega_t$ 的费用而降低了报告盈利。到了 $t+1$ 期，企业的盈利将增加 $\theta \omega_t$。假如期间 $t+1$ 的未预期盈利为负值（$\omega_{t+1} < 0$），则管理者报告的盈利为：

$$\hat{A}_{t+1} = \widetilde{A}_{t+1} - \theta \widetilde{\omega}_{t+1} \tag{6.18}$$

若 $-\omega_{t+1} = \omega_t$，管理者便无须在应计项目上弄虚作假以便得出盈利 $\hat{A}_{t+1}$，因为前期多计提使得后期 $t+1$ 的盈利增加了 $-\theta \omega_{t+1}$。若 $-\omega_{t+1} < \omega_t$，管理者多计提了金额为 $\theta(\omega_t + \omega_{t+1})$ 的费用，据以得出 $\hat{A}_{t+1}$。若 $-\omega_{t+1} > \omega_t$，管理者为了获得 $\hat{A}_{t+1}$ 而少计提金额为 $\theta(-\omega_{t+1} - \omega_t)$ 的费用。管理者每年不断地多计提或少计提费用，进而使报告盈利与式（6.17）和式（6.18）所代表的内在盈利保持一种对应关系。

假设管理者采用上述策略（通过多计提或少计提应计费用或其他手段），报告盈利将遵循什么样的变化过程呢？将式（6.16）写成 A_{t+1} 的表达形式并将 A_{t+1} 代入式（6.18），得出：

$$\hat{A}_{t+1} = A_t + \widetilde{\omega}_{t+1} - \theta\omega_t - \theta\omega_{t+1} \tag{6.19}$$

根据式（6.17），式（6.19）可重新表述为：

$$\hat{A}_{t+1} = \hat{A}_t + (1-\theta)\widetilde{\omega}_{t+1} \tag{6.20}$$

报告盈利的残差方差是 $(1-\theta)^2\sigma_\omega^2$，由于 $0<\theta<1$，因此这个方差小于原先的残差方差 σ_ω^2，这样的话，管理者便可降低盈利的未预期变动方差，他已经使盈利平滑化了，报告盈利序列（式（6.20））也随之遵循随机游走的变化过程。

必须注意的是，管理者不会在操纵盈利过程中将自己置于一种为难的处境。不会多计提或少计提太多，随着时间的推移，操纵盈利的平均值将等于零，因为 $E(\widetilde{\omega}_t)=0$。

上述例子说明，管理者有办法使盈利平滑化，报告盈利的时间序列过程可能遵循随机游走的变化过程，然而平滑化之前的序列不一定遵循随机游走的变化过程。

6.5　年度盈利时间序列的证据及其意义

6.5.1　早期的研究

1962 年，利特尔（Little）对英国公司的会计盈利增长率进行了调查研究，1966 年，利特尔和雷纳（Little and Rayner）再次进行相关研究。他们发现这些增长率是随机的，并恰如其分地将两篇论文分别称作"杂乱无章的增长"和"再论杂乱无章的增长"。1967 年，林特纳和格劳伯（Lintner and Glauber）也调查了 309 家美国公司的盈利增长率，他们发现，不同年份的增长率之间不存在相关性。这些研究结果说明，盈利的变化是随机的（即年度盈利呈随机游走状）。但是，以增长率衡量盈利变化加剧了盈利变化的不稳定性，并使研究结果偏向随机现象。增长率是以报告盈利相对于盈利变化的比率来计算的。若某个年度的盈利接近零，随后年份的增长率将变得异常大。由此可见，增长率差异的扩大，使得研究人员可能难以发现有显著统计意义的相关性。

上述研究结果促使鲍尔和瓦茨在 1968 年去调查美国公司年度盈利的时间序列。他们假设所有企业的盈利均形成于同样的过程。得出这个假设的理由是，单个企业的调查结果可能只是测量误差的结果。

6.5.2 鲍尔和瓦茨的研究

由于未能提供预测盈利变化性态的理论，鲍尔和瓦茨对其样本进行了不同的检验，借以检验盈利之间存在不同类型的统计依存性。样本取自 Compustat 数据库中 1947—1966 年间的数据。具有 20 年数据的企业都包括在内，最终样本包括 700 家企业，它们在盈利的定义方面有差异。被调查的四个时间序列是：

1. 净盈利；
2. 每股盈利额（已剔除股票分割和股利的影响）；
3. 净盈利除以总资产；
4. 销售额。

批次检验

鲍尔和瓦茨进行的第一个检验是批次检验，主要检验盈利变动符号的时序数列是不是随机的。对盈利变动（即第一批差异）加以分析，目的在于观察正变动是否连着正变动，负变动是否连着负变动。一个批次被定义为一系列连续的具有相同符号的盈利变动。当相反符号的盈利变动出现时，这个批次就到此为止。例如，设企业 X 和企业 Y 的盈利时间序列如表 6-2 所示。

表 6-2　企业 X 和企业 Y 的盈利时间序列

期间	企业 X 的盈利	盈利变动符号	企业 Y 的盈利	盈利变动符号
1	0.93		0.85	
2	0.80	—	0.80	—
3	0.75	—	0.87	＋
4	0.70	—	0.90	＋
5	0.80	＋	0.85	＋
6	0.85	＋	0.91	＋

续表

期间	企业 X 的盈利	盈利变动符号	企业 Y 的盈利	盈利变动符号
7	0.90	+	0.88	−
8	0.95	+	0.87	−

企业 X 的盈利可分为两个批次，而企业 Y 的盈利则分为五个批次。若盈利呈随机游走状，盈利变动符号的顺序也将是随机的。但是，如果盈利遵循式（6.1）（一种常定不变的过程），连续性的盈利变动必将存在着负相关关系。倘若变动顺序是随机的，平均的预期批数（$\overline{N}_{批次}$）为：

$$\overline{N}_{批次} = \frac{2N_1 N_2}{N} + 1 \qquad (6.21)$$

式中，N_1 表示正向盈利变动次数；N_2 表示负向盈利变动次数；N 表示盈利变动的总次数。批次的估计标准差为：

$$\sigma_{批次} = \frac{[2N_1 N_2 (2N_1 N_2 - N)]^{1/2}}{N(N+1)^{1/2}} \qquad (6.22)$$

若 N_1 和 N_2 为"大数"，Z 统计值为：

$$Z = \frac{(N_{批次} - \overline{N}_{批次})}{\sigma_{批次}} \qquad (6.23)$$

式中，$N_{批次}$ 代表批次的总次数。Z 统计值服从正态分布，平均值等于 0，标准差等于 1。

表 6-3 报告了与净盈利和每股盈利额有关的 Z 统计值的分布状况，以及大于或小于预期批次的企业的分布状况。若批次大于预期批次，则表明盈利变动之间存在负相关关系；若批次小于预期批次，则表明盈利变动之间存在正相关关系。在表 6-3 里，整个样本的批次总数为 6 522 次，几乎与预期的 6 524 次相同。此外，在净盈利和每股盈利额的批次中，Z 统计值的中间值分别是 −0.12 和 −0.13，不具有统计显著性。若要在 0.05 的概率水平上拒绝随机性这一原假设，Z 统计值的绝对值必须大于 2，由此可见，批次检验说明，整个样本的盈利变动符号具有随机性。这反过来又说明，盈利呈随机游走状，但它与盈利遵循恒定过程（式（6.1））的看法相悖。

第6章 盈利预测

表6-3 盈利变动批次的符号的分布——鲍尔和瓦茨的样本

盈利变量	平均值	分位数								
		0.1	0.2	0.3	0.4	0.5	0.6	0.7	0.8	0.9
净盈利的Z统计值	−0.03	−1.37	−0.94	−0.49	−0.22	−0.12	0.34	0.50	0.74	1.20
每股盈利额的Z统计值	−0.04	−1.22	−0.04	−0.61	−0.22	−0.13	0.25	0.39	0.72	1.01

	净盈利		每股盈利额	
	企业数	百分比	企业数	百分比
多于相互独立条件下预期批次的企业	348	48.7%	326	48.0%
少于相互独立条件下预期批次的企业	$\frac{366}{714}$	$\frac{51.3}{100.0\%}$	$\frac{353}{679}$	$\frac{52.0}{100.0\%}$
样本总批次	6 522	100.0	6 338	99.8
预期总批次，假设为相互独立	6 524	100.0	6 350	100.0

资料来源：R. Ball and R. Watts, "Some Time Series Properties of Accounting Income," *Journal of Finance* 27 (June 1972), Table 2, p. 670.

序列相关性

鲍尔和瓦茨的第二套检验涉及序列相关系数或自相关。滞差 τ，ρ_τ 的自相关计算如下：

$$\rho_\tau = \frac{\text{cov}(\omega_t, \omega_{t+\tau})}{\sigma_\omega^2} \tag{6.24}$$

式中，ω_t 为期间 t 的盈利变动。若盈利呈随机游走状，与盈利变动有关的滞差 τ 的自相关系数将等于零。①

鲍尔和瓦茨得出的在 1～5 这个滞差里盈利差异的估计自相关的分布状况列在表 6-4 中。在两个序列（净盈利变动序列和每股盈利额变动序列）中，五个滞差的自相关中位数均接近零，并在任何合理概率的水平上都不显著。唯一大于绝对值 0.1 的自相关中位数是每股盈利额变动序列的一阶自相关系数（-0.198）。稍后大家将发现，有理由相信这个数字绝不是偶然的。但是，给定表 6-4 中的研究结果，我们没有办法拒绝整个样本中的盈利变动在不同期间相互独立这一原假设。

表 6-4　自相关系数的分布状况：净盈利变动及每股盈利额的变动——鲍尔和瓦茨的样本

滞差	净盈利				每股盈利额			
	均值	0.1	0.5	0.9	均值	0.1	0.5	0.9
1	-0.030	-0.386	-0.075	0.388	-0.200	-0.453	-0.198	0.057
2	-0.040	-0.368	-0.067	0.315	-0.076	-0.375	-0.081	0.208
3	0.006	-0.306	0.001	0.321	-0.061	-0.331	-0.073	0.259
4	-0.007	-0.320	-0.013	0.313	0.023	-0.300	-0.052	0.319
5	0.005	-0.277	0.047	0.403	0.010	-0.346	-0.024	0.318

资料来源：R. Ball and R. Watts, "Some Time Series Properties of Accounting Income," *Journal of Finance* 27 (June 1972), Tables 3 and 4.

---

① 如果盈利遵循其他变动过程，则 ρ_τ 不一定等于零。譬如，假设在第一类差异中，盈利变动过程是个移动平均过程（式（6.16）），一阶自相关系数可望等于 $-\theta(1=\theta^2)$，而较高阶自相关系数将为零。

第6章 盈利预测

其他检验

鲍尔和瓦茨还计算了连续性差异平方的平均值,用以估计指数平滑模型。研究结果与上述发现一致,就是说,这些研究结果也表明企业的年度盈利一般遵循随机游走过程。

鲍尔和瓦茨的检验结果均与盈利形成于随机游走过程(简易的或趋势性的)的观点相吻合。其他研究者重复检验了净盈利和每股盈利额,得出的结果也基本一致。不过,有些证据显然与鲍尔和瓦茨研究结果的某些部分相抵触。

6.5.3 关于年度盈利进一步的证据

趋势问题

鲍尔和瓦茨的研究结果在趋势项的重要性方面模棱两可。鲍尔、列夫和瓦茨(Ball, Lev and Watts, 1976)收集的证据表明,至少在1958—1967年间,盈利序列存在某种趋势。

报酬率

虽然鲍尔和瓦茨的研究结果表明净盈利除以总资产这一比率呈随机游走状,但是,比弗(Beaver, 1970)和洛克比尔(Lookabill, 1976)提供的证据表明,资产报酬率和股权报酬率并不遵循随机过程。这个问题迄今为止尚未得到解决。

虽然从总体上看,多数企业盈利遵循随机游走过程,但个别企业可能会明显不同。鲍尔和瓦茨的研究结果是建立在企业多数样本的平均值和中位数的基础上的。这一做法假定所有企业都具有相同的盈利变化过程,且差异是由样本误差造成的。然而实际上,这种差异很可能是由个别企业在盈利变化过程中的差异所造成的。

瓦茨(Watts, 1970)曾调查个别企业的盈利变化过程是否有别于随机游走过程。他运用博克斯-詹金斯的方法[①]来估算1927—1964年间三个行业32家企业"归属于普通股盈利"[②]的创造过程。瓦茨发

[①] 关于博克斯-詹金斯方法论的介绍,参阅博克斯和詹金斯以及尼尔逊的研究(Box and Jenkins, 1970; Nelson, 1973)。

[②] 归属于普通股的盈利被定义为净盈利减去优先股股利。

现，估算出的企业盈利变化过程明显有别于随机游走过程的企业个数远远大于偶然预期的个数。他还发现同行业的盈利变化过程具有相似性。

然而，当瓦茨把他的预测模型与测算期间（1965—1968年）之外的某些年度的随机游走模型及趋势性随机游走模型进行比较时，他发现随机游走模型的预测能力并不亚于他的预测模型。这表明，博克斯-詹金斯模型对预测数据"过拟合"或盈利变化过程在1927—1964年这一测算期间不具稳定性。瓦茨还发现，这些模型的残差在1927—1964年间不断变化，从而使人怀疑预测模型有别于随机游走模型的检验结果。残差的变化亦与这一期间的盈利过程发生了结构性变化的假设相吻合。从总体上看，多数研究结果表明，个别企业的盈利变化过程大致可由随机游走模型来描述（须注意，瓦茨的样本仅仅取自三个行业：铁路、石油和钢铁行业）。

瓦茨和列夫威奇（Watts and Leftwich, 1977）对瓦茨的研究做了修正，发现个别企业的盈利可用随机游走模型描述。阿伯切特、洛克比尔和麦克科文（Albrecht, Lookabill and McKeown, 1977）对1947—1975年的盈利进行调查并得出同样的结论：

> 我们发现，最佳的随机游走模型与适中的博克斯-詹金斯模型在预测准确性方面几乎不存在差异（Albrecht, Lookabill and McKeown, 1977, p.242）。

6.5.4　上述证据的含义和意义

上述证据表明，随机游走过程可以很好地描述年度盈利。这一发现显然与常见的平滑化联合假设相矛盾。平滑化联合假设认为，盈利的内在变化过程是时间和管理者平滑盈利的一个确定性函数。但是，上述证据并未拒绝管理者使盈利平滑化的立论。如前所述，在盈利的第一类差异里（式（6.16）），若盈利的内在过程是个一阶的移动平均过程，则随机游走过程亦可能起源于使盈利平滑化的过程。

正如本章前文以及第3章所描述的那样，由随机游走过程描述的年度盈利意味着（若盈利约等于现金流）与年度盈利变化有关的非正常报酬率也应约等于盈利变化的百分比。第3章报告的比弗、林伯特和摩斯（Beaver，Lambert and Morse，1980）的发现则与这一预测不一致。事实上，他们的发现既与随机游走过程不相符，又与固定的变化过程不相符。他们声称，这些结果是由于把盈利汇总成年度盈利的方式（即年度盈利等于季度盈利之和）造成的。这一解释同样说明年度盈利看起来"似乎"形成于随机游走过程。

6.6 季度盈利时间序列的证据

瓦茨、格里芬和福斯特曾对季度盈利的时间序列特性进行调查（Watts，1975，1978；Griffin，1977；Foster，1977）。他们三个人都发现，季度盈利是由毗邻季节部分和季节性部分所构成的。福斯特选用下列模型来描述季度盈利数据（Foster，1977）：

$$\widetilde{A}_t = A_{t-4} + \phi(A_{t-1} - A_{t-5}) + \psi + \widetilde{\omega}_t \tag{6.25}$$

式中，ϕ 为自回归参数。第四个时间间隔 A_{t-4} 反映了季节性部分以及毗邻部分的自回归参数。

福斯特以及本斯顿和瓦茨发现，式（6.25）（在误差平方和绝对误差方面）对于1962—1968年的数据而言，是个高效率的预测模型（Foster，1977；Benston and Watts，1978）。他们还发现，由式（6.25）所测算的未预期盈利能把企业划分为正向未预期盈利变动和负向未预期盈利变动这两大样本，与盈利时间序列的其他模型相比，这些样本在市场模型下能够得出最大的累计非正常报酬率，这说明式（6.25）能大致反映市场对季度盈利的期望值。

本斯顿和瓦茨对1950年1月至1967年12月的83家企业进行估计并得出式（6.25）（Benston and Watts，1978），其参数的截面平均值为 $\phi = 0.37$，$\psi = 0.03$。如果式（6.25）反映季度盈利的形成过程，则能观察到年度盈利中存在的重要差异的负值自相关（Watts and Leftwich，

1977，pp. 269-270）。实际上，鲍尔和瓦茨曾观察到，在每股盈利额序列中，负自相关系数的中位数为-0.2，但是，年度盈利就不能利用博克斯-詹金斯的方法对这种相互依存性进行模型化。因此，最佳的年度盈利时间序列预测模型可能需要利用季度盈利数据，而非年度盈利数据。也就是说，若要预测年度盈利，最有效的办法是运用季度预测模型来预测下一年四个季度的盈利，然后将其加总。

6.7 财务分析师的预测能力

盈利的时间序列研究必须说明的另一个问题是：财务分析师的盈利预测是否比简易时间序列模型的预测更为有效呢？当用于预测年度盈利时，简易的随机游走模型是相当有效的。此外，这一模型易于运用，无须进行估计。如果说财务分析师的预测结果不比随机游走模型更为有效，那么，他们为何把大量的资源耗费在预测上呢？此外，如果财务分析师的预测能力优于随机游走模型，那么优越程度如何呢？这些问题促使人们去评价财务分析师和简易时间序列模型的相对预测能力。

布朗和罗捷夫曾把价值讯息（Value Line）公司分析人员的预测能力与三个时间序列模型进行比较（Brown and Rozeff，1978）。价值讯息是个投资服务公司，它每年向投资者提供四次有关1 600家企业的季度盈利预测数。布朗和罗捷夫随机建立了一个由50家企业组成的样本，这些企业自1951年起的季度盈利的历史资料较为齐全，其财政年度均截至12月。他们把财务分析师的预测误差与随机游走模型的预测误差及博克斯-詹金斯模型的预测误差加以比较。年度盈利的预测误差是通过汇总季度盈利预测数，再减去实际年度盈利而得出的。表6-5总结了预测误差的频率分布（表示为误差的绝对值除以实际盈利的绝对值）。结果表明，价值讯息分析人员的年度盈利预测相对于三个时间序列模型而言，大误差较少，小误差较多。

第6章 盈利预测

表6-5 对时间序列预测模型和价值讯息预测的年度盈利预测误差

预测	<0.05	0.05—0.10	0.10—0.25	误差分布 0.25—0.50	0.50—0.75	0.75—1.00	>1.00
随机游走模型*	17	26	55	60	16	7	19
季节性随机游走模型[†]	37	22	49	38	22	8	24
博克斯-詹金斯模型[‡]	30	23	56	53	13	4	21
价值讯息模型	36	28	63	46	8	3	16

* 随机游走模型，超前一个季度的预测为：$E(\tilde{A}_{t+1}) = A_{t-3}$；

[†] 季节性随机游走模型，超前一个季度的预测为：$E(\tilde{A}_{t+1}) = A_{t-3} + (A_t - A_{t-4})$；

[‡] 博克斯-詹金斯模型是利用1951—1971年的季度数据估计出的一种由自回归方程移动平均混合而成的模型。

资料来源：L. D. Brown and M. S. Rozeff, "The Superiority of Analyst Forecasts as Measures of Expectations: Evidence from Earnings," *Journal of Finance* 33 (March 1978), Table 2, p. 7.

布朗和罗捷夫还检验了财务分析师对季度盈利的预测能力。他们发现的结果类似于表 6-5 得出的结论是："总之，研究有力地证明了，价值讯息的预测效率历来高于时间序列模型这一假设。"布朗和罗捷夫采用同样的方法对标准普尔投资咨询公司的盈利预测进行检验，所得结果也十分相似。

事实上，布朗和罗捷夫的研究结果不足为奇。价值讯息在本季开始七八十天后公布上季与本季的预测数。鉴于一季度约等于 90 天，财务分析师可充分利用本季出现的许多其他资料（如销售数量、发货量、签约数以及工会罢工等），因为尽管这些资料尚未反映在盈利中，但是已足以使他们修正预测数。弗里德和吉沃里发现，同样是超前一年，财务分析师的预测与下一年的股票非正常报酬率的相关性大于盈利预测时间序列模型的预测与下一年的股票非正常报酬率的相关性（Fried and Givoly，1982）。总之，财务分析师预测的准确性高于仅仅依赖于过去盈利信息的简易时间序列预测模型。但财务分析师的预测能力能否强于用以预测过去盈利及本季开始 70～80 天之后的信息基础上的计量经济模型的预测能力？这是个悬而未决的问题。[①]

6.8　小结

本章考察了有关会计盈利的时间序列性态的证据。盈利的时间序列之所以令人感兴趣，是因为计价模型以及事件研究（Ball and Brown，1968）对盈利期望值的运用，此外，它对于有关盈利平滑化文献提出的假设也具有重大的意义。研究表明，年度盈利可通过随机游走模型来表述。这一结果使人们对平滑化文献提出的联合假设（即管理者使年度盈利平滑化，年度盈利的内在变化过程遵循线性时间趋势过程）产生怀疑。研究结果同样表明，盈利变化对股票价格变化产生了巨大的影响。

然而，季度盈利时间序列方面的证据却表明，季度盈利并不呈随机

[①] 关于这个问题的论述，可参见布朗、格里芬、黑格曼和泽米鸠斯基的研究（Brown，Griffin，Hagerman and Zmijewski，1984）。

游走状。相反，季度盈利既包含毗邻季度的盈利部分，又包含季节性部分。这个结果反过来又说明，利用季度盈利而不是单纯的随机游走模型，将能更为准确地预测出年度盈利。它还说明，年度盈利似乎遵从随机游走过程，因为年度盈利是季度盈利的综合。比弗、林伯特和摩斯（Beaver，Lambert and Morse，1980）的研究支持这一论断。最后，财务分析师盈利预测的准确性似乎优于时间序列模型，这可能是因为他们可利用本季度和前季度业已披露但尚未反映在盈利之中的其他信息（如罢工情况和获得政府合同等）。

延伸阅读文献

Beyer，A.，D. Cohen，T. Lys，AND B. Walther，"The Financial Reporting Environment：Review of the Recent Literature，" *Journal of Accounting and Economics*，2010，pp. 296–343.

Bradshaw，M. T.，"Analysts Forecasts：What do we Know After Decades of Work，" Working paper，2011.

Bradshaw，M. T.，AND R. G. Sloan，"GAAP versus the Street：An Empirical Assessment of Two Alternative Definitions of Earnings，" *Journal of Accounting Research*，2002，pp. 41–66.

Dechow，P.，W. Ge，AND C.，Schrand，"Understanding Earnings Quality：A Review of the Proxies，Their Determinants and Their Consequences，" *Journal of Accounting and Economics*，2010，pp. 344–401.

Ramnath，S.，S. Rock，AND P. Shane，"The Financial Analyst Forecasting Literature：A Taxonomy with Suggestions for Further Research，" *International Journal of Forecasting*，2008，pp. 34–75.

第 7 章　信息披露管制理论的演变

导　读

　　本章可以解读为一些经济学理论在会计信息披露中的运用。很多学者把经济学的分析方法（理性人假设、边际分析等等）运用到其他领域，形成所谓的经济学帝国主义。会计信息披露尤其是强制披露的规定，因为是来自政府的政策，所以也与关于政府与市场的边界的讨论有关。会计学者对于（很多和会计或审计相关的）政府政策的研究不限于会计披露，而是扩展到其他领域。

　　有效市场假说否定了早期的会计监管理论，市场失灵论也未能解释会计监管。本章基于产权理论和政治活动的经济理论，想把会计监管放到企业契约关系和政府与企业的利益关系的框架之中，为证券市场会计监管提供新的理论依据。

　　讨论的基本共识可以理解为政府行为的边界，就这个领域而言，对公司信息披露进行管制的程度是一个对成本与收益进行比较的经验性问题。这些讨论和分析与政府管理领域研究中引入效果评估一起，对政府行为产生了一定的影响。很多国家的政府和管理机构（如美国的证券交易委员会、公众公司会计监督委员会等）在实施某个政策前也愿意进行一定范围的实验,或者找学界的研究者一起来帮助评判政策的效果。

有研究（Beyer，Cohen，Lys and Walther，2010）将管制的理由概括为财务外部性（financial externalities）、真实外部性（real externalities）、代理成本（agency costs）和规模经济（economies of scale）。但是,理论也显示,强制披露除了带来各种成本外,也会带来一些意想不到的结果:如强制披露可能减少其他来源的信息等。况且从理论上说并不是越透明就越好。因此关于"为什么需要会计信息披露管制（会计准则）"的理论还有很大的发展空间。

在现实中,有几个大的强制披露和会计政策的改变引起了学者们的注意:《公平披露规则》（Regulation Fair Disclosure）、《萨班斯-奥克斯利法案》（Sarbanes-Oxley Act）和《国际财务报告准则》（IFRS）。一大批学者和研究关注这些管制带来的各方利益的变化。渐渐地也有学者关注相对细或者影响更小的准则和管制带来的影响。正如有研究（Leuz and Wysocki，2016）总结的那样,要测量披露和报告的后果,量化管制的成本和收益以及确定因果关系都面临着很大的挑战。对于会计信息披露管制（会计准则）的形式和限度等问题仍然存在很大的争议。

与强制披露平行的是对自愿披露的研究。所有权和经营权分离带来的信息不对称问题是现代公司面临的主要问题之一。很多理论模型表明,披露足够的信息能部分地解决代理问题,进而提高资本市场的资源配置效率。实证研究也发现,更好的披露能降低资本成本,优化公司的信息环境,高质量的信息成为保证资本市场健康发展的前提。当然,自愿披露和强制披露类似,也是一个对成本和收益进行比较的过程。

因为要研究披露的动因或者后果,很多学者关注如何对会计信息披露的质量进行评价。一些研究运用专业机构的信息披露指数（财务分析师或证券投资协会对企业信息披露的评级或评价）或者研究者自建的信息披露评价模型来评价信息披露质量。一些学者将信息披露的数量（在信息同质的情况下,信息披露的数量越多,披露质量就越高）和信息披露是否违规（如果公司的信息披露遭到了监管部门的谴责或处罚,表明公司的信息披露存在形式上或内容上的问题,披露质量肯定不高）作为信息披露质量的代理变量。还有学者在某些研究设计中用对相关利益人决策的影响后果来间接评价公司的会计信息披露质量。如利用会计利润与股票收益率之间的相关性、盈余反应系数、分析师预测偏差、股票收益率的波动性等来间接评价会计信息披露质量。

随着计算机技术、人工智能和语言学等领域的发展，语言处理技术的引入，文本或者视频分析也得到了运用。公司年报的可读性（如每句话中的单词数量和单词的复杂度）和年报的长度等也用来评价公司的会计信息披露质量。此外，应计利润质量、现金流质量有时也被用作会计信息披露质量的评价方法。

第 3~6 章概括说明了实证会计理论方法从早期的有效市场假说及资本资产定价模型的运用到现在的演变过程。早期的研究者把有效市场假说当作既定的，并认为会计的作用在于提供估值信息。后来的研究者也紧随其后，他们发现会计盈利可向资本市场提供信息（第 3 章）。其他会计数据反映了资本资产定价模型中的变量，因此可提供有关未上市交易的债券的信息（第 5 章）。上述研究成果促使人们进一步探讨会计信息的作用。例如，盈利是否能比现金流提供更多的信息（第 3 章），与盈利变动相联系的股票价格变化是否与盈利的产生过程一致（第 6 章）？20 世纪 70 年代至今，管理者一直在探讨着这些课题，并将继续探讨下去。

20 世纪 70 年代末，从实证会计研究方法中派生出一个以经济学为基础的分支。这个分支注重对不同行业和企业的会计惯例的差异进行解释，而不是强调会计在提供估值信息中的作用。产生这种研究方法的动因来自两个方面：一是人们针对政府对信息披露管制而进行的旷日持久的争论；二是第 4 章所介绍的对会计变动的研究。这些争论和研究都对不同会计惯例及其变化的原因提出了疑问。

第 8~13 章的主题是实践导向的会计研究。本章将讨论研究者如何最终意识到以会计的信息价值为中心的理论是不能圆满地解释会计实践的，并重点论述产生上述新研究方法的因素之一，即关于信息披露管制的争论。这种争论的演化过程描述了一些会计研究人员如何最终意识

第 7 章　信息披露管制理论的演变

到：政府官员和其他管制者的行为可以用建立在他们为维护自身利益而行事这一假设上的模型来描述。与此同时，研究人员还意识到，在政治活动中存在着非零的契约成本和信息成本。这些成本使得会计程序能够影响企业的现金流及其价值，因此也为创建一种新的会计理论提供了可能。本章在讨论信息披露管制理论的演变过程时，将详尽地分析这些基本理论。

会计原则委员会、财务会计准则委员会及证券交易委员会的有关人士曾要求从事实证研究的会计研究人员分析有效市场假说对披露管制及其依据所具有的意义。这种分析很快接踵而至（Beaver，1973，1976；Beaver and Demski，1974；Benston，1969a，1969b，1973）。本章首先讨论有效市场假说对上述传统论点的意义。有效市场假说将这些论点降格为充其量只是一些未经证明的有关相对成本和收益的争论而已。然而，实证会计研究者并未就此罢休。他们从经济学文献中引入了更为复杂的基本原理，以此作为对披露进行管制的理由。本章在以下各节中介绍并评价这些基本理由。人们对上述基本原理进行了分析，并最终意识到这些基本原理集中于对不同披露方案在社会成本或收益方面的比较。因此，信息披露管制的基本理论是从经验中得来的。遗憾的是，许多成本和收益都只是一些无法观察到的机会成本和收益而已。

研究者意识到现存有关披露的基本理论是经验性的结论。他们继而要问：政府官员和管制者是否也照此办事？例如，他们是否也对其他管制的社会成本及社会收益进行比较？7.3 节将讨论这个问题。这使得研究者对活跃于政治舞台上的人士是以社会福利为行为动机这一传统假设提出了质疑。于是，产生了新的假设：与普通人一样，政府官员和管理人员都是基于自身利益开展活动的，并且在政治活动中存在非零的信息成本。这一假设为本书后半部分讨论的信息披露管制理论奠定了基础。这种理论承认了会计程序可以影响企业的现金流，且能解释管理人员在信息披露管制下变更一些会计程序的原因。

最后一节还要讨论由第 4 章资本市场有关证据所引出的若干疑问，这些疑问最终导致了一种新理论的发展，即管理者为何在有效市场上，在不存在信息披露管制和税收影响的情况下变更会计程序。本章的结束

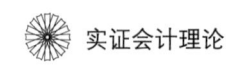

部分总结了信息披露管制基本理论的演变,以及这种演变和前几章提到的实证论据给会计人员带来的若干问题。

在继续有关披露问题的讨论以前,我们注意到:根据实证经济学传统从事研究的研究人员在探讨估值或者实务问题时都把有效市场假说作为一种**约定俗成的假设**(maintained hypothesis)。今天,人们对有效市场假说的接受达到了这样的程度:凡是明显与该假说不相一致的经验规则都被称作**异常现象**(anomalies)(Ball,1978)。这种接受程度是建立在金融和会计方面所积累的实证论据基础上的。这一点尚未受到迄今无法区分无效应假说和机械性假说这一事实的影响(第 4 章)。无效应假说是一种集有效市场假说、资本资产定价模型以及无交易成本和无信息成本为一体的假说,它并不是一种直接与有效市场假说对立的推论。

7.1 有效市场假说与早期的基本理论

主张对公司信息披露实施管制的许多早期理论都有一个共同点,就是投资人及一般证券市场无法对效益不同的企业作出区分。无法区分的理由名目繁多。列夫威奇于 1980 年指出其中的几个理由如下(Leftwich,1980):

1. 管理者对信息进行垄断性控制。
2. 投资人不够老练。
3. 功能锁定。
4. 无意义的数据。
5. 会计程序的多样性。
6. 缺乏客观性。

以下我们分析有效市场假说对上述论点的意义,这些分析主要基于列夫威奇的那篇总结性文章。

第 4 章讨论了管理者对信息的垄断性控制。公司的会计报告往往被认为是投资人获取信息的唯一来源。因此,有人认为管理者可以任意操纵股票价格以便从中谋利。在有效市场上,股价可以根据会计报告公允地进行调整,因此上述说法是不成立的,管理者无法系统性地误导股票市场。

关于有效市场假说的证据表明信息来自多个渠道。再者,假设有效市场假说成立,第 3 章提出的证据表明,证券市场有能力或者至少在某种程度上可以区别对待效益不同的企业。

对上述批评可以进行重新表述,以使其在有效市场上具有潜在的有效性。如果管理者比其他渠道拥有更多的信息,而不将这些信息提供给市场,那么我们就有理由认为市场不可能像在其提供信息的情况下那样,去精确区别效益不同的企业。因此,政府强制推行的信息披露能够提高资本市场区别对待不同企业和适当配置资本的能力。

对上述批评的重新表述的验证也有一些困难之处。其他渠道为何不产生更多的信息?管理者又为何不披露这些信息?在有效市场上,如果其他渠道无法提供更多的信息,一定是因为这么做不值得,因为收集这些信息的成本必定超过出售信息所能得到的盈利。由于信息披露的成本(而不是他们放弃内部交易的利润)超过了信息的市场价值(这一点随后就会谈到),管理者也不会披露信息。因此,只有当披露成本较低且(或者)信息的社会价值大于市场价值时,政府所要求的信息披露才是可取的。这是一个经验问题,因而管理者对信息的垄断权会导致市场不能最有效地区别对待效益高和效益不太高的企业。这一事实还很不明显。

在竞争市场上,管理者并不能通过截留和出售信息来获取非正常报酬率,因为管理者从内部交易赚取的预期利润将降低他们的相应报酬(Manne, 1966)。在有效市场上,企业的股票价格使企业外部的投资者(管理者从这些人身上的所得属于内部交易的盈利)获得正常的投资报酬率。因此,内部交易的影响是降低企业的股票价格,而不是(平均地)提高管理人员的报酬。在某种程度上,内部交易干扰了管理者的生产、投资及融资决策,进而降低了企业的市场价值。

如果管理者可通过提供更多的信息让市场相信他们将较少地从事内部交易,那么,他们就能够据此提高企业的市场价值。此外,假定他们的报酬取决于企业的市场价值,那么,提供更多信息还可以提高他们自己的利益。其结果是,如果信息披露的成本小于信息披露对企业价值带来的影响，管理者便有信息披露的动机并乐于这样做。

不够老练的投资者这一论点所强调的是未接受会计培训的投资者是无法理解会计数据的。例如，这种不够老练的投资者不可能对采用不同会计程序得出的企业盈利额进行比较。在有效市场上，企业股票价格隐含着对会计数字中的信息所进行的公正评估，因而不够老练的投资者（一般）不会因其不了解会计程序而受到损害（也就是说，他们受到了**股票价格上的保护**（price protected））。他们按照一种公平的价格购买股票，这里"公平"的意思是指投资者可获得的正常投资报酬率。如果投资者遇到系统性亏损，就存在着获得非正常投资报酬率的简单交易规则（亦即在投资者购进股票时抛售，而在其抛出时购进）。

在有效市场上，为投资者特地编制的会计报表既不会增加投资人的利益，也不会增加企业的价值，较好的解决办法是让这些不够老练的投资者通过分散持有的股票来减少亏本的可能性（即获得负的非正常投资报酬率）。不够老练的投资者这个术语容易使人产生误解，因为这些投资者并不一定不老练。他们要么是没有在会计、理财学和经济学方面投入精力和时间，要么就是在进行这类分析时没有比较优势。列夫威奇以购买立体声音响设备的顾客为例说明了这一点。购买音响设备的人即便没有完全了解这些设备的复杂原理，也可在购买时不吃亏。他们须做的就是从《消费者报道》（Consumer Reports）或立体声设备杂志上获得有关这些设备性能的信息。与此相似，不够老练的投资人可以向诸如价值讯息公司或者标准普尔等公司老练的分析师购买信息。这种获取信息的方式是有代价的，因此投资人必须在投资失误损失与信息成本之间作出抉择。不选择信息投资也不一定就是不够老练，这可能反映出投资者个人所做的权衡。

功能锁定这一论点强调：投资者个人以同样的方式解释盈利数据而无视用来计算这些数据的不同会计程序。倘若所有的投资者都如此行事，那么盈利和股票价格之间将存在着一种机械的关系，股票市场也就无法区别对待效益高和效益不太高的企业。[1]

---

[1] 第4章讨论的机械性假说是一种有关市场关系的假设（股票价格机械地对盈利变动作出反应）。功能固定假设是一种关于单个投资者的假设。

第 7 章 信息披露管制理论的演变

对功能锁定论点的一种解释是：投资者不会区别以不同会计程序计算出的盈利额，是因为调整这些数据代价太大。然而，会计程序变动对公众的影响是这样的，在市场上有大量精明的投资人，他们能够以较低的代价进行这种调整。因此，股票市场价格变动似乎反映了所有投资者能够区分不同会计程序计算出的盈利数据。次强式的有效市场假说具有上述含义。那些功能锁定的且不加区分的投资者基本上是不够老练的投资者。他们一般也不会在有效市场中亏本。

对功能锁定论点的另一种解释是：投资者是非理性的。这种解释与有效市场假说，当然也与经济学本身的理念不一致，因为经济学以理性人假设为基础。即使投资者进行投资决策时的行为是非理性的，那些偶然遵循合理投资规则而最终不遵循这些规则的投资者是没有资金可投资的。[①] 这种趋势因为一些投资者效仿成功投资者的投资规则而变得更加明显。

关于无意义的数据这一论点，有些评论者抱怨道：由于盈利数据是通过不同的计价方法（例如按历史成本、现行成本以及市场价值等方法）进行计算的，因此盈利数据是无意义的，从而以这些数据为基础的股票价格也无法反映企业的经营效益。给定有效市场假说，第 3 章提到的证据便与上述观点不符。股票价格的上涨与预料之外的盈利增长呈同方向变化，反之亦然。因此，既然股票价格是对（企业）价值的公允估计，盈利变动也就是对（企业）价值变动的衡量。

更为有趣的问题是：不同的且更有意义的盈利计算方法是否导致市场对（企业）价值作出了较好的估计，并提供能较好地区分不同效率的企业的市场价值呢？这一点提出了我们在重新表述管理者垄断信息这一批评时遇到的同样问题，也就是说，这些较好的盈利计算方法可给外部的信息提供者或管理者带来非正常的盈利，为什么外部的信息提供者或管理者目前不用这些方法呢？在有效市场上，不采用这些方法表明，就个人而言，其成本超过了可给外部的信息提供者或管理者带来的益处。政府要求采用这些较好的方法只能在提供信息的成本小于自由市场的成

[①] 参见阿尔钦安 1950 年关于经济达尔文主义的讨论（Alchian，1950）。

本并且（或者是）社会利益大于个人盈利的情况下才可能改善福利。

会计程序的多样性是资本市场无法区别效益不同的企业的另一个原因，人们往往把这个论点与不够老练的投资者论点相提并论。正如在讨论其他论点时所表明的那样，在有效市场上，管理者不会用不同的会计程序系统地把投资者引入歧途。投资者受到价格上的保护。如前所述，管理者和外部信息提供者也有降低由于会计程序的多样性而造成的混乱的动机。政府推行统一会计程序可增加社会福利的论点是基于以下两点提出的：（1）在遵循政府推行的统一会计程序时，信息披露的成本较低。（2）统一会计程序带来的收益大于个人目前得到的收益（亦即社会收益大于个人收益）。

缺乏客观性是指在现行惯例下，不同的会计人员从相同的事实中得到不同的会计数据。其理由是会计人员可自由地在一套会计程序中作出选择，并且不得不进行主观估计（例如折旧）。但是客观性本身不一定有价值。问题在于数据是否有用，其成本如何。因此，客观的会计手段在有效市场中不被采用，可能是因为这些手段不具有成本收益性。上述几个论点并不意味着会计会阻碍有效资本市场区别效益不同的企业。此外，这些论点也不意味着政府对会计施行管制会提高市场有效配置资本的能力。这是一个经验性的问题，它取决于私人的信息生产和政府管制下的信息生产之间的相对成本和收益。

7.2　经济学文献中的基本理论

有效市场假说削弱了早期那些声称具有成本效益的披露管制理论的解释力。然而，那些认为有效市场假说可以成立的研究者为实施会计报告和财务披露方面的管制提供了其他潜在的理由（Gonedes and Dopuch, 1974）。这些基本理论源于有关**市场失灵**（market failures）的经济学理论，人们继而又运用经济学理论中的观点来批评这些理论。以下对所谓市场失灵的分析主要依据列夫威奇 1980 年的那篇论文（Leftwich, 1980）。

7.2.1 所谓的市场失灵

当自由市场生产的产品数量或质量不同于假定的社会最佳量时，市场失灵就会存在。社会最佳量是指能最大化某个社会福利函数的产出量。这种社会最佳量只有当产品价格等于社会边际成本时才会存在。在私人市场条件下，每个人最大化自身效用并使其边际效益和边际成本相等。在自由市场中，如果一种产品的私人成本小于其社会成本，则生产的产品就会过多，也就是存在着生产过剩（over production）；而如果一种产品的私人收益小于其社会收益，则生产的产品就会过少，也就是存在着生产不足（under production）。生产过剩或生产不足都是基于以某个良好的社会福利最大化为目标所确定的生产水平而言的。正如后文要讨论的，上述基本定义给许多结论带来了疑问。

以下关于蜜蜂和苹果的例子经常用来说明市场失灵。养蜂人和种苹果的人彼此相邻，蜜蜂采蜜，同时又在苹果树间传递花粉；果树开花向蜜蜂提供花粉。然而，养蜂人得不到蜜蜂传递花粉带来的好处，而种苹果的人也得不到花蜜带来的好处。他俩在进行生产决策时全都忽略了这些好处，因此使蜂蜜和苹果都生产不足。

市场失灵表明：在帕累托法则的意义上政府管制使私人产出接近社会最佳量，从而可以改善社会福利。政府在帕累托法则意义上增加社会福利的能力意味着可以诱导一种产出变化，这种变化至少可改善某个人的状况而不会给其他人带来损失。在上述蜜蜂和苹果的例子里，社会边际收益超过了社会边际成本，因此政府愿意增加蜂蜜和苹果的产量。在对承担管制成本的人进行补偿之后，整个社会便可获得额外的蜂蜜和苹果。

之所以说存在着会计意义上的市场失灵，是因为会计报告在无管制状况下的信息产出在帕累托法则意义上并非最佳。或者，会计意义上的市场失灵的存在，是因为由财务信息市场主导的资源配置是不公平的，亦即对某些集团或个人是不公平的（Burton，1974）。使用经济学方法的会计研究人员一直没有研究这种类型的市场失灵，因为不可能给公平下一个大家都能接受的最佳定义。每个人都愿意按自己的偏好来排列资源配置的顺序，而且没有理由认为这些个人偏好可以加总成一个偏好一致的社会福利函数。① 公平的评判是一种个人的价值判断。

会计研究人员热衷于把注意力集中在由公共产品造成的信息生产不足这个问题上。② 然而，也有人提到由信号甄别造成的（信息）生产过剩问题。下面将讨论这些问题和经济学文献中提出的另一个生产过剩的实例，即由于投机而造成的生产过剩。

公共产品问题

公共产品（public goods）最显著的特点是某人消费公共产品时不会减少可供其他人消费的数量。国防是典型的公共产品，而某人消费某种私有产品（private goods）（如苹果）则必然减少可供其他人消费的数量。

会计报告提供的信息被假定为一种公共产品，而不是私有产品（Gonedes and Dopuch，1974）。然而，会计信息具有公共产品和私有产品的双重属性。某个投资人消费（运用）它，会削弱其他投资人运用它并从中获得同样好处（价格已调整）的能力。而且，如果这种信息对被披露的企业有消极影响，则该企业将为之付出间接代价（Beaver，1981，p.191）。问题在于，作为公共产品的信息模型是否能比作为私有产品的信息模型给出与事实更为一致的证据。几乎没有证据能说明哪一个对会计信息的假设更好。尽管如此，为便于分析，本章仍假设会计信息是一种公共产品。

信息的公共产品属性本身不会导致市场失灵。如果信息的私人提供者不能避免信息的非购买者使用信息，并且不能对不同的购买者制定不同的价格，那么，市场失灵就会发生。对于公司财务报告，有人认为公司的管理者无法避免非购买者使用报告信息（Gonedes and Dopuch，1974）。未持有企业证券的投资者可以从企业的报告中获得信息，而无须为此付出任何代价。由于公司的管理者没有得到非购买者（如非股东）对使用信息的偿付，他们在决定信息提供量时并未考虑信息对这些

---

① 可参阅相关文献（Arrow，1963；Demski，1974）。

② 例如冈尼蒂斯和多普奇、冈尼蒂斯、梅与桑德以及比弗的研究（Gonedes and Dopuch，1974；Gonedes，1976；May and Sunder，1976；Beaver，1976）。

非购买者的价值,因此,在缺乏信息管制的情况下,管理者提供的信息便生产不足,也就是发生了所谓的市场失灵。

信号显示问题(亦称甄别问题)

这个问题的出现是因为可能进行交易的一方比另一方掌握更多的信息,也就是存在着**信息不对称**(information asymmetry)现象。在阿克洛夫、阿罗、斯宾塞以及斯蒂格利茨的经济学文献(Akerlof,1970;Arrow,1973;Spence,1973;Stiglitz,1975a)中讨论过这个问题。冈尼蒂斯、多普奇和彭曼(Gonedes,Dopuch and Penman,1976)以及冈尼蒂斯(Gonedes,1978)认为这个问题也适用于会计信息。

下面举一个例子说明由于信号显示问题产生的市场失灵。假设一支劳动力队伍由两种类型的人构成,其中一类人的生产能力比另一类强。这些个体劳动者在劳动力市场上签订合同之前就知道了自己的生产能力,而那些可能的雇主则因为确定劳动者的生产能力的代价太高而不知道。因此,支付给劳动者的报酬是以平均的或者期望的生产能力为基础的。生产能力较强的个人所得的报酬要少于雇主如果区别对待劳动者而应得的报酬。因此,他们有理由耗用一些资源,向雇主显示他们的生产能力更强。做到这一点的方法之一是上大学。生产能力较强的个人上大学并显示他们的生产能力,由此获得更高的工资。唯有那些生产能力较强的个人才上大学,以此显示其生产能力;而生产能力较弱的个人不上大学,以此暗示其生产能力较弱。

如果上大学不能提高人们的生产能力,那么花费在上大学上的资源便不能提高产出,提高生产能力较强工人的工资是以生产能力较弱的工人的付出为代价的。依据帕累托法则,教育支出是一种浪费,教育给生产能力较强者带来的收益大于给社会带来的收益,于是便有大学教育的生产过剩。

这个问题可扩展到公司的信息披露领域,因为人们注意到公司的管理者比外部投资者掌握更多有关公司价值的信息。股票价格被低估的那些企业有动机在财务信息上耗费额外的资源,借以表明事实。股票价格被高估的企业则通过不提供附加信息的方式含蓄地表明事实,因而其股票价格下跌至被高估企业的(股票价值的)平均水平。于是,一旦这些公司的股票价格被低估，便耗费资源来提供附加信息，这个过程一直持续到只有那些业绩最差的企业不再发出信号披露其价值为止。我们用**信号显示假设**（signaling hypothesis）来描述这样的判断，即信号显示激励公司进行信息披露。

显然，在我们所举的公司例子中，为信息耗费资源改善了资本配置并增加了产出（也就是效益较高的企业获得了更多的资本）。然而，上述资源的一部分与过去的业绩有关，但可能与未来的业绩无关，因而不会带来社会效益。因此信号显示可能导致会计报告信息的生产过剩。

投机问题

投机问题是由贺希拉菲尔及法玛和拉弗尔在经济学研究中提出的（Hirshleifer，1971；Fama and Laffer，1971）。它涉及企业外部的个人为投机目的导致的信息生产过剩问题。巴泽尔说明了投机问题的本质（Barzel，1977）。假设有个种小麦的农民种植小麦，并期望在6个月后能有1 000蒲式耳的收成。这些小麦的价格取决于其他种植地区的气候，每蒲式耳50美元或者每蒲式耳1.5美元的概率相同。再假设如果花费100美元，便可有把握地预测其他地区的气候。了解那里的气候并不能给那个农民的小麦收成带来任何变化。但是，人们有为这种预测作出投资的欲望。没有这种预测，未来交易将以每蒲式耳1美元（0.5×0.50美元＋0.5×1.50美元）的价格成交。如果某个投机商进行投资预测，发现价格将是50美分，他便以期货合同的方式按每蒲式耳1美元的价格出售小麦，然后用成本为每蒲式耳50美分的小麦来履行上述期货交易合同。如果预计的小麦价格为每蒲式耳1.5美元，投机商便以期货合同的方式按每蒲式耳1美元的价格购入小麦，然后将购入的小麦按每蒲式耳1.5美元的价值售出。无论上述哪种情况发生，该投机商每蒲式耳小麦可赚得50美分。对那个农民收获的小麦，投机商在扣除预测费用（100美元）后可净赚500美元或400美元。

在这个例子中，用于预测气候情况的100美元并未改变小麦的产出，仅仅是导致了财富的再分配。因此，尽管预测上的投资给投机商带来了个人收益，但社会收益为零。这个例子与就赛马结果的预测下赌注相似，当预测取胜的公司不能使企业改变生产决策时，用于这种预测的资源就有可能被过度地耗用。

7.2.2　关于市场失灵理论的缺陷[①]

上述三种市场失灵现象有一些共同的缺陷。首先，假定市场失灵发生于一种非常典型的状态，且在实际中也会发生。我们将看到，这只是一个大胆的臆想。上述典型状态忽视了一些重要的市场特征，这些特征会降低发生市场失灵的可能性。其次，市场失灵理论的倡导者认为：为获得最佳的信息水平，政府应对所谓的市场失灵进行管制。他们实际上犯了"这山望着那山高"的错误（Demsetz，1969）。他们假定政府的选择会带来最佳产出，然而他们没有像考察市场结果那样周密地考察政府管制的结果。列夫威奇指出这些倡导者还犯了另一个错误，那就是：他们未能说明所提出的与市场相比较的最佳水平可以由一套制度安排来实现（Leftwich，1980）。因此，他们提出的水平是否为最佳水平确实值得怀疑。

下面分别考察市场失灵，以便确定上述典型状态还缺少什么，然后论述如何确定市场失灵的存在。

公共产品问题

证据表明，公共产品的个体生产者能够通过交易合同从这些公共产品的使用者中得到补偿（Coase，1974；Cheung，1973）。另外，还有证据表明，企业在法律提出要求之前就提供会计报告（Benston，1969a）。如果这些个体生产者可以从公共产品受益者那儿得到补偿，他们为什么不与那些"搭便车者"签订契约呢？一种回答当然是与这些人签约的成本有关。或许个体生产者从与这些个人的合约中得到的补偿（收益）超过了与其签约的成本。从定义上说，这也正是这些消费者为何被称为"搭便车者"的原因。

只要承认存在契约成本，公共产品问题会导致市场失灵这个观点就不再那样显而易见了。契约成本与其他任何生产成本一样，恰恰是实际中存在的。如果个人的契约成本大于个人可以得到的收益，那么只有在

[①] 对此感兴趣的读者可参阅沃里契亚对这些问题的进一步分析（Verrecchia，1982）。

政府的契约成本小于私人成本的条件下才会发生市场失灵。迄今尚没有证据能证明这个条件的存在。

信号显示问题

信号显示问题也忽略了契约成本（Barzel，1977）。假定契约成本为零（市场失灵理论的倡导者往往这样假设），而在我们所举的大学教育这个例子中，一项契约可按下列方式签订，这种方式在帕累托法则意义上优于通过大学教育来作为显示信号的方式。

大学教育要花去四年时间，因此它使某个雇主能够在理想状态下不费分文地判断10年以后某个雇员的生产能力是较强还是较弱，然后该雇主可以提出一个大家都更愿意接受的方案。对第一个10年，雇主支付给每个雇员的报酬稍稍大于生产能力较弱的个人所生产的产品的价值。10年后当生产能力已经明确时，对生产能力较弱的雇员不做任何调整。但是，生产能力较强的雇员可以得到一份奖金，其价值等于10年内其额外生产的产品价值减去略小于大学教育成本的数额。各方都因这个方案得到更多的实惠。生产能力较弱的个人赚取了较高的收入，生产能力较强的个人则获得更多的实惠（因为奖金是减去小于大学教育成本后得出的），而雇主只需支付更少的奖金。由此可见，大学教育将不会用作个人生产能力的信号。

为了取得最佳效果，信号显示假设必须假定存在较高的契约成本。然而正如我们所指出的，如果这些成本对个人或政府一样，就不存在市场失灵了。

投机问题

巴泽尔在1977年的一项研究中指出，投机的情况下假定契约成本为零。在此情况下，那位农民和消费者有无其他更好的契约选择？那位只与掌握了信息的投机商签订合约的农民的期望价格是 0.5×1.00 美元/蒲式耳＋0.5×0.50 美元/蒲式耳＝75 美分/蒲式耳。记住，在我们所举的例子中，投机商有一半的可能与农民签订远期合同，按每蒲式耳1美元的价格购入小麦，而另一半的可能又按每蒲式耳50美分的价格购入。只与投机商签约的消费者的期望价格是 0.5×1.50 美元/蒲式耳＋0.5×1.00 美元/蒲式耳＝1.25 美元/蒲式耳。当投机商以每蒲式耳1美元的价格购入期货时,他便以每蒲式耳 1.50 美元的价格出售给消费者;当他按每蒲式耳 50 美分的价格购入小麦时,又按每蒲式耳 1 美元的价格来履行对消费者的远期合同。在这种情况下,农民和消费者可以通过按每蒲式耳 1 美元的价格签订长期合同,而不与投机商签约来避开投机商。农民和消费者都将得到更多实惠。农民出售每蒲式耳小麦的收入将是 1 美元而不是 75 美分,同时,消费者将为每蒲式耳小麦支付 1 美元而不是 1.25 美元。既然投机商没有贡献任何东西,农民和消费者都不会与其签订合约。资源不会浪费,市场失灵也不会存在。

如果农民与消费者之间的交易成本更高,那么,资源便会用于浪费性的预测上。然而,在这种情况下,进行预测的投机商以最小代价签订合约,因此把这种方式说成无效的并没有道理,从而这种情况下也不存在市场失灵的问题。

以上三个所谓市场失灵的论点都忽略了签约的私人成本。但是这些论点要求用私人契约成本来解释为什么非购买者没有被排除在外,为什么会有信号显示行为,或者,为什么资源会用于投机性的预测。换言之,其分析是不完整的,从而并不一定存在市场失灵。一方面人们认为私人契约成本过高,另一方面又认为政府弥补市场失灵的成本为零(或者至少低于私人签约成本),否则就不能认为政府管制可以达到较高的产出水平。

在提供会计报告信息方面是否存在市场失灵,取决于私人提供信息及签订契约的成本与同样产出水平下政府管制的成本哪个更高。如果政府管制的成本很高,那么就看不出在提供公司会计报告信息方面存在任何市场失灵。为了说明这一点,下面简要讨论政府管制会计披露的成本问题。

7.2.3 管制的成本

对公司财务信息披露进行管制的成本不仅包括管制机构在制定和实施规章制度以及企业在遵守这些规章制度时所耗费的直接成本,还包括因影响企业的投资、生产以及融资等方面的决策而产生的间接成本,而且这种影响不一定改善帕累托法则意义上的福利。因此,这些间接成本可能远远大于直接成本,必须予以考虑。

管制的直接成本

美国证券交易委员会是根据《1934年证券交易法》成立的。该委员会的作用在于推动实施《1933年证券法》和《1934年证券交易法》。证券交易委员会被授权规定公司财务报表的格式和内容(包括会计程序)。自1937年以来,该委员会颁布了一系列会计文告,这些文告主要是规定企业必须披露和不必披露的内容(即披露事项),此外还涉及会计准则。该委员会对会计披露的影响已经发生变化。例如,企业必须披露季度的销售额,但是直到最近,企业还不能对资产价格上涨的重估价进行披露。自1972年以来,证券交易委员会发布的文告数量急剧上升。显然,证券交易委员会在制定文告和监督、贯彻实施这些文告时耗费了不少资源。

尽管证券交易委员会发布了一系列会计文告,但在名义上,它将制定会计准则的权力下放给其他机构。在证券交易委员会的推动下,美国注册会计师协会于1938年成立了一个委员会,负责制定会计准则。证券交易委员会要求呈报给该委员会的财务报表必须运用这些准则。美国注册会计师协会的会计程序委员会(CAP)在1939—1959年负责制定会计准则。美国注册会计师协会于1959年用会计原则委员会(APB)取代了会计程序委员会。1959—1973年的会计准则由会计原则委员会制定。1973年,由于人们对其业绩提出批评,会计原则委员会被财务会计准则委员会(FASB)所取代,后者目前仍负责制定会计准则。

1936年,划拨给证券交易委员会的经费总额为300万美元。25年以后,也就是1961年,其经费增加为950万美元;在随后的10年中(到1971年),增加至2 360万美元;而在此之后的9年中(至1980年),达到7 230万美元。即便考虑了通货膨胀,该委员会耗费资源的增长率不断提高,也是显而易见的。1936—1976年的消费者物价指数增长了3倍,而证券交易委员会的经费却增加了15倍。

对会计准则进行管制的耗费可能仅仅是证券交易委员会经费总额的一小部分。但是,除证券交易委员会以外,财务会计准则委员会也耗费资源。这个金额可以从向该组织捐赠的活动经费中粗略地得出。1975

年，这些捐赠的款项达 413 万美元。

除证券交易委员会和财务会计准则委员会耗费的直接成本之外，各会计师事务所和公司在遵守这些准则以及在对拟议中的会计准则进行游说等方面也会发生成本。会计师事务所、公司的管理者以及各行业的代表经常就拟议中的会计准则向证券交易委员会和财务会计准则委员会提出意见。

在巴斯特布尔（Bastable，1977）的研究中可找到公司为一条新规定而多承担成本的例子。巴斯特布尔考察了十几家公司在遵循第 190 号会计文告（ASR190）时多承担的成本。该文告要求企业公布重置成本数据。从对巴斯特布尔的调查作出回答的 13 家公司来看，在遵循第 190 号会计文告的第一年，多承担的成本平均为 12 400 美元。将这个数字乘以要求遵循上述文告的企业数（1 000 家），则这些企业在 1976 年一年间多承担的成本约为 1 200 万美元。然而，这才仅仅是 1976 年所颁布的披露规定中的一项（当然也是花费最大的规定之一）所花费的成本。

在给证券交易委员会的一篇特别研究报告中，证券交易委员会的公司披露顾问委员会对执行证券交易委员会规则的部分成本进行了估计。菲利普斯和泽切尔（Phillips and Zecher，1981，Ch. 3，pp. 28－30）运用这些数字估计 1975 年企业按证券交易委员会的 10-K、10-Q 及 8-K 格式编制报表所支付的变动成本为 21 300 万美元。这些成本不包括证券交易委员会自身支付的成本，而且这一数字可能低估。

对公司及会计师事务所实行管制的成本不仅仅包括用于监督、遵守及游说的直接成本。例如，由于实施增加披露的规定，对会计师和公司提出诉讼而造成的损失也可能增加。[①] 此外，许多契约（例如，管理者的报酬合同、贷款协议等）会用到会计数据。当准则发生变化时，会计数据亦会变化，因而可能只得重新商定这些契约中的条款——这是一个成本甚高的过程。

---

① 从总体上看，若给会计师及其客户提供有关他们遵循标准披露规则的辩护，则会计法规便可减少他们的法律责任，从而降低预期的诉讼成本。

管制的间接成本

有些会计准则看起来会使公司的管理者改变其融资、投资和（或）生产等方面的决策，从而使企业承担一定的成本。有几个例子可以说明这一点。莫纽门托公司（Monumental Corporation）曾宣称，如果把未实现的证券利得和损失计入盈利，它将更多地投资于债券而不是股票。①

一些企业对财务会计准则委员会第8号公告《外币交易和外币财务报表的折算会计》作出了反应，这是企业因会计准则而改变其经济决策的另一个例子。第8号公告实施以后，一些企业进行了（成本甚高）的套汇保值活动，以减少该准则对其报告盈利的影响。在此之后，一些银行设计并且显然成功地向企业推销了一些业务模型，这些模型告诉企业如何管理其海外资产，借以减少第8号公告的影响——这又是一项成本甚高的活动。②假定管理者面对第8号公告可进行上述选择，如果管理者正最大限度地提高企业的市场价值，那么，除非社会从上述套汇保值活动和重新调整资本结构的活动中得到企业所不能得到的利益，否则这些活动无论对企业本身还是对社会都意味着成本的增加。

必须注意，对财务会计准则委员会第8号公告作出的系统性反应是有代价的，这样的活动表明（在有效市场中）会计程序将影响企业未来的现金流，否则，管理者就不会系统性地采取代价高昂的行为消除会计上的影响。这些行为表明第4章提出的假设（亦即会计程序不影响现金流的假设）并不合理。

对披露进行管制的成本是由社会承担的，因为要为披露规则的颁布和实施征收更高的赋税，公司在其权益方面所得回报更少。目前尚不清楚谁承担这些成本，但肯定包括股东、管理者以及公司产品的消费者。

由此可见，对信息披露的管制，尤其是对会计程序的管制，其成本是很高的，如果没有证据足以说明相对于签订契约和提供信息的私人成

---

① 参见福斯特的研究（Foster，1977，p.536）。请注意，莫纽门托发布了一项声明，我们不知道该公司是否真的改变了投资决策。

② 关于管理当局的报道，请参阅《商业周刊》（Business Week）1976年1月26日和1977年2月14日的报道。

本，上述管制成本到底有多高以及管制可带来的利益，就无法明显地看出政府对财务信息披露进行管制是否会改善社会福利。

7.2.4 信息管制的股票价格效应

研究人员一直试图评估信息管制的股票价格效应。股票价格效应可以为评估管制成本和收益提供证据。

本斯顿（Benston，1973）率先从事这方面的研究，而且雄心最大。他试图检验那些有关证券的法案是否实现了既定目标，是否给投资者提供了更多的信息。本斯顿指出，如果这些法案确实增加了信息量，投资者就将改变对企业的风险及预期投资报酬率的评估，因此企业的股票价格将发生变化。他调查了在证券法案实施期间企业预期的风险（$\hat{b}$）、非正常的月平均投资报酬率（$\bar{e}$）以及非正常的月投资报酬率方差（σ_e^2）等所发生的变化。

企业在证券法案实施后多提供的唯一一项信息是销售额信息。有些企业在法案实施之前就提供过销售额信息。本斯顿分别对法案实施之前公布和不公布销售额的企业进行分组，并对比各组企业在实施法案期间$\hat{b}$、$\bar{e}$和σ_e^2等方面的变化情况。本斯顿发现，两组企业在三个统计量的变化方面没有多大差异。事实上，本斯顿未能找到证券法案带来成本或收益的任何证据。

本斯顿的方法遭到人们的批评（Gonedes and Dopuch，1974，pp. 93-96）。例如，没有理论可以说明σ_e^2会受影响。同样，提出下述假设似乎更有道理，即那些法案如果有益，就会提高相关上市股票的投资吸引力，而不是提高某些既定股票、相对于其他股票（如由$\hat{e}$衡量）的吸引力。

尽管本斯顿找不到信息管制会带来成本和收益的证据，许多其他研究结果（以后章节将予以讨论）表明，对会计信息进行管制会使企业增加成本。例如，周（Chow，1983）发现，与未受《1933年证券法》影响的企业（即进行场外股票交易的企业）相比，受其影响的那些企业的股东利益减少了。因此，有证据表明信息管制增加了（企业的）个别成本（例如股票价格效应）以及社会成本（例如证券交易委员会所耗费的

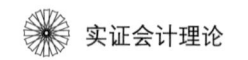

资源），而几乎不存在有收益的证据。

由于存在着有关成本的证据，而且更重要的是，在信息管制的基本理论中，有一种忽略相对成本而高估政府管制作用的倾向，研究人员对信息管制与管制者的目的是不是解决市场失灵提出了疑问。提出上述疑问标志着会计研究的一项突破。这意味着信息管制是对市场失灵的反应这个假设不再被认为是理所当然的了，而且这为建立政治活动及其参与者行为的模型奠定了基础。由于会计实务受到政府管制的影响，政治活动理论的发展对会计实务理论变得十分重要了。

在会计研究中应用有效市场假说，使会计人员对信息管制的目的产生了怀疑，推动了关于信息管制的争论的发展。但是，有效市场假说引发了另一个问题，这个问题同样也为发展会计实务的理论打开了方便之门。这个问题产生于第 4 章提出的那些证据，即管理者会从事成本甚高的变更会计程序的活动。如果一项不影响纳税的会计变动成本甚高，且对企业价值无其他影响，那么，管理者为什么要作出这些变动呢？他们为什么关心会计程序？

7.3　两大重要问题

7.3.1　对披露进行管制的目的是什么？

自证券法案颁布以来，还没有人对披露的成本与收益进行彻底的研究。可能存在市场失灵，并不意味着政府可以采取行动，除非确实存在市场失灵。证券交易委员会似乎也不关心有关政府管制是否改善了社会福利的问题。

第 190 号会计文告可以说明证券交易委员会明显地对评价信息管制的社会成本和收益关注不够。第 190 号会计文告（1976 年 3 月颁布）要求所有大型股份公司披露其存货和工厂及设备的现行重置成本。证券交易委员会认为第 190 号会计文告是合理的，其依据是投资者将发现这种资料很有用处：

第 7 章　信息披露管制理论的演变

本委员会承认，执行本规则的成本很高，在第一年编制必要资料时尤其如此。

本委员会认真考虑了执行本规则的成本，并且把它与投资者对重置成本信息的需求进行了对比。我们的结论是：对于通常拥有最大的社会投资者利益的大型公司，这些资料非常重要，因披露所带来的收益明显超过编制这些资料的成本（证券交易委员会第 190 号会计文告，1976 年 3 月 23 日）。

尽管证券交易委员会声称披露带来的收益明显超过成本，但并未给出任何证据。

企业在第 190 号会计文告颁布前没有自发地提供这些数据，这表明其成本超过了收益。这种成本的一部分包括传播这些信息、向信息使用者催款和收款的成本。给定这些成本，这种信息的某些使用者将成为"搭便车者"，因此就可能存在市场失灵。

为了使政府的管制有效（即使第 190 号会计文告带来福利的增加）：

1. 证券交易委员会对这类披露进行监督的成本和公司遵守规定的成本必须小于公司自发地提供这类信息时所花费的成本。

2. 所有信息使用者愿意为此支付的总金额大于在提供信息时发生的所有成本。

许多研究人员无法通过证券价格来说明企业按第 190 号会计文告披露信息时，其股票价格会对它作出反应。[①] 因此，没有证据表明股东认为证券交易委员会要求披露的数据在评价企业时有用处。这些研究提供的证据并没有证明企业的收益超过成本。

然而，这些研究并未对所有的企业成本和社会成本与收益作出评价。例如，X 企业的重置成本或许对 Y 企业的投资者有用（一种个别的和社会的收益），或许引致大量的社会成本（证券交易委员会或许不得不雇用人员来将披露项目分类归档、监督并执行这些披露项目等）。在没有证据说明管制成本和收益的情况下，如果只考虑一项政府管制可

---

① 参见格亚拉和博特斯曼，比弗、克利斯蒂及格里芬以及罗尔的有关论述（Gheyara and Boatsman, 1980; Beaver, Christie and Griffin, 1980; Roller, 1980）。

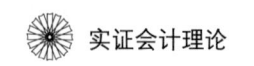

能带来的收益,那么,几乎所有这样的措施都可能是正当的。

第190号会计文告这个例子并不是孤立的,证券交易委员会事实上在系统地评价管制的成本和收益方面根本没有动用其预算。预算的大部分被用来制定、监督及实施规章和规则。人们几乎没有认真考虑管制是否提高甚至影响了经济效率。

证券交易委员会的一位前助理法务官——霍默·克里普克(Homer Kripke, 1979, pp.58-59)表达了下述看法:

> 在当今世界,人们对税收反感并要求解除管制,有关管制的成本与收益的讨论已流行起来。证券交易委员会曾进行过数次类似的讨论(譬如,在第190号会计文告中),然而尚未使读者确信这种分析对该委员会的结论起了作用。相反,我的推断是,这种讨论被作为对某种结论的无关紧要的解释而轻率地处理了,而真正的理由在于该委员会的固执的信念,即较多的披露本身总是较好的。

证券交易委员会的一位前任首席经济师和他的一个部下亦同样直言不讳(Phillips and Zecher, 1981, Ch.6, p.3):

> 不过,下述一般性结论仍然是有道理的,这个结论是:与大多数管制机构一样,证券交易委员会几乎从未试图对其旨在达到各种不同目的研究计划项目是否成功作出评价,也未曾投入大量的资源来回答这些项目给社会带来多少成本,由谁支付以及资源如何重新分配等较为容易回答的问题。

会计人员和管理者宣称市场无效并不意味着市场果真无效(第4章)。同样,证券交易委员会的这些前任官员的观点也并不一定暗示证券交易委员会没有最大限度地争取社会福利。然而,对这一目标和有关评论关注不够,的确表明应该调查社会福利最优化这一目标的可信性。

幸好除了会计研究人员对证券交易委员会的目的与行为明显不一致表示关注外,经济学家和政治学家在管制问题上也遇到过类似的不一致。到最近，经济学家还假设管制的目的在于增加社会福利。[①] 然而，管制者行为与公众利益假设之间明显存在着不一致的地方，这促使经济学家对这一假设在经验上与管制者行为的符合程度进行了调查。调查结果显示公众利益假设与经验不一致，某些经济学家和政治学家便由此假设政治家与管制者和其他人没有什么两样，也就是说，他们也是为其自身利益行事。[②] 此外，这些经济学家和政治学家认为，政治活动中的信息成本及契约成本可以解释政治家和管制者行为与公众利益假设之间的不一致性。

为了建立一种关于信息披露管制的理论，从事实证会计研究的人员大量借鉴了经济学家的研究成果。以下几章所概括的基本理论不仅假设政府官员与管制者都最大限度地追求自身利益，而且运用了经济学家基于上述假设提出的理论。

经济学家提出的理论包括在政治活动中存在非零的信息成本的假设。这一假设对会计理论有着十分重要的意义。它使企业的会计程序能够对政治活动的结果产生影响，从而影响企业的现金流。例如，该假设意味着会计能够影响各种公用事业委员会所能容许的收费标准。给定上述现金流的影响，企业管理者不再会不加选择地对待未影响纳税的各种会计程序，也就是说，对会计程序的选择会影响企业的价值。因此，有必要建立一种理论来解释管理者对不同会计程序所作出的选择。

7.3.2　管理者为什么关心会计程序？

第4章考察了人们为区分有效市场假说与机械性假说而作出的各种努力。这些研究假设：只有通过税收效应，会计程序变动才会影响现金流。这个假设受到了当时金融理论（Modigliani and Miller，1963）的影响。然而，这些研究结果证明，同一行业的许多企业会同时对无税收效应的会计程序作出变更（例如，钢铁行业于1968年转而采用直线折

[①] 有关以此假设为基础的文献概要，参阅波斯纳和麦克劳的论述（Posner，1974；McCraw，1975）。

[②] 参见当斯、尼斯卡伦、斯蒂格勒以及帕兹曼的有关论述（Downs，1957a，1957b；Niskanen，1971；Stigler，1971；Peltzman，1976）。

旧法）。这种行业内横向的相互依存关系使研究人员怀疑无效应假说能否说明问题。受类似经济变量影响的企业为什么会同时作出变更？

一种解释如前所述，也就是会计程序对政治程序的结果有影响。然而，许多系统性的变更无法用管制或政治程序的影响加以解释。因此，上述问题可以用另外的方式重新表述。在不受政治程序影响的情况下，受有关经济变量影响的企业为什么同时变更会计程序？

有一种解释与无效应假说一致，也就是因为会计程序不影响企业价值，管理者便采用武断的方式来选择会计程序。其方法之一就是效仿同行业的某个企业。在经济达尔文主义中，这样的变更称作中性变异(Miller，1977)。然而，这种观点仅在这类变更不存在成本时才成立。如果会计耗费成本（事实上如此），随着时间的推移，这些变更便不可能是中性变异，而必然会产生与之相互抵消的利益。

整个行业同时变更会计程序这个倾向使研究人员认识到同一行业内的企业乐于运用相同的会计方法。例如，制造业和零售业通常在销售时确认利润，而采掘业则在生产时确认利润。实证会计研究人员感到不解的是这种系统性的差异究竟应归咎于中性变异，还是应归咎于各行业会计程序的不同成本和收益。

幸好除了实证会计研究外，金融学在当时也面临着一个十分类似的问题。莫迪利安尼和米勒的理论认为：由于利息支出可从税款中扣减，所有的企业（无论属于哪个行业）都应将负债权益比率保持在美国国内税收总署（Internal Revenue Service）所允许的最高水平上。然而实际上负债权益比率在不同行业间的变化是有规则的，并且行业间的差异又是长期存在的（Schwartz and Aronson，1967）。金融学家试图寻找一种债务的抵消成本来解释资本结构上的这类差异。一种解决方法是摒弃交易成本、信息成本及契约成本为零的假设。破产及契约成本被认为是随不同的负债权益比率而变化的。

摒弃契约成本为零的假设同时也给会计程序提供了影响企业价值的机会。金融学从契约方面解释有关资本结构的差异的研究（Jensen and Meckling，1976）中就曾论及会计程序的作用。某个企业的契约成本可能取决于该企业所采用的会计程序。因而毫不奇怪，人们在努力建立一种旨在解释跨行业会计程序差异的理论时引入了金融学的契约理论。后面各章将讨论人们在这方面所做的努力。

7.4　小结

会计准则的制定者们要求给予指导，因此实证会计研究人员便对有效市场假说对会计披露管制传统理论的意义进行了分析。分析结果倾向于推翻这些传统理论。但是，实证会计研究人员从经济学中引入了一些新的理论，亦即以市场失灵为基础的理论。当时，他们对这些新理论（公共产品问题、信号显示问题和投机问题等）进行了分析并得出结论：实际上不存在对公司信息披露进行管制的明显理由。这是一个关于相对成本与收益的经验性问题。

管制的价值是一个经验性问题，这个结论与管制当局对管制成本和收益的评价明显不够关心是相矛盾的，这个事实转而导致对管制受公众利益驱动的假设提出疑问。这个疑问又为下面的做法开了方便之门，即把政治活动参与者的行为动机归结为与市场活动过程参与者一样，都是为了自身利益行事。这表明在政治活动中存在着非零的信息成本。这些非零的信息成本为管理者如此关心并不影响税收的各种会计程序的选择提供了解释，而上述解释又成了后面各章概述的会计实务基本理论的基础。

有效市场假说带来了另一个问题，同时也为会计实务的理论找到了另一个基础。研究人员在试图区分无效应假说和机械性假说时注意到会计程序的系统性变更，这种变更是无法用管制和政治活动干预加以解释的。正像同行业的企业在特定时期倾向于采用相同的会计程序一样，同行业的企业也倾向于同时变更会计程序。这种系统性的行为使得研究人员又对无效应假说提出质疑。

与此同时，金融学的研究者们对以下假说提出质疑，即除纳税上的影响外，资本结构不会影响企业价值。这个假说无法解释在资本结构方面存在系统性行业差异的现象，金融理论家们试图通过假设非零的契约

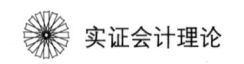

成本来解决缺乏理论的问题。上述假说使得会计程序对企业价值具有潜在影响成为可能，因此也为解释不同行业间及不同时点上会计程序的差异提供了可能。

延伸阅读文献

Ball, R., AND G. Foster, "Corporate Financial Reporting: A Methodological Review of Empirical Research," *Journal of Accounting Research*, 1982, pp. 161–234.

Beyer, A., D. Cohen, T. Lys, AND B. Walther, "The Financial Reporting Environment: Review of the Recent Literature," *Journal of Accounting and Economics*, 2010, pp. 296–343.

Botosan, C., AND M. Plumlee, "A Re-examination of Disclosure Level and the Expected Cost of Equity Capital," *Journal of Accounting Research*, 2002, pp. 21–40.

Hirst, D. E., L. Koonce, AND S. Venkataraman, "Management Earnings Forecasts: A Review and Framework," *Accounting Horizons*, 2008, pp. 315–338.

Leuz, C., AND P. D. Wysocki, "The Economics of Disclosure and Financial Reporting Regulation: Evidence and Suggestions for Future Research," *Journal of Accounting Research*, 2016, pp. 525–622.

第8章 订约程序

导　读

　　本章及随后几章介绍契约理论被用来解释企业会计政策选择的研究。当通过市场来做决定成本很高时，企业就取代了市场。当企业取代市场，权威就取代了价格机制。

　　契约理论认为，现代企业是一系列契约的结合，而并非独立存在的主体。企业由不同的参与者（要素所有人）组成，本身没有明确的目标。企业只是生产要素的供需之间各契约关系的中间人，企业之所以存在，是因为通过企业进行交易比供需双方直接进行交易能更有效地降低交易成本。这些参与者（要素所有人）有其目标，即最大限度地谋取自身利益。他们在为企业提供某种投入的同时，也希望能从企业得到一定的回报，为了一定的财产权而与企业这个法律主体签订契约。他们都意识到自身利益取决于企业在与其他企业的竞争中是否成功，与企业的生存和发展息息相关。但谋求私利的动机促使他们通过各种方式，最大限度地把与企业有关的其他各方的财富转移到自己手中。这种行为必然会削弱企业的价值，损害其他各方的利益。为了有效避免这种自利行为对企业价值的损害，各方便签订契约来规定在各种可能的情况下，各方享有的权利。

值得注意的是，企业内不同的参与者（要素所有人）在收入分配和控制权上的合约安排是不对称的。作为代理人的管理者是自身效用最大化者，当发布的会计信息可能损害其效用最大化的目标时，管理者就有动机作出会计政策选择，甚至采取进一步的行动，如财务造假等等。

因为权责发生制下的会计数据比现金收付制下的现金流更能反映各方之间的权责关系，在一般情况下，各种契约的制定都会利用会计数据对各方行为采取各种限制。在各种契约签订后，各利益相关者还以会计数据为依据，对契约履行情况进行监督。因为会计在制定契约的条款以及在监督这些条款的实施中扮演着重要角色，会计政策不是一种纯粹的技术规范，不同的会计政策为不同的利益相关者取得经济利益和政治利益提供了可能，企业选择不同的会计政策将导致经济利益（财富）在不同的利益集团间进行分配。

介绍会计政策选择行为，目的是解释和预测各利益相关者为何选择这种而不选择那种会计政策。本章及随后几章对理解前几章对资本市场的研究是一个非常必要的补充。在前面那些研究看来，如果会计数据与股价变动或股价水平没有联系，那么会计数据就是无用的。而在后面几章看来，因为会计数据在构成企业的各种契约中扮演着重要的角色，即使会计数据与股价没有关系，它仍然是有用的。

现代企业里经营权和所有权高度分离，股东并不直接参与经营管理，甚至不直接和管理层接触。用以使高管行为与股东的利益一致，减轻股东与高管之间的代理冲突的契约的一部分被称为公司治理。公司治理是会计研究和金融研究的热点。股东的特征、董事的特征和能力、董事会的特征和行为、审计委员会的特征和行为都会对管理者的会计选择、会计信息的特点、企业的信息环境产生影响。

本章及随后几章主要考察管理者契约和债务契约。但其实各个利益相关者如管理者、债权人、股东、员工、客户和供货商等和企业之间都有契约。这些契约包括公司章程及细则、各种购买合同等等，规定了应如何分配企业活动所创造的财富。随着研究范围的不断扩展和数据的不断丰富，后来的研究开始考察这些契约和这些利益相关者之间的关系对会计的影响。

与前期的研究考察契约安排影响会计选择不一样,后来更多的研究考察如何在契约中使用会计信息以提高契约的有效性。不完全契约理论(incomplete contract theory)常用来理解会计在契约中的作用和效率实现的机制。

不同的会计准则及会计政策选择将生成不同的会计信息,导致不同的利益分配结果和不同的投资决策行为,影响不同利益相关者的利益,进而影响社会资源的配置。后来很多研究考察了会计准则及会计政策选择带来的对于企业价值的真实影响(real effect),如企业的投资行为和效率等等。很多研究进一步考察了会计准则及会计政策选择给各个利益相关者,如债权人、股东、员工、客户和供货商等等带来的影响。

实证会计研究人员使用经济学中假设契约成本和信息成本非零的理论,发展了会计实证理论。这种理论承认会计程序会影响企业的现金流,并因此解释了会计程序在不同企业和不同时期的差异。会计再也不像第3~6章介绍的那样仅仅是一种形式而已。

人们假设,无论在企业的订约过程中,还是在决定政府对企业活动进行管制的政治过程中,契约成本和信息成本均不为零。会计程序对上述两个过程所耗费的成本都有影响,因而也影响企业的现金流。因此,如何选择会计程序取决于订约过程和政治过程中产生的现金流效应。为了便于分析,有必要把这两个过程产生的结果区分开来,本章及第9章将讨论订约过程中产生的现金流效应以及这种效应对会计程序选择的意义。政治过程中的现金流效应留待第10章讨论。第8章、第9章与第10章介绍的是会计及审计实务中的基本理论。

本章首先介绍经济学中关于企业的理论,以及会计研究人员如何运用这种理论来说明不同的会计程序所产生的现金流效应,然后解释会计在这种理论中的作用,并将这种作用与在第3~6章概述的实证会计研究中假定的会计作用进行对比。第9章着重论述在上述理论中会计对两种特定的契约(即管理者报酬计划和债务契约)所发挥的作用,并提出一些假设,这些假设将在第11章和第12章中进行检验。

本章述及的经济学理论文献通常称为关于产权的文献，因为这些文献的重点在于强调契约所决定的权利（Coase，1937，1960；Alchian and Demsetz，1972；Jensen and Meckling，1976；Fama and Jensen，1983a，1983b）。在这个理论中，会计是定义企业的各种契约的组成部分。这些契约既包括正式的契约（例如，企业管理者与债权人之间签订的债务契约），也包括非正式的契约（例如，管理者之间非书面的工作安排）。这些契约还包括企业的组织章程以及企业的评估与报酬计划。与生产成本一样，企业的契约成本对企业的盈利能力和生存也至关重要。在解释企业的定价政策和产业结构时，生产成本的规模和截面差异都显得十分重要，与此相同，在解释企业组织和会计实务时，契约成本的规模和截面差异亦十分重要。

本章发展了企业与各方之间对签订契约的需求，其方法是分析在两种简单情形下的契约需求：（1）与企业有关的各方只包括业主-管理者和企业外部无投票权的股东。（2）与企业有关的各方只包括业主-管理者和固定的债权人。这些分析表明，股东和债权人受到的价格保护（第7章）使得管理者需要签订管理契约和债务契约，以限制其作为管理者而可能采取的行为。这种需求又转而导致了对会计和审计的要求。在分析了上述简单的情形之后，我们将分析拥有专业管理者以及既有企业外部股东又有债权人的大型企业，并阐述一般情形下的企业理论。然后，本章将概述会计在订约过程中的作用及其与第3~6章所述的会计作用的关系。本章最后概述关于订约的经济学理论，以及会计在这种理论中的作用。

8.1　业主-管理者与外部股东对契约的需求

詹森和麦克林（Jensen and Meckling，1976）为股东与业主-管理者之间的契约建立了模型。为了方便起见，他们假定企业没有其他参与签订契约的当事人。詹森和麦克林把业主-管理者与股东之间的契约所体现的关系称为**代理关系**（agency relationship）。他们把代理关系定义为"一个或若干委托人聘用其他个人（即代理人）代表自己从事某种活动的一种契约关系，其中包括授予代理人某些决策权"（Jensen and Meckling，1976，p.308）。在业主-管理者与股东的契约中，业主-管理者为代理人，而股东为委托人。

在詹森和麦克林想象的一个简单事例中，一个人拥有一家公司100%的股份，他向外界出售部分无投票权的股份后，仍然经营着该公司。这个人既获得了金钱上的好处（即货币性利益），也得到了非货币性利益，例如上班时开小差，在有吸引力的地点上班等。詹森和麦克林分析比较了股份出售前后业主-管理者的行为，并特别考察了业主-管理者所获得的非货币性利益的变化情况。

这个分析包括若干简化了的假设（Jensen and Meckling，1976，p.314）。然而，即使放宽其中的某些假设，仍然可以得到基本的结果。两个特别重要的假设是，业主-管理者的货币工资是固定的，此外，不可能开展监督或者担保活动。

詹森和麦克林给**担保**（bonding）活动所下的定义是：业主-管理者为保证自己能遵守契约而花费资源的活动。例如，业主-管理者可将1 000 000美元存放于第三方，该第三方在业主-管理者欺骗股东时将这笔资金用于赔偿股东的损失。**监督**（monitoring）活动是指企业外部的股东为了保证业主-管理者能够依据契约来约束其行为而花费资源的活动。在本书中，监督的定义包括了监督和担保两项活动。

业主-管理者在非货币性利益上的支出，取决于他享有的企业所有权的大小。首先，我们来考虑当业主-管理者拥有企业的全部股份时，业主-管理者在非货币性利益上的支出。

8.1.1 无外部股东时的业主-管理者

以下分析取决于非货币性利益是否与工作直接挂钩。如果业主-管理者倾向于在工作中消费企业提供的利益，而不是通过企业支付在私下消费这些利益，那么，这些利益就是与工作挂钩的。如果业主-管理者对此无所谓，那么，这些利益就不是与工作挂钩的。倘若非货币性利益不与工作挂钩，而且市场是竞争性的，那么业主-管理者将最大限度地追求企业现金流的现值(也就是来自股份的现金流的价值,因为企业无负债)(Brealey and Myers,1984,Ch.2)。在非货币性利益上花费资源的活动会持续下去,直至在非货币性利益上增加一美元的支出,只能增加一美元的企业现金流的市场价值(亦即直至对现金流现值的净影响为零)。我们把在这一点上的企业现金流价值记作$\overline{V}$。

假设利益与工作挂钩,业主-管理者愿意在工作中消费这些利益(亦即在工作中消费而不是个人私下消费),那么,非货币性利益的消费以$\overline{V}$水平为基点增加。在$\overline{V}$水平上,业主-管理者把花费在非货币性利益的边际价值确定为这一美元的现值影响加上从非货币性利益上获得的附加效益。因此,即使来自附加非货币利益的现金流的现值小于其成本,仍有更多的资源花费在非货币性利益上(亦即其现金流的净额为负值)。这样的资源花费会一直持续到用于非货币性利益的每一美元的边际效用等于企业现金流的现值减少额的边际效用。我们把在这一点上的企业现金流现值记作V^*($V^*<\overline{V}$),并把增加的非货币性利益的成本记作$F^*\equiv\overline{V}-V^*$。

作为这种影响的一个例子,我们可考察一位业主-管理者如何计划企业人员出差的次数。如果从出差中除获得货币性利益之外没有其他的效用,那么业主-管理者将以能最大限度地带来企业价值为标准选择出差的次数。但是,如果业主-管理者还可从出差中得到享受(亦即除货币性利益外还有非货币性利益),则出差的次数将会增加。增加这些出差(额外所得或者"额外奖赏")带来的成本会减少企业现金流的现值。

8.1.2 有外部股东时的业主-管理者

假定业主-管理者以无投票权股份的形式出售企业的部分股权($1-a$)($0<a<1$),并且保留另一部分股权(a)。这种情况会如何改变业主-管理者在额外所得数量方面的决策呢?如果额外所得是与工作相关的,且业主-管理者在消费同样水平的额外所得时无须花费成本,那么,这一部分股份($1-a$)即可按$(1-a)V^*$的价格出售。这就是说,如果企业外部的股东确信业主-管理者愿意消费F^*美元的额外所得,那么,整个企业的价值将为V^*,他们也就愿意为购得的那部分股份支付$(1-a)V^*$。

假设业主-管理者可按 $(1-a)V^*$ 出售部分股权 $(1-a)$，但无法采取当其百分之百地拥有企业所有权时所采取的行为，业主-管理者还愿意消费同样水平的额外所得（亦即 F^*）吗？回答是否定的。在这里，每增加消费一美元的额外所得，业主-管理者承担的成本只有 a 美元 $(a<1)$，而外部股东承担的成本则为 $(1-a)$ 美元。每增加一美元额外所得的边际成本已经下降，因此，业主-管理者会消费更多的额外所得。额外所得的消费会持续下去，直到业主-管理者把因为每减少一美元企业价值而导致的额外所得的增值定为 a 美元。我们把这种水平上的额外所得称作支出 F'。

当业主-管理者增加花费于额外所得上的金额时，企业的价值下降了。在新的平衡等式中，当管理者购买成本为 F' 的额外效益时，企业的价值等于 $V-F'$，并且小于向外出售股份前的企业价值 $V^* = \overline{V} - F^*(F^* < F')$。如果外部股东为其股份支付了 $(1-a)V^*$，那么，他们将在业主-管理者消费附加的额外所得时遭受损失。

上述论点可用我们所举的出差的例子加以说明。假定每年出差 3 次可使企业价值达到最大值 100 000 美元。如果企业完全为业主-管理者所有，能使效用达到最大的出差次数为 4 次。第 4 次出差的净现值为 $-10 000$ 美元，因此企业的价值为 90 000 美元。如果业主-管理者能够以 90 000 美元的 30% 即 27 000 美元向外部股东出售 30% 的企业股权，那么，管理者还会出 4 次差吗？大概不会。假定第 5 次出差的净现值也是 $-10 000$ 美元，在售出 30% 的企业股权之前，这次额外的出差将由管理者支付 10 000 美元（税款忽略不计），而业主-管理者现在承担的额外出差的成本只是 7 000 美元，因为外部的业主承担了该项成本的 30%，也就是 3 000 美元。随着这项成本的降低，第 5 次出差对业主-管理者的边际效用就有可能超过管理者承担的成本（7 000 美元），因而他们也就有可能每年额外出一次差。倘若如此，企业的价值将降至 8 000 美元，而外部的股东则承担降低额 10 000 美元的 30%，也就是 3 000 美元的损失。

在詹森和麦克林的文章中，有一个重要的论点是如果资本市场像有效市场假说下的市场那样具有**合理期望值**（rational expectation）的特点（亦即如果资本市场对未来事件的期望是无偏的），那么外部的股东一般不会由于业主-管理者改变其行为而蒙受损失。这些股东受到价格保护。他们按一种价格购买股份，而这种价格已体现业主-管理者的行为变化。资本市场期望业主-管理者使其所得财富与非货币性利益之间的边际替代率相等，并适当地确定股票价格。这样做的结果是，外部股东只需付 $(1-a)V'$，便可获得售出的股份。

因为存在保护价格，业主-管理者必须承担其改变行为而带来的全部成本，亦即从 V^* 到 V' 的企业价值的减少量。在向外部出售的股份售出之后，业主-管理者的财富减少量为 $V^* - V'$。业主-管理者享有效用的减少就是**代理成本**（agency cost）（亦即业主-管理者与外部股东之间的代理关系的成本）。代理成本迫使业主-管理者与（外部）股东签订契约来限制自己的活动，借以降低代理成本。

考虑到代理成本，我们为何唯独不考察独资企业呢？詹森和麦克林的分析是不全面的，忽略了可抵消代理成本的利益（参见稍后的讨论）。

8.1.3　具有外部股东且存在监督支出的业主-管理者

上述分析未能使业主-管理者通过订约来限制其消费额外所得（包括上班开小差）。通过签订监督契约，并发生相关消费支出，业主-管理者能够使资本市场相信他们将恪守契约。假设通过订约并花费一定的成本来监督和实施这些契约，业主-管理者可使资本市场相信期望的额外所得消费会较少（但不为零）；假设额外所得的成本减少额大于监督成本，那么出售股份的价格将较高，这时，即使包括监督成本，业主-管理者得到的财富也会大于订约以前的财富。因此，如果业主-管理者认为这种财富增加比减少额外所得的价值更大，他们就会通过订约来限制其活动，并设法监督契约的执行。

上述结果体现了詹森和麦克林的分析的重要核心，这就是，代理人（而非委托人）有订约以加强监督的动机。外部股东对是否进行监督（通常包括会计和审计）倒不在意。资本市场上的竞争形成了价格保护，并使外部投资者获得正常的报酬。业主-管理者（代理人）愿意提供某些保证，以限制其对额外所得的消费，因为业主-管理者将获得全部利益。如果业主-管理者只花 0.10 美元用于订约和实施监督（雇用一名审计师），而其额外所得减少 1.20 美元，那么，当所增加的 0.10 美元的效用大于上述额外所得中的 1.20 美元的效用时，他们便愿意这样做。由于存在价格保护，由企业还是由业主-管理者支付监督费用无关紧要。无论谁支付，股东一般都可获得正常的投资报酬率。

在我们的讨论中，非货币性利益被称为"外快"，并以出差作为示例。但是，非货币性利益也包括工作中的偷闲（开小差）。詹森和麦克林的分析还包括了盗窃。业主-管理者的盗窃行为类似于业主-管理者过度消费额外所得。

上述分析表明，由于存在竞争和合理的期望，在向外出售股份的情形下，业主-管理者会采取减少企业价值的**机会主义行为**（opportunistic action），例如过度消费额外所得、开小差以及盗窃，他们也承担了上述失常行为的成本。因此，业主-管理者存在着通过签订契约来限制其行为并加强监督的动机。在业主-管理者的劳动力市场上，这种动机因价格保护而受到削弱（但没有被消除）。假设业主-管理者的薪金固定，我们便可从这种影响中得到上述分析结果。我们将很快放宽这一假设。

8.1.4　关于代理关系的文献

作为对产权文献的补充，还有一类经济学文献（Berhold，1971；Ross，1973，1974；Wilson，1968；Spence and Zeckhauser，1971；Mirrlees，1974，1976；Stiglitz，1974，1975b；Holmstrom，1979；Antle，1982，1984）也考察了代理关系的意义。这些文献涉及代理人或者管理者开小差的问题，因而与产权方面的文献有关系。

在关于代理关系的文献中，典型的关系是，有一位（对风险持中立态度）委托人提供资本（正如外部股东那样），还有一位既不愿意承担风险又不愿意参与劳动（像业主-管理者一样）的代理人提供劳动力。委托人面临的典型问题是竭力引导代理人采取委托人所愿意采取的行为（也就是尽力）。如果委托人能够知道代理人全力以赴的程度，那么，最适合的契约就是要在代理人采取正确的行为时付给代理人固定的报酬，而在他们偷懒时予以惩罚。这样，委托人便承担所有的风险，当委托人无法了解代理人的行为时，问题就会出现。在此情况下，最适合的契约就是要迫使委托人承担其行为带来的后果，以此来激励代理人竭尽全力地付出努力。

在阐述代理问题时，关于代理关系的文献中存在一个典型的问题，即这些文献忽略了市场的作用。在存在合理期望的市场中，这个问题便成为代理人或者管理者的问题，而不是委托人的问题。[①] 管理者从内在动机出发来找到一些办法，以使委托人或者外部股东相信：管理者将采取最适宜的行为。因为管理者承担成本，管理者的这些动机发展成规章制度（例如，在契约中运用会计数据以及进行审计），从而减缓了代理问题的严重性。然而，这些文献表明，业主-管理者的代理关系促使一种使管理者分担（其行为）后果的契约产生。这一含义与许多管理者的报酬契约是一致的（参见稍后的有关论述）。

业主-管理者与外部股东之间的契约并不是导致监督产生的唯一契约。债务契约也是监督产生的原因之一。

8.2 业主-管理者与债权人对契约的需求

业主-管理者之所以有过度消费额外所得或者盗窃的动机，是因为（企业）产权的一部分为（企业）外部人士所持有。因此，表面上看，通过外发固定面值的要求权（亦即负债）而不是产权便可减少代理成本，这样，在没有外部产权持有人的情况下，业主-管理者将不得不承担获得额外所得的全部成本，并有采取正确行为的动力。然而，负债会促使业主-管理者采取其他可能降低企业价值的行为。业主-管理者在百分之百地拥有企业所有权并外发对企业的固定要求权时，仍然会作出一些降低企业价值的投融资决策。[②]

[①] 即使它属于代理人的问题，委托人也可能在解决这一问题的过程中具有相对优势（例如，由债权人而不是债务人来起草债务契约）。

[②] 这一点最初是由法玛和米勒提出的（Fama and Miller, 1972）。本节的分析在很大程度上有赖于史密斯的研究（Smith, 1979）以及韦克曼和瓦茨所作但未发表的手稿（Wakeman and Watts, 1978）。韦克曼允许我们引用其文章中的分析结果，在此我们深表感谢。

正如企业发行股票时那样,在以合理期望值为特征的市场中,业主-管理者承担了由于存在负债而作出降低企业价值的决策时所发生的成本。同以往的情形一样,这将给业主-管理者以某种动力,促使他们签订可限制其行为的契约和采取同样可限制其行为的监督措施。

8.2.1 投资决策

为了便于说明,我们先不考虑业主-管理者谋取外快的动机,并假定如果业主-管理者百分之百地拥有企业的所有权,则企业的市场价值(净现值)V为最大值。为达到上述目的,业主-管理者将开发所有能够带来正净现值的投资项目,因为这些项目可增加业主-管理者的财富。

然而,通过外发债券为投资项目筹集资金时,业主-管理者就有开发某些会减少企业价值(即有负净现值)的投资项目的动机,而放弃其他可增加企业价值(即有正净现值)的投资项目。只要有负债存在,业主-管理者就有采取减少企业价值的行为的动机,这是因为投资决策不仅影响企业的价值,而且影响业主-管理者享有的企业价值的份额。换言之,投资项目除了影响整个企业的价值外,还会影响业主-管理者享有的企业价值的相对份额。

投资决策如何对业主-管理者享有的企业价值的相对份额产生影响呢?一种途径是通过投资影响企业现金流的离散程度,另一种途径是通过投资影响所承诺的债务偿还。

对现金流离散程度的影响可通过一个简单的例子来说明。假设一个只有一期的世界:业主-管理者在时点0投资,并在时点1收到金额不确定的投资报酬率。所有负债(包括本金和利息)均在时点1偿还,企业将在时点1停业清理。业主-管理者可进行两项互相排斥的投资项目(X和Y),投资额均为I美元。此外,尽管两项投资的风险β_s和期望报酬率$E(\widetilde{C})$相同,但对项目X来说,其投资报酬率的标准方差较低,亦即$\sigma(\widetilde{C}_X)<\sigma(C_Y)$。两个项目投资报酬的概率分布如图8-1所示。

在无外部产权持有者和无外债时,只要企业能体现业主-管理者所持有价证券的一小部分,他们便不在乎选择项目X还是选择项目Y。由于β_s相同,在资本市场中,两项投资的预期报酬率都相等即为$E(r)$。

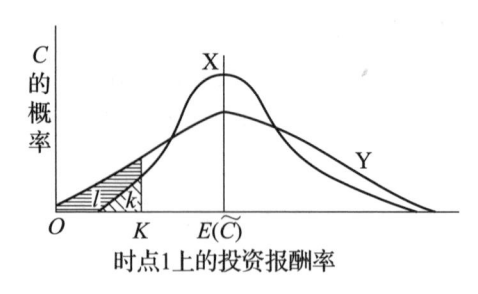

图 8-1 两个相互排斥项目 X 和 Y 的投资报酬率的概率分布

因此，由于两项投资具有相同的预期现金流 $E(\widetilde{C})$，两项投资的预期市场价值在时点 0 相等。由式（2.13）得出：

$$V_{X,0} = \frac{E(\widetilde{C})}{1+E(r)} = V_{Y,0} \tag{8.1}$$

假设业主-管理者发行债券，且承诺在时点 1 偿还（本金和利息）K 美元。这种债务的价值会随不同的投资项目而变化吗？如果来自投资的现金流（$\widetilde{C}$）超过 K，债权人将收到 K；如果现金流小于 K，则企业将无偿债能力，而无论现金流动的结果如何，如（$\widetilde{C}$），都将由债权人获得。就投资项目 X 而言，债权人的所得小于 K 的概率是图 8-1 中 X 曲线下字母 k 标识的那块区域，而其所得等于 k 的概率为 $1-k$。就投资项目 Y 而言，债权人的所得小于 k 的概率为图 8-1 中区域 k 和区域 l 之和，亦即 $k+l$，而其所得等于 k 的概率为 $1-(k+l)$。因此，与项目 X 相比，投资项目 Y 时发生拖欠债务的概率较高，而债权人期望得到偿还款 k 的概率则较低。其结果是如果业主-管理者选择项目 X，债务在时点 0 的市场价值（$B_{X,0}$）会比业主-管理者选择项目 Y 时的市场价值要高，亦即 $B_{X,0} > B_{Y,0}$。如前所述，无论业主-管理者如何在项目 X 和项目 Y 之间作出选择，企业的价值都是相同的。同时，企业的价值恒等于负债价值（B_0）和产权价值（S_0）之和，亦即

$$V_0 \equiv S_0 + B_0 \tag{8.2}$$

因此，如果负债的价值随两项不同的投资项目而不同，业主-管理者占企业价值的份额也必然会随之而不同，亦即 $B_{X,0} > B_{Y,0}$，且 $V_{X,0} = V_{Y,0}$，因此，$S_{X,0} < S_{Y,0}$。由于投资项目 Y 可给业主-管理者带来较多的

财富，因此，他们会选择这个项目。业主-管理者不再像企业无负债时那样对不同投资项目的选择无动于衷了。

如果债权人目光短浅，业主-管理者可能会通过以下方式从债权人那里实现财富转移，他们在发行债券时谎称将选择项目 X，因此使债权人支付 $B_{X,0}$，然后，实际选择的却是项目 Y，这样，债务的价值将降至 $B_{Y,0}$。因而使企业-管理者的财富增加了 $S_{Y,0} - S_{X,0} = B_{X,0} - B_{Y,0}$。然而，存在着合理期望的市场会辨认出业主-管理者所选择的项目 Y，从而将外债的价格定得较低，即为 $B_{Y,0}$。[1]

这个例子说明了债务的存在是如何影响业主-管理者的投资决策的。在这个例子中，业主-管理者选择投资项目 Y，而并非不在乎在 X 和 Y 两个项目之间作出选择。根据本例中的解释，上述离散趋势的影响不会因业主-管理者选择投资项目而降低企业价值（或者管理者的利益），但在其他情况下则可能。例如，项目 Y 的预期报酬可能小于项目 X 的预期报酬，亦即 $E(C_Y) < E(C_X)$，但是不足以抵消项目 Y 的离散趋势对业主-管理者享有企业现金流的份额的影响。这样的话，业主-管理者便会选择降低（企业）价值的项目，亦即投资于项目 Y 而不是项目 X。然而，业主-管理者将承担这种成本，因为债务市场会预料到这种行为并将债务的价值定为 $B_{Y,0}$（亦即债权人受到价格保护）。

上述情形会发生逆转。如果一个新的投资项目会降低企业现金流的方差，即使这个项目可带来正的净现值，业主-管理者也可能不选择它。其原因是，最终从业主-管理者转向债券持有者的财富可能会超过业主-管理者在增加的净现值中所享有的份额。

如前所述，业主-管理者运用投资决策来转移财富，这种行为的影响为市场所预期，并且债券持有人按事后转移的财富来事先确定债券价格。因此，总体而言不存在财富转移，而且业主-管理者选择负净现值的投资项目而放弃正净现值的投资项目会导致企业价值的减少，其后果将由业主-管理者承担。鉴于这种情况，业主-管理者具有签订契约以限制其行为的动机。

---

[1] 法玛和米勒给出了说明这一点的数据例子（Fama and Miller, 1972, pp.179-180）。

当业主-管理者考虑选择其现金流将用以偿还现有负债的投资项目时，就会发生偿债效应。在此情况下，不选择这个项目可能是符合业主-管理者利益的，即使它可带来正的净现值（亦即会增加企业的价值）。

只有在下述情况下，业主-管理者才会选择该投资项目：预见到将来无足够的现金流用以偿还该项负债时企业将面临破产，而替代方案是立即支付清算股利。在此情形下，进行这项投资便可从债权人那里转移出相当于债券面值的财富。因此，当该项投资的净现值超过债券的面值（而不是超过零）时，业主-管理者便愿意进行该项投资。

由于偿债效应，当业主-管理者选择可带来正净现值的投资项目时，债权人可受到价格保护，因此，放弃这些项目而发生的预期成本将由业主-管理者承担。

8.2.2 融资决策

债务的存在促使业主-管理者通过两种融资方式进行财富转移。这两种融资方式是：(1) 股利；(2) 财务要求权的重新调整。

股利

当存在债务时，亦即存在偿债效应时，业主-管理者愿意开发可带来正净现值的项目并付给自己股利。这一行为的成本包括放弃投资项目的净现值。除了未来的投资项目外，企业在现有的投资项目中也拥有资产。由于存在债务，业主-管理者愿意出售现有资产，并通过现金股利或者购回股份向自己支付报酬。极端的做法是业主-管理者会变卖企业的全部资产，并支付清算股利，然后一走了之，留给债权人的只是公司的"空壳"。

与采取其他降低（企业）价值的行为一样，如果债券市场能够合理地为债券定价（亦即考虑到债券变成一张废纸的可能性），业主-管理者就得承担成本。业主-管理者还得承担企业价值（财富的总体）的任何减少带来的后果。其结果是业主-管理者为了使债券持有者相信企业会保留一定的资金用以投资可带来正净现值的项目，他们乐意签订限制股利支付的契约。

财务要求权的重新调整

在前述债券代理成本的例子里，我们假设只有一种债权人。实际上，业主-管理者在发行最初的债券后仍可能发行其他形式的债券。另外，发行这些债券会将财富从最初的债权人那里转移给业主-管理者。在此过程中会产生降低企业价值的成本。首先，假设业主-管理者发行享有优先偿付权的增发债券，其价值等于或高于原先的债券。相等或较高的优先偿付权在理论上的含义是，当企业破产时，新债可与旧债同时或者先于旧债得到偿付。[①] 在此情况下，如果从发售新债中获得的现金作为股利付给业主-管理者，那么，旧债债主的情况将更糟糕。

其次，假设新债的偿付权次于旧债（亦即企业破产时总是在旧债之后得到偿付）。这时，旧债的价值仍会下降。如果来自新债的某些盈利作为股利支出，企业破产的可能性便会增加。破产将导致资金外流，因为要支付受托人费用、诉讼费用，同时，受托人也可能作出不利于企业的决策，而所有这些都会降低企业的价值和所有债券的价值。即使把发售新债的收入投资于可带来正净现值的项目，而且企业破产的可能性并未提高，增发的债券也可能导致放弃带来更多正净现值的投资项目。

与采取其他会降低企业价值的行为一样，重新调整财务要求权可能降低的价值会纳入旧债的发行价格，因此，代理成本一般由业主-管理者承担。总而言之，所有这些成本会促使业主-管理者产生签订契约的动机，以限制在投资和理财政策方面采取降低（企业）价值的行为，并且促使契约的执行得到监督。

8.3 职业管理者与外部资本提供者对契约的需求

我们在分析代理成本时所考虑的是，企业的业主向外出售股份或债券，同时又作为业主-管理者留在企业。在此情形下，预计会采取降低企业价值行为的业主-管理者通过降低发售股份或债券的价格来承担这种行为的成本。然而，大型公司的职业管理者往往只拥有股份的一小部

---

① 这里强调"在理论上"这样的字眼，是因为法院并不总是执行债务契约中所列的优先条件（Warner，1977，pp.242-243）。

分。因此，乍看起来，职业管理者似乎只需承担新股份或债券价值降低额的一小部分。若果真如此，职业管理者签订限制其活动的契约的动机是什么呢？

8.3.1 现有的契约

首先，大型公司管理者的活动受到各种契约的约束。每一个上市的大型公司起初都曾向社会大众发售股份或债券。此时，公司的股份为某一个人、某一家庭、某一创办人等个人或集体所持有。因此，即使这些个人或集体没有作为管理者留在企业，他们也要承担股票和债券价格降低的代理成本。这为他们签订契约（包括公司章程）提供了动机，借章程约束未来的管理者采取可能降低企业价值的行为。

8.3.2 劳动力市场上的竞争

对拥有一小部分企业股份的职业管理者来说，第二个约束是公司内外管理者劳动力市场上的竞争。这种竞争迫使管理者承担由降低企业价值的行为造成的不能由现有契约所弥补的那些成本，这种竞争也鼓励他们签订约束其行为的新契约（例如，在发售新债券或股权时约束其行为的契约）。

内部竞争

在大型公司里，人们往往为获得晋升而竞争。副总裁为被提升为总裁而竞争，部门经理则为被提升为副总裁而竞争，等等。职位较低的管理者有对其上司进行监督的动机（Zimmerman, 1979, pp. 509 – 510; Fama, 1980, p. 293）。董事会除了包括总裁或高级经理之外，通常还有企业管理层的若干成员。作为董事会的一员，管理者只有经董事会批准才可能被解职，这个事实削弱了总裁或高级经理对流向那些不属于专职管理者的董事（亦即**外部董事**（outside director））的信息的控制（Fama and Jensen, 1983a）。与审计人员一样，外部董事要求对管理者施以监督，以防止可能的投机行为（亦即增加管理者的财富，但降低企业价值的行为）。与此类似，常务副总裁有向董事们举报高级经理的动机，前提是此举可提高自己成为高级经理的可能性。

外部竞争

董事会偶尔也从企业外部招聘总裁或副总裁。外部董事往往占董事会成员的大部分，并在招聘高级经理中发挥重要作用，他们自己通常也是其他公司的高级经理，他们对不同管理者了解甚多，并且也熟知目前管理者的报酬水平，这些情况把外部董事推向可以决定高级经理竞争性报酬的地位。

管理者劳动力市场上的竞争意味着管理者一般只能获得该职务的竞争性报酬。如果预计管理者将过度消费额外所得，或者通过内部交易（甚至盗窃）来谋取私利，那么，付给他们的报酬会减至他们所得的总数刚好等于竞争性报酬水平。因此，大公司的经理们将承担由于其行为所导致的代理成本。与业主-管理者一样，他们具有为限制降低企业价值的行为而签订契约的动机，并希望这些契约的执行能受到监督。

8.3.3 对管理者声誉的影响

法玛曾指出，关于管理者降低企业价值的投机性行为方面的信息最终会为大众所知悉，从而影响他们的声誉（Fama，1980）。因此，如果管理者消费大量的额外所得（例如开小差），人们最终总会知道真相，因而管理者会获得一种不好的声誉。这样的管理者在未来过度消费额外所得时，报酬将会减少。因此，即使管理者的报酬在过度消费的期间未被调整，他们仍须承担由于过度消费而引发的成本，金额等于未来报酬减少额的现值。如果管理者临近退休并且没有任何递延报酬（亦即退休后支付的报酬），这种影响便会减弱。

问题的实质是，针对职业管理者降低企业价值的行为，股东和债券持有者通过管理者劳动力市场而受到价格保护。如果管理者不运用现有的最有效的手段来使劳动力市场相信他们消费的额外所得将不会超过平均消费量，那么，他们将为此付出代价，获得较低水平的货币报酬。

早期对业主-管理者固定薪酬所作假设的重要性现在应该一目了然。外部资本供应者同时通过资本市场和劳动力市场得到价格保护。我们早期还假设只有资本市场对业主-管理者的行为有约束力。在本节，职业管理者不拥有企业的所有权，因此并不完全受资本市场的约束。然而，劳动力市场能够施加额外的影响。

产权的文献包括的不仅仅是企业管理者与外部资本提供者之间的订约需求。这些文献内容广泛，包括对企业存在原因的解释以及一些关于企业本质的概念。在这些文献中，经验性研究致力于考察下述假设：历经若干时间的订约安排可能会有效地降低代理成本。

8.4 企业理论

8.4.1 企业为何存在？

尽管资本市场上的价格保护迫使管理者通过签订契约来限制降低企业价值的行为，从而减少代理成本，但是只要这种契约是有代价的，就仍然会发生代理成本，而且不能消除所有可能降低企业价值的行为。假如上述成本既定，那么为什么企业会存在？为什么并非所有的企业都以独资的形式开展经营？答案是企业能产生抵消这些成本的收益。这些收益包括规模经济、多样化经营以及专业化。

规模经济

任何个人只能拥有有限的财富，因此任何一个人都不可能有能力提供足够的资本来发挥规模经济的优势。在这种情况下，代理成本问题就不得不让位于规模经济了。

多样化经营

即使某个人有足够的财富为一家公司提供资金从而使之达到最佳规模，这个人仍可能不想这样做，因为其投资组合存在风险。根据投资组合理论，衡量个人相关风险的尺度是投资组合报酬率的方差。然而，市场只会以这些投资组合的期望报酬率的形式向这个人补偿那些归因于市场证券组合投资报酬率的差异（Fama and Miller, 1972）。

如果个人必须向一家企业投入其全部财富方可发挥规模经济的优势，那么，这些投资便面临风险，从而降低这些投资的效用，个人投资者将承担某些代理成本。这就是说，他们可能乐意出售企业的一部分，以便能降低其投资组合的风险。

专业化

拥有财富的人未必是最好的经营者。让我们来考虑这样一个业主-管理者，他管理有方，其唯一的继承人虽然聪明，但绝非合格的管理者。这个业主-管理者去世后将企业交给他的继承人。如果让其继承人来管理企业，该企业的价值会因为他缺乏管理技能而下降。如果聘用一个职业管理者，则公司的价值也会由于发生代理成本而下降。如果由于聘用职业管理者而发生的代理成本小于因为缺乏管理技能而导致的企业价值的降低额，那么，只要该继承人希望最大限度地追求财富，他便会雇用职业管理者。

8.4.2 企业的本质

法律将股份公司视为能像个人一样采取行动的独立主体。在产权或契约的观点下，企业并非独立存在的主体，它只不过是"若干契约的结合"，而不是一个人。因此，企业没有明确的目标，诸如最大限度地赚取利润。相反，这种企业由这样一些人所组成，他们为了一定的产权而与企业这个法律主体签订契约，并且只是这些人才有目标，这就是最大限度地谋取自身利益。[①]

在产权理论下，公司被视为一群有自身利益的人的组合，这些人认识到，其自身利益取决于企业在与其他企业的竞争中是否成功。组成企业的每个人都为企业的生产过程提供某种投入（人工、管理技能、资本、原材料和技术等）。他们提供这些投入是期望能从其投入中得到报酬。此外，每个人都十分清楚，其他人也会采取行动来最大限度地谋取他们的而不是别人的利益。人们知道会有利益冲突发生。为了减少这些冲突，人们便签订契约来规定在各种可能情况下每个人享有公司产出的特定权利（亦即每个人的产权）。债权人、优先股股东、普通股股东、租赁人、管理者、员工以及贸易债权人——所有人都签有契约，这些契约具体规定了应如何分配企业活动所创造（甚至在破产时）的现金流。

---

① 企业内部的个人基于其自身利益而采取行动的假设可追溯至亚当·斯密的著作（Adam Smith，1776）以及较近的伯利和明斯的研究（Berle and Means，1932）。该假设也曾被西蒙（Simon，1959）和威廉姆森（Williamson，1964）以及其他经济学家所采用。

这些契约包括公司章程和细则。此外，许多法规（例如破产法）都规定了企业各种资产的产权。

8.4.3 生存原则

价格保护助长了与企业有关的各界人士竭力运用最有效的订约程序（亦即在带来最大企业价值这个意义上最为有效）。此外，与企业有关的人士都有要求革新并找到新的程序来进一步限制减少企业价值的行为，由此而增加的企业价值便可在各方之间分享。因此，就减少利益冲突的成本并最大限度地提高企业价值而言，一套能随着时间推移而"生存"下来的契约是有效的（Fama and Jensen，1983a，1983b）。

进行这种分析的重要假设是**生存原则**（survivorship principle），亦即经济达尔文主义（economic Darwinism）（Alchian，1950）。企业之间的竞争意味着由生存着的组织系统运用的经营程序和订约技术是有效的。如果不是这样，那么订约各方便会采用其他程序并获得超过正常水平（即由竞争确定）的报酬。生存原则使研究人员可以对契约及其相应会计程序的成本和收益进行分析，这些契约和程序在其收益一般会超过其成本的假设下得以"生存"。

8.5 会计在订约过程中的作用

契约不会降低（利益）冲突的成本（代理成本），除非签约各方能够确定契约是否被违背。因此，基于企业是"若干契约的结合"这种观点，人们要求对这些契约进行监督。无论是有关产权的文献还是有关订约的文献都表明，会计在制定契约的条款以及在监督这些条款的执行中发挥了重要作用。会计数据经常出现在各种契约（债务契约、管理者报酬计划、公司章程及细则等）中。这些契约常常包括对各方行为以会计数据体现的各种限制条款。因此，人们便提出计算和报告这些数据的要求（亦即对会计的要求）。

在签订企业的契约时系统地运用会计数据的例子不胜枚举。企业管理者与银行之间的贷款协议通常要求企业的利息保障倍数（税息前盈利/利息）要保持高于一定的水平。这就使人们产生了对会计盈利数据的需求，以便确定是否满足有关利息保障倍数的契约条款。奖金计划常常是激励性报酬计划的一个组成部分。该计划是以会计盈利为基础的，因此要求计算盈利金额。再者，会计盈利还被用于对企业利润中心的管理者作出评价，而会计成本数据则被用以评价成本中心的管理者。

审计也在监督契约的过程中发挥了作用。企业外部的审计师与债权人签订契约，对发现违反限制性契约条款（例如利息保障倍数条款）的任何行为进行报告。此外，经审计的盈利数据也被用于奖金计划。

如果会计是企业订约过程中的一个重要部分，而且代理成本（以及企业价值和（或）管理者的报酬）因不同的契约而变化，那么，会计程序就有可能影响企业的价值以及（或者）管理者的报酬。如果某些契约形式在减少代理成本方面比其他契约更为有效，用以计算这些契约所用会计数据的程序便比其他程序更为有效。采用其他程序会增加代理成本，并降低企业的价值或者管理者的报酬。这便是由于会计在订约过程中的作用而导致的现金流与（企业）价值之间的重要联系，它解释了管理者对不同会计程序所作出的选择。

会计在签订契约和监督契约中发挥作用这个假设对会计文献而言并不陌生，至少在管理者与股东的关系方面是这样的。人们要求通过会计报告来监督这种关系的假设被称为**受托责任概念**（stewardship concept），这个假设在 19 世纪末和 20 世纪初的文献中很常见。作为对会计存在的解释，会计史学家们对这个假设亦非常熟悉。亚梅（Yamey，1962，p.15）指出：

> 会计实际起源于书面记录，它也许可追溯到某个"会计"官员提供一种说明书的需要，这种说明书反映了该官员代表其雇主负责的金钱和其他资产的收支情况，同时，这位官员也需要对下属的诚实和可靠性进行检查。

在监督管理者或者雇员行为的过程中需要会计这个观念对会计研究

人员而言并不陌生。管理会计教科书通常对各种会计报告在报告每个管理者的业绩方面的作用进行讨论,而审计教科书则说明内部控制与会计在限制管理者或者雇员的盗窃可能性方面的作用。

自愿提供经审计后的公司会计报告的历史相当悠久。管理者远在法律向其提出类似要求之前就已提供会计报告了。早在相关证券法案实施以前,美国许多公司就曾公布(会计)报告。[①] 瓦茨和齐默尔曼把向股东提供经审计后的(会计)报告这种现象追溯到最早期的英国股份公司(16世纪末期)以及这些公司的前身(受同业工会管制的那些公司)(Watts and Zimmerman, 1983)。

会计和审计是作为企业契约的监督工具而产生的假说,与投资者作出投资决策和评估决策时需要信息进而需要会计这一常见的假说形成了鲜明的对照。上述信息假说出现于相关证券法案实施以后,并且无疑是本书第3~6章大部分讨论内容的基础。该假说断言,投资者要求得到关于目前与未来的现金流以及资产与负债的市场价值的信息(以计算正常清算时的企业价值)。在美国注册会计师协会(AICPA)的《特鲁布拉德委员会[②]报告》(Trueblood Committee Report)(1973,p. 20)中可以找到有关这个假说的例子:

> 财务报表的目标之一是向投资者及债权人提供有用的信息,以便他们对可能获得的现金流的金额、时间分布和相关的不确定性进行预测、比较和评价。

上述两个假设不是互相排斥的。它们共同在签订契约和提供信息方面发挥作用。能使人们确定契约的要求是否已被履行的信息,往往也有助于确定企业证券的价值(例如,用于利息保障倍数这种借贷契约条款

[①] 1899年公布会计报告的美国公司包括:美国烟草公司(American Tobacco Company)、通用电气公司(General Electric Company)、大陆烟草公司(Continental Tobacco Company)、美国皮革公司(American Hide and Leather Company)、全国饼干公司(National Biscuit Company)以及联邦钢铁公司(Federal Steel Company)(Hawkins, 1968, p. 25)。

[②] 特鲁布拉德委员会亦即1974年由AICPA指定成立的一个以特鲁布拉德为首的专门研究财务报告的委员会。——译者

中的盈利金额也提供了有关股票价值的信息)。

如果上述两个假设并不互相排斥,那么,我们为什么只针对订约假设?为什么不同时运用这两个假设来解释会计呢?其原因是实用主义。在订约假设下,研究人员能够在会计程序与企业或者管理者的现金流之间找到某种联系,而这种联系与有效市场假说是一致的。在这些联系的基础上,研究人员能够对企业采用的会计程序作出预测。而在信息假设下,研究人员则未能找到与有效市场假说相一致的任何联系。①

在分析订约对会计的需求时,研究人员重点关注构成企业的许多契约中的两种。这就是管理者报酬协议和借贷协议。第9章考察会计在这两种契约中的运用,并得出关于管理者对会计程序的选择以及变更会计程序对股票价格影响的一些假设。

8.6 小结

试图发展某种理论来解释会计的实证会计学家们接受了关于企业的产权理论。在这个理论中,企业是一些有切身利益的个人所签契约的结合体。每个人都明白,他们的自身利益有赖于企业的存在,与此同时他们却有采取减少企业价值和生存机会的动机与行为。

人们采取减少(企业)价值的行为(代理成本),原因在于他们试图从与企业有关的其他方面获取利益。价格保护使得采取减少(企业)价值行为的个人要承担其行为的成本,因而促使他们签订契约来限制上述行为。公司管理者尤其希望通过订约来限制对额外利益(包括逃避责任)的过度消费。

会计数据在旨在减少代理成本的企业契约中得到运用。一些比率(例如负债权益比率)被用于债务契约中,以限制管理者从债权人处获取利益的行为。在奖金分配计划中运用会计盈利以减少管理者逃避责任

---

① 戈登假设管理层对于会计程序的选择受会计程序对股票价格的影响所驱动。但是,会计程序与股票价格之间的关系假设存在一个非有效的市场(Gordon, 1964, Ch. 6)。

的行为。在确定是否违约方面会用到会计数据,因此要求人们计算这些数据,并监督契约的履行。通常假定通过审计来监督。

会计在订约中的作用使会计程序可对现金流和计价方面产生影响。如果某一契约对代理成本的影响随计算用于契约条款的会计数据的不同程序而变化,那么,企业及其管理者所获得的现金流也将随各种会计程序而变化。与现金流的这种联系能够对企业会计程序中那些不影响税收的、跨部门的差异以及第4章所考察的那些会计程序的系统变更作出解释。第9章将探讨两种特定的契约与现金流的关系,并对管理者选择会计程序以及程序变动对股票价格的影响提出一些假设。

延伸阅读文献

Armstrong, C. S., W. R. Guay, AND J. P. Weber, "The Role of Information and Financial Reporting in Corporate Governance and Debt Contracting," *Journal of Accounting and Economics*, 2010, pp. 179–234.

Christensen, H. B., V. V. Nikolaev, AND R. Wittenberg-Moerman, "Accounting Information in Financial Contracting: The Incomplete Contract Theory Perspective," *Journal of Accounting Research*, 2016, pp. 397–435.

Coase, R., "The Nature of the Firm," *Economica*, 1937. pp. 386–405.

Hart, O., "Financial contracting," *Journal of Economic Literature*, 2001, pp. 1079–1100.

Jensen, M., AND W. Meckling, "Theory of the Firm: Managerial Behavior, Agency Costs, and Ownership Structure," *Journal of Financial Economics*, 1976, pp. 305–360.

Roberts, M. R., AND A. Sufi, "Financial Contracting: A Survey of Empirical Research and Future Directions," *Annual Review of Financial Economics*, 2009, pp. 207–226.

第9章　报酬计划、债务契约与会计程序

导　读

　　本章的基本思路是报酬计划和债务契约会影响企业的会计程序选择。两个假设被提出来：奖金计划假设和负债权益比率假设，这两个假设指出，设有奖金计划和负债权益比率高的企业的高管更倾向于选择能提高当期盈利的会计程序。理解契约的性质对于理解后续关于这些契约的研究、公司治理对会计的影响和会计信息在公司治理中的作用都有所帮助。

　　现代企业所有权和经营权高度分离，股东与高级管理人员之间的关系属于典型的委托代理关系，股东是委托人，高管是代理人，股东将剩余控制权委托给高管，股东享有剩余索取权。在设计薪酬激励契约时，股东需要根据高管的努力程度来确定高管薪酬，但由于信息不对称，掌握高管努力程度的成本太高，对高管进行监督的成本也很高。因此，需要一些可观测的替代性指标来反映高管的努力程度，目前大多将企业业绩作为高管努力程度的衡量指标，以此设计将高管薪酬与企业业绩相联系的薪酬契约。高管激励，如薪酬激励，是一种解决股东与高管之间代理冲突的公司治理机制。股东通过与高管签订高管薪酬契约让高管分享

部分企业剩余，这势必会激励高管愿意作出最大化企业剩余的努力，这与股东的利益一致，降低了股东与高管之间的代理冲突。

有效的高管薪酬机制对于降低交易成本和提高企业价值有重要意义，最优契约理论是高管薪酬的主流理论之一。高管薪酬问题是公司治理的核心问题，影响人们对社会分配公平的认识，因此一直是社会热点，受到学界与业界的重视。

很多研究考察了高管薪酬与企业业绩的关系。高管薪酬与企业业绩之间的关系也被称为薪酬业绩敏感度（pay performance sensitivity），薪酬业绩敏感度越高，高管薪酬契约越有效。

随着公司治理丑闻与各种危机不断出现，越来越多的学者开始质疑最优契约理论并提出其他解释，如管理权力理论（高管从雇用他们的公司中赚取"租金"，即获得超过市场平均水平或与实现股东最大化价值所对应的收入），锦标赛理论（企业内部的薪酬差距就好比体育比赛，不同比赛成绩的人员会获得不同的薪酬，成绩越好获得的薪酬越高，从而激励高管和员工更努力工作），经理人市场理论（经理人在市场中的声誉机制作为一种隐性契约，能够激励经理人努力工作），行为理论，等等。

管理层薪酬契约由公司董事会制定，同时董事会也承担着对管理层薪酬契约进行修订和监督执行的职能，因此对董事会的构成和效果的研究也逐步展开。

随着资本市场的发展和新的合同的出现，管理层薪酬契约的研究也在不断扩展，从现金报酬扩展到管理层持股，再到在职消费、高管晋升、优先认股权、补贴性消费、养老退休金、解雇威胁及解雇费等等补充性或替代性的隐性激励方式。

相对业绩评价方法也得到了广泛的关注和研究，管理人员无法控制经营风险或行业风险，因此，通过设计与同行业其他企业平均业绩相关的奖金或其他激励性奖励，将行业所面临的系统性风险或一般性风险排除在薪酬契约之外，将管理人员的努力程度同有效契约所需的业绩衡量指标紧密联系起来。

很多研究也不局限于报酬计划和会计程序选择的关系，开始研究管理层报酬计划与公司财务、经营等之间的关系。如研究管理层报酬设计（现金报酬、管理层持股、管理层在职消费）与公司业绩、公司治理结构、公司股权结构、披露水平等方面的关系。

而在债务契约方面，按照契约理论，企业与债权人之间订立的契约是不完整的，企业管理者和股东与债权人之间存在信息不对称，不完整的契约给企业管理者和股东的机会主义行为留下了空间。在债务契约中，债权人面临的是不对称收益，为了最大限度降低风险，债权人会寻求一种机制来保护自己的权益。这引发了一系列关于会计稳健性的研究。会计稳健性标准要求会计人员确认的收益要比确认的损失有更高的可验证性，这在一定程度上能够抵消管理者高估利润的倾向，满足稳健性标准的会计信息通过延迟基于盈余的报酬的支付来保护股东的利益，也可以延迟向股东的支付以确保债权人的利益。会计稳健性能够及时反映损失，从而保护股东和债权人的利益，提高企业价值。

随着债务数据的细化和可得性的提高，很多研究开始分析会计信息质量对借款契约的借款利率、银行借款期限、担保、抵押和限制性条款等的影响。还有研究分析公开市场债务，考察会计信息质量对债券利率、债券期限及限制性条款的影响。

研究人员很久以来就利用管理者报酬计划和债务契约来推导有关不同行业、不同企业会计程序差异的假设以及会计程序变动及股票价格效应的假设。原因是这些报酬计划或债务契约中的数据比较容易获得（如管理者报酬计划的细节可从委托书（proxy statement）中获得）。企业其他的正式或非正式契约的数据很难获得。

本章介绍这些假设是如何从报酬计划和债务契约中产生的。在此过程中，我们将比第8章更为详细地剖析会计在这些契约中的作用。此外，我们还将进一步阐述用于签订契约的会计程序与企业现金流之间的关系。

我们首先讨论会计在管理者报酬计划中的作用以及这种计划对企业会计程序的影响，随后将讨论会计在债务契约中的作用以及债务契约对企业会计程序的影响，并提出关于会计程序在公司和行业间存在差异的假设，接下来讨论的是会计程序变动对股票价格的影响，最后部分是小结。

9.1 会计在报酬计划中的作用

早期对公司的审计似乎是为了控制管理者的费用支出及渎职行为，而不是为了限制他们规避责任的行为。在19世纪，英国经审计的会计报告已成为制订管理者报酬的依据，其原因大概是为了遏止规避责任的行为。那时，英国的一些公司章程或公司细则将管理者报酬与报告盈利直接挂钩（Watts，1977；Matheson，1893，pp. vii-viii；Pixley，1881，p. 114）。到了20世纪初，以盈利为基础的管理者报酬计划在欧洲已成为一种惯例（Taussig and Barker，1925）。虽然正式以盈利为基础的管理者报酬计划在美国出现的时间较迟（Taussig and Barker，1925），但在20世纪50年代，许多美国公司的管理者报酬计划开始将管理者的报酬与经过审计的企业年度报告中的盈利数字相联系。

根据盈利制订的报酬计划的存在和发展说明它们是有效的契约（就是说，使企业价值最大化）。然而，第8章的分析表明，一个有效的管理契约应当激励管理者力争使企业价值最大化。因此，能够把管理者的报酬与他们对企业价值的影响直接联系在一起的报酬计划，似乎比单纯建立在盈利基础上的报酬计划更为有效。那么，为什么要采用以会计盈利为基础的报酬计划呢？

9.1.1 采用以会计盈利为基础的报酬计划的原因

迄今为止，尚没有理论可解释管理者报酬计划的构成。不过，学术文献已包括了有关这些计划的作用及其构成部分对管理者的动机产生影响的假设（Smith and Watts，1982）。此外，除了假设报酬计划旨在向管理者提供尽可能提高企业价值的动机（动机假设）外，学术文献同时还包括了另一个并非相互排斥的假设，即报酬计划旨在降低公司及其管理者赋税的现值（Miller and Scholes，1980）。[①]

有两种基本的报酬计划通过会计数字（通常是盈利）来衡量管理者业绩并对之进行奖励：奖金计划和业绩计划。根据现有的学术文献，我们认为有三个潜在的因素促使企业实施以会计盈利为基础的报酬计划：(1) 缺乏观察企业市场价值的能力；(2) 业绩的分解；(3) 税收。

企业市场价值的不可观察性

这一问题的产生是因为很多企业不上市，企业总价值的变动情况难以被观察到。在这种情况下，企业的盈利（即会计盈利加上利息费用）便成为衡量企业价值变动的成本最低的指标。我们期望企业的价值随着盈利的变化而变化，犹如股票价值随着盈利的变化而变化（第3章）。在希利（Healy，1985）调查过的奖金计划中，约有1/3的计划在计算奖金时把利息支出又加回到盈利中去。

业绩的分解

即便企业的总价值具有可观察性，仍只有高级管理者（如公司总裁）必须对整个企业负责。其他管理者负责的企业下属单位（如企业分部）的市场价值也很难观察。于是，这些管理者对企业市场价值的影响往往难以直接识别。

我们可以为企业的不同下属单位计算会计盈利，基于这个原因，会计盈利可作为衡量市场价值的指标（第3章）。因此，大部分奖金计划均会使用会计盈利数据，并且在确定下属单位管理者可获得的奖励时，往往考虑下属单位以及整个企业的经营业绩（Conference Board，1979）。

税收

业绩计划的期限通常为5年（Smith and Watts，1982）。这个期限将管理者报酬向后递延5年，若公司税率低于管理者的个人所得税税率，则管理者报酬的递延便可降低公司及其管理者所支付的税赋的现值（Miller and Scholes，1980）。由于从税收方面考虑，其他奖励性报酬都存在局限性，因此业绩计划的存在可由税收假设来解释（Miller and

---

[①] 其他另外两个假设是：采用报酬计划是为了发出良好业绩的信号和筛选管理人员。之所以具备筛选职能，是因为只有特定类型的管理人员（如风险回避型）才会在这种报酬计划下寻找就业机会（Raviv，1985）。

Scholes，1980）。

奖金计划把报酬往后推迟的期限一般不会超过一年，因此，其税收收益可能是微不足道的。由于增加了管理者报酬而牺牲这一税收收益，换来的是降低奖金计划给管理者带来的风险。管理者的报酬现值通常构成他们大部分的报酬组合。使报酬与企业盈利（相对于支付薪酬而言）相关，增加了管理者报酬组合的报酬差异。鉴于高级管理者既不愿冒风险也没法分散风险，当企业设有奖金计划时，他们一般要求（而且显然得到了）较高的报酬。① 成本的增加带来的是微不足道的税收收益，因此表明奖金计划（如奖励性收益）的存在还必须有其他利益来支撑。

分部管理者的奖金取决于分部的盈利，这一事实进一步印证了上述结论。如果奖金与企业盈利挂钩，则分部管理者的报酬差异将小于奖金与分部利益挂钩情况下的报酬差异（分散化可降低风险）。由此可见，如果税收收益是实施奖金计划的唯一理由，那么，我们将不期望分部管理者的奖金与分部的经营业绩挂钩。但是，根据动机假设，我们期望分部管理者的报酬由分部的经营业绩决定。

9.1.2 哪些企业采用以会计盈利为基础的报酬计划？

试图解释为何一些企业采用以盈利为基础的报酬计划而其他企业不这么做的研究并不多见。从联合委员会的研究（Conference Board，1979）中我们知道，采用这种计划的频率因行业而异。譬如，与零售行业相比，制造业中较大部分的企业采用了奖金计划。然而，我们并没有理论去解释为何制造行业比零售行业更有可能采用奖金计划。尽管如此，我们仍可直观地设想出有关哪些行业的企业会采用以盈利为基础的奖金计划的一些潜在假设。其中的一个假设已在上一小节和第 8 章的分析中做过间接说明。

为了使奖金计划激励管理者尽力提高企业的价值，用于计算奖金的

---

① 设有分红计划的企业中的管理人员获得较高报酬的证据，可参见联合委员会的报告（Conference Board，1979）。另一个假设是，在设有分红计划的行业里，管理人员的边际产出一般较高。

业绩指标（盈利）必须与管理者的行为对企业价值所产生的影响保持相关性。若其他条件不变，盈利与管理者行为对企业价值的影响之间的相关性越大，以盈利为基础的奖金计划就越有可能被用于奖励管理者。例如，人们当然不期望一个从事研究与开发的企业，其会计盈利与管理者对企业市场价值的影响保持相关性。因此，我们可以预计这类企业不会经常采用奖金计划（Smith and Watts，1984）。

在以盈利为基础的报酬计划中使用会计数据的目的不是衡量经营业绩，而是计算报酬计划中的参数。例如，奖金计划中的会计数据（盈利或总资产）通常被用于制定分发奖金所必须达到的盈利水平。从降低代理成本的角度看，这些参数的许多用途是可合理化的（Smith and Watts，1982）。然而，会计研究人员历来把报酬计划中的这些参数当作已知条件，并在此基础上调查报酬计划对会计程序的影响。我们也不得不遵循同样的做法。

9.2 报酬计划对会计的影响

我们在 9.1 节指出，在英国，管理者的报酬早在 19 世纪就正式与报告盈利相联系。这种现象发生在用于计算报告盈利的会计盈利受到限制之前。管理者的报酬与盈利的非正式联系很可能在此之前就已存在于英国和美国。如果报告盈利与管理者报酬之间的联系普遍存在（归因于正式的报酬计划或根据报告利润调整薪酬），那么，这种联系可能会对英国和美国用于计算报告盈利的会计程序产生影响。这种联系对会计程序有何意义呢？

倘若管理者能够随心所欲地控制会计盈利的计算，则基于奖励目的、以盈利为基础的奖金计划就不可能存在。证券市场便会认为管理者为了自身利益而对盈利数据进行操纵，任意报告高盈利，而不是采取有利于提高企业价值的行为。结果，以盈利为基础的奖金计划将无法提高管理者的报酬和企业的价值，这些计划也不会被采用。如果采用以盈利为基础的报酬计划来奖励管理者是为了调动他们的积极性，那么，管理者用于计算盈利的方法就应予以限制，而且，这种限制必须受到监督或审计。此外，这种限制还应有助于产生能够反映管理者行为对企业价值产生影响的盈利数据。

当然，管理者对会计程序的选择不可能受到全面的限制。管理者最有可能了解哪些会计程序最有助于调动下属的积极性。同样地，政府管制的成本也因会计程序而异（第10章），管理者最有可能了解哪些程序有助于使这些成本最小化。因而，限制管理者可采用的会计程序时，必须对在限制中通过降低管理机会主义行为所获得的收益与放弃有助于实现其他目的（如降低管制成本）的会计程序的机会成本进行比较。

只要存在着契约成本和监督成本，管理者对会计程序的操纵行为就不可能根除。董事会的报酬委员会可能会发现，要根除对会计程序的操纵行为代价太大。但要认识到，劳动力市场和资本市场主体是具有理性预期特征的。从整体上看，管理者不可能从操纵会计程序中得到好处。他们的平均报酬中包括操纵的平均效应（第8章）。

总之，给定以盈利为基础的报酬计划，我们期望管理者对会计程序的选择会受到限制，但不会受到全面限制。不过，我们还可推导出更多的结论。限制会计程序的动因可以解释管理者所能选择的会计程序（即**被认可的程序**（accepted procedure））以及这些程序将如何因不同行业、不同企业而有所差异。尽管这些解释本质上是一种事后的合理化，但它们较为直观，易于理解。当我们考虑管理者在被认可的程序中进行选择时，我们能做的将不仅限于事后的合理化。如果我们把一套被认可的程序视为已知的（就如研究人员一样），我们便可对这种选择作出可供检验的预测。

9.2.1　被认可的会计程序

对早期会计教科书及审计教科书的分析不仅表明实施管制之前管理者对会计程序的选择就已受到限制，而且提供了有关限制类型的证据。这些教科书说明，那时报酬计划已经扮演了至关重要的角色。早期教科书曾论述管理者的报酬若与盈利相联系，管理者便不愿意提取折旧费用的情况：

审计师，尤其是那些受聘于联合股份公司或其管理者的报酬完全或部分地取决于公布的利润的其他企业的审计师，都意识到用足额的折旧费用冲减利润会遇到各种阻力（Matheson，1893，pp. vii – viii）。

上述引文暗含着一个潜在的可供检验的假设：实施报酬计划的公司早在审计成为一种法律要求之前，就可能已经接受过审计了。

稳健性（conservatism）在当时的教科书里备受重视。稳健性意味着会计人员应当从备选方案中选择一个最低的价值作为资产的报告基础，而对负债则应选择一个最高的价值作为报告基础。收入宁可推迟确认，也不可超前确认；费用宁可提前确认，也不可推迟确认。大多数行业的管理者采用成本与市价孰低的存货计价原则来计算盈利的做法进一步说明了稳健性的盛行。会计人员遵循稳健性的一个目的（Hendricksen，1982，p.82）就是遏制（由以盈利为基础的报酬计划所驱使的）盲目的乐观主义。

成本与市价孰低原则以及稳健性原则的应用为说明会计盈利为何按历史成本和市场价值的混合基础计算，而不是按第2章所介绍的市场计价理论计算，提供了潜在的解释。按照市场计价理论，计算盈利必须估计资产的市场价值以及未来现金流。在许多情况下，管理者比审计师更精于估计资产的市价。这增强了管理者影响盈利数据的能力。如果管理者利用这种影响为自己谋取利益，盈利数据与管理者对企业价值的影响力的关联性势必下降，从而降低了激励报酬计划的有效性。

在某个特定的盈利概念下，管理者影响盈利计算的能力必须与按此概念计算的盈利同管理者对企业价值产生影响的相关程度相权衡。这说明了会计人员对**客观性**（objectivity）的关注，即会计盈利必须是可验证的（Paton and Littleton，1940，pp. 18 – 21）。

不同行业间被认可的会计程序差异亦可由根据盈利制订的报酬计划予以说明。例如，在销售时确认利润按成本与市价孰低原则对存货进行计价，对于大多数行业都是司空见惯的，但它们很少在建筑业和采掘业中使用。在这些行业里，利润经常是在生产完成时，而不是在销售时予以确认，存货一般按所实现净值计价。通用规则中的这种例外早在 19 世纪后期就已存在。

让我们来考虑根据盈利制订报酬计划的制造企业在生产完成时确认利润会出现什么样的情况。这种确认程序将驱使管理者力争多生产（因为不论生产的是什么，都按售价计价，都可增加盈利），而不去考虑如何销售产品，长此以往，大部分产品势必变为存货，企业最终可能因此陷入财务危机。采用生产确认方法显然具有破坏性，因此这种做法在大多数行业是得不到认可的。① 既然如此，它为何会在建筑业和采掘业存在呢？

其原因是建筑业和采掘业的大多数企业通常在生产时就已经与客户签订了合同。例如，我们审计过的一个采掘企业就是在生产时确认利润。该企业与杜邦（Dupont）公司签订了长期合同，按世界市场上的通行价格将其生产的主要产品（金刚石和二氧化钛）全部出售给杜邦公司。其管理者控制的可影响盈利能力的变量包括生产和生产成本。该企业设计的奖励方案中的利润就是在生产时确认的。我们期望大多数在生产时确认利润的采掘企业都与客户签订了出售其产品的长期合同。而在建筑业，当企业与客户签订了出售其建筑工程的合同时，它们通常采用完工法来确认利润。

实证研究人员并没有考察管理者报酬计划对被认可的会计程序的影响。相反，他们集中考察的是管理者对被认可的会计程序的选择（如直线折旧法与加速折旧法的选择）。下面我们转而分析报酬计划对会计程序选择的影响。在研究会计程序的选择问题时，研究人员把奖金计划和被认可的会计程序当作给定条件。

9.2.2　被认可的会计程序的选择

即便在实施信息披露管制之前，审计师很可能就已经开始向董事会或者股东报告有关背离公认会计程序的做法（Pixley, 1881, pp. 157 - 159）。这种报告向不直接参与经营管理，但决定着管理者报酬的董事

---

① 请注意，完全吸收成本会计也将导致同样的机能失调。通过提高产量，单位平均成本变低，利润则变得较高。然而，上述这些动机会由于成本和价格孰低原则而受到削弱。

(即报酬委员会)发出信号,使其调整用于计算管理者报酬的盈利额。

尽管在实施管制之前,会计就已存在规律性和通用惯例,但管理者仍可在相当一部分会计事务中行使自由选择权,且不会因此被反映在审计师的特别报告里。例如,管理者有权决定将加速折旧法改为直线折旧法,而不至于被反映在审计师的报告里。即使没有审计报告,报酬委员会也可能根据变动会计程序所产生的较高盈利额,对报酬额作出调整。但是,要对管理者有权自行决定的所有会计程序进行调整似乎是不太可能的。由于存在着监督成本,报酬委员会作出的许多调整可能得不偿失。如果报酬委员会无须付出任何代价便可调整管理者报酬,那么,建立在会计盈利基础上的奖励计划将不复存在。因此,报酬计划的存在不仅说明监督成本是客观存在的,而且说明管理者有能力选择和变更会计程序以提高其报酬。当然,根据理性预期原理(第8章),这种尝试通常是不会成功的,因为均衡状态下的报酬已经反映了操纵会计程序的后果。

目前,会计惯例的变动通常作为出现非标准意见审计报告的一项条件,会计变动对当年的影响必须予以报告。尽管如此,管理者仍有能力通过会计程序影响盈利而不致招来非标准意见审计报告。譬如,估计露天采掘之后平整土地的未来成本涉及很高的不确定性,从而给管理者在第一年里注销成本提供了很大的余地。

大多数实证研究人员所调查的是奖金计划而不是业绩计划对管理者选择会计程序的影响。奖金计划的参数经过精心制定,使得多数年份均有奖金可分(Smith and Watts, 1982),并且,倘若有奖金可供分派的话,奖金的最高额往往等于报告盈利的一个正的线性函数。这促使研究人员假设管理者在某个奖金计划下的报酬随着报告盈利的增加而增加。根据这个假设,提高企业报告盈利的现值便可提高管理者报酬的现值。这一结论派生出一个屡经检验的假设。

奖金计划假设(bonus plan hypothesis):
若其他条件保持不变,实施奖金计划的企业,其管理者更有可能把报告盈利从未来 n 期提前至本期确认。

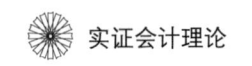

我们把这个假设称作奖金计划假设，因为它经常受到检验。其他经常受到检验的有关管理者选择会计程序的假设也被冠以适当的名称，以供将来参考。

奖金计划假设是从奖金计划的简单模型中派生而来的，它对于早期研究奖金计划对会计程序的影响显然是合理的。但奖金计划的特定细节提供了更为丰富的内涵，并为管理者对会计程序的选择受到奖金计划的影响这一假设提供了更有力的检验。因此，我们希望未来的研究人员进一步拓展和利用这些更为丰富的内涵和更有力的检验。希利的研究采用的正是这种做法（Healy，1985）。

为了说明从奖金计划细节中所能获得的丰富内涵，下面分析管理者在常见的奖金计划下操纵报告盈利的动机。在某些年份里，管理者具有降低盈利的动机，这显然与奖金计划假设相矛盾。

奖金计划通常提供一个可转入用于分派奖金的"奖金池"的最高金额。这一最高金额一般按超出目标盈利的一定比例确定。而目标盈利通常按股东盈利占总资产的一个百分比确定。若实际盈利低于目标盈利，管理者就分不到任何奖金。此外，一些奖金计划往往还对可转入"奖金池"的金额规定一个上限。

如果报酬委员会使用某一特定公式制订奖金计划，而不参照会计程序的变动对奖金作出调整，那么，奖金的存在会驱使管理者通过会计程序变动提高在某些年份的盈利，而降低在其他年份的盈利。至于是提高还是降低盈利，则取决于实际盈利是低于目标、介于目标与下限之间，还是高于上限。若盈利高于上限，管理者便有通过递延盈利来降低报告盈利的动机，因为高于上限的盈利将使他们永远失去获得这部分奖金的机会。把超额盈利往后递延增加了预期的未来奖金。若现行盈利介于目标盈利与上限之间，那么，管理者便可能篡改盈利额，使现行盈利刚好等于上限。由此增加的奖金便可马上获得，而不是在以后才获得，借以提高红利的现值。如果盈利低于目标盈利，则管理者有对报告进行"洗澡"的动机。

按照财务报刊的说法，若企业发生亏损，管理者便会试图把他们所能注销（即"洗澡"）的所有可能的未来亏损包括在当期，增加当期的亏损，从而提高未来的盈利（Healy，1985）。"洗澡"的现象显然与奖金计划有关。若盈利低于目标盈利，任何超前计算盈利而使盈利高于目标盈利的尝试都将导致一些奖金的永久性丧失。当然，不论管理者赚取的是什么样的奖金，他们是在现在而不是在以后赚取，这一事实无疑会削弱永久性地丧失奖金的倾向。然而，若盈利大大低于目标盈利，则奖金的永久性丧失便成为一个首要问题。这样的话，管理者便会利用会计方法进一步降低报告盈利，以提高预期的未来盈利（以及奖金）。

上述分析说明，管理者不仅采用一套可增加报告盈利现值的会计程序，而且试图在不同年份里调整会计程序。当然，管理者不太可能在诸如直线折旧法和加速折旧法等会计方法之间变戏法，因为这类变动很容易被报酬委员会识破（会计变动的影响必须在财务报表所附的说明中进行披露，而且审计师也会就一贯性作出非标审计意见）。相反，他们更可能采用的方法是操纵应计项目，如确认损失或者未来成本（比如露天采掘的平整费用）。

将奖金计划的含义与盈利平滑化假设（第 6 章）进行比较是十分有意义的。如果对转入奖金池的金额规定了上限而不规定下限，管理者将力图使盈利平滑化，使盈利达到上限。如果上限等于股东盈利报酬的一个百分比，那么管理者将试图使每年的盈利报告刚好等于报酬。但是，奖金计划往往还规定了下限，这意味着管理者并不总是试图降低报酬率的差异。当然，这些含义还有待检验。第 11 章提供的证据说明了应计项目净额如何随着报告盈利与奖金计划上下限之间的关系而变化。

9.3 会计在债务契约中的作用

几乎没有直接的证据能够说明经过审计的财务报表在 19 世纪以前曾被用来对债务契约进行监督。尽管如此，却有大量的证据表明经过审计的财务报表在目前可以用来达到上述目的（Smith and Warner，1979；Leftwich，1980）。公募债务（亦即公开上市交易的债券）契约和私募债务契约均包括关于运用已公布的、经审计后的财务报表数据来限制管理者行为的条款。任何不履行上述条款的行为均被视为违约，它使债权人有权采取一般对待违约而采取的行动（例如，没收担保物）。举债公司的管理者必须提供一份年度"履约证书"，确保他们已经审阅财务报表且未发现违约行为。同样，债务契约通常也要求审计师每年都查证他们的报表，并确信未发现任何违约行为。

9.3.1 运用会计数据的债务契约条款

在债务契约中规定运用会计数据的条款，其目的是限制第 8 章讨论的那种导致企业价值减少的投资及融资决策。以下各段将讨论这些条款。讨论的内容引自列夫威奇以及史密斯和沃纳的有关论文（Leftwich, 1980; Smith and Warner, 1979）。他们在论文中提出的意见是以美国律师协会（American Bar Association）的"契约评注"为基础的，这是一本关于债务契约中典型条款的"食谱"，也是债务契约的一个样本。

股利和股份回购的限制

债务契约具有共同之处。其目的是防止管理者支付股利。对股利的限制一般在负债期内保留可供分配股利的资金留存额（**应付资金留存额**(inventory of payable fund)）。股利只能从这种留存基金中支付。季度留存额（IPF_t）的典型定义见凯利在 1982 年的研究（Kalay, 1982）：

$$IPF_t = k(\sum_{\tau=0}^{t} A_\tau) + (\sum_{\tau=0}^{t} SS_\tau) + DIP - (\sum_{\tau=0}^{t-1} DIV_\tau) \quad (9.1)$$

式中，A_τ 为季度 τ 的报告盈利；SS_τ 为出售普通股所得收入减去交易成本；DIP 为一个称作"dip"的定值；k 为常数（$0 \leqslant k \leqslant 1$）；$DIV_\tau$ 为季度 τ 内现金股利或资产股利以及股份购入。资金留存额取决于债务发生（$\tau=0$）以来的累计盈利、新发行股份的金额以及全部股利。由于股利条款上的原因，对股份重新购回和其他现金或资产分配按照股利进行处理（Kalay, 1982）。

股利限制行之有效地成为对股东的最低投资额限制。这些限制迫使管理者投资，并使他们不太可能放弃带来正净现值的项目。如果（股利）资金留存额为零或为负值，则企业并不违约，但无法支付股利。

营运资本的保持

有些契约要求企业将其营运资本保持在某个水平之上。这种条款中使用了会计数据（即流动资产和流动负债），并有助于防止支付清算股利。它类似于股利限制，即一种最低投资额的限制。

对兼并活动的限制

管理者在债务发生之后会增加企业风险的做法之一是兼并一家风险更大的企业。债务契约有时禁止兼并，其他契约则允许兼并，条件是企业在兼并后的有形资产净值满足长期负债所要求的最低水平（或者在某一固定的比例之内）。上述限制减少了管理者利用兼并增加企业风险的可能性，因此降低了现有负债的价值（第8章）。

对向其他企业投资的限制

管理者可以通过向其他企业进行证券投资来改变企业的风险。有些契约禁止这种投资，而有些契约则在有形资产净值满足一定的最低要求时允许这种投资。还有一些契约在总金额低于给定的水平或者低于权益和长期负债总额的某个百分比时允许这种投资。

对资产处置的限制

这些限制亦可减少管理者改变企业风险的可能性。债务契约往往不允许进行这种（资产）处置。如果允许，也只能限定于一个给定的美元价值，或者必须用处置（资产）的收入购置新固定资产或偿还债务。除了限制管理当局改变企业风险的可能性之外，这些限制还减少了支付清算股利的可能性。

对增加债务的限制

第8章指出，如果发售具有高度优先权的债券的收入用以支付股利，则这种新债券可能减少现有债券的价值。债券契约条款不允许发售这种具有高度优先权的新债券，或者提出如下要求，即如果发售的债券具有高度的优先权，那么必须提高现有债券的优先权，使之等同于新债券享有的优先权。

发售具有相等或较低优先权的新债券（并同时支付股利）可能降低现有债券的价值。除了不允许发售具有高度优先权的债券之外，债务契约条款还不允许发售任何债券，或者仅当满足特定的条件时才允许发售。条件包括限制美元总金额、有形资产净值对长期负债比率的最低值、长期负债和权益合计数对长期负债比率的最低值以及报告盈利对利息费用比率的最低值。

在债券契约中，还有更多限制管理者行为的条款，但前面述及的那些条款是运用经过审计的财务报表数据的主要类型。公募债务契约通常运用报告数据，并要求这些数据符合**公认会计准则**（generally accepted accounting principles，GAAP）。相反，私募债务契约偶尔调整报告数据，从而"违背"某些符合公认会计准则的程序。例如，审慎保险公司（Prudential Insurance Company）的一些契约要求在报告未合并子公司时采用成本法，而在这种场合下，公认会计准则要求采用权益法。

公认会计准则是依据证券交易委员会的意见，受到"大量权威支持"的会计原则，它不同于我们所用的术语"被认可的程序"，后者指一套用于契约的会计程序。

9.3.2　公认会计准则在债务契约中的运用

即使某些符合公认会计准则的程序遭到违背，债务契约基本上还是运用符合公认会计准则的会计报告数据，（对会计数据的）修正所采用的形式只是对末行数据的调整，而并非对会计数据进行全面的重新计算。例如，权益法下计算的来自子公司的盈利是从根据公认会计准则计算的盈利中扣减得出来的，然后加上成本法下计算的盈利，特地为债务契约另外规定和编制一套会计报表显然成本甚高。假设这种成本既定，股东运用公认会计准则，并通过债权人在最初发售债务时的价格保护，来承担由于"创造性会计"而带来的任何成本，这样做对股东来说也许更为合算。

在私募债务契约中，对公认会计准则的背离比在公募债务契约中更为常见，其原因可能是两种债务的重整成本不同。私募债务一般发售给少数几个保险公司或银行。这些私募债务的债权人充分掌握情况，此外，如果在企业的价值不低于债务的面值的情况下发生技术性违约行为，这些债权人愿意重新对契约进行重整。例如，如果公认会计准则的变化导致负债权益比率变动，则这种类型的违约行为便会发生。在发售公募债务的情况下，对这类技术性违约所采取的重整措施可能要付出更大的代价。债务的受托人必须征得外发债券 2/3 债权人的同意，然后更改契约，而且购回部分债券也将无助于企业进行债务重整，因为企业无权对其持有的债务行使表决权。对技术性违约条款行为进行重整的成本愈高，我们预期对遵循契约条款的限制性将愈小。

公认会计准则的变化可能导致出现技术上对企业现有债务契约的违约行为，因为契约条款中的会计数据是在计算时而不是在发售债券时运用公认会计准则的。因此，契约条款和契约本身随公认会计准则的变化而受到影响。

9.4　债务契约对会计的影响

与以会计为基础的报酬计划相似，以会计为基础的债务条款仅在下述条件下才行之有效。这个条件是，对管理者控制（会计）数据计算的可能性采取一些限制（亦即限制其对会计程序的选择）。因此，如果对用以计算报告数据的会计程序不加管制，那么，一套对经理人员的选择加以限制并可为各方接受的会计程序将作为一般惯例或者以债务契约中的特别说明的形式出现。

债务契约背离公认会计准则的本质为行将发展的程序的本质提供了证据。如果债务契约在披露管制之前就影响会计程序，则这种背离还将解释会计实务为何采取在 1932 年和 1933 年颁布相关证券法案之前美国所采用的那种形式。

9.4.1　被认可的程序

债务契约在背离公认会计准则时，一般不允许盈利或者资产价值发生某些公认会计准则所允许的增值，而对某些公认会计准则并不要求的盈利和资产价值的减少或负债的增加，则又提出要求。不允许发生的盈利增加通常为非现金收入或者其他贷项。例如，在记录子公司盈利时采用权益法，便可将母公司享有子公司该期间盈利的部分计入母公司盈利。公认会计准则规定了这种方法，但是有些债务契约以成本法取而代之，亦即公司仅当收到股利之时才能将其记录为盈利。公认会计准则承认但不被债务契约包括在内的资产主要是无形资产。例如，债务契约条款把合并时发生的商誉排除在外。

债务契约条款要求而公认会计准则不要求的负债项目之一是租赁债务。许多租赁债务迄今并不为公认会计准则所确认。然而，在计算用于契约条款的负债权益比率和其他比率时，债务契约要求将这种债务连同金额与之相抵消的资产——租赁资产一道包括在内，其净影响是提高了负债权益比率和负债比率。

所有对公认会计准则的背离均符合稳健性。它们延缓了对收入的确认（如合并子公司时采用成本法），同时选择较低的资产价值（如把无形资产排除在外）。即便在把增加的资产（如租赁资产）包括在内的情况下，其影响也是具有稳健性的。因为同时增加的负债可以保证企业负债权益比率的提高。背离的目的似乎是抵消管理者夸大盈利和资产的倾向，以及减少管理者利用其对会计程序的操纵导致债务契约条款无效的可能性。把无形资产排除在外，可以防止管理者通过夸大资产来摆脱在负债权益比率和负债比率方面所受的限制。对权益法的摒弃可以从盈利中排除那些从法律角度看不属于母公司的利息收入，从而防止夸大母公司的利息保障倍数。

债务契约中背离公认会计准则的现象是对摒弃公认会计准则所设标准的尝试，因而表明，在没有有关规章和公认会计准则时，稳健性原则和客观性原则将会得到遵守。债务契约对会计报告数据的运用，增强了奖金计划对被认可的程序的影响。

本质上，上述讨论是对实施管制前被认可的会计程序的一种合理化，在直观上令人信服。很难精确地说明被认可的会计程序的含义并对其进行验证。然而，如果我们接受那套被认可的程序以及既定的债务契约条款，那么，我们便可对管理者如何在被认可的程序中进行选择，作出正式的可验证的预测。

9.4.2 对被认可的程序的选择

公认会计准则在选择会计程序方面给了管理者相当大的自由。例如，管理者可以在直线折旧法与加速折旧法之间、存货计价的先进先出法与后进先出法之间和核算投资税减免的递延法与全额冲销法之间作出选择。不履行债务契约的代价是巨大的。[①] 因此，契约若以会计数据定义违约行为，则将促使管理者选择可降低违约可能性的会计程序。假定其他条件保持不变，管理者将愿意选择可增加资产或收入以及减少负债或费用的会计程序（亦即不再遵循稳健性原则）。此外，如果在某种会计方法下将发生违约行为，人们将预期管理者会变更会计程序，借以避免这种违约行为。

以上分析就会计程序在不同企业之间发生的变动以及变更会计方法的企业的本质提出了可供检验的假设。例如，有债务契约的企业要比没有债务契约的企业更可能采用可增加盈利和资产的会计程序（例如，在大多数情况下采用直线折旧法）。此外，就有债务负担的企业而言，它们与关于利息保障倍数的限制性条款的联系越紧密，便越有可能采用直线折旧法，其假设是直线折旧法可增加盈利。

前面述及的关于负债企业变更会计程序的假设取决于债务契约条款的详细程度。正如早期的研究人员宁愿考察奖金计划假设而不愿考察基于奖金计划细节的假设一样，我们也宁愿考察简单的债务契约假设而不考察基于债务契约的条款细节的那些假设。收集奖金计划与债务契约条款的细节要耗费成本，而诸如奖金计划假设这样的简单假设是观察发生上述成本是否合算的方法之一。

我们把早期研究人员考察的简单假设称为负债权益比率假设。

负债权益比率假设（debt/equity hypothesis）：假定其他条件保持不变，企业的负债权益比率越高，企业的管理者便越可能选择可将报告盈利从未来期间转移至当期的会计程序。

---

① 如果违约行为属于技术性的，债权人可能愿意对债务进行重组而不是要求立即得到偿还，对私募债券尤其如此。重组公债可能较难（参见本章前面部分）。私债债权人（例如保险公司）愿意进行重组，因为这种灵活性会对其未来的业务产生（积极）影响。然而，债务重组也并非没有代价。例如，如果由于发行债券而导致利率发生重大变化，那么，债权人可能会要求一个介于过去利率和现行利率之间的新利率（第12章）。

负债权益比率假设可以从下述假设（该假设以债务契约条款为基础）引申出来。这个假设是：企业越是与特定的基于会计数据的限制性契约条款联系紧密，企业管理者便越可能采用可增加当期盈利的会计程序。

为了理解负债权益比率假设与基于契约条款的假设之间的关系，不妨考虑一下应付资金留存额（式（9.1））条款。从股东的角度出发，应付资金留存额存在一个均衡水平，这一均衡水平是在两种成本之间进行权衡的结果（Kalay，1979）。其中一种成本是来自债务的已舍弃了的财务转出。它随着留存额的增加而增加。另一种成本是负净现值项目的预期成本，当应付资金留存额为零且无法支付股利时，就会产生这种成本。后一种成本会随着应付资金的减少而增加。假定其他条件保持不变，被舍弃的财务转出额越大，则负债权益比率越高。其结果是负债权益比率较高的企业，其应付资金留存额的均衡水平将较低，因此，负债权益比率较高的企业更易受其应付资金留存额的约束，故而更有可能采用将报告盈利从未来期间转移至当期的会计程序。

要从应付资金留存额对会计程序选择的影响中引申出负债权益比率假设，还需要更多的假设，所以负债权益比率假设只是对会计程序选择理论的一种不太直接和不太有力的验证。因此，随着会计程序选择理论的发展，我们期望有更多的研究人员集中验证运用契约条款细节的假设，而不是负债权益比率假设。我们在第 11 章中将会看到，这样的变化已发生（Holthausen，1981）。

基于契约条款细节的假设也有一些问题。问题之一是很难观察企业受契约条款约束的程度。让我们考虑一下应付资金留存额，有效的留存不一定就是根据式（9.1）计算得出的应付资金留存额，如果企业一直采用加速折旧法，则通常可以通过转而采用直线折旧法来增加其盈利和应付资金留存额。因此，应付资金留存额是否有效，既取决于采用现有会计方法计算出的应付资金留存额，也取决于隐含的留存额（亦即由于变更会计方法而使留存增加的金额）。管理者可能愿意在变更方法使盈利和留存盈利增加之前首先让应付资金留存额减少，转而采用增加盈利的方法以增大其他成本（第 10 章），还可能缩小未来的处理权限，因为未来债务契约将根据采用新方法计算的盈利来设定留存额。为了抵消上述结果的影响，人们在报酬方面愿意采用增加盈利的方法。

9.5 会计程序变动对股票价格的影响

会计在债务契约和报酬契约中发挥的作用为在变动不影响税收的情况下对股票价格产生影响提供了机会，会计程序的变动会影响代理成本，并可能将财富在与企业有关的各方之间进行转移。在第 4 章的探讨中并没有哪一种理论指明在何处考察由于变动不影响税收的会计程序而导致的股票价格变化，因而这些探讨不可能为变动不影响纳税的会计程序会对股票价格产生影响这一假说进行有力的验证。契约理论对股票价格验证结果所做的预测是什么呢？我们能对这些预测作出有力的验证吗？

对会计程序变动对股票价格的影响所做的分析，取决于这些变动是由企业管理者自愿作出，还是由财务会计准则委员会的公告或者证券交易委员会的文告强制作出。

9.5.1 自愿作出的会计程序变动

企业管理者会自愿变动会计程序，是因为企业所接受的那套会计程序已经发生变化，或者是因为企业管理者对上述程序所做的理想选择发生了变化。企业所接受的会计程序至少可能由于以下两个原因而发生变化：（1）企业变换行业，而新行业所接受的是一套不同的程序。（2）会计有了某种革新，因而新的一套程序更适企业所在的行业（亦即可以最大限度地提高本行业的市场价值）。企业管理者对所认可的程序所做的理想选择可能因为企业的发展而变化。例如，企业发生亏损，使其债务比率接近债务契约条款所规定的比率，因此有必要变动会计程序来防止技术性违约行为的发生。

一套被认可的会计程序的变动

在契约理论发展的现行阶段，被认可的会计程序变动对股票价格的影响尚无法预测。例如，如果企业换了行业，股票市场将预计企业会采用新行业所认可的会计程序。这些程序在该行业中可能使企业最大限度地实现其价值。因此，股票市场在得知企业换行业时会扣留预计在新程序下将发生的代理成本。由股东承担的预计代理成本可能增加或减少，但在任何情况下由于投资变化，代理成本隐含在股票价格变化之中。此外，代理成本变化的多大部分由股东所承担尚不明确，这种成本的大部分可能会由企业经理承担。

对被认可的程序所作选择的变化

这种变化对股票价格的影响取决于这种变化是否由报酬计划或债务契约所引起。为提高经理的报酬而增大盈利，可能会将财富从股东手中转移给企业经理，并且会使股票价格下跌至出人意料的程度。然而，每股价格的相对减少可能微不足道且很难辨别。为防止即将发生的技术性违约行为而增大盈利，会使股票价格上涨到出人意料的程度。由于技术性违约行为的成本受到重整债务成本或者偿债成本的限制（企业经理将采纳成本最低的方法），股票价格的上涨亦可能十分微小且很难辨别。

自愿变动被认可的会计程序会对股票价格产生影响，而辨认这种影响有一定的难度，其难度又由于市场可能期望这种变动而加大。如果一家企业由于新近的亏损而面临违反负债权益比率限制的危险，市场就极有可能期望发生（会计程序的）变动（并把变动带来的影响包括在股票价格之中）。企业实际变动会计程序时，不至于出人意料（因此对股票价格几乎没有影响）。

仅仅考察那种对股票价格产生的最大影响也难以给出更加有力的验证结果。企业之间不太可能有可预计的出人意料的会计变动，也不太可能预计到预先公布的变动对股票价格的影响。市场越是有可能估计企业所做的变动，技术性违约行为的成本就越高（例如，重整引起的成本越高）。因此，这类成本最高的企业预先公布会计变动的可能性最低。这将抵消其较高的成本，因而其预先公布的股票价格变动额可能不会高于其他企业。

我们的结论是：一套被认可的程序发生变动会导致企业自愿地变动其会计程序，而预计这种变动对股票价格的影响是不可能的，此外，很难就自愿变动被认可的程序对股票价格的影响提供有力的验证。

9.5.2 强制作出的会计程序变动

会计准则的变动（通过财务会计准则委员会的公告或者证券交易委员会的文告进行）会使现有的契约和未来的契约受到影响。现有的契约会受影响，是因为它们所用的会计数据是根据现行的而不是起草契约时施行的公认会计准则计算的，会计准则的变动使公认会计准则发生变动，从而也使现有的契约发生变更。这种情况可能会使财富向股东转移（股票价格上涨），也可能将财富从股东手中转移给企业（股票价格下跌）。未来的契约会受影响，是因为公认会计准则的变动会或多或少地改变某些会计程序的成本，从而改变最理想的订约技术。例如，财务会计准则委员会的第 19 号公告禁止经营石油和天然气的企业在会计上采用完全成本法，这一规定会增加采用完全成本法的企业的成本，而这种方法就订约而言是最为理想的，所以成本的一部分会以股票价格下跌的形式由股东承担。

会计准则变动对股票价格的影响取决于这种变动是扩大还是限制了可供采用的会计程序的规模。

如果会计准则取消了某个现有的程序，它将限制可供采用的会计程序的规模。如果被取消的程序不是企业理想订约技术的一部分（亦即在无规章约束时将是一个被认可的程序），那么，企业的股票价格便会下跌。如果这个程序可以用来降低不履行现有契约的可能性，则企业的股票价格也会下跌。后一种影响会由于企业经理无法设法增加其报酬而被削弱。

如果会计准则允许采用过去不允许采用的会计程序，则扩大了可供采用的会计程序的规模。如果重新被允许采用的程序成为企业理想订约技术的一部分，那么，企业的股票价格便会上涨。如果新的程序可使企业经理降低不履行现有债务契约的可能性，则会加剧股票价格的上涨。同样，后一种股票价格上涨会由于企业经理有可能增加其奖金而被抵消。

会计程序的规模无论是扩大还是遭到限制，现有债务契约对股票价格带来的影响，都会由于重整债务契约或者偿清债务的成本而受到限制。而现有报酬计划对股票价格带来的影响，会由于管理者报酬委员会为调整这种变化所花费的成本而受到限制。上述这些限制缩小了预期的会计准则变动对股票价格影响的程度，从而使这种影响更加难以辨别。

但无论如何，强制作出的变动对股票价格的影响可能比自愿作出的变动对股票价格的影响更容易辨别。与企业经理的行为（亦即其自愿作出会计变动）相比，可能更不易对准则（变动）作出预测，而且即便并非如此，准则变动对股票价格的影响也可能以某种可预测的方式在不同企业之间变得不同。就自愿作出的变动而言，变动的益处越大，市场受制于这种变动的可能性便越大。这种较大的可能性会削弱预先公布的股票价格效应，从而会抵消大部分由变动带来的益处。因此，预先公布变动会计准则的可能性对许多企业来说完全一样。[①] 如果出现这种情况，预先公布的股票价格效应会随着这个准则成本和利益的不同而在各个企业不同。如果这种成本与益处在部门间的差异可以预测，那么，预先公布的股票价格效应在部门间的差异也是可以预测的。

9.6　小结

对于企业管理者如何选择会计程序，以及会计程序的变动对股票价格有何影响等问题，研究人员运用正式的管理者报酬计划和债务契约，得出了一些假设。他们之所以运用这些计划契约，是因为他们可以获得相关细节资料。他们的假设是：契约的作用在于降低代理成本。

报酬计划和债务契约均运用会计数据，如果欲使以会计数据为依据的契约条款在限制管理者降低企业价值的行为中行之有效，就需对管理者计算会计数据的方法施加限制。拟定和监督这些关于计算方法的规定将耗费一定的成本，这意味着并没有完全消除管理者自由选择会计程序的权力。因此，我们会看到一套被认可的程序得以发展，而且管理者有

[①] 如果无法确定某个准则是否适用于某些小企业，则这些小企业采纳准则的可能性会有所差异。例如，ASR 第 190 号会计文告仅适用于特定规模以上的企业，但这个规模的界限曾随着拟议中的准则的变化而变化。

权从这套程序中进行自由选择。

从会计程序受管制以前的会计及审计教科书中,以及明显体现在债务契约中的对公认会计准则的背离行为中,我们可望在一定程度上了解那套被认可的会计程序的本质。上述论述表明:被认可的会计程序是具有稳健性的,并且强调其目标是要抵消在两种契约下企业经理夸大盈利和资产规模的动机。

通过假设报酬计划、债务契约以及被认可的会计程序,研究人员就管理者对被认可的会计程序的选择作出预测。两种常常被验证的假设(奖金计划假设和负债权益比率假设)采用了简化了的报酬计划和债务成本。奖金计划假设预测:设有奖金计划的企业,管理者会选择能提高当期盈利的会计程序。负债权益比率假设预测:负债权益比率越高,则管理者就越愿意选择可增加盈利的会计程序。后来的研究结果利用债务契约的细节对上述理论进行了更有力的验证。

契约理论表明:会计程序上的变动可能会对股票价格产生影响。由于一套被认可的会计程序发生变动而自愿对会计程序作出的变动会对股票价格产生影响,我们无法对这种影响的方向进行预测。当自愿变动会计程序的目的是提高奖金或减少违约行为的可能性时,这种影响的方向还是可以预测的。然而,这种变动的程度是有限的,而且可能伴随其他事件发生,而市场也会预测这种变动。因此,这些变动对股票价格的影响难以辨别。由于会计准则变动而对会计程序作出变动(强制作出的变动),其对于股票价格的影响取决于那套可供使用的会计程序的规模是扩大还是遭到限制。扩大将会使股票价格上涨,而受到限制则使股票价格下跌。

除了通过订约过程外,会计程序还可能通过政治过程来影响企业的现金流。第10章将讨论在会计程序和现金流之间的政治联系,并就管理者对会计程序的选择以及会计程序变动对股票价格的影响提出一些假设。第11章将考察对本章和第10章提出的会计程序选择假设所进行的经验性验证。第12章则考察对股票价格影响假设所进行的经验性验证。

延伸阅读文献

Armstrong, C. S., W. R. Guay, AND J. P. Weber, "The Role of Information and Financial Reporting in Corporate Governance and Debt Contracting," *Journal of Accounting and Economics*, 2010, pp. 179 – 234.

Beatty, A., J. Weber, AND J. Yu. "Conservatism and Debt," *Journal of Accounting and Economics*, 2008, pp. 154 – 174.

Bushman, R. M., AND A. J. Smith. "Financial Accounting Information and Corporate Governance," *Journal of Accounting and Economics*, 2001, pp. 237 – 333.

Dechow, P. M., AND R. G. Sloan, "Executive Incentives and the Horizon Problem," *Journal of Accounting and Economics* (March 1991), pp. 51 – 89.

DeFond, M., AND J. Jiambalvo, "Debt Covenant Violation and Manipulation of Accruals," *Journal of Accounting and Economics* (January 1994), pp. 145 – 176.

Holthausen, R. W., D. F. Larker, AND R. G. Sloan, "Annual Bonus Schemes and the Manipulation of Earnings," *Journal of Accounting and Economics*, 1995, pp. 29 – 74.

第 10 章 会计与政治活动

导 读

　　一些学者把经济学的分析方法（理性人假设、边际分析等等）运用到政治学领域去分析政府的行为和政策效果等，这些学者被称为公共选择学派。本章很多的分析论述和当时人们对公共选择学派的看法有关。

　　本章分析了政治活动对管理者选择会计程序的影响。政府本身也是一个利益集团，其参与政治活动的动机是谋求自身利益的最大化。政府通过制定各种管制性的规章来影响企业行为，而会计数据常被用来支持政府的现行法令或成为实施新政策和法令的理由。通常，较低的报告盈利会减少政府采取不利于企业的措施和增加政府对企业进行补贴的可能性。因此，受到政治压力的企业就会比同行更乐于采用能减少盈利的会计程序。

　　在研究企业行为的过程中，政府是一个不可忽视的重要因素。通过制定政策影响外部环境进而影响企业是政府常做的事情。本章研究的是政府对企业的影响，后来很多研究都和这些研究平行，如研究政府政策的不确定性对企业会计政策和企业行为的影响。

　　当然，企业也可以影响政府的行为。政治活动的结果可能是部分企业从中受益而另一部分企业利益受损,如果企业能够有一定的政治影响力,对政策制定产生影响,便能够形成企业的竞争优势,从而为企业争取一定的经济利益。企业会通过满足政府政治需求或将经济资源转为政治资源等方式取得左右政府政策的影响力,建立政治关联。

寻租模型研究了政治因素对上市公司财务活动的影响,并指出企业家与政府之间良好的关系能够帮助企业家谋取重大利益(Krueger, 1974)。与政治关联有关的研究已成为金融、经济学、法学等学科的热点,并逐渐形成了较新的研究领域。一般将政治关联定义为由于公司大股东或CEO现任职或曾任职于政府部门,或通过捐款等方式,使公司与拥有政治权力的个人形成的隐性的政治关系。有很多研究分析了政治关联对会计和企业行为的影响,如融资活动、税收优惠、危机救助等等。研究还发现,政治关联不仅存在于法律制度不完善、证券市场发展不足的发展中国家,也普遍存在于法律制度健全、证券市场充分发展的发达国家。

除了管制,政府还通过税收和政府购买对企业行为产生影响,很多研究进一步分析了企业在税收方面的行为和政府合同对企业的影响等等。

上市公司是经济中的重要组成部分,因此很多学者也进一步研究上市公司会计质量和宏观经济的关系。一些学者提出应关注宏观经济变量与微观企业信息之间的关系,另一些学者则研究了微观企业加总会计数据对宏观经济变量的影响。

第8章和第9章阐述了在假设契约成本和信息成本非零的条件下会计实务理论的发展情况。与之平行的是金融学家假设契约成本非零而形成的财务资本结构理论。在本章里,我们将根据非零的信息成本、游说成本和联盟成本的假设,提出政治活动对会计实务产生影响的假设。这个分析思路借鉴了基于非零的信息成本、游说成本和联盟成本而产生的经济管制理论的分析思路。

这些关于政治活动的经济理论采用的是自利观点,即假设政治家们将最大化自己的效用。在这一假设下,政治活动就是一种为财富转移而进行的竞争。税收和管制通过政府提供的服务或基础设施（如教育、公路、公园）、津贴、保护性关税以及政府垄断（如职业进入壁垒）把财富转移到个人手中。参与这一竞争显然涉及非零的信息成本、游说成本和联盟成本。个人必须耗费成本来加入选举或游说的联盟，以便了解政府的未来行动（如立法）将对其产生的影响。这些成本的高低及在不同利益集团中的分配决定着政治活动的结果。

政治活动理论提出了政治活动要运用会计数据的假设。例如，这种理论假设政治家们将巨额的报告盈利作为垄断的"证据"。实际上这些巨额利润可能是由许多因素造成的，包括：（1）前期用作衡量标准的盈利水平定得较低；（2）会计程序的变动；（3）外汇汇率的波动；（4）因通货膨胀而导致的存货利润；（5）垄断。要调查产生巨额利润的真正原因，代价极其高昂，而得到的益处又十分有限，因此许多选举人一般采取不去追究的态度。而那些想方设法提高自身福利的政治家和官员们，则会就这些引起巨额利润的"危机"提出各种解决办法，从而获得媒体的关注，增加重新当选的机会。

会计数据还被用于计算"自发性"价格变化指数以控制通货膨胀。会计数据也用于制定管制行业（如公用事业）的收费标准，限制它们提供服务（如银行业务）的形式和数量。最后，税收政策也受财务会计准则（如通货膨胀会计）的影响。

若某个特定企业存在着由于政治活动而引起的潜在的财富转移，那么可以假定它的管理者将采用能减少其财富转移的会计程序。尤其是那些可能因为危机而受到指责的企业（如石油公司），其管理者相对于未受到政治压力的企业管理者而言，更乐于采用能降低预期盈利水平和减少盈利变动的会计程序。受管制企业的管理者，同样也会考虑管制者将如何使用报告中的数据（Prakash and Rappaport，1977）。

本章首先介绍政治活动的实质以及信息在政治活动中所起的作用，然后详细阐述它们对会计程序的影响。之后，根据政治活动的经济分析及其对会计的影响，来讨论大企业的管理者选择能减少盈利的会计程序的动机，以及对这种分析方法的批评。本章还将讨论会计程序变动通过政治活动对股票价格所产生影响的有关假设。最后是小结。

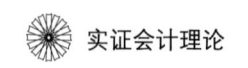

10.1 政治活动的实质

第 7 章论述了政治活动是消除已察觉的市场失灵的一种方式（如不充分的公司信息披露）。另有理论建立在以下假设的基础上，即与市场活动的参与者一样，政治活动的参与者也是为了维护自身利益而行事（Olson，1971；Stigler，1971；Peltzman，1976）。该理论认为，政治活动是一种为财富转移而在个人之间展开的竞争。有实证结果支持这一理论（Posner，1974；McCraw，1975）。

政治活动的经济理论着眼于研究个人为了财富转移而加入游说集团的动机（Stigler，1971；Peltzman，1976）。有些例子可以说明这种团体游说的现象，如牧牛人协会（Cattlemen's Association）曾经为了限制牛肉进口而对美国国会进行游说，这种行为一般会降低竞争的激烈程度，以牺牲牛肉消费者的利益为代价来增加牧牛人的财富。铁路行业支持第一部《州际商业法》（Interstate Commerce Act），该法案减少了铁路行业内的竞争，通过牺牲消费者的利益来增加管理者和股东的财富。工会则为制定最低工资法而游说，这种法案减少了竞争，损害了消费者和那些在均衡状态下工资低于最低工资的个人（如年轻人）的利益，但增加了工会会员的利益。

按照经济理论，现存的各种法规是两种制约力量相互制衡的结果，这两种力量分别是利益的提供者和利益的接受者。在均衡状态下，接受者承担的边际成本刚好等于他们的预期边际收益，而财富转移的提供者承担的边际成本等于财富转移的预期边际减少额。下面介绍可能影响这种均衡状态的相关因素。

10.1.1 影响政治活动成功的因素

信息成本

唐斯指出：个人投票对选举结果产生影响的概率是极小的（Downs，1975a，1975b）。人们对投票了解的预期收益取决于其对投票结果产生影响的程度，因此个人投票的预期收益是微不足道的，在其他条件保持不变的情况下，个人不愿去收集与投票有关的信息。任何时候，国会、州和地方政府都有大量议案，了解和确定这些议案对自己所拥有财富的影响将耗费巨资。不过，服务机构可帮助人们查询代表们的投票以降低信息成本。但在许多情况下，信息成本很有可能远远高于因信息而获得的收益。

信息成本解释了政治活动中存在各种利益集团的原因。在信息的生产过程中也存在规模经济。山地俱乐部（Sierra Club）收集关于政治行为对自然保护区、国家公园产生影响的信息。对工会组织来说，告知成员他们的政治代表的投票情况的边际成本是很低的。

利益的异质化

信息生产的规模经济表明，大集团在政治活动中获得成功的可能性较大，但有些因素会限制利益集团的规模，其中之一就是集团成员之间利益的异质化。

如果集团成员之间的利益不同，集团的行动不会代表某一特定成员的利益。对工会而言，除了资历不同外，成员之间的利益在就业问题上往往是一致的，因此，工会就影响其成员的就业问题而积极参与政治活动可给每个成员带来的预期收益是相当大的。而美国会计学会或美国经济学会（American Economic Association）则代表一个异质化的利益集团——学者、政府官员、公司管理者等的利益各不相同，因而每个成员参与政治活动的预期收益就较低。结果这两个协会不像工会那样常常在政治活动中进行游说。

组织成本

组织成本也是政治活动中限制利益集团规模的因素。某一利益集团不仅必须承担信息成本以评价某一特定问题的影响，而且要组织起来将集团利益转变为对那些代表其利益的政治家的有效支持。各集团必须动员它的投票人，调动它的资源来支持政治家们的竞选，并防止出现"搭便车者"（free riders）（即那些与集团有相同利益，并可从集团活动中获益，而又不为集团活动作出贡献的人）。例如，工会依据必须雇用工会会员的制度向成员收取费用，以防止出现"搭便车者"，这一点比山

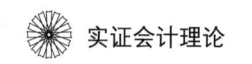

地俱乐部做得好。

组织成本很可能会限制规模经济的出现。首先，随着谋求财富转移的利益集团规模的扩大，那些提供财富转移的成员的数量就会减少，这样就增强了被课税集团反对财富转移的动机，到了一定的时候，被课税人士就会组织起来反对政治活动。其次，随着谋求财富转移的利益集团规模的扩大，集团成员"搭便车"的动机就会增强，从而增加了为减少"搭便车"现象而产生的监督成本（Olson，1971）。

上述分析表明，政治活动中存在着一个最佳的利益集团规模。这个规模在联邦政府和州的层面很可能大大低于现有的集团规模。这一论点以及个人缺乏收集信息动机的理论告诉我们，从大量投票人手中转移少量财富的策略是有可能成功的。

上述因素影响着利益集团在财富重新分配竞争中的相对优势。这些分析并不意味着一个集团为其成员转移财富的能力是无限的，如前所述，成功会招致反对。进一步说，可供转移的现有财富是有限的，这必然导致各利益集团之间的竞争。最终的结果和各集团获取财富的能力及反对财富转移的能力是不断变化的。例如，帕兹曼认为：在经济萧条时期，政府管制侧重于"保护生产者"，而在经济扩张时期则侧重于"保护消费者"（Peltzman，1976，p.227）。

10.1.2 政治活动中的政治家与官员

同其他人一样，政治家和官员也被假设为有通过政治活动来转移财富的动机。他们并不是各利益集团之间纯粹的中间人，他们本身也构成了一个利益集团。[①] 所有政党的政治家和政府官员都有增加政府能控制的资源的动机，以此来提高他们的影响力（Meckling，1976a）。

政治活动中成本高昂的信息为政治家和官员提供了制定法律和规章的机会，这些法律和规章把资源的控制权转移给政府，并把财富转移给政治家和官员。例如，证券法的产生是因为当时人们普遍认为信息披露不足是导致1929年股票市场大崩溃的原因，而根据掌握的证据，这种

[①] 经济学家认为，政治家和官员并不是被动的，实际上他们也给社会带来了问题；政治家天生就是企业家（Jensen，1976a；Meckling，1976a；Jensen and Meckling，1976）。

看法令人怀疑。那么为什么当时会出现这种情况？为什么证券法得以通过了呢？

一种假设是，股票市场大崩溃给政治家提供了将资源转移到他们手中的机会，选民认识到大崩溃及大萧条的不良影响，他们希望避免将来的大崩溃与大萧条，并且要求采取行动来达到此目的。然而，他们要了解引起股票市场大崩溃和大萧条的原因，其代价是十分巨大的，他们不愿付出这种代价。因此，根据这一假设，大崩溃给政治家提供了难得的机会，他们以有能力防止未来股票市场大崩溃为幌子，赢得了选民的选票，同时把资源置于自己的控制之下。证券法使政治家拥有对资源的控制权，也制造了一种能避免大崩溃和大萧条的表象。证券法还使政治家们能对若干利益集团（如律师群体和会计师群体）提供一些"小恩小惠"。应注意的是我们对证券法的这种解释同样适用于石油和天然气的管制法案、联邦医药法、矿山安全法、联邦航空法。

各利益集团之间的竞争会导致国会采取行动，防止将来的崩溃和萧条。例如，若这种衰退确是由于货币紧缩引起的话，国会就会制定更好的货币政策。可事实似乎不是这样，由于证券法涉及的那些财富被转移的人是一个庞大的群体（即纳税人，他们未来的赋税和购买产品的价格都会由此而上升），因此他们很难形成一个有组织的集团，人均被转移的财富是微不足道的。由此可见，了解事实真相的成本很高，但所获收益很低。

政治家和官员利用类似股票市场大崩溃危机的能力取决于反对管制的特定利益集团的数量。如前所述，对于那些承担管制费用的分散选民来说，要组成一个有效的政治联盟，成本往往是十分高昂的。

按照政治活动的这种经济理论，没有人受到"蒙骗"。选民预测大多数立法都无法改善他们的境况。选民的这种预测是合理的。了解情况和院外游说的成本超过了预期收益（例如，消除财富的转移）。提出赞成某项立法或方案的集团，通常把人人受益作为制定各种法规的出发点，并想方设法为其寻找理由或公共福利方面的理论依据，而反对派必须批驳这些理由或理论，成本也会随之增加。

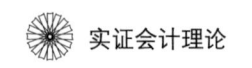

10.1.3　市场活动与政治活动的比较

在市场活动和政治活动中，信息扮演着重要的角色。至于在哪个活动中会产生或使用更多的信息则是一个实证问题。当斯、斯蒂格勒、帕兹曼和阿尔钦安的分析表明：相对于市场活动，在政治活动中，信息生产和使用的动机较弱（Downs，1957a，1957b；Stigler，1971；Peltzman，1976；Alchian，1975）。其原因在于人们从政治活动中获取信息收益的能力较弱。

在市场活动中，个别投资者所拥有的投资只占整个企业的一小部分，所以他们缺乏足够的动机去了解有关企业的信息。他们可以通过他人来免费获得信息。但另外一些人，如企业家或经纪人，则专门从事信息的生产。通过集中其资产所有权或购股选择权，这些专家从信息生产中获取较大的利益。例如，若他们收集的信息表明某一公司的股票将贬值，他们可立即将股票抛出或购入购股选择权，以期从中获益。若这种贬值是由无效管理引起的，有些人就可能接管公司，改变公司的政策，以期从这种政策的变化中获得资本盈利。

若盈利来源于政府政策的变化，唯有土地的价值直接把未来政策变化的结果资本化，因为证券市场不能把未来的价值流动直接资本化为现值。这样一来，由于较高的土地交易成本，我们很难将政府政策的变化资本化（Alchian，1975；Zimmerman，1977）。

我们来考虑一个例子。某一地方政府准备每年征收100万美元的财产税来为纳税人和消费者提供一项服务，而这项服务的价值是75万美元。也就是说管理机会主义（managerial opportunism）或无效管理"吞噬"了其余的25万美元。为了获取取消这项服务的全部利益，某个人必须全部买下当地的应税土地，并说服选民取消这项服务和税赋。做法之一是支付给选民一定金额的货币（支付给选民的总金额小于25万美元）以放弃这项低效的服务。这样这个人就能得到25万美元中的其余部分。也就是说，由于税赋现值的下降和免除服务成本之间的差额而导致了土地价值的增加，此人就可以从中获利。

现在我们来考虑这一做法的代价。监督选票活动耗资巨大。从个人的角度看，由于选民看不到投票结果，又不愿意取消这项服务，他们也就不愿意按原先的承诺去投票。另外，收买选票是违法行为，而且政治家很热衷于揭露贿赂丑闻，因此收买选票代价太大。

土地交易成本大大高于证券交易成本。购买土地而发生的所有权保险、中间商佣金、律师手续费和成交费可高达土地价值的5%～10%，而购买上市证券的手续费只相当于证券价值的0.5%。正是由于土地的交易成本高于公司股票的交易成本，选民并不像关心公司经营状况那样关心政府的运作。

无论是政治活动还是市场活动，都会拥有一小部分"搭便车者"。例如，拥有小部分股票的股东缺乏必要的动机去监督企业的管理者，而个别选民则缺乏监督政府官员的动机。但这两种活动在加强监督所耗费的成本方面被假定是不同的。市场活动中为减少管理机会主义所耗费的成本被假定为低于政治活动中的类似成本。

必须注意，市场活动和政治活动的差别在于假设为加强监督而集中产权或交易产权的成本不同。若这种成本在两种活动中等于零，我们就回到了第3～6章所讨论的无效应假设。若这种成本在两种活动中相等而且大于零，则在这两种活动中人们获取信息的动机将是一样的。迄今为止，会计研究一直假设政治活动中的交易成本远高于市场活动中的交易成本。因此，个体选民获取信息的动机并不是很强烈。

10.2　政治活动对会计程序的影响

在这一节里，我们将把关于政治活动的经济理论应用和延伸到会计中。尤其是若会计信息（如盈利额）在政治活动中被用来支持政府的法令（如暴利税），或者是用来支持现有的法规的实施（如制定公用事业价格），那么当管理者选择会计程序时，会受哪些动机的支配呢？本节将讨论由于政治活动而产生的部分动机。

10.2.1　不对称损失函数

经济学家认为：在政治活动中，生产信息的动机和这种信息的成本会引起人们对政府所颁布法规的偏见。帕兹曼指出：在影响显而易见时，美国食品药品监督管理局（FDA）的官员最有可能被指责制造"危机"（Peltzman，1974，p.93）。例如，管理当局批准了一种药物，而这种药物具有明显的副作用（如镇痛药撒利豆迈，孕妇服用后会导致胎儿畸形），这时批准的代价将大于不批准的代价（如果不批准，患病的孕妇可能会被另一种药物挽救）。这种情况就会导致政府官员的决策偏见——他们极不愿意批准新药的使用。

自20世纪30年代至今，证券交易委员会取消了资产重新估价的做法就类似于上述药物的例子。大公司的失败（破产）会产生一种潜在的政治危机，从而把公众的注意力引向证券交易委员会（宾夕法尼亚州中央铁路（Penn Central Railroad）公司的破产就是如此）。如果人们事后发现那些倒闭公司的资产被过度高估了，证券交易委员会就可能受到指责。投资者的损失是显而易见的（即使这些损失不是由会计造成的）。此外，成功的公司很少遇到危机。潜在的投资者很少对因低估资产而放弃利润的现象表示同情。基于在损失方面出现的不对称现象，证券交易委员会的官员宁可消除资产高估的潜在根源（即重估）而不愿消除资产低估的根源。

这种不对称损失函数是信息成本造成的结果。确认由政府采取行动（或不采取行动）而导致的已确认会计损失的成本低于确认没有导致已确认会计损失的成本。

10.2.2 潜在危机的影响

会计信息被政治家用来制造或解决"危机"。报告盈利往往受到人们的特别重视。例如，在石油价格飞涨以及由于政府管制而引发的石油短缺期间，石油公司的利润是政治家关注的焦点。1971年油价控制、1974年阿拉伯石油禁运以及1979年第三季度报告盈利大幅度增长时就出现了这种情况。

1974年，石油公司的利润致使政治家试图拆分这些石油公司。1979年第三季度增加的利润被打上"非法"和"不正当"的标记。美国众议院在盈利宣布之前的一个星期突然解除了对石油价格的管制，而当盈利公布之后，美国众议院立即改变态度，投票要求重新加强管制。即使增加的利润中的一部分是由于财务会计准则委员会第 31 号公告中的规定引起的（见"非营业收入"，《巴诺日报》，1974 年 10 月 29 日），而其余大部分来源于海外投资和存货持有利得。这两个例子表明报告盈利会影响国会行为。尽管国会何时才决定关注报告盈利没有确切的记载，但这似乎与某个行业的价格上涨幅度有关。例如，20 世纪 60 年代，钢铁业曾因宣布提价的幅度超过政府的价格指数而备受打击。同样地，在石油价格猛涨后，拆分石油公司和开征石油暴利税的法案接踵而至。

报告盈利也可能影响管制机构的行为。反托拉斯局（Antitrust Division）和联邦贸易委员会（Federal Trade Commission，FTC）倾向于对那些股票拥有非正常报酬率的公司采取行动（Ellert，1976）。这些公司的报告盈利也很可能曾出现不同寻常的增长。

由于报告盈利会引起政治家和管制人员的注意，我们有理由假设这会使管理者采取有利于减少报告盈利的会计程序，如采用加速折旧法。只要政治家、管制者和那些反对采取对企业有利的行为的人没有对管理者减少盈余的会计选择进行干预，没有对报告盈利进行调整，较低的报告盈利会减少政府采取不利于企业的行为并提高政府对企业的补贴的可能性。只要企业外部人士认为制止企业选择会计程序的费用过高，企业管理者就会选择在近期内能反映较低报告盈利的会计程序。

高通货膨胀是促使管理者选择能减少报告盈利的会计程序的另一个原因。政治家试图通过各种方案和立法来解决通货膨胀问题（例如，工资和价格管制、汽油价格控制、进口限额、货币政策与财政政策）。一些政府措施利用了会计数字。例如，1978 年 11 月 1 日，卡特总统签发了第 12092 号行政法令：《禁止哄抬物价的采购行为》。这个法令的目的就是通过控制向政府提供的货物或服务的价格来降低通货膨胀率。若公司的报告盈利没有上升，则这些公司可以获准不按该法令的规定行事。所有向政府提供货物和服务的公司，都应该遵守该法令。这种以盈利能力作为是否遵守某一条款的规定是政治活动如何诱发公司管理者选择可降低报告盈利的会计程序的又一例证。

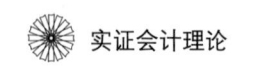

10.2.3 收费管制

许多公司（例如，公用事业公司、银行、保险公司、石油公司）产品的价格或收费标准是由政府管制机构制定的。在大多数情况下，这些价格或收费标准根据会计上所采用的成本计算公式确定。例如，大多数公用事业委员会按照下列公式来计算盈利：

$$\text{盈利} = \text{经营费用} + \text{折旧} + \text{税收} + r_A \times \text{资产基数} \qquad (10.1)$$

式中，r_A代表合理的资本报酬率。例如，某公用事业公司把2.5亿美元的资本（账面价值）投资于公用事业的资产，委员会规定的r_A等于8%，根据式（10.1）计算的收费额包括经营费用、折旧、税收和2 000万美元的资本报酬（2.5亿美元×0.08）。在决定选用哪一种会计程序作为计算收费标准的公式（如式（10.1）），法院和管制机构利用会计准则制定机构（即会计程序委员会、会计原则委员会、财务会计准则委员会）所发布的意见书、公告和准则作为参考。这促使那些价格由政府制定的公司管理者去游说管制机构和准则制定机构，以便能制定出最有利于公司的会计程序。

许多会计准则的制定起因于计算公用事业的收费标准时发生的会计争执，例如企业兼并问题（购买法与权益集合法）就产生于公用事业领域（Moonitz, 1974b, pp. 44-47）。政府通常只许可公用事业公司根据它的资产基数获取正常的报酬（见式（10.1）），而不允许它们攫取垄断利润。当一个公用事业公司与另一个公用事业公司合并时，收买价格包括为获取垄断性收入而支付的金额。按规定，这种"商誉"应单独资本化，并且不应包含在资产基数中。可是，在20世纪初，公用事业公司在兼并过程中，依据的往往是购买法。这种方法要求对资产进行重新估价，其购买价格（包括特许经营特权——垄断收入）被配置于有形资产，并资本化为这些有形资产的设定价格（Jarrell, 1979）。在这种方法下，资产基数就包含垄断收入，并以式（10.1）的比例继续获取盈利。权益集合法首次见诸文献是在1943年，这种方法要求按资产的账面价值进行合并。当尼亚加拉瀑布电力公司（Niagala Falls Power

Company）与联邦电力委员会（Federal Power Commission）合并时，这种方法被首次采用，这大概是为了防止将垄断收入资本化于资产基数而采取的做法。

与公用事业相关的另一个问题是关于投资税减免的争议。投资税减免出现于 1962 年，当时安达信（Arthur Andersen）公司和它的公用事业雇主要求把投资税减免在资产的有效使用年限内进行摊销。在大规模资本扩张的年份，这样处理可以避免报告盈利的猛增，从而可避免投资报酬率出现引人注目的变化。

在会计原则委员会和财务会计准则委员会着手制定某一特定会计程序之前，公用事业公司的游说将影响公用事业委员会选择会计程序的倾向，进而影响公用事业的收费标准。在财务报告准则和公用事业委员会的法定会计程序之间之所以有这种联系，是由于法院和公用事业委员会把会计原则委员会的意见书和财务会计准则委员会的准则作为他们的立法依据。这种游说不仅影响公用事业委员会对会计程序的选择，而且影响非管制企业对财务会计程序的选择。

10.2.4 税收

目前，某个企业如果在纳税时使用后进先出法，其财务报告也必须使用后进先出法，这种做法是利益集团之间竞争的结果。在 1930 年之前，有色金属和石油产品行业在纳税时，使用基本存量法对存货进行计价。但是，1930 年美国最高法院禁止使用这种方法。1934 年，美国石油协会（American Petroleum Institute）（一个石油公司组织）提出以后进先出法作为一种替代方法，这一提议在 1936 年得到美注册会计师协会的认可。可是财政部却进行游说反对使用后进先出法。结果，国会批准使用后进先出法，但作为对财政部的一个妥协，国会规定后进先出法只有在纳税人在财务报表中也加以使用的情况下才获准使用（Moonitz，1974b，p. 33）。

由于存货的计价方法影响所得税，公司管理者在选用计价方法时必然会考虑该方法对税赋的影响（Morse and Richardson，1983）。毋庸置疑，后进先出法在财务报表中的广泛使用，正是出于对税赋的考虑。因为风险很可能随着存货计价方法的变化而改变，所以存货计价方法的选择实质上是风险与报酬的抉择（第 4 章）。这种现象可以解释为什么有些公司在通货膨胀率较高时期不转向后进先出法。后进先出法往往会增加企业现金流的易变性（及协变性）。①

另外一些会计报告方法与所得税征收法规之间没有什么联系。但是，若某些相同的会计程序被用来编制会计报表，人们就会对征税时使用的会计方法进行游说。结果，潜在的税收效应影响着人们对会计程序的选择。例如，如果税收与调整通货膨胀后的折旧和销售成本挂钩，那么，人们对财务会计准则委员会第 33 号公告（《通货膨胀会计》）的兴趣可能主要来自公司将获得的潜在税收减免。使税收制度适应通货膨胀的一种合理做法是在财务报告中也采取类似的调整。

一些州对企业课征的特许经营税是以资产账面价值为基础的。这促使企业管理者采用可减少资产账面价值的会计程序。最后，为了减少双重簿记成本，管理者乐于在税收记录和财务报表中使用同样的会计程序。

10.2.5 会计程序的差异效应

政治活动的影响促使那些对政治敏感的企业选择能递延报告盈利的会计程序。然而，政治活动也会使他们减少由于选择不同的会计程序而引起的报告盈利的差异。这种差异之所以显得很重要，是由于政治和行政制裁往往是针对企业在某一时期的巨额利润，而无视企业在其他时期只有较低盈利这一情况。这种不对称现象与信息成本相一致。公共传播媒介常常计算企业今年盈利比上一年度盈利增长的百分比，因此，这种利用盈利数据的方式为管理者提供了减少报告盈利差异的动机。

我们用一个例子来说明这种影响。某公司近来使用一套特定的会计程序来计算表 10-1 中以 A 表示的季度盈利。

---

① 当未来税金节约额按一个较高的、调整了风险因素的资本机会成本予以折现时，转向后进先出法可能无法形成正的现值。

表 10-1 季度盈利差异示例　　　　金额单位：美元

	19X0					19X1				
	Q1	Q2	Q3	Q4	年度总额	Q1	Q2	Q3	Q4	年度总额
A	1.00	1.05	1.03	1.10	4.18	1.15	1.10	1.20	1.05	4.50
	与上年同季度比较变动的百分比					15%	5%	17%	−5%	
B	1.10	1.13	0.90	1.05	4.18	1.20	0.95	1.40	0.95	4.50
	与上年同季度比较变动的百分比					9%	−16%	56%	−10%	

Q1、Q2、Q3 和 Q4 分别表示第一季度、第二季度、第三季度和第四季度。

采用新的会计准则增加了季度盈利的差异，但并不改变年度盈利额。新准则产生的季度盈利用 B 表示。报告盈利的差异越大，盈利的变动幅度也越大。盈利变化率若发生大的增长，就会引起公众注意，并会被认为可能导致商业危机或者是高额垄断利润。当期的高盈利和前期的低盈利都会使盈利变化率发生大幅度的变化。

10.3　规模假设

10.2 节给出了政治活动影响会计程序选择的几个例子。这些例子表明政治活动会对会计程序产生影响。

根据经济学家的推断，会计研究人员认为，大企业比小企业的政治敏锐性更强。[①] 因此，它们在选择会计程序时考虑的因素也各不相同（Gagnon，1967；Watts and Zimmerman，1978）。例如，若埃克森美孚公司（Exxon Mobil Corporation）与盛邦公司（Sybron Corporation）（在纽约证券交易所挂牌的小公司）的利润都增加了一倍，前者比后者在新闻界和华盛顿政府眼里会更引人注目。公司的规模与公司所受的管制直接挂钩（例如，证券交易委员会第 190 号会计文告中要求资产超过

---

① 阿尔钦安和凯瑟尔认为，大型企业，尤其当它们有高额利润时，通常担心政府会对其采取措施（Alchian and Kessel，1962，p.162）。类似观点见詹森和麦克林的相关研究（Jensen and Meckling，1978）。

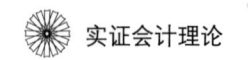

1亿美元的公司必须披露其重置成本数据)。如果企业的政治敏锐性随着企业规模的大小而变化,则大型企业就更有可能采纳可递延报告盈利的会计程序。

会计研究人员利用企业规模来代表企业的政治敏锐性和企业管理者有选择可降低盈利的会计程序的动机。我们称此为规模假设。

> **规模假设**（size hypothesis）：在其他条件均不变的情况下,企业的规模越大,它的管理者就越有可能选择那些能够将当期盈利递延到下期的会计程序。

对这个假设的检验结果一般都证实了这个假设(第11章)。

规模假设是这样一种假设：大企业的政治敏锐性高于小企业且可能被转移的财富额(**政治成本**(political costs))高于小企业。齐默尔曼验证了这一假设(Zimmerman,1983)。最直接的方式是通过税收制度转移财富,因此,所得税是企业承担的政治成本的组成部分。齐默尔曼调查了公司税率与企业规模之间的关系。那些大企业往往有比小企业更高的税率,这与它们须承担较多的政治成本是一致的。这些论断是假设政治成本中的非税收部分不以相反的或相抵消的形式发生而得到的。也就是说,虽然大企业须交纳较多的税,但它们也可能从中获得较多的政治利益(有利可图的政府合同、进口限制等),从而抵消了较高的税率。但是,齐默尔曼的研究并没有控制这些政治成本中的非税收项目。他发现有些证据可以证明大企业的税率比小企业的高。但是这一关系随着时间的推移和行业的改变而改变,这说明企业规模并不能完全代表企业的政治成本(假设非税收项目并不会抵消税收项目)。

齐默尔曼分析了财务报表数据(来自Compustat数据库)和综合税收数据(来自美国国内税收总署)。这两类数据可确保观察到的关系不是由于采用了独特的会计程序而形成的。因为与使用国内税收总署的数据得出的结果类似,这里只讨论使用财务报表数据的分析结果。采用公布的财务报表数据,我们可根据1947—1981年的数据,为每个公司计算出实际税率。实际税率被定义为全球性的公司税收(所得税费用减去递延税收的变化额）与经营现金流或税前盈利之间的比率。对分母的选择并不改变结论。从 Compustat 数据库中可以得到 43 515 个可用的观察数据。

接下来根据业务量把企业分成大型或其他两类。根据营业额，约有 50 个最大的企业可归为大型企业，其余的归为其他类。之所以选择 50 个企业，是因为第 11 章介绍的几个会计研究发现只有大型企业才面临政治成本差异。我们根据每年的会计数据，为这两类公司中的每一类计算平均税率。在 20 世纪 70 年代之前，平均税率没有什么不同。除了在 20 世纪 70 年代大型企业的平均税率有所上升外，税率一直是呈下降趋势。

表 10-2 列示了税率差异的 t 统计值。正的 t 统计值表明大型企业的平均税率高于其他企业的平均值。"所有行业"一列展示的是整个样本的 t 统计值。尽管 1968 年的 t 统计值是边际显著的，但 1971 年及其随后各年的 t 统计值表明，从统计学角度看，大型企业的税率均大大高于其他企业。其余各列是根据 SIC 一位数标准行业分类码对两类公司进行分类并计算的每一个行业的 t 检验值。

表 10-2　最大企业与所有其他企业在税率（所得税/经营现金流）差异上的 t 统计值（规模为销售额）

	所有行业	采掘、石油、建筑 1	非耐用品制造业 2	耐用品制造业 3	通信、航运、航空 4	贸易 5
1947	−1.33	−1.02	−0.01	0.21		−0.75
1948	−0.71	−1.09	−0.56	1.23		−1.03
1949	−0.52	−1.54	0.33	1.20		−1.05
1950	0.17	−1.69	−0.14	3.29		−1.35
1951	0.53	−1.29	0.77	2.28		−1.39
1952	−0.71	−1.53	−0.44	0.94		−1.04
1953	0.43	−2.07	1.31	1.68		−1.61
1954	−1.21	−1.42	0.25	0.65		−1.64
1955	0.38	−0.67	0.05	1.94		−1.54
1956	−0.52	−1.12	−0.16	0.39		−1.52

续表

	所有行业	采掘、石油、建筑 1	非耐用品制造业 2	耐用品制造业 3	通信、航运、航空 4	贸易 5
1957	−0.57	−2.02	0.58	0.86		−1.63
1958	−1.26	−1.75	0.44	0.83		−1.89
1959	−1.10	−1.53	0.52	0.45	0.08	−1.66
1960	−0.50	−0.61	0.48	1.03	0.28	−1.52
1961	−0.04	−1.16	0.39	2.05	1.02	−1.13
1962	−0.43	−0.91	0.88	1.12	1.21	−1.41
1963	−0.48	−1.03	0.67	1.31	1.63	−1.97
1964	0.56	−1.50	1.40	1.62	1.67	−0.49
1965	1.17	−1.10	0.13	3.27	1.54	−0.20
1966	0.23	−0.56	0.35	1.33	1.29	−0.77
1967	−0.19	−0.01	0.67	0.01	0.59	−1.26
1968	1.62	−0.10	1.57	2.28	1.05	0.19
1969	−0.16	0.23	0.69	0.58	1.26	−0.64
1970	0.47	1.84	1.39	−0.49	0.61	−0.52
1971	2.01	2.71	1.76	0.11	−0.10	−1.01
1972	1.91	3.42	2.34	0.29	−0.26	−0.94
1973	3.50	4.34	3.75	0.55	−0.76	−1.01
1974	4.40	5.77	2.03	0.49	−0.70	−0.74
1975	2.87	4.38	0.15	0.16	−1.14	−0.61
1976	2.59	4.47	0.86	0.55	−0.78	−1.08
1977	3.48	4.54	3.85	0.54	−0.61	−1.11
1978	3.22	3.49	3.63	0.42	0.34	−0.92
1979	2.20	2.52	2.72	−1.23	−0.39	−1.04
1980	3.58	4.23	2.36	−0.19	−0.37	−0.81
1981	2.54	4.11	2.28	−0.88	−0.75	−2.07

资料来源：J. L. Zimmerman, "Taxes and Firm Size," *Journal of Accounting and Economics* 5 (August 1983), Table 2.

从表 10-2 可看出，上述结果在很大程度上是由于石油行业引起的。1969 年和 1974 年，石油行业备抵折耗下降。因为大型企业大都是石油公司①，所以相对于非石油公司来说，它们的有效税率上升了。这些结论很重要，说明石油行业具有最高的政治成本。在之后的章节里，我们将看到对石油行业的许多研究都证实了这一研究结果。

在两种制造业（标准行业分类码 2 和 3）中，大企业在大多数年份中比其他企业税率要高。非耐用品制造业（化学、造纸、医药等）在最后 10 年的 8 年中，其税率差异在 0.10 的水平上是显著的，而耐用品制造业（汽车、钢铁、机械等）在 35 年中的 8 年里，其税率差异在 0.10 的水平上是显著的。

表 10-2 中的最后两个行业（第 6 列和第 7 列）的结果与规模假设不符。相对来说，这些行业里大企业不多。因为通信、航空、航运受到管制，这或许减少了通过税制从这些企业转移财富的动机。但贸易行业有所不同，在过去的 35 年中有 34 年的数据表明，大型贸易企业的税率较其他企业低。这一结果与大企业承担着较高的政治成本的假设不符。在第 11 章中介绍的会计研究也发现，大的贸易企业并没有选用那些可减少报告盈利的会计程序。

如果只考虑政治成本中的所得税项目，我们可得出下列结论：(1) 企业规模和税率之间的关系并不是在任何时期和任何行业都是一样的。例如，大型石油公司对政治敏锐性的增强是 20 世纪 70 年代的现象；大型的非耐用品制造企业直至最近才被课以较高的税率；企业按较高税率纳税也只发生在 20 世纪 50 年代和 60 年代，而不是在 70 年代。所以，企业规模（以销售额表示）并不能完全作为政治敏锐性（按有效税率计量）的代理变量。(2) 石油行业和该行业里税收法规的变化是导致大型企业实际税率较高的重要原因。

这些证据表明，规模假设存在不少问题，10.4 节将探讨这些问题以及与政治活动中的经济学理论有关的问题。

---

① 1975 年，石油企业约占所有大型企业的 30%，而非耐用品制造业占 20%，耐用品制造业占 30%，剩余 20% 为通信、运输、航空以及贸易企业。

10.4　对规模假设相关研究的评论

人们并没对关于政治活动的经济学理论进行系统的论证。尽管有关这方面的研究在建立可检验的假设方面取得了一定的进展,但仍有大量的问题悬而未决,许多领域尚未被触及。例如,经济学理论未能解释财富转移所采取的形式,转移形式可直接表现为现金补贴、政府的保护主义政策、税收豁免或减税和政府合同等。再看看,为什么奶农是以政府的价格补助形式而非直接以现金补贴形式获得财富转移的呢?

大部分政府活动的经济学文献都是事后再来合理化现有的规则。考虑到这些研究尚处于相对萌芽的阶段,案例分析法是可行的,它们为将来形成系统化的一般性理论提供了"原始数据"。但是,我们对从这种分析法中引申出来的结论,在使用时应持高度谨慎的态度。

同样,我们对企业和会计在政治活动中所扮演的角色也必须持谨慎态度(Holthausen and Leftwich, 1983, p.108)。规模假设是基于齐默尔曼验证过的假设建立的,即大型企业比小型企业对政治更为敏感(Zimmerman, 1983)。但是该假设有几个明显的缺点:首先,虽然大型企业总是公众关注的主要目标,但它们在政治活动中是一支强有力的抗衡力量。大型企业也常常是财富转移的接受者(如充当洛克菲勒(Lockheed Corporation)和克莱斯勒(Chrysler Corporation)的贷款担保人;对美国钢铁市场实施价格保护的发起人;迫使日本汽车制造商"自愿"确定进口限额的中坚力量)。大型企业在遇到财务危机时也得到了转移的财富。这些情况说明:衡量正值和负值的财富转移,应该用会计盈利而不是企业规模(总销售额或总资产),尽管企业规模和会计盈利有很强的相关性,但企业规模无法让人分清哪一个企业是财富转移的接受者,哪一个企业是财富转移的提供者。财富的转移方向必定会影响管理者对可减少盈利的会计程序的选择。

除了企业规模外,企业所属行业也影响其政治敏锐性。企业规模之所以可以代表它所属的行业,是因为在同一行业内的企业具有相似的规模（Ball and Foster，1982，p.183）。由此可见，行业隶属关系是一个干扰因素。寻找到企业规模和会计程序的选择之间的统计关系，可用企业规模代替所属行业来实现。

齐默尔曼的结论说明：企业规模作为一个衡量政治敏锐性的指标会随着商业周期的变化而变化（Zimmerman，1983）。处于经济紧缩时期，管制对生产者有利，而在经济扩张时期，管制对消费者有利。这样，企业规模就不能作为衡量企业所承担政治成本的一个稳定的指标。除此之外，其他未考虑的因素（如通货膨胀、工会组织的发展程度等）也会影响企业的政治风险。

上述分析表明，在解释对规模假设的验证结果时，应当持谨慎态度。当某一理论处于早期的发展阶段，出现一些比较粗糙或不精确的变量是在所难免的。高度综合的变量（如企业规模）的应用，是因为理论的发展程度还不能提供更精确、更具体的假设或代理变量。高度综合的变量有助于理论变得更丰富，从而最终找到更完美的代理变量（Zimmerman，1982）。

10.5　会计程序变动对股票价格的影响

正如成本高昂的契约为无税收效应的会计程序变动提供了影响股票价格的机会一样，涉及高昂的契约成本和信息成本的政治活动也会为无税收效应的会计程序变动提供影响股票价格的机会。会计程序变动会影响政治成本和政治活动中的财富转移。从会计程序变动的股票价格效应中，我们可以得到哪些可加以验证的假设呢？正如分析契约的股票价格效应一样，针对政治活动中会计程序变动的股票价格效应所做的分析，取决于这种变动是自发性的还是强制性的。

10.5.1　自发性变动

要设计一套有效的方法来检验由政治活动诱发的自发性会计变动对股票价格的影响是十分困难的，就像设计一套有效的方法来检验由契约活动诱发的自发性变动对股票价格的影响一样。这种变化是影响企业价值的其他因素发生变化的结果，要把其他因素变化对股票价格的影响区分开来是很难的。此外，市场能预期会发生自发性变动，市场一般认为可望从会计变动中获取较大利益的企业具有较高的发生会计变动的可能性。

若某一管理者改变会计程序以减少报告盈利并降低政治成本，这是由于政治成本已经发生了变化。例如，某一企业或整个行业（如1974年的石油行业）由于获利很高引起管制机构的注意。旨在降低政治成本的会计变动，其边际股票价格效应是股票价格的上升。但如果这样的变动是行业政治成本的变化导致的，要把这一会计变动的积极影响与由此增加了行业政治成本的消极影响区别开来是很困难的。

上述例子还说明了预期问题。增加的政治成本将使市场预期到会计程序的变化。政治成本增加的幅度越大，企业就越可能改变它的会计程序以期降低政治成本。

10.5.2　强制性变动

经由政治活动而发生的强制性变动对股票价格的影响，取决于这种变动是限制了还是扩大了可供采用的会计程序。

对可供采用的会计程序的限制，如果能够消除那些比备选程序报告更高盈利和更大资产规模的会计程序，它就会提高股票价格。这是因为限制了可供采用的会计程序会削弱企业的反对者指责企业的盈利被低估的能力。例如，公用事业公司的管理者可能愿意取消投资税减免的全额冲销法。取消这一方法将使得公用事业公司的反对者难以辩称企业报告盈利的大量增加是由于在发生大量投资支出的年份里使用全额冲销法而引起的，并以此作为召开收费标准听证会的理由。

对可供采用的会计程序的限制，如果废除了比备选程序报告的会计盈利低的会计程序，股票价格就会下降。废除这种程序使得管理者无法采用可降低政治成本的会计程序。

盈利的差异也影响着政治成本。若有两种会计程序可形成相同的平均盈利水平，但其中一种程序形成了较高的盈利差异，那么管理者将乐意选用可导致较小盈利差异的会计程序。这是因为在政治活动中，反对者往往只盯住高利润，而对高损失视而不见。可导致较高盈利差异的会计程序较有可能产生较高利润。若对会计程序的限制有助于废除可导致较高盈利差异的会计程序，则股票价格便会上升（假设其他条件均不变）；若对会计程序的限制有助于废除可导致较低盈利差异的会计程序，则股票价格便会下降（假设其他条件均不变）。

对可采用会计程序的扩展，若增用了可减少盈利或盈利差异的会计程序，则借助于政治活动可提高股票价格；反之，则降低股票价格（其他条件不变）。原因与上面介绍的限制程序相同。

借助政治活动而产生的强制性会计变动对股票价格的影响，会受到减少政治成本的备选方法成本的限制，只要会计准则的变动是意料之中的，宣布变动时的股票价格效应就会有所下降。这使对股票价格效应的强有力的检验难以进行。然而，正如强制性变动的宣布通过契约活动对股票价格产生影响一样（第9章），强制性变动的宣布通过政治活动对股票价格产生的影响在不同企业也将以可预见的方式发生变化。由于准则适用于许多企业，因此宣布准则变动的概率对于这些企业来说总是一样的，当然，其政治成本受到这一准则影响大的企业，会计变动的宣布对股票价格的影响也较大。① 这种概率性质以及强制性变动比自发性变动更不容易被市场所预测的现象表明：与自发性变动相比，人们更有可能就强制性变动对股票价格的影响进行更有说服力的检验。

10.6　小结

本章分析了政治活动对管理者选择会计程序的影响，因为信息成本、游说成本和联盟成本被假设为非零值，政治活动才能对会计实务产生影响（除税收影响外）。假设这些成本不等于零，就像在第8章和第9章为了导出契约假设而把契约成本假设为非零一样，在假设为非零的

---

① 如果一些企业有可能被排除在准则的适用范围之外，那样准则变动的概率对不同企业便会有所不同。

契约成本前提下，导出了契约假设。

经济学家把政治活动视为财富转移的竞争。由于对政治活动施加影响而发生的信息收集、游说和结盟是有代价的，因此，正如有些股东对公司事务漠不关心并无偿利用其他股东对公司管理层的监督一样，一些人对政治活动也不关心。但是，如果在政治活动中为了减少管理机会主义和财富转移而发生的监督成本，大大高于市场活动中的相应成本，那么相对于市场活动，政治活动中将出现更多的机会主义行为。通过政治活动实现财富转移的一个方式是由政府官员来解决潜在的和实际的危机。在政治活动中，会计数据不仅经常被用作潜在危机的例子，而且在管制过程被用来解决潜在危机。例如，20世纪70年代大型石油公司急剧增长的利润被用作石油公司进行垄断的证据，并使大型石油公司成为1980年开征暴利税的目标对象。

由于对政治活动持有这样独特的观点，政治敏锐性高的企业的管理者倾向于选择那些可递延利润或降低报告盈利的会计程序。因此，受政府管制企业的管理者不得不考虑管制怎样影响他们对会计程序的选择。

由于政治活动中存在信息成本，会计程序的变动将对股票价格产生影响。增加盈利的会计程序将降低股票价格，而减少盈利的会计程序将提高股票价格。在政治活动中，为了减少政治成本而宣布的自发性程序变化，必然会对股票价格产生积极的影响。但是，这些影响是难以察觉的，因为它们往往与政治成本的变化或诱使管理者改变会计程序的其他因素所产生的股票价格影响混杂在一起。难以察觉的另一个原因是市场可能会预计到这种变化。在政治活动中，由于宣布强制性会计变动而产生的股票价格影响更有可能得到验证，因为这种影响随着会计变动对企业政治成本的不同影响而变化。受管制和政治敏锐性高的企业还存在着一个代理成本问题，这一问题留待第15章讨论，这些企业仍然把会计信息应用于债务契约和管理者报酬计划中，以减少代理成本。随着我们在政治活动中引入了非零的成本概念，会计数据将以其他方式影响企业未来的现金流。在选择会计程序时，管理者必须考虑到这些附加因素。在盈利报告水平问题上，政治活动提供的动机（降低盈利）恰好与管理者报酬计划提供的动机（提高盈利）截然相反。不过，这两方面的动机都要求降低报告盈利的差异(第9章所讨论的"洗澡"现象除外)。

管理者应权衡各种备选会计程序的成本与收益。假设其他条件均不变,基于政治或管制原因而言是最佳的会计程序,对于管理者报酬计划的制订或债务契约来说未必是最佳的。至于政治成本、管制成本和契约成本的幅度有多大,我们几乎不知道。因此管理决策参数和为何它们在不同企业有所不同,目前尚无法确定。但是,经验性证据表明,会计程序的选择可能随着与政治成本和契约成本等有关的变量的变化而变化。这样的话,我们就可以说明或预测政治成本与契约成本之间的抉择关系。有关这种预测的证据将在第11章介绍。

正如政治活动和订约活动使管理者在选择会计程序时产生了相反的动机一样,这些活动表明,关于会计程序变动如何对股票价格产生影响的预测也有可能是相反的。增加盈利的会计变动会使股票价格上升,因为它降低了债务协议中技术性违约的可能性,但同时它又会使股票价格下跌,因为它增加了政治成本。在分析会计变动对股票价格的影响时,与契约成本和政治成本有关的变量往往被用于估计相反的股票价格效应。第12章概述了有关这些效应的证据。

延伸阅读文献

Erickson, M., M. Hanlon, AND E. L. Maydew, "How Much will Firms Pay for Earnings That Do Not Exist? Evidence of Taxes Paid on Allegedly Fraudulent Earnings," *The Accounting Review*, 2004, pp. 387–408.

Graham, J., "A Review of Taxes and Corporate Finance," *Foundations and Trends in Finance*, 2006, pp. 573–691.

Hanlon, M., AND S. Heitzman, A Review of Tax Research," *Journal of Accounting and Economics*, 2010, pp. 127–178.

Hodder, L., M. L. McNally AND C. Weaver, "The Influence of Tax and NonTax Factors on Banks' Choice of Organizational Form,"

The Accounting Review, 2003, pp. 297 - 326.

Jones, J., "Earnings Management during Import Relief Investigations," *Journal of Accounting Research* (Autumn 1991), pp. 193 - 228.

Krueger, A., "The Political Economy of the Rent-Seeking Society," *American Economic Review*, 1974, pp. 291 - 303.

Shackelford, D., AND T. Shevlin, "Empirical Tax Research in Accounting," *Journal of Accounting and Economics*, 2001, pp. 321 - 387.

Watts, R., "Corporate Financial Statements, A Product of the Market and Political Processes," *Australian Journal of Management*, 1977, pp. 53 - 75.

第11章 会计程序选择的经验检验

导 读

　　本章对前几章提出的假设进行检验,看不同企业如何选择不同的会计程序。前面几章提出,企业如果存在以会计盈利为基础的报酬计划,企业倾向于选择增加盈利的会计程序(奖金计划假设);如果存在以会计数据为基础的债务契约,企业也会选择增加盈利的会计程序(负债权益比率假设);企业规模越大,越会选择减少盈利的会计程序(规模假设)。使用会计程序组合进行检验发现,企业最终所选择的整套会计程序取决于以上三个因素的共同作用,它们不会选择使其盈利最大化的会计程序,也不会选择使其盈利最小化的会计程序。

　　这类研究后来发展到关注盈余管理和财务造假的研究。会计准则赋予会计人员一定的自由裁决权,由于会计准则存在漏洞、监督不力、内控体制不完善等原因,公司经理人通过操纵应计利润来操纵盈利的空间较大。盈余管理在国内外企业中普遍存在,盈余管理的动机和手段复杂多变,同一家公司在不同的发展时期,可能存在多种动机或采取多种手段。

　　学术界的许多研究已经证明上市公司经理人为了实现各种目的,有进行盈余管理的动机。这些动机包括资本市场动机（上市公司有动机通过操控盈利、美化报表来获得上市资格（IPO动机），配股及增发股票动机，并购或者避免处罚动机（如在中国避免被ST）等），契约动机（通过操控盈利来达到管理者报酬计划的约定数字或者避免触发债务契约里面的条款），避税动机，政治动机，等等。这些动机并不一定单独存在，一家公司在不同的发展阶段，可能会同时存在多种动机。

操纵盈利的手段有许多种，包括会计造假、应计项目盈余管理和真实盈余管理。在会计研究中，会计盈利可分为两部分：一部分是按权责发生制原则确认的，但尚未实现现金流入的应计利润；另一部分是由经营活动产生的，已经实现的现金流入的盈利。因而，按上述分类，盈余管理可以划分为应计项目盈余管理与真实盈余管理。当然，上市公司还可以通过关联方交易行为、并购重组行为、债务重组、非经常性损益来调节会计盈利或者调整盈利的构成。

传统的盈余管理主要指应计项目盈余管理，即公司经理人利用会计政策和会计估计的选择来操纵应计利润，从而操纵盈利。应计项目盈余管理的实证模型在20世纪90年代初被提出，一直是盈余管理研究的主流。有的研究（Jones, 1991）提出了经典的 Jones 模型，为应计项目提出了估计方法。后面的研究（Dechow et al., 1995）则对模型进行了修正。也有研究（Dechow and Dichev, 2002）将当期营运资本与前期、当期和下一期的经营现金流建立起联系，用回归模型的残差代表盈余质量。

随着安然、世通等企业会计丑闻的不断出现，美国于2002年颁布《萨班斯-奥克斯利法案》，这一法案的公布使得经理人通过会计造假或操纵应计利润的手段来操纵盈利的空间变小。监管形势的日趋严峻和诉讼风险的增大，导致应计盈余管理的空间日益缩小，迫使经理人越来越多地通过其他手段来进行盈余管理（Cohen, 2008）。

与应计盈余管理对应的是真实盈余管理。有研究（Roy chowdhury, 2006）发现，公司管理层为了避免亏损或满足分析师预测需求，通常采用销售操纵、酌量减少费用等方式进行盈余管理，即使这些活动偏离了企业的正常经营决策。格雷厄姆对400个上市公司CFO的调查显示，

80％的CFO表示会减少在研发（R&D）、广告、员工培训费等方面的开支以满足特定的盈利目标（Graham，2005）。

应计盈余管理一般发生在会计年度末至财务报告对外公布前，通常涉及会计政策及会计方法的处理问题；而真实盈余管理在时间上具有随机性，可以在会计年度的任一时段进行，并且会改变公司正常的生产经营过程而不涉及会计处理问题，容易规避外部审计师和监管部门的检查风险，但会给公司价值带来更大的影响。有研究（Zang，2012）发现应计盈余管理与真实盈余管理是公司管理盈余的一套组合方式。公司的管理者在权衡不同的盈余管理方式的成本与收益后，交替使用这两种方式。当公司面临的应计盈余管理成本增加，管理层就会转向所需成本较低的真实盈余管理，反之则使用应计盈余管理。

第1章把成功的会计理论描述为能解释会计现象的理论。第8～10章介绍了满足这一标准的理论框架。本章将评价这种理论对两类主要会计现象的解释力。这两种现象是：美国大公司所使用的会计程序以及这些公司的管理者对拟议中的会计准则所采取的立场。这种理论对由于发生强制性和自发性的会计程序变动而导致的股票价格变化的解释力将在第12章论述。

在第9章和第10章，我们介绍了研究人员最常进行检验的三个有关管理者选择会计程序的假设：奖金计划假设、负债权益比率假设和规模假设。这三个假设都是从一些朴素的假设派生而来的：奖金计划假设假定了一个简化了的奖金计划（第9章）；负债权益比率假设则假定，该比率越高，企业就越受其债务契约的限制（第9章）；规模假设则假定政治成本直接随企业规模的变化而变化（第10章）。

早期对新理论进行经验检验时，一般集中于检验一些简单的假设。简单明了是一项理论可被接受的属性之一，倘若简单的总体预测能得到证明，这种理论就有可能被接受。一旦显现出一些一般性趋势，研究人员就会采用实证研究方法检验其详细含义。

总之，本章讨论的证据与负债权益比率假设和规模假设是一致的（至少对石油和天然气行业是如此）。企业的负债权益比率越高，它就越有可能采用可增加当期盈利的会计程序；而企业规模越大，它就越有可能采用可减少当期盈利的会计程序。在第8～10章所论述的理论尚未建立之前，会计程序的选择与企业的财务杠杆及企业规模之间存在的关系尚未得到人们的广泛认可（至少在学术文献中是如此）。成功的理论为人们寻找经验规律性所提供的方向已经使人们受益匪浅（第1章）。

当然，经验规律性的诱发原因可能并不是第9章和第10章中所论及的那些。研究者们也许会发现他们意想不到的原因。利用债务契约和报酬计划的细节对理论进行更有说服力的检验，无疑将提供有关这类问题的证据。即使发现了关于负债权益比率假设和规模假设的更好的解释，这项研究仍将是有价值的，因为它提出了可用于解释的规律性。

有关奖金计划的证据是十分混杂的。正如对负债权益比率和规模假设所做的检验一样，对奖金计划假设所做的检验也是一种没有多大说服力的理论检验，它忽略了计划的许多重要方面（如限制范围的存在）。就奖金计划对会计程序的影响所进行的更具说服力的检验应当考虑到这些因素。希利曾做过类似的检验并发现他取得的证据支持管理者对会计程序的选择受到奖金计划的影响这一假设（Healy，1985）。

尽管对上述三个简单假设的检验说明了会计程序选择的经验规律性，但这些假设无法解释会计程序的截面差异。它们无法比所有企业均采用最常见的会计程序组合这一朴素的预言更有效地预测出企业的会计程序组合。但这一结果并不否定已观察到的规律性，况且，给定等同的预测能力，这种理论以及上述三个假设也比朴素的预言更为可取，因为它们为会计程序的选择提供了更丰富的解释。

然而，这一结果表明，理论应进一步发展，借以提高其预测能力和解释力。像希利那样利用契约的细节是发展理论的一个途径（Healy，1985）。另一个途径是建立比规模假设更复杂的政治假设。还有一个途径是不仅从债务契约和奖金计划推断出新的假设，而且从企业的其他契约推断出新的假设。

根据奖金计划假设和负债权益比率假设，管理者具有选用增加当期报告盈利的会计程序的动机，而根据规模假设，管理者具有选用可减少当期报告盈利的会计程序的动机。管理者如何对这些动机作出抉择呢？本章首先阐明这一问题。在这个过程中，我们将解释为何某一会计报告可同时用于满足这三个方面（即债务契约、报酬计划及政治成本）的要求。我们也将解释为何管理者通常更关心的是企业所使用的会计程序组合（一组会计程序），而不是个别的会计程序。

接下来，我们将回顾一项利用三个已被普遍证明的假设来解释会计程序组合的研究（Zmijewski and Hagerman, 1981）。大多数其他研究集中于解释单一程序的选择，基于这一原因，它们对假设的检验比较没有说服力。这些关于单一程序选择的研究将在 11.3 节介绍。

11.3 节里关于单一程序选择的一些研究对基于详细的债务契约及三个已被普遍证明的假设的新假设进行检验。但是，希利利用以契约细节为依据的假设而不是上述三个简单假设，对理论做了更有说服力的检验（Healy, 1985），本书也将对此作出评价。

本章还将讨论公用事业的管制对资产计价的影响以及管理者对报告频率的选择（如季度或年度报告），这两个研究既没有运用三个简单假设，也没有运用契约细节。本章最后是小结。

11.1　管理者对会计程序的选择

11.1.1　对被认可的会计程序的选择

奖金计划假设、负债权益比率假设及规模假设都与管理者对被认可的会计程序的选择有关。这说明实证研究人员只侧重于解释选择行为，不解释被认可的会计程序的本质，这些被认可的会计程序在实施信息披露管制之前就已存在，并且目前被应用于契约中。本章讨论的所有研究都与被认可的会计程序的选择有关。

正如第 9 章所解释的，侧重于研究管理者对被认可的会计程序的选择是基于对创立假设的成本的考量。把契约和被认可的会计程序作为已知条件，研究人员就可很容易地作出管理者选择会计程序的假设。政治活动也是影响选择行为的一个变量。解释对契约所使用的会计程序的选择（通用会计程序选择），需要一种理论来解释契约的详细结构。契约理论目前还没有发展到这一水平。

11.1.2 一套报告的使用

如前所述，契约和政治活动使管理者在选择会计程序时产生相反的动机。例如，对于具有高利润及高政治敏锐性并设立了奖金计划的大型公司的管理者来说，为了处理投资税减免的会计事项，他必须决定是采用递延法还是全额冲销法。为了避免国会和管制机构对企业获取减免额后的成本（并减少管理者报酬）的注意，管理者倾向于降低各年报告的盈利水平及其变化程度，往往选择递延法。可是，若递延法减少了当期的报告盈利，它也必然减少根据报告盈利计算的管理者报酬的现值，从而使管理者产生了选用全额冲销法的动机。

根据不同使用目的编制几套不同的会计报告似乎可以解决管理者面临的问题。但是，只能用一套公开的报告来满足不同目的的事实说明采用不同的报告策略并非最佳方法是有原因的。

只要私下的债务协议允许采用非公认会计原则的程序（如用成本法反映未合并的子公司的财务数据），编制不同报告的方法就有可能被用于债务契约。但是，这些差异的存在归因于公认会计原则和通用契约方法之间的差异，它们强化了债务契约的有效性，防止管理者不履行契约。债务契约中引用的会计数据可能以公开发表的财务报告为基础。这样做可以避免管理者操纵报告数据，并降低代理成本。这些财务数据必须经过审计，而且政治成本有助于降低管理者高估盈利的动机。同样，为了实施报酬计划，企业也可能会使用公开发表的财务报告，这样就限制了管理者操纵盈利数据的可能性，也降低了代理成本。

在政治活动中采用不同财务报告的代价是十分高昂的。若备选报告公之于众，那些想把财富从企业手中转移出去的人，会千方百计地利用手中的任何一种报告来达到他们的目的（即具有最高盈利的报告）。若企业内部财务报告所列的盈利额较高，而公开发表的较低，当内部报告泄露出去后，企业在政治活动中将受到更大的损害。这些代价使得企业更乐意在签订契约时使用一套公开发表的财务报告。

11.1.3　对会计程序组合的选择

在三个经常得到验证的假设中，盈利数据对管理者而言具有特别重要的意义。这个数据是应用一组会计程序的结果。给定企业的现金流，不同的会计程序组合赋予管理者在一定范围内报告不同盈利水平的灵活性。

在某些情况下，管理者可能选择一种极端的程序组合（即这种组合的所有会计程序均增加当期盈利或减少当期盈利）。例如，若某公司不具有政治敏锐性，但制订了没有上限的奖金计划（第9章），管理者将选择使当期盈利的现值最大化的一组会计程序。若公司面临较高的政治成本，同时又无奖金计划和负债，则管理者将选择使当期盈利的现值最小化的一组会计程序。但在许多情况下，管理者将仔细权衡政治成本和契约成本对盈利的影响，因此他们一般不会选择使盈利现值处于最大化或最小化的会计程序，最佳的盈利额介于这两个极端之间。管理者可以选择不同的会计程序组合来获得当期的最佳盈利额。

如果管理者在选择会计程序时以某一组合为基础，那么仅仅调查单个程序的选择将无法对那三个普遍得到检验的假设进行有效的验证。一个具有很高政治成本的企业也许选用反映较低的当期盈利的一组会计程序，但同时针对某一特定目的采用能增加当期盈利的会计程序。一个更有效的检验（即推翻正确假设的可能性较低的检验）应力图解释企业的整组会计程序。泽米鸠斯基和黑格曼率先对奖金计划假设、负债权益比率假设以及规模假设进行了大量的研究（Zmijewski and Hagerman, 1981）。

11.2　选择会计程序组合的研究

11.2.1　会计程序组合

泽米鸠斯基和黑格曼调查了企业的四种会计程序的组合形式（Zmijewski and Hagerman, 1981）。被调查的四种程序是：

(1) 存货程序；

(2) 折旧程序；

(3) 投资税减免程序；

(4) 以往退休金成本的摊销期限。

泽米鸠斯基和黑格曼假定采用先进先出法、直线折旧法、投资税减免的全额冲销法和退休金成本摊销期限在 30 年以上的做法均会增加盈利。而采用后进先出法、加速折旧法、投资税减免的递延法和退休金成本摊销期限小于或等于 30 年均会减少盈利。毋庸置疑，这些定义会导致一些测量误差。例如，电子企业的存货价格正趋于下降，因而采用后进先出法可增加其盈利现值。但对大部分企业来说，这种划分还是正确的。

若每种程序均有两种选择，则上述四种会计程序可组成 16 种组合供企业选择。为了检验政治成本和契约成本对每种组合的影响，必须确定这 16 种组合对盈利现值的影响。泽米鸠斯基和黑格曼假设：某一给定程序组合对盈利产生的影响对所有企业都一样。同时，他们还进一步提出三个有关这四种程序对盈利产生影响的假设，据以评价不同程序组合对盈利的影响：

(1) 这四种会计程序对报告盈利的影响程度相同（即增加盈利的折旧程序与增加盈利的投资税减免程序对报告盈利的影响相同）。这个假设使得对报告盈利产生影响的组合由 16 种减少到 5 种。表 11-1 中"划分方法"下的"5"即表示把 16 种组合分为 5 组。在"5"这一列中，盈利减少和盈利增加的两个极端组合（1 和 16）分别用 1 和 5 表示。只有一个增加盈利程序的所有组合用 2 表示，拥有两个增加盈利程序的所有组合用 3 表示，依此类推。

(2) 假定退休金和投资税减免的会计处理程序对盈利的影响程度只是折旧和存货会计处理程序的一半。在这一假定下，16 种组合减到 7 种。表 11-1 中"划分方法"下的"7"即表示把 16 种组合减少到 7 种。在"7"这一列，2 代表退休金成本或投资税减免的会计处理程序是增加盈利的方法。如果企业采用可增加盈利的程序来处理退休金成本和投资税减免，或者处理折旧或存货，则用 3 表示，依此类推。

第 11 章 会计程序选择的经验检验

表 11-1 瓦茨-齐默尔曼（W-Z）样本及黑格曼-泽米鸿斯基（H-Z）样本中会计方法的备选组合及其收益策略

会计程序组合	折旧	存货	退休金成本	投资税减免	W-Z样本 No.	W-Z样本 %	H-Z样本 No.	H-Z样本 %	划分方法 5	划分方法 7	划分方法 9
使收益降至最低											
1	0	0	0	0	4	11.77%	10	3.33%	1	1	1
2	0	0	1	0	2	5.88	0	0.00	2	2	2
3	0	0	0	1	0	0.00	9	3.00	2	2	2
4	0	0	1	1	0	0.00	1	0.33	3	3	3
5	1	0	0	0	0	0.00	29	9.67	2	3	4
6	0	1	0	0	0	0.00	11	3.67	2	3	4
7	1	0	1	0	4	11.77	8	2.67	3	4	5
8	0	1	1	0	2	5.88	1	0.33	3	4	5
9	1	0	0	1	4	11.77	68	22.67	3	4	5
10	0	1	0	1	0	0.00	12	4.00	3	4	5
11	1	0	1	1	6	17.64	24	8.00	4	5	6
12	0	1	1	1	0	0.00	1	0.33	4	5	6
13	1	1	0	0	1	2.94	17	5.67	3	5	7
14	1	1	1	0	1	2.94	7	2.33	4	6	8
15	1	1	0	1	2	5.88	75	25.00	4	6	8

续表

会计程序组合	备选会计程序				W-Z样本		H-Z样本		划分方法		
	折旧	存货	退休金成本	投资税减免	No.	%	No.	%			
使收益增至最大	16	1	1	1	1	$\dfrac{8}{34}$	$\dfrac{23.53}{100.00\%}$	$\dfrac{27}{300}$	$\dfrac{9.00}{100.00\%}$	5	7	9
其中								1		5	7	9

会计程序	减少盈利的程序	增加盈利的程序
折旧	加速折旧法	直线折旧法
存货	后进先出法	先进先出法
退休金成本摊销	小于或等于30年	30年以上
投资税减免	递延法	全额冲销法

资料来源：M. Zmijewski and R. Hagerman, "An Income Strategy Approach to the Positive Theory of Accounting Standard Setting/Choice," *Journal of Accounting and Economics* 3 (August 1981), Table 1, p. 135.

(3)假定退休金成本和投资税减免的会计处理程序对盈利的影响程度不及折旧和存货会计处理程序的一半,那么,16种组合方法减少为9种,见表11-1中最后一列。

泽米鸠斯基和黑格曼根据这三个不同的假设,把16种组合对盈利的影响进一步排列。他们说明了按照某一特定企业的政治成本和契约成本,应采用何种组合为宜。例如,他们假设,企业的政治成本越高,选用增加报告盈利的会计程序的可能性越小。

11.2.2 政治成本和契约成本的测量

在理想的情况下,我们可以估计管理者从某一特定程序组合(或从某一单独会计程序)中得到的政治和契约活动收益,并据此预测管理者对会计程序的选择。可是,我们无法具体确定这些收益的数额。于是,关于会计程序差异的研究只好借助互不相关的自变量作为相互抵消的选择动机的代理变量,并对变量的选择效应的方向进行检验。有四个变量可作为政治成本的代理变量。

规模

在詹森和麦克林、瓦茨和齐默尔曼的研究(Jensen and Meckling, 1976; Watts and Zimmerman, 1978)的基础上,泽米鸠斯基和黑格曼假定,因为政治成本随企业规模的扩大而增加,大型企业的管理者更有可能选择那些能减少盈利的会计程序组合。这就是所谓的规模假设。

风险

泽米鸠斯基和黑格曼还假定政治成本与风险有关,高风险的企业更有可能选择可减少盈利的会计程序组合。这有两方面的原因:第一,高风险企业的盈利变化很大,很可能出现高利润。第二,由于信息成本的原因,选民、政治家和官员在考虑报告盈利水平时,不会因为风险而重新调整盈利水平。

在调查政治成本和契约成本对会计程序差异的解释力时,研究人员一般把企业的现金流和投资策略当作已知条件。泽米鸠斯基和黑格曼在说明风险与降低盈利倾向具有交叉相关性这一假设时,已隐含了上述假定。但经济学界历来认为:投资策略并不是独立于政治成本的。因而,泽米鸠斯基和黑格曼的假设可能不成立。按照帕兹曼的观点：企业管理者越是受制于政治成本，他们就越有可能从事风险较小的投资活动（Peltzman，1976）。这正是泽米鸠斯基和黑格曼所指出的原因：这种做法（或行为）降低了出现高盈利水平的概率。所以，即使这些企业力图减少其盈利，它们的风险还是低于平均水平。最终结果是风险与降低盈利的尝试之间是负相关或不相关的。

资本密集度

泽米鸠斯基和黑格曼认为由于存在信息成本，选民、政治家和官员并不会因资本的机会成本而调整报告盈利。所以，他们假设资本密集型企业相对而言具有较高的政治成本，且更有可能减少报告盈利。

集中程度

反托拉斯局和联邦贸易委员会使用集中比率来确定某一行业的竞争水平。所以，集中比率说明了在该行业采取反托拉斯行动的可能性。集中比率被定义为：该行业中若干最大企业的销售额占该行业总销售额的百分比（一般取规模排在前 8 的企业）。集中比率越高，管理者越有可能采用减少盈利的会计程序。

从奖金计划假设和负债权益比率假设衍生出的两个变量可用来代替契约利益：以盈利为基础的报酬计划和负债总资产比率。

以盈利为基础的报酬计划

我们可以根据是否存在以盈利为基础的报酬计划来代表报酬计划对企业会计程序组合的影响。设有报酬计划的企业的管理者更有可能使用能增加盈利的会计程序。因为大多数以盈利为基础的报酬计划实际上就是奖金计划，所以，它可作为对奖金计划假设的检验。

负债总资产比率

负债总资产比率可反映管理者在债务契约制约下，采用可增加盈利的会计程序的动机。该比率越高，管理者越可能采用可增加盈利的会计程序。因为它是负债权益比率的一个正函数，是对负债权益比率这一假设的另一种表现形式。

11.2.3 上述变量对管理者选择会计程序的影响

我们可以使用多元 Probit（N-Probit）分析方法估计上述变量对

管理者选择会计程序组合的影响。Probit 分析是一种统计方法，类似于回归分析，当因变量取值为 0 和 1 时，我们可用此法来估计自变量与因变量之间的线性关系。Probit 分析允许因变量取多个（N 个）离散值。泽米鸠斯基和黑格曼使用的估计方程为：

$$策略_i = c_0 + c_1 \times 报酬计划_i + c_2 \times 集中比率_i + c_3 \times 系统风险_i \\ \underset{(+)}{} \quad \underset{(-)}{} \quad \underset{(-)}{} \\ + c_4 \times 规模_i + c_5 \times 资本密集度_i + c_6 \times 负债比率_i \quad (11.1) \\ \underset{(-)}{} \quad \underset{(-)}{} \quad \underset{(+)}{} \\ i = 1, 2, \cdots, 300$$

式中，报酬计划$_i$ 的取值规则是，当企业 i 在 1975 年设有以盈利为基础的报酬计划时取 1，否则取 0；集中比率$_i$ 为 1975 年企业 i 所在行业的 8 大企业的集中比率；系统风险$_i$ 即用 CRSP 数据估计企业 i 股票的 β 值；规模$_i$ 为 1975 年企业 i 的资产总额；资本密集度$_i$ 为企业 i 的资本密集程度（固定资产总额除以销售额）；负债比率$_i$ 为 1975 年企业 i 的总负债除以总资产。

每一系数的拟合符号都标于式（11.1）相应的系数下。根据 11.2.1 小节中的第一假设（四种会计程序对报告盈利的影响程度相同），因变量策略$_i$ 对应于各个组合对盈利的影响分别取 1 到 5。5 表示形成最大盈利的组合。而根据其他假设，策略$_i$ 的取值介于 1~9。

11.2.4 样本和数据

泽米鸠斯基和黑格曼从 CRSP 数据库中抽取了 300 个企业，组成一个随机样本。这些企业 1975 年的年度报表和呈报给证券交易委员会的 10-K 档案都可收集到，而且，这些企业在财务报告中披露了它们所选择的会计程序。此外，这些企业的风险性几乎相等，他们的平均 β 值是 0.963。

表 11-2 列出了这 300 家企业选择多种会计程序的频次情况。有趣的是，在处理折旧和投资税减免的过程中，大部分管理者选择的是增加盈利的政策，而在对税收直接产生影响的存货处理方法中，管理者对后进先出法和先进先出法的选择各占一半。在退休金成本的处理程序中，采用减少盈利的政策占了大部分，其实这是一种假象。减少盈利的选择

被定义为采用 30 年或更短的摊销期。事实上，取值是从 10 年到 40 年，所以 30 年的取值相对于实际摊销期的中间值（25 年）来说是会增加盈利的。

表 11－2　1975 年泽米鸠斯基和黑格曼样本中 300 家企业所选用的会计程序

	折旧	存货	退休金成本	投资税减免
增加收益	255	151	69	217
减少收益	$\frac{45}{300}$	$\frac{149}{300}$	$\frac{231}{300}$	$\frac{83}{300}$

资料来源：R. Hagerman and M. Zmijewski, "Some Economic Determinants of Accounting Policy Choice," *Journal of Accounting and Economics* 1 (August 1979), Table 2, p. 148.

泽米鸠斯基和黑格曼还采用了一个由 34 家非管制企业构成的样本，瓦茨和齐默尔曼曾发现这些企业对 1974 年财务会计准则委员会的一般物价水平调整会议备忘录进行过院外活动。他们把这个样本的程序组合分布与上述由 300 家企业构成的随机样本进行比较。

这两个样本的会计程序组合分布的比较结果列示于表 11－1。比较这两个样本中的会计程序组合分布，我们可以发现：34 家对一般物价水平调整进行游说的企业采用极端组合的相对频率大于泽米鸠斯基和黑格曼的 300 家企业的随机样本。前者采用极端组合的企业约占 35％，而后者仅占 12％。这两个相对频率之间的差异在 0.05 的水平上具有统计显著性。这　结果表明：如果企业采用了极端组合，它们的管理者就更有可能进行院外游说，因为他们适应准则变化的能力低于采用混合程序组合的企业。

假如拟议中的会计准则将增加报告盈利，从而超出最佳值，那么采用混合程序组合的企业就会转用另一种会计程序组合来抵消准则变化带来的影响。但是企业若采用极端组合来减少盈利，那么当某一准则增加它的报告盈利时，该企业可能得耗费较多的成本去消除这种准则变化带来的影响（如进行院外游说以推翻这种拟议中的准则）。

结果

表 11－3 反映了根据会计程序组合对盈利影响程度的三个不同假设（见 11.2.1 小节），通过式（11.1）对样本中 300 家企业进行估计的结果，无论采用哪一种假设，结果基本是一致的。

第 11 章 会计程序选择的经验检验

表 11-3 会计策略的 Probit 分析

自变量及其统计值	5 种策略组合的情况	7 种策略组合的情况	9 种策略组合的情况
常数	3.103 56†	3.039 81	3.032 83
	(7.515)	(7.598)	(7.592)
报酬计划（+）*	0.312 59	0.268 12	0.260 55
	(2.409)	(2.112)	(2.055)
集中比率（-）	-0.634 37	-0.615 23	-0.616 78
	(-2.214)	(-2.193)	(-2.200)
系统风险（-）	-0.136 56	-0.090 32	-0.081 68
	(-0.765)	(-0.518)	(-0.469)
规模（-）	-0.320 95	-0.324 06	-0.323 51
	(-2.638)	(-2.720)	(-2.717)
资本密集度（-）	-0.126 51	-0.122 18	-0.120 91
	(-0.959)	(-0.945)	(-0.935)
总负债对总资产比率（+）	0.357 47	0.409 35	0.409 30
	(1.718)	(2.005)	(2.005)
估计的 R^2	0.090 30	0.090 66	0.089 83
Probit 分析中的 χ^2 统计值	26.367 5	26.581 3	26.349 0
划分正确的比例	40.00%	33.00%	33.00%
样本量	300	300	300

* 表示系数的预期符号；
† 表示系数（系数下面括号中为 t 统计值）。
资料来源：M. Zmijewski and R. Hagerman, "An Income Strategy Approach to the Positive Theory of Accounting Standard Setting/Choice," *Journal of Accounting and Economics* 3（August 1981）, Table 2, p.141.

表 11-3 中 χ^2 检验的原假设是：该模型并不优于假设各种会计程序具有相同概率分析这一简化推测。χ^2 统计值表明，按照所有三个假设，在 0.001 的水平上，原假设都会被拒绝。但是，若把模型与该样本中的企业均采用最常用的程序这一简化假设相比较，那么只在 0.25 的水平上才可拒绝原假设。

预测模型的结论并不完全与大多数企业一般选用最常见的会计程序这一事实相符,但表11-3提供的强有力证据表明,管理者对会计程序组合的选择是随着用来描述政治成本和契约成本的变量而发生变动的。所有估计系数都具有预期中的符号。再者,对三个假设而言,规模变量的系数在0.01的水平上具有显著性,与规模假设保持一致。集中比率的系数和报酬计划的系数,按照所有三个假,在0.05的水平上具有显著性,这一结果与奖金计划假设是一致的。负债对权益比率的系数,对第一个假设而言,在0.10的水平上具有显著性,对另两个假设而言,在0.05的水平上具有显著性,这些结果与负债权益比率假设相一致。其余变量(系统风险和资本密集度)的系数不显著。

泽米鸠斯基和黑格曼还进一步调查了规模效应。在进一步的分析中,他们发现规模效应与大企业有关(即在小企业中,在会计程序组合选择与规模之间不存在关系)。这一结果与齐默尔曼(Zimmerman, 1983)的税收效应及瓦茨和齐默尔曼(Watts and Zimmerman, 1978)发现的一般物价水平调整只会触发大型企业的游说活动这两个结论也是一致的。泽米鸠斯基和黑格曼的这些结论与齐默尔曼以及瓦茨和齐默尔曼的研究的结论一样,适用于石油和天然气企业(见后续论述)。

截面模型(式(11.1))没能比最常采用的组合方式更好地提高预测能力以及该模型的R^2值,表明该模型有很多方面有待改进。当用保留样本而非抽样样本进行这类预测时,这一点表现得特别明显(第5章)。若综合考虑报酬计划和债务契约的细节(如前所述),预测结果便可得到改善。另一个改进途径是使用比规模变量更严格的政治成本指标。

使用契约的细节以及更为完善的政治成本指标来对理论进行更具说服力的检验,不仅可以提高理论的预测能力,而且可以使我们更加坚信:规模效应归因于政治成本,负债权益比率效应归因于契约成本。因此,这些变量可用于代替政治成本和契约成本(Ball and Foster, 1982; Watts and Zimmerman, 1978, Appendix 11)。

总之,泽米鸠斯基和黑格曼的研究结果充分证明了:管理者对某一会计程序组合的选择,取决于是否存在以盈利为基础的报酬计划、企业的负债权益比率、企业规模和所处行业的集中程度。三个简单的假设与所获得的证据是相吻合的。但是较低的预测能力并不能推翻所获得的结果，以过分简化的标准（即企业使用的是最常见的会计程序）去进行预测并不可取，因为它对会计程序在同行业里的差异所作出的解释不能令人信服，很令人费解。然而契约理论和政治活动理论较低的预测能力说明，研究人员应力图从理论中推导出更具说服力的假设。

11.3 单一程序选择的研究

与泽米鸠斯基和黑格曼不同，大多数验证奖金计划假设、负债权益比率假设和规模假设的研究，都是只调查管理者对单一程序的选择（例如，对加速折旧法或直线折旧法的选择等），而不是对整个会计程序组合的选择。正如我们指出的那样，这种研究方法降低了这些检验工作的有效性。尽管如此，这些调查研究所提供的证据一般与负债权益比率假设和规模假设相一致，但有时与奖金计划假设不一致。

在本节，我们将回顾单一会计程序研究关于三个常被检验的假设的证据。表 11-4 概括了每个研究的情况，并标出每个研究的结论与三个假设是否一致。相关内容是按被调查的会计程序（第 1 列）来组织的。章末的附录详细介绍了每个研究的情况。

11.3.1 负债权益比率假设

表 11-4 的第 4 列汇总了利用单一程序对负债权益比率假设进行检验的结果。所有六个检验（在六个不同的研究中）均拒绝了财务杠杆与会计程序选择之间不相关的原假设。尽管这些研究并非相互独立（Deakin 1979；Dhaliwal，1980，对石油和天然气行业会计程序的研究样本均取自 1976 年的石油企业），但一般来说，负债权益比率越高，企业就越有可能采用增加当期报告盈利的某种会计程序（或某种程序组合）。这些结果进一步印证了泽米鸠斯基和黑格曼的结论。

表 11-4 有关单一会计程序的采纳和游说的实证研究结果综述

会计程序	研究	是否与常被检验的假设			其他结果	说明
		奖金计划假设	负债权益比率假设	规模假设		
1. 一般物价水平调整（GPLA）	Watts and Zimmerman (1978)	不一致*		一致		*这个检验不具说服力，因为物价水平调整并不影响奖金计划所使用的收益额
	Deakin (1979)		一致			
	Dhaliwal (1980)		一致			
2. 石油和天然气会计：完全成本法与成功法	Lilien and Pastena (1982)		一致	一致	这项研究与企业选择会计程序的目的在于降低盈利差异的观点一致，这一假设亦可根据政治成本或契约成本来推断	
3. 利息资本化：利息是否资本化	Bowen, Noreen, and Lacey (1981)	不一致*	一致	不一致†	与可支配资金余额越少，企业越有可能将资本化的假设一致。这项研究与利息保障倍数越小，企业越有可能将利息资本化的假设一致	*这个检验不具说服力，因为许多奖金计划把利息加回到收益中去 †与石油行业一致

298

第 11 章 会计程序选择的经验检验

续表

会计程序	研究	是否与常被检验的假设一致				其他结果	说明
		奖金计划假设	负债权益比率假设	规模假设			
4. 研发费:研发费是否资本化	Daley and Vigeland (1983)		一致*	一致†	该项研究可支配资金余额越小、企业越有可能将研发费用资本化的假设一致。但与利息保障倍数越小,企业越有可能将研发费用资本化的观点相矛盾	*公债和私债对资本化的影响差异不显著 †规模效应由中小企业驱动
	Hagerman and Zmijewski (1979)	一致		一致	该项研究与风险产生政治成本并影响着会计程序选择的论点完全吻合,但其研究结果行业集中程度和资本密集度产生政治成本并影响会计程序选择的论点相悖	
5. 折旧:加速折旧法或直线折旧法	Dhaliwal, Salamon, and Smith (1982)	一致*	一致	一致†		*管理者控制的企业更可能有奖金计划 †在 0.15 的概率水平上显著
	Holthausen (1981)				拒绝了具有较少可支配资金余额的企业更可能采用直线折旧法的假设	

续表

会计程序	研究	是否与常被检验的假设一致			其他结果	说明
		奖金计划假设	负债权益比率假设	规模假设		
6. 存货先进先出法或后进先出法	Hagerman and Zmijewski (1979)	不一致		一致*	该项研究表明行业集中比率和资本密集度影响会计方法的选择	*在0.15的概率水平上显著
7. 投资税减免：递延法或全额冲销法	Hagerman and Zmijewski (1979)	一致*		一致	该项研究表明，行业集中比率和资本密集度影响会计方法的选择	*检验的解释力因税收被加回到盈利中而降低
8. 退休金成本摊销：摊销期间小于等于30年或大于30年	Hagerman and Zmijewski (1979)	一致		不一致	研究结果证实了会计方法的选择受到风险资本密集度的影响	

11.3.2 规模假设

单一程序选择的研究与泽米鸠斯基和黑格曼关于规模假设的结论一般说来比较接近。在 10 个规模假设检验中（见第 5 列），有 6 个检验结果至少在 0.10 的水平上拒绝了原假设；两个结果在 0.15 的水平上拒绝了原假设。尽管所有这些检验不是相互独立的（如石油和天然气行业的研究），但大部分结论是肯定规模假设的，这说明大型企业倾向于选择可降低当期报告盈利的会计程序。

泽米鸠斯基和黑格曼（Zmijewski and Hagerman, 1981）发现，关于规模假设的检验结果应归因于大型企业：规模假设对于小企业来说并不成立。这一结果显然与齐默尔曼关于只有最大型企业的实际税率（以及可能的政治成本）才高于其他企业的结论是一致的（Zimmerman, 1983）。当然，也存在着这种可能，泽米鸠斯基和黑格曼所谓的最大型企业不是一般的大型公司，而仅仅是齐默尔曼曾发现的具有较高实际税率的两个行业（石油和天然气行业以及制造业）中的最大型企业。单一程序选择的研究或多或少证实了这一点。

两个单一程序选择的检验表明，不同行业规模假设的检验结果并不显著（Bowen, Noreen and Lacey, 1981），但另一个检验确实发现石油行业中会计程序的选择与规模之间存在着显著的相关性，相关方向和规模假设保持一致，并且证实了泽米鸠斯基和黑格曼关于规模假设的检验结果是与特定行业有关的。与这个检验结果相一致的还包括瓦茨和齐默尔曼关于管理者对"一般物价水平调整"进行游说的研究结果（Watts and Zimmerman, 1978），以及针对两个石油和天然气企业的会计程序选择的研究结果（Deakin, 1979; Lilien and Pastena, 1982）。瓦茨和齐默尔曼关于规模假设的显著的检验结果主要是由大型石油企业引起的（Watts and Zimmerman, 1978）。

尽管有上面几项研究的结论，但若据此认为规模效应仅发生于石油和天然气行业的大型企业未免为时过早。达力瓦尔、萨拉蒙和史密斯进行过规模与会计程序选择之间的相关性研究，结果显示两者之间的相关性不是很明显，并在 0.15 的水平上拒绝了原假设（Dhaliwal, Salamon and Smith，1982）。戴利和维格兰德也发现企业规模与研发费会计处理程序之间的显著相关性仅在较小企业的子样本中才成立，而在较大企业的子样本中不成立（Daley and Vigeland，1983）。

规模效应只与特定行业有关的可能性通过零售行业的研究结果进一步得到了证实。齐默尔曼有份报告认为大型零售企业的实际税率低于小型零售企业（Zimmerman，1983）。瓦茨和齐默尔曼发现在他们研究的四个未被正确划分的企业中，只有两个零售企业对一般物价水平调整进行了游说活动（Watts and Zimmerman，1978）。此外，波文、诺伦和列西也认为大型零售企业不大可能选择可夸大其盈利的会计程序（即利息资本化）（Bowen，Noreen and Lacey，1981）。

11.3.3　奖金计划假设

利用单一会计程序对奖金计划假设进行检验，其结果不像对负债权益比率假设及规模假设进行检验的结果那样具有一致性。奖金计划假设的七个研究中有四个是由黑格曼和泽米鸠斯基进行的（Hagerman and Zmijewski，1979）。在这四个检验中唯一得到不一致结论的是对先进先出法和后进先出法的选择。可能是由于税收效应的缘故（见本章附录），先进先出法与后进先出法的模型未能很好地加以限定，从而导致了这一例外。另外，尽管黑格曼和泽米鸠斯基其余三个调查结果与奖金计划假设相吻合，但他们并没有控制债务契约，而债务契约与奖金计划存在相关性（Hagerman and Zmijewski，1979）。泽米鸠斯基和黑格曼进行会计程序组合研究时修正了这一缺陷，奖金计划假设还是得到了证实（Zmijewski and Hagerman，1981）。因此，从总体上看，泽米鸠斯基和黑格曼的检验结果与奖金计划假设是一致的。

在其他学者进行的三个检验中，达力瓦尔、萨拉蒙和史密斯（Dhaliwal，Salamon and Smith，1982）得到的结果与奖金计划假设一致：若企业的所有权分散，它们更有可能采取奖金计划（见本章附录）。另外，两个研究（Watts and Zimmerman，1978；Bowen，Noreen and Lacey，1981）的结果并没拒绝原假设。但这两个研究是不完善的：瓦茨和齐默尔曼的研究的不足是"一般物价水平调整"并不直接影响在奖金计划中所使用的盈利额。波文、诺伦和列西的研究的不足是实际上利息在许多奖金计划中被加回到盈利额中。从根本上说，他们的研究忽视了奖金计划的重要细节。在希利的研究结论中，应计项目的净额通过特定奖金计划参数与盈利水平保持着显著的相关性（Healy，1985），他的结论不仅重申了被忽视了的奖金计划细节的重要性，而且支持了黑格曼和泽米鸠斯基的结论：奖金计划影响会计程序的选择。

11.3.4 其他假设

除了三个重要的假设外，有关单一会计程序的选择的研究还检验了其他假设，但所得出的结果并不一致。

政治成本

在行业集中程度与会计程序选择的相关性方面，黑格曼和泽米鸠斯基利用单一会计程序进行研究的结果（Hagerman and Zmijewski，1979）与他们利用会计程序组合进行研究的结果（Zmijewski and Hagerman，1981）是一致的。两个研究结果均说明行业集中程度与会计程序选择之间存在相关性，与计量政治成本的集中程度是一致的。在四个单一程序研究中，有两个在 0.01 的水平上拒绝了零假设，还有一个在 0.15 的水平上拒绝了零假设。

黑格曼和泽米鸠斯基的论文未能提供证据来说明风险和资本密集度与会计程序选择之间存在着某种相关性，他们只是参照政治成本因素，假定存在这种相关性。

债务契约变量

波文、诺伦和列西以及戴利和维格兰德提供的证据表明：可支配资金余额与利息和研发费资本化决策之间存在相关性（Bowen，Noreen and Lacey，1981；Daley and Vigeland，1983）。此外，霍尔特豪森所收集的时间序列证据表明可支配资金余额与折旧政策变化之间不存在相关性（Holthausen，1981）。波文、诺伦和列西发现利息保障倍数（interest coverage ratio）与利息资本化之间存在着显著的相关性（Bowen，Noreen and Lacey，1981），但戴利和维格兰德认为利息保障倍数与研发费的资本化不存在相关性（Daley and Vigeland，1983）。

这些以债务契约变量为基础的研究结果比较混杂，这可能是由于单一程序检验缺乏有效性，而更有效的方法应当检验契约细节与会计程序组合选择之间的联系。希利在检验奖金计划时采用了这种方法（Healy，1985）。

11.4　利用奖金计划细节进行的检验

11.4.1　奖金计划细节的作用

泽米鸠斯基和黑格曼的研究（Zmijewski and Hagerman，1981）以及前面提到的研究，在调查根据盈利额制订的报酬计划对会计程序选择的影响时，检验了奖金计划假设。但是，正如第9章指出的：奖金计划并不总能促使管理者采用可增加当期盈利的会计程序。若当期盈利低于奖金计划规定的目标盈利额（下限）时，管理者就有可能减少当年的报告盈利，而将减少的部分转移到以后各年。另外，若奖金计划规定了可转入奖金池的最高盈利上限，而实际盈利额又超出这一上限，则管理者就有可能减少当期的报告盈利。

希利调查了企业的年度应计盈利净额（奖金计划中规定的年度盈利与经营现金流之间的差额）是否会受到奖金计划盈利上下限的影响（Healy，1985）。若盈利额低于目标盈利或高于上限（如果存在的话），管理者就有可能减少报告盈利。这样，应计盈利净额很可能就变成负值。相反，若盈利额是在上下限之间波动，管理者就可能试图增加盈利，则应计盈利净额很可能是正值。

11.4.2　检验的效力

应计盈利净额反映了所有会计程序对净盈利的影响。因此，它们可以反映前两节调查过的各种会计程序组合（如折旧方法）对净盈利的影响。正因如此，以应计盈利净额为基础的检验方法的效力比以单一会计程序为基础的检验方法的效力更高。当然，以应计盈利额为基础的检验方法具有较高效力的另一个原因是应计盈利额可以反映许多其他难以观察到的会计程序选择。例如，若某石油企业的利润超过了奖金计划的上限，那么，它的管理者也许会命令企业的油轮滞留于海上直到本财政年度结束，以便把盈利递延到下一年度。若以油轮到达港口的时间来确认销售额，那么推迟油轮的进港时间便可把盈利从本年度递延到下一年度。

希利使用这一方法的一个难点在于缺乏一种理论来预测在不存在管理者操纵的情况下，会有什么样的应计盈利额，这个不足降低了检验的效力。若某一奖金计划只有下限而没有上限，我们有理由这样推测：当盈利高于下限时，应计盈利净额会大于当盈利低于下限的情况。当然，这种推测只在没有管理者进行人为操纵的情况下才有效。由于盈利是以现金流和应计盈利额为基础的，较高的盈利水平可能会有较大的应计盈利额。但若存在上限，这种效应会减弱。当没有人为操纵时，应计盈利额不可能先随着盈利的上升而增加（从低于下限到高于下限），然后开始减少（从低于上限到高于上限）。

另一个会降低检验效力的问题是检验过程中的假设：在进行奖金奖励时，报酬委员会机械地遵循红利的计算公式。这一公式规定了报酬委员会所奖励的最高数额。但只要委员会没有完全按此公式计算红利，希利的检验方法就必然包含着不可靠的因素，他的假设得到证实的可能性也必然变小。

11.4.3 样本与结果

希利从《财富》(*Fortune*) 杂志中选取了 94 个企业作为样本。这 94 个企业提供了 1930—1980 年的 1 527 个有价值的观察样本。在这些样本中，1 080 个奖金计划只有下限而没有上限，447 个奖金计划有上下限。

表 11-5 列出了每个企业应计盈利净额的符号，该符号取决于：盈利是否高于上限（若存在的话），高于下限但低于上限（若存在的话），或低于下限。正如所预期的那样，在盈利高于上限或低于下限的观察样本中，负值的应计盈利净额出现的频率较高。在 χ^2 检验中，原假设是应计盈利净额的符号与盈利水平不相关，其相应的上下限在 0.05 的水平上显著。

表 11-5　应计盈利净额与奖金计划参数的关系

	具有应计符号的观察样本数			平均的标准应计盈利净额	平均值差额的 t 检验值
	正号	负号	总计		
以上限为界的观察样本	14	130	144	−0.053 6	
不以下限和上限（若存在）为界的观察样本	489	798	1 287	−0.117	7.46
以下限为界的观察样本	30	66	96	−0.043 7	4.32
	533	994	1 527		

资料来源：P. Healy, "The Impact of Bonus Schemes on the Selection of Accounting Principles," *Journal of Accounting and Economics* 7（April 1985），Table 2.

表 11-5 中把某一特定企业的应计盈利净额除以应计盈利净额绝对值的平均值（跨年度），这些标准化的应计盈利净额的平均值按盈利的属性分为三类列于表 11-5 中。每个类别的平均值的相对幅度均与该理论保持一致（即盈利净额落在上下限之外的两类应计盈利净额的平均值远远低于盈利净额落在上下限之间的应计盈利净额的平均值）。

希利的结论说明，奖金计划细节的参数对判断奖金计划是否影响会计程序的选择具有重要的意义。希利获取的有关奖金计划中盈利计算的证据表明：有些研究之所以未能拒绝奖金计划假设的原假设，是由于没能正确使用奖金计划中的盈利定义。前文提到的波文、诺伦和列西的研究（Bowen, Noreen and Lacey, 1981）在调查利息资本化时，忽视了有些奖金计划把利息又算回到盈利中这一事实（占希利所观察的 1 527 个样本中的 33.5%），而瓦茨和齐默尔曼的研究（Watts and Zimmerman, 1978）忽视了"一般物价调整水平"仅仅是一种辅助方法。另外，希利发现他所抽取样本中 52.7% 的企业在计算奖金时又把税收费用加回盈利额（Healy, 1985）。这意味着：黑格曼和泽米鸠斯基关于奖金计划对投资税减免的会计处理方法影响的检验（Hagerman and Zmijewski, 1979）并不是非常有说服力。

11.5　其他会计选择的研究

本节介绍两项研究，这两项研究试图采用在第 8~10 章中讨论过的契约活动和政治活动来解释会计实务,但并不检验奖金计划假设、负债权益比率假设及规模假设,也未使用契约的细节来解释会计程序的选择问题。其中一项研究的是公用事业管制对资产评估的影响,另一项研究的是财务报告的频率(即为何企业以季度或年度作为报告期间)。

11.5.1 公用事业的资产评估(贾雷尔)

贾雷尔调查了在 1912—1917 年间,州管理委员会对电力行业的管制是否会引起公用事业管理者高估资产进而抬高收费基数(Jarrell,1979)。高估资产基数会降低计算出来的报酬率的值,从而促使他们提高公用事业的收费标准。从本质上看,这里涉及的假设是,管制影响管理者对会计程序的选择。

在 1907 年以前,电力企业是由所在地的市政当局管理的,而不是像今天由州管理委员会来管理。结果,两个或两个以上的电力企业经常架设平行的输电线路在同一地区展开竞争。1907 年,纽约州和威斯康星州通过了州立公用事业法,实施这个法规的目的是减少"破坏性竞争"。贾雷尔认为:实施这个法规的目的事实上是允许公用事业通过限制行业进入和给予特许经营权来进行垄断(Jarrell,1978)。他报告说,在成立了州管理委员会之后,电力价格平均上涨了 25%,电力企业盈利额上涨了 35%。

贾雷尔假定,受州管理委员会管理的公用事业企业通过把租金资本化为资产而获得垄断利润(Jarrell,1979)。这样一来,即使它们受到管制,仍可获取垄断利润。例如,已知某一城市里有两个地位相当的公用事业竞争者。每个企业都拥有有形资产,其成本和市价均为 100 美元,并且无负债。假设规定的报酬率和市场报酬率均为 10%,并且两个企业作为垄断性企业的市场价值为 300 美元。当两个企业合并成一个企业时,每个企业均把垄断资产估价为 150 美元(各自股票的市价)。这样对新企业来说,资产基数是 300 美元,消费者付 10%×300 美元即 30 美元的费用给企业,而按原资本基数,只要付 200 美元×10% 即 20 美元。这里的 10 美元差额就是垄断利润(Wyatt,1963,pp. 22-23)。

如果贾雷尔的假设是正确的话,那么受州管理委员会管理的公用事业企业，其资产的账面价值将高于不受市政当局管理的公用事业企业。贾雷尔估算出截面模型，用于解释 1912 年、1917 年和 1922 年报告的总资产对电力总量的比率和报告的总资产对发电能力的比率。模型中不仅包括了自变量，用以反映不同的经营特性，而且包括了一个哑变量以表明是受州当局还是受市政当局的管理。研究结果表明：受州管理委员会管理的公用事业企业，在上述 3 年期间内，报告的资产价值大大高于其他企业的资产价值。

11.5.2 财务报告的频率

列夫威奇、瓦茨和齐默尔曼调查了公开财务报表的频率在不同行业中的差异（Leftwich，Watts and Zimmerman，1981）。这些报表是 1948 年由 83 个在纽约证券交易所和 82 个在美国证券交易所登记的企业提供的，当时还未要求提供中期财务报表。那时，有些企业只提交年度报表，而其他企业则提交半年或季度报表。他们还调查了 1937—1948 年间这些企业报告频率的变化情况。

他们用于解释不同行业的报告频率差异的变量主要是为了说明通过提高报告频率来降低债务和权益的代理人成本所带来的收益以及提高报告频率的成本。这些变量包括：固定资产对企业价值的比率、负债对企业价值的比率、优先股对企业价值的比率、董事会中是否有银行或保险公司的代表以及该公司挂牌的证券交易所。

总的说来，他们在用契约变量解释报告频率在不同行业的差异时，几乎没有取得任何进展。这说明解释报告频率问题比解释用于计算报表中的某个数字的特定会计程序更加困难。

11.6 小结

研究人员测试了第 8～10 章中介绍的理论解释企业所采用的会计程序以及管理者对拟议会计准则所持态度的能力。使用会计程序组合进行检验比使用单一会计程序进行检验更有说服力。这是因为大多数企业通常不会选用增加或减少盈利的极端组合。因此，单一会计程序不足以代表企业的程序选择。

有关企业的会计程序组合的一项大规模的研究（Zmijewski and Hagerman，1981）发现，研究证据与三个受到广泛检验的假设是一致的，这些假设分别是奖金计划假设、规模假设和负债权益比率假设。若某一企业存在着以盈利为基础的奖金计划或它的负债权益比率较高，则它很可能选用增加当期盈利的会计程序。企业的规模越大，它就越可能选用可减少当期盈利的会计程序。

尽管单一会计程序的研究并不如会计程序组合的研究那样有说服力，但它也发现了与负债权益比率假设和规模假设相一致的证据。但这类研究提供的证据对奖金计划假设来说是混杂的。

一些关于单一会计程序的研究显示，关于规模假设的检验结果可能是由于大型石油企业引起的，因此结论的适用范围就被限制在特定行业。这些结论同齐默尔曼的研究（Zimmerman，1983）很一致，他的研究发现大型石油企业的实际税率较高。尽管这样，有一份研究报告（Daley and Vigeland，1983）却发现在他们的研究对象中，仅在较小型的企业中才存在规模效应，因此，还必须继续深入研究规模效应及其在不同行业里的差异情况。这类研究可以对规模效应是否归因于政治成本的假设进行更有说服力的检验。例如，这方面的研究应当调查观察到的具有规模效应的行业是否受到了更多的政府管制。

两个简单的契约假设（奖金计划假设和负债权益比率假设）在解释会计程序选择差异上的成功，促使人们利用契约与奖金计划的细节来进行更有说服力的检验。希利调查了企业的奖金计划参数对企业年度应计盈利净额的意义（Healy，1985）。他的研究结果与管理者通过操纵应计盈利净额来影响奖金的假设是一致的，但对债务契约细节所做的调查并不完全支持上述假设。两项研究发现应付账款余额与会计程序的选择有关系，另一项研究则未发现它们之间有关系，但有一项研究发现利息保障倍数与会计程序的选择之间存在相关性。

贾雷尔（Jarrell，1979）曾进行了一项研究，他发现州管理委员会的管制对公用事业的资产评估产生了影响，这一点与第 10 章中讨论过的政治活动理论一致。列夫威奇、瓦茨和齐默尔曼的研究却未能用契约变量解释报告频率在不同行业中的差异。

总之,以上检验已揭示出一些规律。奖金计划、负债权益比率及企业规模都对会计程序的选择有影响,但这些变量只能在很有限的范围里预测不同行业在会计程序选择方面的差异。希利的研究结果表明,对使用债务和报酬计划细节的契约理论多进行更有说服力的检验可以提高这种理论的预测能力。若能建立更有效的方法来检验政治活动对会计程序选择的影响,也可提高这种理论的预测能力。同时,更有效的检验将启发我们更好地了解报酬计划、负债权益比率以及规模效应是否真正地与第 8~10 章中所讨论过的理论相吻合。

附录:关于单一程序选择的研究

本附录回顾了对单一程序选择的研究。除了首先讨论黑格曼和泽米鸠斯基的研究(Hagerman and Zmijewski,1979)外,其余论文都是按会计专题和表 11-4 所列的顺序加以组织与论述的。

折旧、存货、投资税减免以及退休金成本(黑格曼和泽米鸠斯基)

在泽米鸠斯基和黑格曼(Zmijewski and Hagerman,1981)进行程序组合研究之前,黑格曼和泽米鸠斯基(Hagerman and Zmijewski,1979)分别调查了政治成本和契约变量解释用于程序组合研究的四种程序在同一时点上的截面差异的能力。除了在调查存货选择时省略负债对总资产变量和增加实际税率变量(TAX_i)外,他们采用了与其在组合研究所采用的相同的解释变量。他们同样使用了在组合研究中所使用的 300 家公司(Zmijewski and Hagerman,1981)。研究结果表明,该理论能够解释管理者对一些会计方法的选择。χ^2 检验拒绝了原假设,即该模型不能比随机地把公司归类到各种方法(按照该方法相对频率的比例)的做法更好地预测对会计方法的选择,其显著水平分别为:折旧为 0.01 的水平,存货为 0.05 的水平,投资税减免和退休金成本摊销均为

0.10 的水平。此外，对税收没有直接影响的三种方法的 15 个变量中，有 14 个变量的估计系数的符号与预期相同。

尽管同样的变量并不是在每一个模型中都有意义，黑格曼和泽米鸠斯基的研究结果仍倾向于支持第 8～10 章中所提出的理论。黑格曼和泽米鸠斯基发现，规模较大的企业倾向于采用那些减少报告盈利的会计程序。因此，该研究支持了规模假设。虽然规模对折旧和投资税减免的影响只在 0.05 的水平上显著，它对退休金成本和存货的影响（显著性水平分别为 0.17 和 0.14）却不能不重视，特别是在考虑对折旧和投资税减免研究结果的情况下。

对管理当局报酬哑变量的研究结果（四种选择中的三种较为确定）表明，采用以盈利为基础的报酬计划会使管理者更可能偏爱增加盈利的会计程序。从这个方面说，该结果支持奖金计划假说。然而，黑格曼和泽米鸠斯基的分析存在一个重要的问题，即缺乏任何与债务契约直接有关的变量。奖金计划的存在和债务契约的存在是高度相关的。因此，报酬哑变量能够捕捉债务契约的影响并代表管理者基于契约原因而增加盈利的动机。

另一个结果一致的系数是集中比率的系数。在四种方法中均为负值，其显著性水平分别为 0.18、0.05、0.03 和 0.14。总之，这些结果表明（在该模型中）集中比率可用作政治成本的代理变量。

与泽米鸠斯基和黑格曼（Zmijewski and Hagerman，1981）的研究一样，黑格曼和泽米鸠斯基（Hagerman and Zmijewski，1979）所有的模型并没有比预测所有公司都使用最常见的会计程序更具有预测意义。例如，在对折旧方法的选择中，在 300 家公司中有 255 家（85%）采用直线折旧法。如果预测全部公司都将采用直线法，那么 85% 的公司都能得到正确的分类。黑格曼和泽米鸠斯基模式的准确率为 85.33%。这是对该模型解释力的一个有效的评判，但它并没有否定其研究结果，即企业规模、管理者报酬计划和行业集中比率与公司所使用的会计程序之间具有统计上的相关性。

一般物价水平调整

瓦茨和齐默尔曼调查了公司管理者对财务会计准则委员会在 1974

年发布的有关一般物价水平调整（GPLA）讨论备忘录的态度（Watts and Zimmerman，1978）。GPLA利用消费者物价指数把反映过去交易的公司报表重新表述为以现行物价水平表示的报表。

GPLA对公司报告盈利的主要影响表现在折旧和净货币性资产的损益上（Davidson, Stickney and Weil，1976）。在通货膨胀时期，资产成本不断提高，并使得按一般物价水平调整后的折旧大于按历史成本提取的折旧，由此减少了盈利。净货币性资产是货币性资产（即那些名义价值固定并不会随着通货膨胀而上升的资产，如固定贷款）与货币性负债之间的差额。如果净货币性资产为正数（公司货币性资产多于货币性负债），根据GPLA，公司在通货膨胀时期将报告持有净货币性资产的损失。在通货膨胀和负的净货币性资产下，公司将报告持有净货币性资产的利得。

瓦茨和齐默尔曼（Watts and Zimmerman，1978）认识到债务契约的潜在影响（Watts，1977），但假定GPLA对债务契约的直接影响很小，因为对价格水平的调整只是以辅助形式报告的。此外，管理当局的报酬契约也假定不会受到价格水平调整的影响。因此，他们假定政治活动在GPLA对管理者的财富以及管理者对该讨论备忘录的立场的影响中起着重要作用。

为了建立政治活动对价格水平调整影响的模型，瓦茨和齐默尔曼假定规模假设成立（即规模越大的企业，其管理者越可能选择那些能够减少当期盈利的会计程序）。由GPLA带来的任何潜在的税收减免额的现值也假定随着企业规模的不同而不同。同样地，GPLA对国会的重大政治行动成本或收费标准的影响的市场价值，也会随着企业规模的变化而变化。

瓦茨和齐默尔曼还考虑到GPLA的簿记成本。讨论备忘录要求企业编制额外的一套报表。该成本假定由固定成本和随着企业规模而变化的变动成本组成。这种成本适用于所有企业，并且不依赖GPLA对盈利现值的影响情况。

根据上述假设，他们建立一个模型以预测哪些公司对GPLA进行游说以及持有何种立场。管理者只有在预计游说收益超过其成本时才会进行游说。游说成本包括为向 FASB 表明立场而花费的时间与费用。游说的收益则是其立场对 FASB 施加影响的概率乘以 GPLA 对管理者财富影响的现行价值。如果 GPLA 降低了盈利额，那么，GPLA 的主要收益假定是减少企业的政治成本。因此，如果 GPLA 减少公司盈利的话，大型企业（假定具有政治敏锐性）的管理者将游说支持 GPLA。其他所有企业都反对 GPLA，因为它们发生了超过收益的额外簿记成本。这些假设是在假定管理者报酬和债务契约影响为零的情况下得出的。

53 家公司的管理者（其中大部分公司在纽约证券交易所注册）对 GPLA 讨论备忘录发表书面评论。一家公司（Transunion）管理者的立场无法加以确定。在其他管理者中，18 人被划分为 GPLA 的支持方，而 34 人则被划分为反对一方。计算各个独立变量所需的财务数据是从 1973 年的 Compustat 数据库中获得的。对各公司首席财务官员的调查问卷、代理人声明书（proxy statements）及公司的年度报告的分析，都证实了以盈利为基础的管理者报酬计划的存在。

在进行检验之前需要估计 GPLA 对报告盈利的影响方向。戴维森和威尔（Davidson and Weil，1975a，1975b）以及戴维森、史迪克尼和威尔（Davidson，Stickney and Weil，1976）提出了一种估计 GPLA 对报告盈利影响的方法。利用他们的研究所得出的数据或者利用他们的方法，我们可以估计出 GPLA 对样本公司 1973 年度盈利的影响。第一组检验中的公司规模是基于公司在《财富》500 强排名中的资产得到的。该研究也使用了按销售额排名的数据并得出相同的结论。

就这个模型而言，受管制公司不在考虑之列，因为人们不知道公用事业委员会在评价 GPLA 对收费标准的影响时是如何对待净货币性资产的损益的。那些接受一般物价水平调整的非受管制公司的态度、规模和 GPLA 对其盈利的影响，也都被详细地分析。在 8 家因一般物价水平调整而增加盈利的公司中，有 7 家反对这个准则。在 26 家盈利减少的公司中，只有 8 家支持。不过，这 8 家持支持态度的公司规模很大。

瓦茨和齐默尔曼检验了那些盈利减少的公司的管理者的态度与公司规模相关这一假设。他们无法预先确定那些改变立场的管理者所在企业的资产规模。于是，他们检验了 8 家支持 GPLA 的公司与 18 家反对

GPLA的公司在规模方面是否取自同一样本总体。利用曼尼-惠特尼的 U 检验，他们能够在 0.001 的概率水平上拒绝原假设。其他检验的结果则显示，支持 GPLA 的公司和反对 GPLA 的公司在资产规模的排名上存在着显著的差异。

如果在公司规模已知时政治成本不因行业而异，那么就可以通过将预测误差的数值最小化来估计改变立场的管理者所在公司的资产规模。在 1973 年度《财富》杂志 500 家最大的公司中，资产规模名列第 18～22 的公司将分类误差的数值最小化为 4。根据瓦茨和齐默尔曼的假设，上述论述意味着政治成本只对那些规模很大的公司才显得重要。这个发现与齐默尔曼（Zimmerman，1983）提出的全美国 50 家最大的公司实际负担的公司税率较高的看法相一致。此外，这两个研究都是以大型石油公司为主要研究对象。

这些检验存在着一个共同的问题，亦即公司规模不仅能够代表政治成本，而且能够代表其他变量。鲍尔和福斯特（Ball and Foster，1982，pp. 24-25）曾指出公司规模是行业协会成员的一个代理变量，而且很多提供意见的公司都来自石油行业（Watts and Zimmerman，1978，fn. 27）。由于缺乏数据，我们假定政治成本在各个行业中都以同样的方式随公司规模而变化。显然，政治成本会因行业而异，并且在 1974 年石油行业对国会的决策比任何别的行业都表现得更为敏感。对政治成本的进一步检验应该将产业变量考虑在内。

正像鲍尔和福斯特指出的那样，行业的政治敏锐度并不是公司规模能够替代的唯一变量（Ball and Foster，1982，pp. 33-34）。鲍尔和福斯特推荐了公司规模能够代表的其他几个变量：信息披露的竞争劣势、信息加工成本、管理能力和建议。不过，这三项成本中只有一项达到了可检验的程度，这就是信息加工成本。检验模型中已经把信息加工成本包括在内。正如第 1 章指出的那样，由于存在着无数可供选择的假设，研究人员通常只负责检验那些可检验的竞争性假设。为了促进理论的发展，公司规模能够代表的其他变量都应加以说明，以便在对模型进行进一步的验证时使用。

瓦茨和齐默尔曼的结论是：公司规模及 GPLA 对盈利的影响方向

与管理者对 GPLA 的态度相关显然是在石油公司中得到了证实。这与齐默尔曼关于大型石油公司承担着非常高的实际税率的看法是一致的 (Zimmerman, 1983)。在 8 家因 GPLA 引起盈利减少而支持调整建议的大公司中，有 4 家是石油公司。并且，1974 年是各种压力施加于石油公司的一年。因此，即使瓦茨和齐默尔曼的模型在一定程度上是可描述的，他们所使用的一些特定的说明和方法也不一定适用于其他时期或其他涉及非石油公司的准则。更何况，公司规模还可以代表政治成本之外的其他因素，因而他们的预期在其他情况下不一定成立。参见麦基等对瓦茨和齐默尔曼检验的研究的批评 (McKee, et al., 1984)。

石油和天然气会计：完全成本法和成功法

完全成本法和成功法在很多论文中得到研究。这两种方法为生产石油和天然气的公司所采用，它们在处理那些不能生产商业上获利的石油的油井（枯井）的成本方面各不相同。完全成本法将所有油井（产油井和枯井）的成本都资本化，然后根据产油井所创造的盈利摊销所有油井的成本。成功法则将枯井成本视作费用，只将产油井的成本资本化。

1977 年 12 月，FASB 第 19 号公告要求采用成功法。证券交易委员会却于 1978 年 8 月在第 253 号会计文告中修改了 FASB 第 19 号公告，允许企业同时采用特定形式的成功法与完全成本法。这些管理规则及其他规则对股票价格的影响将在第 12 章介绍。

对于一个正在发展壮大的公司，采用完全成本法比成功法将显著地提高盈利水平，减少报告盈利的变动性，并提高资产价值及股东权益 (Sunder, 1976; Lys, 1982)。因而，奖金计划假设预测在其他条件不变的情况下，施行奖金计划的公司的经理人员会倾向于采用完全成本法。盈利变动性的减少将进一步强化这种预测。另外，负债权益比率假设认为，负债权益比率越高的公司，其经理人员就越有可能选用完全成本法来提高当期盈利。公司规模假设则认为公司越大，经理人员越有可能采用成功法来减少报告盈利并进而降低政治成本。人们可能认为大型公司偏向于采取完全成本法，因为它能减少报告盈利的变动性。然而，实际情况是，盈利变动性因完全成本法而减少的幅度越小 (Lys, 1982, pp.168-169），促使大公司采用完全成本法的动力就越小。

迪金（Deakin，1979）率先从事一项关于完全成本法和成功法的选择的研究。该研究并不是为了验证前面提到的理论，不过，它确实提供了有关前面提到的理论的证据。

迪金以勘探的深度、资本需求、规模和公司存在的年限为基础划分采用完全成本法的公司与采用成功法的公司。他选择7个变量来表示上述4个要素：勘探性油井的平均深度、勘探性油井的数量除以收入、可开采性油井对全部油井的比率、负债对收入的比率、资本性支出对收入的比率、收入、公司存在的年限。可开采性油井是指在已探明储量的地方钻探的油井。勘探性油井则是指在没有探明储量的地方钻探的油井。有些变量与负债权益比率假设及规模假设有关。

迪金的样本不包括24家最大的石油和天然气制造商（因为它们受这种会计选择的影响甚微）、公用事业和输油管道公司（它们是受管制的）以及一些从事石油和天然气勘探等业务、多元化经营的跨行业公司。在剩下的石油和天然气制造商中，迪金设法获得了53家公司在1976年的相关数据，其中28家采用成功法，25家采用完全成本法。

迪金采用多元判别分析来解释样本中对完全成本法和成功法的选择问题，他发现，只含有负债对收入的比率和资本性支出对收入的比率两个变量的模型对公司的分类与包含所有7个变量的模型对公司的分类的结果完全一样。χ^2统计值对于只含有两个变量的模型在0.002的水平上显著。与负债权益比率假设一致，迪金发现，负债对收入的比率越高，公司就越有可能选择完全成本法。[①] 资本性支出对收入的比率变量与负债对收入的比率的相关性为0.53，因此，这个变量有可能代表负债对权益的比率。迪金分别利用7个变量进行二分类检验（依据比弗的检验（Beaver，1966，Ch.5））。他发现，依据负债对收入的比率对公司分类最恰当。事实上，单独使用负债对收入的比率，有73.6%的公司能够得到恰当的划分。采用两个变量的判别分析和采用所有变量的判别分析都只能使71.7%的公司得到正确的归类。

[①] 达力瓦尔在其研究（Dhaliwal，1980）中运用负债权益比率得出的结论和迪金的研究及负债假设一致。

第 11 章 会计程序选择的经验检验

迪金没有报告公司规模（按收入计量）与完全成本法和成功法的选择之间有什么显著的相关关系。但是，就像规模假设所预测的那样，采用完全成本法的公司的平均收入较低，而且公司规模确实能够在 0.18 的水平上与完全成本法和成功法显著相关。这种对公司规模假设的弱支持的一个原因在于迪金把 24 家最大的石油和天然气制造商排除在样本之外。这些公司绝大多数都采用成功法，如把它们包括在样本之中，公司规模这个因素就会显得特别突出（Deakin，1979，p.727，fn.4）。把这些因素考虑在内，公司规模假设就会得到更强有力的支持（即大型公司选择能够减少报告盈利的会计方法）。

利里恩和帕斯提纳进一步验证了公司规模和负债对业主权益比率与管理者选择完全成本法或成功法之间的相关性（Lilien and Pastena，1982）。一般说来，公司并不采取极端的成功法或完全成本法。在采用完全成本法或成功法后出现的报告盈利效应方面的变异可以通过改变定义域来实现。利里恩和帕斯提纳指出，每一种方法中还存在其他变量，管理者可以利用这些变量在第 253 号会计文告（ASR 第 253 号会计文告推翻了 FASB 第 19 号公告并规定了一种具体的成功法）和第 258 号会计文告（它规定了一种具体的完全成本法）之前影响公司盈利。利用这些变量，管理者的选择就不再是局限于由完全成本法或成功法产生的盈利系列，而是在整个盈利系列范围内。利里恩和帕斯提纳不仅解释了管理者关于完全成本法和成功法的选择（方法间的选择）问题，而且解释了管理者在各种方法之中的选择（方法内部的选择）问题。

利里恩和帕斯提纳通过调整公司在遵循第 253 号会计文告或第 258 号会计文告时的留存盈利来测算管理者在第 253 号会计文告和第 258 号会计文告公布之前将报告盈利最大化或最小化的程度。公司通常要将它们的盈利作追溯调整，以便了解公司采用第 253 号会计文告和第 258 号会计文告设定的方法时的盈利水平。这样，追溯调整会反映出，公司采用的完全成本法比起 ASR 第 258 号会计文告设定的完全成本法，哪一个会产生较多或较少的盈利。同样地，对采用成功法的公司进行追溯调整，可反映出是采用成功法产生的盈利大，还是采用 ASR 第 253 号会计文告规定的成功法产生的盈利大。

利里恩和帕斯提纳使用 4 个变量来解释管理者将报告盈利最大化的程度。公司规模（收入）用来反映政治成本效应和检验规模假设。负债对收入的比率用来检验负债权益比率假设。其他两个变量分别是枯井对全部油井的比率及公司存在的年限。

枯井对全部油井的比率可用来衡量报告盈利的变动对方法选择的效应。莱斯指出：如果成功法提高了报告盈利的变动性，那么公司勘探活动中未发现石油的可能性越大，盈利的变动性就越大（Lys，1982，p.169）。因此，如果以枯井对全部油井的比率表示未发现石油油井的概率，那么这个比率越大，由成功法引致的盈利的变动性也就越大。枯井出现的概率对奖金的变动性及政治成本的效应说明，该比率越大（在成功法之下变动性越大），管理者越有可能选择完全成本法。利里恩和帕斯提纳还注意到，未发现石油的概率越大，债务契约违约的可能性也就越大，由此他们就管理者的行为作出了同样的预测。

公司存在的年限之所以影响会计方法的选择是因为完全成本法在 20 世纪 50 年代之前还未出现。在改变会计方法的成本给定的情况下，历史较久的公司更有可能使用成功法。

由于第 253 号和第 258 号会计文告的颁布，利里恩和帕斯提纳对 1978 年或 1979 年向 SEC 报送 10-K 格式文件中的 102 家样本公司 1978 年度的留存盈利进行了调整。他们先利用 Probit 分析方法来解释对完全成本法或成功法的选择。该模型对公司的分类要比最经常使用的分类标准更为恰当。后者只是简单地根据各个类别在 0.001 水平上的分布频数而随机地将公司分类。此外，所有 4 个变量的系数都具有与预期相同的符号。大型公司和历史悠久的公司更有可能采用成功法并承担较高的勘探风险，而小型公司和历史较短的公司则更有可能采用完全成本法。公司存在的年限、勘探风险和公司规模变量在 0.06 的概率水平上都是显著的。财务杠杆变动在 0.18 的概率水平上是显著的。

当利里恩和帕斯提纳利用 Probit 分析方法来划分选择极端会计方法的公司（即 50 家使用完全成本法的公司的报告盈利高于使用 SEC 规定的完全成本法的公司的报告盈利，18 家使用成功法的公司的报告盈利低于使用 SEC 规定的完全成本法的公司的报告盈利）时，他们实际上对理论进行了另一次检验。如果该模型是正确的,4个变量在这种极端样本中的回归系数应该更显著。检验结果与模型是一致的。模型在0.001的概率水平上是显著的,所有的回归系数符号与预期一致,并且在0.04的概率水平上是显著的。因此,除公司规模和财务杠杆之外,公司的存在年限和勘探风险不仅与完全成本法和成功法的选择相关,而且与备选完全成本法和备选成功法的选择相关。

有关石油和天然气公司的会计方法的三个研究并不是彼此独立的,例如,上述一些公司连同它们采用的会计方法分别出现在三个研究之中。并且,三个研究结论的一致性,尤其是公司规模和财务杠杆与在预期方向上的会计选择的相关性,进一步证实了黑格曼和泽米鸠斯基的两篇论文及瓦茨和齐默尔曼的研究结论(Watts and Zimmerman,1978)。对石油和天然气行业的研究提供了更多与负债权益比率假设和公司规模假设相符的证据。另外,利里恩和帕斯提纳的研究提供了关于勘探风险的新证据,这些证据符合用来减少报告盈利变动性的负债和政治成本假设。所有有关石油和天然气行业的研究都忽略了一个变量,即管理者奖金计划对会计方法的选择乃至对报告盈利产生的影响(奖金计划假设)。

利息资本化

波文、诺伦和列西调查了公司在是否将与资本项目有关的利息资本化问题上的选择(Bowen,Noreen and Lacey,1981)。在1974年之前,公司可以任意处置利息。1974年,SEC颁布禁令,不准公司把利息资本化。FASB也把这个问题提到议事日程上。1979年,FASB发布了第34号公告,要求对部分资产实行利息资本化,SEC遂解除禁令。

波文、诺伦和列西考虑了管理者报酬计划、债务契约及政治成本对会计方法选择的影响。利息资本化提高了当期报告盈利,因此,根据报酬计划假设,他们假设实行报酬计划的公司更有可能选择将利息资本化。

在估计债务契约的影响时,波文、诺伦和列西使用了债务契约条款中的变量,这一点与前面提及的文章不同。他们假设:(1)负债对收入的比率越高的公司,越有可能将利息资本化(负债权益比率假设);(2)

可支配资金余额越低，盈利对利息费用的比率（保障比率）越低，公司越有可能将利息资本化。

波文、诺伦和列西就政治成本的两个假设进行了检验。一个是所有行业的大型公司都不太可能将利息资本化（因为这样会增加当期报告盈利，从而提高政治成本）。另一个假设源自以下观察，即石油行业的企业影响着瓦茨和齐默尔曼的研究结果（Watts and Zimmerman, 1978）以及在波文、诺伦和列西进行调查时石油行业正面临沉重的政治压力（Bowen, Noreen and Lacey, 1973, 1974）。第二个假设是石油业中最大的公司似乎不大可能将利息资本化。

样本包括了91对在SEC于1974年颁布禁令之前施行及未施行利息资本化的公司。公司是按照4位数的标准行业分类码进行配对组合的。之所以采取这种配对组合方法，是因为行业成员与利息资本化及利息非资本化高度相关。利用一个χ^2检验，波文、诺伦和列西拒绝了以下原假设：行业与会计方法在0.001的概率水平上是彼此独立的。如果对行业不加控制，我们可以发现，一个不能解释会计方法的选择但与行业相关的独立变量与会计方法的选择是相关的。另外，对行业的控制使得会计方法的选择与影响这种选择但与行业相关的变量之间的相关性降低了，这样，检验的说服力也变弱了。波文、诺伦和列西在选择减弱检验的说服力方面是非常谨慎的。

应用单变量检验，波文、诺伦和列西没有发现奖金计划与利息成本的会计处理方法之间的相关性，因此，他们未能证实奖金计划假设。不过，这种对管理者报酬的检验缺乏说服力。很多奖金计划都把利息费用重新加回到盈利中（Smith and Watts, 1982; Healy, 1985）。将那些公司的利息资本化仅仅会提高某项奖金的最低金额水平（通过增加总资产或业主权益）并使得该项奖金更难以获得。这会促使人们预测某项将利息费用重新计算在内的奖金计划会使得管理者不大乐意将利息资本化。

对3个负债变量所进行的单变量检验都是显著的。在1974年有70对公司没有股利约束限制。在43对公司中，股利约束对利息资本化者更具约束力；在23对公司中，股利约束对非利息资本化者更具约束力；

在 4 对公司中，股利约束不存在任何差异。这样，可支配资金余额越低，公司就越有可能将利息资本化。运用符号检验法，获得上述结果的概率大约为 0.02。

就其他两个债务变量而言，实施利息资本化的公司都具有较小的利息保障倍数比率（在 0.06 的水平上显著）及较低的有形资产对长期负债的比率（在 0.001 的水平上显著）。

为了检验石油业中的大公司不大可能实施利息资本化这一假设，波文、诺伦和列西调查了 Compustat 行业年度档案上所记录的 38 家石油加工公司。在这 38 家公司当中，有 26 家没有实施利息资本化，有 10 家实施了利息资本化，另外两家公司则难以归类。与假设一致的是未将利息资本化的公司在 1973 年和 1974 年都有较高的平均销售额（49 亿美元和 12 亿美元）。运用 t 检验，销售额的差异在 0.01 的水平上显著。尽管依据销售额排列位置的两种方法的分布在曼恩-惠特尼检验中不显著，波文、诺伦和列西还是发现了一种临界效应，这种效应与齐默尔曼、瓦茨和齐默尔曼、泽米鸠斯基和黑格曼发现的结果相似（Zimmerman, 1983; Watts and Zimmerman, 1978; Zmijewski and Hagerman, 1981）。10 家最大的石油公司将利息费用化。模拟试验表明，此类结果随机出现的概率为 0.07。因而，这些结论证实了大型石油公司不大乐意实行利息资本化这一假说（与规模假设吻合）。

就石油业之外的公司而言，规模效应就与前面预期的检验结果相反了。将利息资本化的公司的平均销售额为 10 亿美元，这大大超出了未将利息资本化的公司的销售额（6 亿美元）。运用 t 检验发现，二者的差异在 0.10 的水平上显著（在错误的方向上）。运用双尾符号检验法发现，二者的差异在 0.05 的水平上显著。

除了进行单变量检验之外，波文、诺伦和列西还运用他们所讨论的 5 个变量——奖金计划的存在、股利对可支配资金余额的比率、利息保障倍数比率、有形资产对基金负债的比率及销售额——用 Probit 分析方法解释利息资本化与非资本化的选择。分析结果与单变量检验的结论一致。

总之，波文、诺伦和列西的研究结果证实了会计方法选择与债务契约变量，特别是财务杠杆之间的相关性。他们还证实了在石油业中公司规模与会计方法选择的相关性。不过，就整体样本而言，公司规模与会计选择之间的相关性恰恰与预期相反。最后，他们并没有发现管理者报酬计划与利息资本化之间的关系。但是，这个结果可能是由于对个别报酬计划细节的调查失误引起的。

研发费

戴利和维格兰德发现管理者在是否将研发费资本化问题上的选择与契约变量和公司规模相关（Daley and Vigeland，1983）。1974年FASB第2号公告要求公司将研发支出视为费用，而不能视为资本。在此之前，管理者可以随意将研发支出当作费用或资本处理。将研发支出资本化会增加当期报告盈利及留存盈利。

戴利和维格兰德调查研究了在FASB第2号公告之前的1972年对研发支出所采用的会计方法。他们检验了在以下条件下，公司更有可能将研发支出资本化的假设：（1）公司的负债权益比率越高（负债权益比率假设）；（2）公司的利息保障倍数比率越低；（3）公司的股利对可支配资金余额的比率越高；（4）公司资本结构中的公债越多。戴利和维格兰德检验了政治成本假设、公司规模假设；大型公司倾向于将研发支出视为费用。

戴利和维格兰德的调查样本由178家把研发支出费用化的公司和135家把研发支出资本化的公司组成。资本化公司是在FASB规定将研发支出费用化之后，在《披露杂志目录》（*Disclosure Journal Index*）上报道已改变会计方法的公司中挑选出来的。费用化公司是随机地从在Compustat数据库中报告了1972年度研发费用的公司中挑选出来的。

在他们的多元统计检验中，戴利和维格兰德采用非公债对有形资产总额、公债对有形资产总额、利息保障倍数比率、销售额、股利对可支配资金余额等变量，对公司研发支出的会计方法选择进行了回归分析（1表示资本化公司，0表示费用化公司）。所有的系数都有与预期相同的符号，除了股利对可支配资金余额的系数之外，其他的系数在0.05的概率水平上都是显著的。

戴利和维格兰德还根据配对样本对他们的模型进行了估计。他们将资本化公司和具有同样的 4 位数标准行业分类码中的控制（费用化）公司配对。这种做法使他们的样本数量减少为 111 对公司。这种做法的目的在于控制财务杠杆（负债权益比率）在行业间的变动，因为人们通常认为最优财务杠杆是因行业而异的。使用配对公司数据估计出来所有系数的符号都与预期相同，不过只有非公债对有形资产总额、公债对有形资产总额的系数是显著的。那些负债资产比率系数比之前的估计更有显著意义。对行业的控制似乎增强了对负债权益比率假说进行检验的说服力，但削弱了对其他假说进行检验的说服力。

为了检验是否只有大公司才具有规模效应，戴利和维格兰德把样本中的 313 家公司拆成两个样本：一个是含有 156 家公司的大公司子样本，一个是含有 157 家公司的小公司子样本。他们分别对各个子样本使用了最小二乘法。两个负债对资产比率的系数在两个估计中都在 0.05 的概率水平上显著。但是，规模（销售额）系数只在小公司子样本中才显著。与齐默尔曼以及泽米鸠斯基和黑格曼的研究结果相反（Zimmerman，1983；Zmijewski and Hagerman，1981），规模效应并不是由大公司驱动的。

总的说来，戴利和维格兰德证实了负债权益比率假设和规模假设。他们还提供了一些关于资本化和费用化研发支出的会计选择与利息保障倍数比率的水平相关的证据。不过，与先前研究的结论相反，规模效应并不局限于大公司，事实上，规模效应只是在规模较小的公司中才是显著的。

折旧方法

达力瓦尔、萨拉蒙和史密斯调查研究了业主（即公司所有者）控制的公司及管理者控制的公司是否会为了盈利报告问题而采用不同的折旧方法（Dhaliwal，Salamon and Smith，1982）。业主控制的公司被定义为：某个团体拥有 10% 或更多的有表决权股票并且在董事会中拥有代表，或者某个团体拥有 20% 或更多的有表决权的股票。管理者控制的公司是指没有哪一个团体控制了 5% 以上的有表决权股票的公司。

达力瓦尔、萨拉蒙和史密斯预期，管理者控制的公司更有可能选择那些能将报告盈利从后期移至当期的折旧方法（即直线折旧法）。这有两个原因：一个原因是辛得利和威廉姆森所指出的，受管理者控制的公司的管理者总是试图将公司的经营状况朝最好的方向报告，以减少公司被兼并的可能性（Hindley，1970，pp. 199-200；Williamson，1967，p.13）。第二个原因是管理者控制的公司更倾向于采用以会计方法为基础的激励方案。如果这一点是正确的话，奖金计划假说就会促使人们预期：管理者控制的公司更有可能采用直线折旧法，以增加管理者的报酬。

达力瓦尔、萨拉蒙和史密斯所做的研究分析了 42 家管理者控制的公司及 41 家业主控制的公司在 1962 年度为盈利报告而分别采用的折旧方法。所有这些公司都基于纳税目的而采用了加速折旧法。他们进行了 Probit 分析，如果公司使用直线折旧法进行盈利报告，因变量就用 1 表示；如果公司使用加速折旧法，因变量就用 0 表示。自变量分别是总资产、负债权益比率。并且，如果公司是由公司的所有者控制的，变量就取值 0；如果公司是管理者控制的，变量就取值 1。运用 χ^2 统计量，该模型并不比以相对频数为依据的初始模式更有预测力，原假设在 0.01 的概率水平上被拒绝。所有 3 个变量的系数都与预期的符号相同。负债权益比率的系数在 0.01 的水平上显著，控制变量的系数在 0.03 的水平上显著，规模系数在 0.15 的水平上显著。这些结论符合负债权益比率假说（负债权益比率越高，公司就越有可能选择能增加盈利的会计方法）和规模假说。如果管理者控制的公司更倾向于采用激励方案，那么，这些结论还与奖金计划假说相吻合。

霍尔特豪森调查研究了 41 家公司的可支配资金余额的时间序列（Holthausen，1981）。这 41 家公司在 1955—1978 年期间出于报告目的而从加速折旧法转向直线折旧法。在考虑纳税利益时，这些公司仍然使用原有的加速折旧法。如果是那些限制股利支付的债务契约（即可支配资金余额）引起了折旧方法的变更，那么这一资金余额在次年以及变更折旧方法的年份比其他年份更有可能接近于零。

霍尔特豪森计算了发生折旧方法变更的前 7 年至后 3 年的可支配资

金余额对股利的比率、可支配资金余额对盈利的比率及可支配资金余额对企业规模的比率的时间序列。这些时间序列未能显示出变更期间股利限制条款会变得更加严格的迹象。可支配资金余额在折旧方法变更中未能发生作用的进一步证据是由凯利提供的（Kalay，1979），他把发生折旧方法变更的企业与一个由随机样本进行比较，结果发现，在霍尔特豪森调查的变更折旧方法的企业中，只有 5 个企业（约占 12%）在变更前后的 11 年里受到股利限制条款的约束（或者不进行折旧方法变更就会受到约束），其中 2 个企业是在变更前受到约束，其余 3 个企业则在变更之后受到约束。与此相比，在凯利调查的 100 个企业中，有 14% 的企业在 1957—1975 年间受到股利条款的约束。

总之，霍尔特豪森的研究有力地表明，可支配资金余额并不会驱使管理者去改变折旧方法。由于数据有限，霍尔特豪森未能对财务杠杆限制的含义加以调查分析。

延伸阅读文献

Cohen, D. A., AND P. Zarowin, "Accrual–based and Real Earnings Management Activities around Seasoned Equity Offerings," *Journal of Accounting and Economics*, 2010, pp. 2–19.

Dechow, P. M., AND D. J. Skinner, "Earnings Management: Reconciling the Views of Accounting Academics, Practitioners, and Regulators," *Accounting Horizons* (June 2000), pp. 235–250.

Graham, J. R., C. R. Harvey, AND S. Rajgopal, "The Economic Implications of Corporate Financial Reporting," *Journal of Accounting and Economics*, 2005, pp. 3–73.

Healy, P., AND J. Wahlen, "A Review of the Earnings Management Literature and its Implications for Standard Setting," *Accounting Horizons*, 1999, pp. 365–383.

Roychowdhury, S., "Earnings Management through Real Activities Manipulation," *Journal of Accounting and Economics*, 2006, pp. 335 - 370.

Xu, R. Z. , G. K. Taylor, AND M. T. Dugan, "Review of Real Earnings Management Literature," *Journal of Accounting Literature*, 2007, pp. 195 - 228.

Zang, A. Y. , "Evidence on the Trade-off between Real Activities Manipulation and Accrual-based Earnings Management," *The Accounting Review*, 2012, pp. 675 - 703.

第12章 股票价格检验的理论

导 读

  本章主要介绍会计程序变动（包括强制性变动和自发性变动）的股票价格效应。研究发现，因为市场能预期到会计程序的自发性变动，所以这些会计变动对股票价格的影响不明显。而强制性会计程序变动（如由于会计准则发生变化）对股票价格影响的研究则大多发现，强制性会计程序变动与股票价格之间存在显著的相关性。影响取决于它对企业最佳订约技术、债务契约、报酬计划和政治成本的影响：如果这种影响对企业是有利的，股票价格就会上涨，反之则会下跌。用横截面数据进行分析，结果不是很一致，作者将原因归纳为存在变量测量误差、多重共线性、遗漏变量等问题。

  菲尔兹、莱丝和文森特（Fields，Lys and Vincent，2001）在综述中指出会计学者要回答"会计选择是否有用，什么情况下有用和怎么有用"的根本问题。参照他们对会计选择的定义（不仅包括先进先出法还是后进先出法的选择，还包括披露水平的选择、新准则采用的时点选择，甚至包括减少研发（以增加利润）这样的真实的企业行为），可以理解为何会计学者还是要回答会计有用性的问题。

股票市场的检验只是会计有用性问题的一个方面。基本思路是如果会计信息对于投资者是有用的,那么其变化(不管是新消息的出现还是会计程序的变化)就会影响投资者的决策进而影响市场。会计有用性问题的研究后来得到了进一步的扩展。有综述(Beyer, Cohen, Lys and Walther, 2010)将会计信息在资本市场中的作用分成两类:事前的估值(ex-ante valuation role)和事后的管理(ex-post stewardship role)。而利益相关者理论则以更广阔的视角来考察会计信息的使用者:管理者、债权人、股东、员工、客户、政府和供货商等等。企业的发展离不开各利益相关者的参与,而各利益相关者也从企业获得了相应的好处。因为各个利益相关者都需要评估他们是否进入企业的决定,而各个利益相关者和企业之间都有着明确或者隐性的契约,因此随着研究范围的不断扩展和数据库的不断丰富,后来的研究开始考察会计对这些利益相关者的作用和影响,会计有用性的研究也更具体化和多样化。

会计有用性研究的横截面数据分析基本能发现,质量更好的会计信息的有用性更强。会计信息的有用性是多维度的,那么会计信息的质量可能也是多维度的。读者可以参照相关研究对盈余质量的代理变量的论述理解每个代理变量的优势和问题(Dechow, Ge and Schrand, 2010)。

研究进一步分析提高会计信息质量的途径,基本研究结果表明,包括改进会计准则、改善会计执业环境、完善会计信息的披露方式、充分发挥信息中介(包括审计师和机构投资者)的作用、完善公司治理结构等都能提高会计信息质量。而资本市场中,最主要的信息中介就是审计师、财务分析师和机构投资者,因此关于他们的会计研究也日益增多。

而跨国研究基本也发现,高质量的会计准则可以提高会计信息的质量。只有在法律体系健全、执行效果良好的国家,才会发现采用国际会计准则对资本成本和权益市值价值的积极影响。也就是说,会计执业环境可能影响会计准则的执行效果。所在国的法律环境等因素可能直接影响会计准则的执行质量。

我们在第8~10章概略地讨论了会计程序变动的宣布与股票价格变动之间关系的理论,本章将研究这一理论的有效性。我们将分析四个股

票价格变化的案例以及它们在截面数据中的表现差异。其中三个案例研究在强制性会计程序变动下的股票价格变化;另一个案例研究在自发性会计程序变动下的股票价格变化。[①] 有关强制性会计程序变动的研究表明,股票价格变化与会计程序变动的宣布有关,而自发性会计程序变动的研究则说明二者无关。

在第9章和第10章中,我们曾说明要发展一种有效的方法来检验自发性会计程序变动对股票价格的影响,还有许多困难有待克服。这些困难来自:(1) 市场期望公布这种变动;(2) 这种变动带来的盈利越大,市场对变化的期望越大,因此就减小了股票价格变化在截面数据中的差异。在强制性会计程序变动对股票价格的影响中,市场期望并没有消除系统性的截面数据差异,所以这种股票价格变化更为明显。这些研究总的结果与上述观点相吻合。

所有进行强制性会计程序变动的研究者均发现会计程序变动的宣布对市场股票价格所产生的影响。他们还发现股票价格截面数据差异与某些契约和政治成本变量有关。但是,并不是所有的变量在每个研究中都显著,有些甚至与预期的符号不符。不同变量在不同研究中具有不同的显著性。产生这种不协调现象的原因包括:这些变量不能完全代表契约成本和政治成本;这些变量之间具有多重共线性;契约成本和政治成本函数没有得到充分的识别;其他方法论问题。一个非相互排斥的假设是,其他解释性变量在研究中被遗漏了。

尽管研究结果中出现了这种不一致现象,但对我们在第8~10章中所讨论过的理论来说,有关强制性变动的研究结果还是很有用处的。我们发现了会计准则对股票价格的影响显然不是通过税收效应施加的。在截面数据之间,这些影响随着我们在理论中提到的变量的变化而变化,一些差异已经得到了解释。但是,这仅仅是个开始,我们还必须解释为什么在各项研究中不同的变量具有不同的显著性,还必须找到更好的变量来衡量契约成本和政治成本。

我们在本章分析的研究结果与第4章所分析的研究结果完全不同。

---

① 霍尔特豪森与列夫威奇也曾对这些研究进行总结(Holthausen and Leftwich, 1983)。

第 4 章主要是区分机械性假说和无效应假说之间的差别。它们假定在有效市场中，中性的赋税变化并不影响企业的现金流，进而也不会影响股票价格。由于着眼点不正确，第 4 章介绍的两种假说无法发现中性赋税变化对股票价格的影响，也无法说明哪一个企业的股票价格受会计程序变动的影响最大。而本章是以一种理论为指导，来对这种影响进行探索。第 4 章的重点放在自发性会计程序变动上，因为在这种变动发生时，我们无法观察到股票价格变化，因此本章侧重于讨论强制性会计程序变动。

本章首先指出这些研究所调查的会计变动类型，以及这些变动对预测股票价格的作用（关于股票价格的预测，我们已在第 9 章和第 10 章讨论过）。然后解释用来代表契约成本和政治成本变动的变量，并考察强制性会计程序变动的问题，因为我们认为这些是最有效的检验手段。接着我们研究一份关于会计准则变化将引起股票价格波动的报告（Leftwich，1981），这种变化是由美国会计原则委员会第 16 号和第 17 号意见书（企业合并的会计问题）引起的。然后研究另外两份报告（Collins，Rozeff and Dhaliwal，1981；Lys，1984），它们研究由于财务会计准则委员会颁布第 19 号公告（石油和天然气的会计问题）而引起的股票价格变动问题。最后介绍一个关于自发性会计变动的研究（Holthausen，1981）。章末是一个小结。

12.1　会计程序变动对股票价格的影响

本节着重介绍强制性会计变动和自发性会计变动对股票价格的影响。

12.1.1　强制性会计变动

在强制性会计变动研究中涉及两种会计准则（会计原则委员会第 16 号和第 17 号意见书，以及财务会计准则委员会第 19 号公告），这两种会计准则均对现行的会计程序做了限制性的规定。限制性规定的结果是消除或增加使用那些可增加报告盈利的会计程序的成本。

最佳契约

在第 9 章我们曾指出，由于有些准则限制了现行的会计程序组合，它必然也会限制签订契约的各方在契约中所能选用的订约技术。本章所涉及的这些被取消的或被限制的程序（如权益集合法和完全成本法等）本来服务于订约目的，因此对这些程序的限制就必然限制了订约技术。所有可能采用这些限制程序的企业的股价均会下跌。[①]

利用债务契约转移财富

通过消除可以增加盈利的各种会计程序，强制性会计变动便削弱了管理者将财富由债务人转到股东手中的能力（即增大公司的债务权益比率）。这种会计变动会降低公司股票的价格，这些公司使用或可能使用这些限制性程序来降低对债务契约的约束力。这些变动也会增加违反债务契约（如限制支出与盈利倍数的比率）的可能性。这样，技术性违约成本就会增加，从而也会导致股票价格的下跌。

通过报酬契约转移财富

若公司制订了以盈利为基础的报酬计划，则来自强制性变动的限制将降低管理者通过会计方法来增加其报酬的能力。这会引起股票价格的小幅上涨，但这种影响极其有限。因为管理者未来的预期报酬必须等于他的竞争性工资。

政治成本

会计原则委员会第 16 号和第 17 号意见书以及财务会计准则委员会第 19 号公告都对报告较高盈利的会计程序进行了限制。这样也就通过降低政治成本提高了股票价格。所有能采用这种会计程序的企业均可降低政治成本，而不只那些正在运用被取消的程序（它防止了政治对手使用这种程序）的企业才可降低政治成本。[②]

12.1.2　自发性会计变动

在调查自发性会计程序变动的研究中，研究者主要集中考察由加速折旧法转向直线折旧法的问题。霍尔特豪森认为，这种变动是一种偶然的变动，而不是公认程序的变动（Holthausen，1981）。这种变化往往

---

① 我们假设如果没有政府对信息披露的管制的话，这些公司可以获得最佳的订约技术。
② 对权益集合法的限制反过来限制了可能减少资产的会计程序的运用。这样就会提高政治成本，降低股票价格。然而，我们预计盈利对政治成本的影响将超过资产对政治成本的影响。

会增加所报告的盈利和资产。

通过债务契约转移财富

这种变动增强了管理者从债务人手中转移财富的能力，降低了代价高昂的违约的可能性。这两种影响均会提高股票价格。

通过报酬契约转移财富

变化的趋势是增加管理者的奖金，从而降低股票价格。

政治成本

由于这种折旧方法的变动增加了报告的盈利和资产，其结果是政治成本增加，股票价格下跌。

我们在前面已经讨论过，人们通过某一特定因素（如通过从债权人手中转移财富）来预测会计变动引起的股票价格变化的方向，这种变化方向取决于各个因素相对的影响程度。同样地，不同企业股票价格受影响的差异也取决于各个因素相对的影响程度（这正是我们的研究所要说明的问题）。因此，我们的研究就可以用变量来表示每一个因素对股票价格变化的影响。这些变量可以用来表示会计变动对股东所承担的最佳契约成本的影响，可以用来表示通过债务契约和奖金计划转移给股东或从股东手中转出的财富，可以用来表示股东所承担的政治成本，等等。

通常，与宣布会计变动有关的股票价格变化必须对其代理变量进行回归。这种检验的有效性取决于各代理变量反映会计变动对不同的成本或财富转移的影响程度，也取决于代理变量所展示的成本效应对所有成本的线性拟合程度。

12.2　解释股票价格效应的变量

在这里所讨论的四个研究报告，主要通过债务契约对财富转移的影响来解释股票价格的变化问题。所使用的变量和基本原理可用表 12-1 来说明。表 12-1 概述了每个变量与自发性变动和强制性变动对股票价格影响之间的预期关系符号。

表 12-1　变量与股票价格效应之间的预期关系符号

	预期关系符号	
	强制性变动 （APB16 和 17，FASB19）	自发性变动 （折旧方法变更）
a. 最佳订约成本 　虚变量：若存在债务契约或报酬计划则取值为 1	−	不适用
b. 通过债务契约转移财富 　约束性变化		
i. 对报告盈利、留存盈利及权益的影响	+	+
ii. 负债权益比率	−	+
iii. 现金流方差	−	+
iv. 可支配资金余额	+	
违约成本		
v. 公债与私债的比例	−	+
vi. 债务价值差异	+	−
vii. 债务期限	−	+
viii. 债务的可赎回性	+	−
ix. 债务的可转换性	+	−
c. 通过报酬计划转移财富 　0-1 虚拟变量：若存在以会计为基础的报酬计划则取值为 1	+	−
d. 政治成本 　企业规模及企业价值	+	−

12.2.1　最佳订约成本

柯林斯、罗捷夫和达力瓦尔的研究（Collins，Rozeff and Dhaliwal，1981）中引入 0-1 虚拟变量。若某公司有含限制性条款的债务契约，或者有以会计为基础的报酬计划，则取值为 1。设置该变量的目的是反映财务会计准则委员会第 19 号公告对最佳订约技术的影响。因此，该变量的系数预计为负值（即若公司具有以会计信息为依据的契约，在第 19 号公告的影响下，股票价格将下跌）。

333

这个变量也反映了债务和报酬计划的财富转移。因为会计准则取消了使盈利增加的程序，通过债务转移财富对股票价格产生了消极的影响，并且增强了最佳契约的影响。而通过报酬计划转移财富将对股票价格产生积极的影响，但其影响也可能被其他因素产生的影响抵消。

因为自发性变动并不影响现行会计程序的组合，所以最佳契约仅受强制性变动的影响。

12.2.2 通过债务契约财富转移

我们可以用变量来表示决定财富转移（经由债务契约）变化的两个因素：一个因素是会计程序变动对根据会计信息签订的契约条款的约束程度的影响（契约条款的约束性变化）；另一个因素是技术性违约的成本（违约成本）。

契约条款的约束性变化

若一个公司的债务契约规定了固定支出与盈利的比率，那么强制性变动就会减少盈利额，从而使该公司的这一比率更接近于契约规定的最大值。这样的强制性变动对盈利的影响，可归结为它使公司在约束性条款范围内的灵活性下降（"更严"）。

对条款约束性的影响非常重要，因为管理者的投资和融资决策均与条款约束性紧密相关。例如，在接管公司的活动中，只有当接管后特定的负债权益比率仍然存在，债务协议才允许某一公司被接管。因为公司越接近规定的比率，这种比率在接管后被满足的可能性越小，管理者越有可能被迫放弃净现值为正的投资项目。

由于约束性是考察技术性违约可能性的一种方法，因此，研究会计程序变动对约束性变化的影响就显得尤其重要。技术性违约的代价是高昂的，它要求违约方给予债权人一定的赔偿（如支付较高的利息率）。因此，若新的会计程序使契约的约束性更强的话，就更容易发生技术性违约现象，违约的期望成本也就越高，由于会计准则的变动而引起的股票价格下跌越厉害。

违约成本

决定由于会计程序变动而引起债务契约的财富转移的另外一因素

（除了前面提到的约束性影响之外）是技术性违约的成本。这种成本对各个公司都不相同。例如，现行市场利率与负债名义利率之间的差异越大，则债权人在重新签订被违反的债务契约时索价就会越高。

下面介绍用来表示约束性变化和违约成本的两个变量。

12.2.3 约束性变化

对报告盈利、留存盈利和权益的影响

在其他条件不变的情况下，强制性变动引起盈利下降越多，则在某些契约条款下，如支出与盈利倍数条款，违约的可能性就越大。反过来，从股东手中转移给债券持有人的财富越多，股票价格下跌的幅度也就越大。留存盈利和权益下降越大，在负债权益比率类型的条款约束下，违约的概率就越大，股票价格下跌幅度也越大。最后，留存盈利下降越大，可支配资金余额就越紧缺，管理者支付股利和由债券持有人手中转移财富的能力就越小，与这种变化相关联的股票价格下跌幅度也越大。

上述论点意味着强制性会计变动对报告盈利、留存盈利和权益的影响，与这种变动对股票价格的影响之间存在着正相关关系。这种会计变动导致盈利减少，从而使股票价格下跌。自愿性会计变动对报告盈利、留存盈利和权益的影响与这种变动对股票价格的影响之间也存在着正相关关系。折旧方法的转变增加盈利，从而使股票价格上升。

尽管盈利效应变量和股票价格效应之间的关系符号对强制性变动和自愿性变动来说都是相同的，但是，其他债务变量与股票价格之间的关系符号对自发性变动和强制性变动来说是截然相反的。因为盈利效应变量包含了盈利影响的方向，其他变量则不然。譬如，违约成本越高，强制性变动成本就越高（因为它增加了违约的概率），从而导致股票价格下跌得更厉害。但是，违约成本越高，自发性变动带来的好处也越大（因为它降低了违约的概率），从而提高了股票价格的上涨幅度。

接下来我们讨论债务财富转移变量，以说明强制性会计程序变动对股票价格的影响。读者应记住，自发性会计变动将导致相反的股票价格变动。

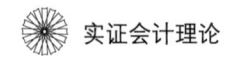

负债权益比率

在保持其他条件不变和较高的负债权益比率的情况下,若由于强制性变动引起了报告盈利或权益的减少,则违反负债权益比率和支出与利润倍数条款的概率会增加。除此之外,负债权益比率越高,技术性违约的每股成本也越高。这两个因素共同作用,导致人们预测:负债权益比率越高,从股东手中转移到债权人手中的财富也越多(从而导致股票价格下跌)。也就是说,负债权益比率与股票价格之间存在负相关关系。

为了理解为什么违约概率与负债权益比率之间存在着正相关关系,我们来考察两个公司,这两个公司具有相同的投资策略和不同的融资策略。下一期付息前的盈利公布,对两个公司来说相同。支出与利润倍数对两个公司也相同。

图 12-1 描述了在发生强制性会计变动的情况下,负债权益比率对违约概率变化的影响。期望值为 $E(A')$ 的分布是指未发生会计变动的分布(Y 分布)。期望值为 $E(A)$ 的分布则指发生会计变动从而减少报告盈利情况下的分布(X 分布)。K_2 指具有较低的负债权益比率的企业的利息费用,而 K_1 则是具有较高负债权益比率的企业的利息费用。

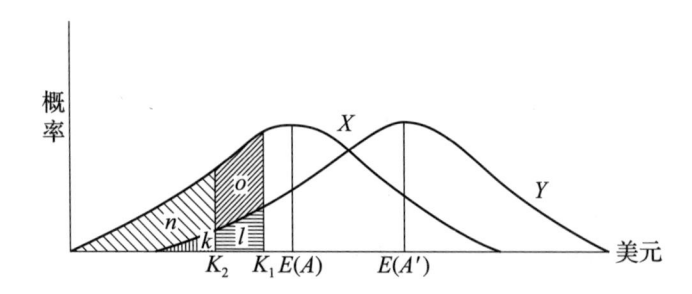

图 12-1 在强制性会计变动情况下,负债权益比率对违约概率变化的影响

在强制性变动发生之前,具有较低负债权益比率的企业的违约概率是在 Y 分布下的 k 区,而较高比率的企业则是在 $k+l$ 区。具有较高比率的企业的违约概率高于具有较低比率的企业。会计程序变动后,具有较低负债权益比率的企业的违约概率是 X 分布下的 $k+n$ 区,而另一企业则是在 $k+l+n+o$ 区。这里的 n 和 $n+o$ 分别是变化后,较低比率企业和较高比率企业的违约概率的增加值。具有较高比率的企业违约概率的增加值大于较低比率企业的增加值($n+o>n$)。[①]

上述例子也同样适用于负债权益比率的限制问题。只不过是 K_1、K_2 表示负债水平，$E(A)$、$E(A')$ 及其分布状况代表权益水平，所得结果仍将成立。

负债权益比率约束程度的变化会引起违约概率分布的变化，因此，负债权益比率也可衡量负债与权益这一比率约束力的变化情况。因为强制性变动会减少权益，所以它削弱了管理者作出投资和融资决策的能力，而在负债契约的约束下，这些决策是随着负债权益比率而变化的。因此，负债权益比率越高，股票价格下跌越厉害。

现金流方差

在其他条件保持不变时，企业的现金流方差越大，违约的可能性也越大。若强制性变动通过减少盈利使违约概率由零开始提高（因为企业拥有很少的债务），那么违约概率的提高和所引起的股票价格下跌都将很大，现金流方差也会较大。一般来说，若变化前的债务具有较高的违约风险（即违约概率不等于零），上述结果就不能成立。然而，莱斯曾进行过一个强制性变动研究（Lys，1984），这一研究建立在上述观点的基础上。莱斯假设并检验了企业现金流方差和股票价格变化之间的负相关关系。

根据前述负债权益比率的观点，假设其他条件不变，特别是各企业之间的现金流方差稳定的情况下，现金流方差变量的使用是合理的。利用现金流方差是对截面数据的波动进行控制的一种方法。但应注意：企业的负债权益比率很可能随着现金流方差的变化而变化（Myers，1977）。

可支配资金余额

强制性变动引起盈利减少，进而使可支配资金余额也随之下降。因此，余额为零的概率与可支配资金余额之间为负相关关系。我们可以用研究负债权益比率的方法导出这一假设。由此，我们就可以作出进一步的推断，在其他条件不变时，可支配资金余额越少，由于强制性变动而

[①] 只要 K_1 和 K_2 小于预期盈利 $E(A)$，这一结果即成立。在实务工作中，这一条件可能会得到满足，因为倘若不满足，在年度盈利处于随机游走的状态下，企业就会违约（现行盈利将低于 K，支出与盈利倍数条款也将被违反）。

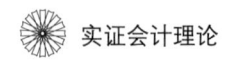

引起的财富转移和股票价格下跌的程度就越大（即可支配资金余额与股票价格变动之间存在正相关关系）。

12.2.4 违约成本

公债与私债的比例

当企业向社会发行债券时，债权人就需要一个公众委托的管理人（Leftwich，1981，p.8）。随后若要调整债务协议，委托管理人须征得现有大多数（一般是2/3）债权人的同意。这样一来，若发生技术性违约，管理者要重新商定债务协议就很困难，因为每个债权人总是希望能得到较高的盈利。若发行私债（private debt），管理者常常只跟一个债权人重新谈判，假如这种债权关系不变的话，这个债权人就不大可能从技术性违约中得到同样多的好处。于是，在其他条件保持不变的情况下，可以推断，公债对私债的比例越高，由于会计程序变动而导致的财富转移和股票价格下跌的幅度也就越大（即公债所占比例与股票价格变化之间存在着负相关关系）。

债务价值差异企业债务的市场价值与名义价值之间的差异

债务价值差异即企业债务的市场价值与名义价值之间的差异企业发行债券之后利率的上涨幅度越大，债务的市场价值相对名义价值而言就越低。若企业为了履约而赎回债务（一般是以高出名义价值的价格赎回）或由于违约而清偿债务，则市场价值与名义价值之差就是违约成本。由于强制性会计变动增加了违约概率，则股东的预期成本（债权人的预期利益）的上升和股票价格的下跌也就越大，债务名义价值与市场价值之差也越大。也就是说，名义价值和市场价值之差与股票价格之间存在着负相关关系。在运用这个变量的一项研究中（Lys，1984），这个差异的计算正好颠倒，等于市场价值减去名义价值。因而在表12-1中预测二者之间存在正相关关系。

债务期限

债务期限越长，受债务限制的时间越长，则受债务的名义利率与市场利率之差的影响就越大，因而这种差别对违约成本的作用就越大。因此，在强制性变动的情况下，债务期限越长，意味着股票价格跌幅越大

（即债务期限与股票价格之间存在负相关关系）。

债务的可赎回性

若债务是可赎回的，赎回价就限制了违约成本，因为企业有赎回债务以避免违约的选择权，因此，可赎回性降低了会计变动对股票价格的影响。若企业的债务是可赎回的，则强制性会计变动引起的股票价格下降幅度就越小（即债务的可赎回性与股票价格之间存在正相关关系）。

债务的可转换性

债务的可转换性也就是对股票价格的选择权。因此，如果存在着可转换性，由于会计变动而引起的由债权人向股东转移的财富就会减少。若债务是可转换的，那么强制性会计程序变动而引起的股票价格下跌就会减少（即债务可转换性与股票价格之间呈正相关关系）。

遗憾的是，经由债务变量的财富转移不是独立进行的，这或许是由于它们也是企业资本结构决策中的一部分。例如，凯利发现企业的负债权益比率越高，就越接近于股利限制（即可支配资金余额越小）（Kalay, 1979）。同样，企业现金流方差越小或在用资产越多，负债权益比率就越高。由于这些变量是共线的，试图分离出某一变量的影响十分困难。其结果是，尽管在检验股票价格对会计程序变化的反应时，这些变量从个别角度看可能是不显著的，但是作为一组变量其影响是显著的。

此外，在进行线性回归时，有一些变量可能没有被包含在回归方程中。例如，违约概率这一变量的变化可能会由于违约成本变量的存在而被放大。这就提醒我们，这种变量的识别问题会降低显著性的解释力。因此，我们应把注意力放在整组变量而非单个变量的显著性水平上。

12.2.5 通过报酬计划转移财富

霍尔特豪森曾设定 0-1 虚拟变量来反映以盈利额为基础的报酬计划（Holthausen, 1981）。由于折旧方法的改变增加了盈利和奖金，并把财富由股东转移给管理者（假定报酬制订委员会并未因会计变动而作出调整），因此我们预计折旧方法的改变与股票价格之间存在负相关关系。强制性变动的研究并未使用这一变量，若使用了这个变量，则它的系数符号预计为正。

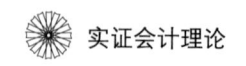

12.2.6 政治成本

在有关研究中,用以代表会计变动对政治成本的影响的唯一变量就是企业规模(Leftwich,1981;Collins,Rozeff and Dhaliwal,1981;Holthausen,1981)。在这些研究中,企业规模均被视为企业债务的账面价值加上企业所有者权益的市场价值。这一变量被预测与政治成本为正相关关系。强制性会计变动减少了盈利,因此较大企业的政治成本估计具有较大的减少幅度,因此与股票价格效应的正相关性也越强。强制性会计程序变动研究只涉及那些被迫改变会计程序的企业的股票价格效应。

折旧方法的改变增加了盈利和政治成本。因此,我们预计在会计程序变动时企业规模与股票价格之间存在着负相关关系。

12.3 权益集合法强制性限制的研究

列夫威奇调查了由于会计原则委员会(APB)第 16 号意见书《企业合并会计》和第 17 号意见书《无形资产会计》的发布而引起的股票价格变化(Leftwich,1981)。这些意见书限制了可用于反映企业合并的权益集合法的使用条件。如果不能运用权益集合法的话,就必须采用购买法。意见书要求在购买法下,若特定资产可以辨别,则必须将购买价格与净资产价值之间的差额摊销到这些资产中去;若无法辨别,则必须摊入商誉,并在不超过 40 年的期限内摊销。相对权益集合法而言,购买法降低了企业合并之后的盈利额,并使债务限制更具约束力。列夫威奇调查了对企业合并会计的限制如何影响那些积极参与兼并和接管活动的企业的股票价格的问题。

12.3.1 所运用的代理变量

列夫威奇主要是借助债务财富转移变量来解释 APB 第 16 号和第 17

号意见书对股票价格的影响。他运用了负债权益比率（参见 12.2 节关于债务财富转移的内容，表 12-1 中的 b(ii)）、公债与私债的比例（表 12-1 中的 b(v)）、债务的可赎回性（表 12-1 中的 b(viii)）以及债务的可转换性（表 12-1 中的 b(ix)）。他运用的另一个变量是企业规模（表 12-1 中的 d），等于企业所有者权益（股票）的市场价值和债务的账面价值之和的对数。

12.3.2 期望模型

列夫威奇通过明确地假设准则的条款在公布之前就已处于市场的意料之中来处理市场期望这一问题。他假设投资者对那些准则将被采用的概率持有同样的看法。若进入市场的信息导致投资者修正他们原先对这些概率的看法，则股票的市场价格将随之发生变化。

若股票的市场价格发生变化，则可推断投资者已修正了这种概率。根据列夫威奇的假设，股票价格未发生变化，并不等于说准则公布这一事件未能改变这种概率，因为这种变动可能在公司之间互相抵消。

列夫威奇根据雷贝恩的研究（Rayburn，1975）所描述的企业样本，取得了在 1968 年 11 月至 1972 年 12 月间参与 1 139 次兼并活动，并且在纽约证券交易所上市的 338 家企业样本。研究发现，大部分兼并活动（90%）是以权益集合法反映的，几乎每家企业至少使用过一次权益集合法。可以预计，这些企业都将受到 APB 第 16 号和第 17 号意见书的影响。

列夫威奇选择那些有证据显示曾传递信息给市场，并引起市场对拟议中的企业合并准则的期望概率进行了修正的事件为样本。他利用以前公开出版的年史资料，按顺序识别出 21 个影响了关于限制权益集合法准则的市场期望的事件。第一个事件是 1968 年 7 月 15 日布里洛夫（Briloff）在《巴诺杂志》上的一篇文章，该文是在美国会计原则委员会审议企业合并会计准则前发表的（1969 年 6 月）。最后一个事件是《华尔街日报》的一篇报告，该报告说明了纽约证券交易所和美国证券交易所都要求采用权益集合法交易的股票的上市申请，必须附有审计师关于这种交易是否符合会计原则委员会规定的权益集合法准则的报告。

这一事件发生在 APB 第 16 号和第 17 号意见书发布之后（1970 年 8 月）。

列夫威奇计算了从意见书发布前 5 天到意见书发布后 5 天这一期间，样本中受意见书影响的企业的非正常报酬率。他发现，21 个事件中有 9 个的非正常报酬率在 0.1 的水平上显著异于 0（双尾检验），其中 8 个具有负的非正常报酬率，1 个具有正的非正常报酬率（这说明该事件有可能导致成本较低的准则类型）。在最后一份意见书发布前后的时间内，平均非正常报酬率不显著，这意味着（并非一定暗示）市场已预期到这一意见书的发布。

由于 APB 第 16 号和第 17 号意见书使债务契约更具有约束性，列夫威奇预计这些意见书会降低股票的价格。他调查了所有的 21 个事件，发现日平均非正常报酬率是 0.55%，在 0.01 的水平上是显著的。

在所有事件中，列夫威奇只试图解释 9 个事件对股票价格的影响。有证据表明这 9 个事件导致市场修正其对准则的期望。他假定企业的非正常报酬率是企业特有的不同特征（即负债权益比率、公债、债务的可赎回性、债务的可转换性和企业规模等变量）的一个线性函数。这一函数代表某一特定会计准则的变化使企业承担的成本。系数的符号是根据某一特定的日期，企业采用准则的概率是增是减来确定的。导致股票价格下跌的 8 个事件，其系数预期的符号如表 12-1 强制性变动一列所示。具有正的非正常报酬率的那个事件，其系数符号与表 12-1 强制性变动一列所列的符号正好相反。

12.3.3 结果

列夫威奇对每一事件（s）用截面数据做了回归分析。

$$e_i^s = c_0^s + c_1^s \underset{(-)}{\frac{\text{PUB}_i}{S_i}} + c_2^s \underset{(-)}{\frac{\text{PRI}_i}{S_i}} + c_3^s \underset{(+)}{\frac{\text{CALL}_i}{S_i}} + c_4^s \underset{(+)}{\frac{\text{CONV}_i}{S_i}} + c_5^s \underset{(+)}{\text{LSIZE}_i} + u_i^s \qquad (12.1)$$

式中，e_i^s 为事件发生前后 5 天时间内第 i 个企业的非正常报酬率；PUB_i 为公债的账面价值，表 12-1 中的 b(ii) 和 b(v)；PRI_i 为私债的账面价值，表 12-1 中的 b(ii) 和 b(v)；CALL_i 为可赎回债务的账面价值，

表 12-1 中的 b(viii)；$CONV_i$ 为可转换债务的账面价值，表 12-1 中的 b(vi)；S_i 为权益的市场价格；$LSIZE_i$ 为权益的市场价值加上债务的账面价值之和的对数，表 12-1 中的 d；$s=1, \cdots, 9$。

每一个系数的预期符号列在各系数下面（若事件是减少股票价格）。这些符号与表 12-1 中所列的相同。对具有正的非正常报酬率的那个事件，其符号与式（12.1）中的符号相反。公债和私债与权益比率的预期符号是负号，与表 12-1 中的负债权益比率的预期符号一致。预期公债与私债的比率可以通过公债与私债对权益的比率的系数值的比较来检验，公债与权益比率的系数更有可能是负数。

考虑到各个事件的系数不一样，式（12.1）对每一事件是分别估计的。但是，列夫威奇也通过对 9 个事件的非正常报酬率（e_i^s）的平均值（正报酬率的事件乘以 -1）以及相应独立变量结果的平均值进行回归，对这些事件进行汇总。在估计过程中，假设各系数绝对值对 9 个事件来说均相同。

当列夫威奇测算了 9 个事件的平均回归结果时，他发现结论与表 12-1 中的假设相吻合。PRI/S 的系数和 CAW/S 的系数均与预期的符号（分别为正和负）一致，并在 0.05 的水平上（单尾检验）显著。但是其他债务系数没有显著异于 0，在公债和私债系数之间没有显著的差别。事实上，差别的方向颠倒了，私债比率的系数比公债比率更有可能是负值。规模变量系数是正的，单尾检验时，在 0.01 的水平上具有显著相关性。回归的 F 统计值在 0.01 的水平上显著。

当用式（12.1）来对每一事件分别估计时，回归模型的解释力就下降了。但是，9 个事件中有 6 个事件的 F 统计值在 0.05 的水平上显著。有些系数的符号与预期的符号正好相反，且没有一个是显著的。在几个个别事件的回归分析中，公债比率的系数、私债比率的系数和可赎回债务的系数均符合预期的方向并显著异于 0。在 9 个回归分析中，有一个回归结果显示公债比率的系数比私债比率的系数更有可能是负号（如前所述）。可转换债务变量从未显著。8 个事件（其中有 5 个非正常报酬率是正的）的规模变量的系数在 0.05 的水平上显著为正，而在其他事件中不显著（负的报酬）。

列夫威奇还对包含有负债到期期限的变量、企业债务资信评级变量、可支配资金余额进行了回归。这些变量都不显著。

为了进一步确保用截面数据回归方程所获结果不存在回归谬误，列夫威奇估计了事件期间以外的 21 个随机日期的非正常报酬率[1]，仅有 4 个具有显著的非正常报酬率。当用截面数据回归方程去分别估计模拟"事件"的显著性与非显著性时，显著相关系数和回归方程出现的频率远低于 9 个实际事件的回归方程。列夫威奇在 8 个"坏的"事件中将每一个事件与"好的"事件进行相关性检验，发现它们具有显著的负相关性。

12.3.4　结论

总而言之，列夫威奇的研究结果部分地证明了这种观点：会计准则的变动会通过债务契约影响企业的股票价格。负债权益比率越高，由于准则变动而引起的市场上股票价格下跌越厉害。若负债是可赎回的，则下跌幅度较小。但是，我们并没有确切地证实公债成本比私债成本更高，也没有正面肯定负债的可转换性就能减弱由准则变动引起的股票价格的变化。但我们的证据支持会计准则委员会第 16 号和第 17 号意见书可降低政治成本，进而提高企业的股票价格（如果规模能反映政治成本的话）。

列夫威奇的研究存在前面讨论的一些问题：即式（12.1）的线性表达式是不是准确仍然不清楚；自变量之间是不是存在共线性；各变量是不是能正确地反映违约概率的变化、违约成本的变化或政治成本的变化。但是，有些变量和回归方程本身是显著的就佐证了我们的假设：准则变化引起的股票价格影响是通过债务契约起作用的。

列夫威奇的研究也使我们认识到：在考察准则变动引起的股票价格变化的过程中，市场预期起着相当重要的作用。若列夫威奇只选择会计准则委员会第 16 号和第 17 号意见书发表的日子作为事件日期的话，他将观察不到股票价格的波动。这一事实告诉我们，准则最终会发布早已被市场预测到了。

---

[1]　贾因指出，当总体样本的非正常报酬率具有显著性时，债务权益比率和规模变量的系数在这些变量与非正常报酬率的截面数据回归分析中的显著相关性，只能是由统计上的人为因素造成的（Jain, 1982）。

12.4 强制取消完全成本法的研究

12.4.1 柯林斯、罗捷夫和达力瓦尔的研究

柯林斯、罗捷夫和达力瓦尔（Collins，Rozeff and Dhaliwal，1981）调查了与财务会计准则委员会（FASB）第19号公告的征求意见稿有关的股票价格变化的情况。[1] 这个征求意见稿主张取消石油和天然气企业使用的完全成本法，代之以成功法。我们在第11章的附录中概略地说明了这两种方法的内容。一般而言，从完全成本法转向采用成功法，会减少企业的报告盈利、留存盈利、股东权益和资产价值，同时也增加了报告盈利的变动性（Sunder，1976；Lys，1982）。这种会计变动使债务契约更加具有约束性，从而增大了违约的概率。

使用的代理变量

柯林斯、罗捷夫和达力瓦尔不仅承认拟议中的准则对通过负债而转移财富的影响，而且承认这个征求意见稿将对订约技术和未来契约施加限制，他们用一个虚拟变量来表示这些影响。他们运用了表12-1中的解释变量：契约虚拟变量、准则改变而对股东权益的影响、负债权益比率、公司规模。他们还用0-1这个虚拟变量来表示公债是否存在（若有公债则取1）。预期的公债虚拟变量的系数为负号，与表12-1相一致。

最后一个变量是企业用于勘探的费用占总收入的比例。桑德发现，从完全成本法转向成功法所形成的盈利差异，随着用于勘探的费用占总收入的比例的提高而增大（Sunder，1976）。结果，这个比例越大，违约概率也就越大。因此，当征求意见稿公布时，股票价格随之下跌的幅度也就越大。

---

[1] 还有许多研究项目（Collins and Dent，1979；Dyckman and Smith，1979；Lev，1979；Haworth，Matthews and Tuck，1978）考察了FASB第19号公告的征求意见稿对股票价格产生的影响。此外，柯林斯、罗捷夫和沙拉特卡以及史密斯也曾就第253号会计文告对股票价格的影响进行过研究（Collins，Rozeff and Salatka，1982；Smith，1981a，1981b）。但是，这些研究均未试图运用契约和政治成本变量来解释股票价格在截面数据回归分析中的差异。

结果

柯林斯、罗捷夫和达力瓦尔的样本中有 57 个公司：其中 47 个采用完全成本法，10 个采用成功法。采用成功法的企业也受到征求意见稿的影响。它们的盈利和股东权益会由于某一特定成功法条款的强制实施而减少（尽管不像采用完全成本法的企业那样减少很多）。财务会计准则委员会第 19 号公告的颁布对 1977 年盈利的平均影响是：47 家采用完全成本法的企业盈利下降 27%，10 家采用成功法的企业盈利下降 13%。而对 1977 年股东权益总额的平均影响是：47 家采用完全成本法的企业股东权益总额减少 30%，10 家采用成功法的企业股东权益总额减少 4%。

征求意见稿是在 1977 年 7 月 15 日（星期五）发布的，而《华尔街日报》直到 7 月 20 日（星期三）才刊登相关内容。柯林斯、罗捷夫和达力瓦尔计算了样本企业到 1977 年 7 月 15 日止的 1 周时间和到 1977 年 7 月 22 日止的 2 周时间的非正常报酬率。他们打算用截面数据回归方程来解释这两组非正常报酬率。列夫（Lev，1979）发现，采用完全成本法的企业的股票价格，在 7 月 18 日（星期一）到 7 月 20 日（星期三）期间下跌得最厉害。柯林斯、罗捷夫和达力瓦尔用市场模式去估计非正常报酬率。他们发现：两周的非正常报酬率远大于一周的非正常报酬率，这一结果与列夫的发现是吻合的。莱斯（Lys，1984）报告说，在 1977 年 7 月 20 日前后 15 天内，成功法和完全成本法之下的非正常报酬率的显著不同只出现在 7 月 19 日征求意见稿宣布的那天（《华尔街日报》第二天报道）。根据以上分析，我们可以说，征求意见稿的信息在第二周才传递到市场上去，下面列示了他们用于估计这两周的非正常报酬率的截面数据回归方程（用市场模型计算）。[①]

$$e_i = c_0 + c_1 \underset{(-)}{\text{CONTRCS}_i} + c_2 \underset{(+)}{\text{STCKEQ}_i} + c_3 \underset{(-)}{\text{DEBT}_i} + c_4 \underset{(-)}{\text{PUBD}_i} + c_5 \underset{(+)}{\text{SIZE}_i} + c_6 \underset{(-)}{\text{EXPLOR}_i} + u_i \quad (12.2)$$

---

① 柯林斯、罗捷夫和达力瓦尔还使用双因子模型来估计非正常报酬率，这一模型除了包括市场指数外，还包括一个行业指数。该模型估计出的非正常报酬率与市场模型估计出的结果基本相同。

式中，e_i 为企业 i 截至 1977 年 7 月 22 日的两周内的非正常报酬率；$CONTRCS_i$ 为 0-1 虚拟变量，表示根据会计数据得出的债务契约和报酬计划，a；$STCKEQ_i$ 为 FASB 第 19 号公告对企业 1977 年年度报告中的股东权益总额的影响，b(i)；$DEBT_i$ 为负债权益比率即（长期负债的账面价值＋优先股的账面价值）/权益的市场价值，b(ii)；$PUBD_i$ 为 0-1 虚拟变量，表示公司资本结构中的公债，b(v)；$SIZE_i$ 为权益的市场价值＋长期负债的账面价值＋优先股的账面价值，d；$EXPLOR_i$ 为勘探费用占总收入的比例，它是根据 1974—1977 年期间的全部预计费用支出与全部收入之比计算的。

每一系数下均列出各自的预期符号，这些符号来自表 12-1。

柯林斯、罗捷夫和达力瓦尔的结果印证了我们的理论。正像许多截面数据回归方程所反映的，在各自变量之间存在着相当强的共线性。因此，他们采用已删除了许多变量的式（12.2）来估计。在不同的表达式下估计结果基本相同。只有 3 个系数是显著的，这些系数的符号始终保持一致，在含有这些变量的所有表达式中都是显著的。表示契约变量的两个系数符号与表 12-1 所列的假设相一致。但用全模型即式（12.2），STCKEQ 的系数具有正的预期符号，在 0.01 的水平上（单尾）是显著的；CONTRS 的系数具有负的预期符号，并在 0.02 的水平上（单尾）也是显著的。

规模变量的系数始终是负的，在 0.1 到 0.2 的水平上（双尾）是显著的。这一负的预期符号与导致盈利及股东权益减少的政治成本效应不相符。

而其他变量（勘探费、公债和负债对权益的比率），在所有情况下用式（12.2）估计均不显著。负债权益比率变量常常具有不正确的符号（即具有较高比率的公司，股票价格下跌幅度反而更小）。[1]

在全模型（式（12.2））中，调整后的 R^2 为 0.23 且在 0.01 的水平

---

[1] 在柯林斯、罗捷夫和达力瓦尔的估计式（12.2）中，他们运用 FASB 第 19 号公告对每股盈利的影响来替代对股东权益总额的影响。每股盈利系数在任何合理水平下的检验均不显著。他们认为这一结果与机械性假说（第 4 章）相矛盾，由此说明契约假说是适用的。他们认为在债务契约中，股东权益总额的变化更为重要。

上显著。这就告诉我们，当 FASB 第 19 号公告征求意见稿公布时，用全模型能保证我们更好地解释股票价格的变化。

结论

柯林斯、罗捷夫和达力瓦尔的研究结果，以及列夫威奇等人的研究结果，均证明会计准则的变动会通过订约过程对股票价格产生影响。但是负债权益比率和公债虚拟变量的不显著给理论提出了问题，表明起码在目前这两个变量的不显著还不能很好地得到说明。截面数据回归模型中自变量的放入有一些理论依据，但是模型的识别还没有得到说明。在下一个研究（Lys，1984）中，讨论的重点集中在截面数据回归的问题上。莱斯认为，前面的研究忽视了一个重要的变量即公司现金流的方差。

12.4.2 莱斯的研究

莱斯再次研究了取消完全成本法对股票价格的影响（Lys，1984），柯林斯、罗捷夫和达力瓦尔仅调查了在 FASB 第 19 号公告（1977 年 7 月 19 日）的征求意见稿发布之际对不同企业的股票价格的影响，而莱斯则调查了三个事件，这三个重大事件在市场上引起了对完全成本法或成功法准则内容修正的概率预期值的变化。这些事件是：(1) 证券交易委员会第 33‑5861 号文告的发布（1977 年 8 月 31 日），它采纳了财务会计准则委员会的征求意见稿。(2) 财务会计准则委员会第 19 号公告的发布（1977 年 12 月 5 日批准），该公告与征求意见稿基本相同。(3) 证券交易委员会发布第 253 号会计文告（1978 年 8 月 30 日在《华尔街日报》上发表），它否决了财务会计准则委员会第 19 号公告。莱斯调查了征求意见稿，财务会计准则委员会第 19 号公告和证券交易委员会第 253 号会计文告对股票价格的影响，他无法确定证券交易委员会第 33‑5861 号文告的发表日期（它并未在《华尔街日报》上发表）。

莱斯采用了列夫威奇（Leftwich，1981）用过的"两步法"。他调查了采用完全成本法的企业的证券组合、采用成功法的企业的证券组合、采用成功法企业的多头户证券组合以及采用完全成本法企业的单头户证券组合在上述三个事件发生前后几天的非正常报酬率。最后一组证券组合的报酬率反映了采用完全成本法的企业与采用成功法的企业的报酬率的差异。莱斯运用截面数据回归模型来解释对股票价格的影响。

采用完全成本法的企业只在 2 天时间获得了较高的非正常报酬率（在 0.10 的水平上显著），即 1977 年 7 月 19 日和 1977 年 7 月 20 日（征求意见稿于 1977 年 7 月 20 日在《华尔街日报》上发表）。但采用完全成本法和采用成功法的企业的非正常报酬率只在 1977 年 7 月 19 日才显示出差别。

使用的代理变量

违约概率随企业负债权益比率而变化的论点在假设其他条件均不变的情况下才成立。但莱斯指出，这一条件不可能得到满足。具有较小现金流方差的企业往往具有较高的负债权益比率。进一步说，现金流方差越大，企业就越接近于它们所受的限制界限，这是因为此时负债风险变大，类似于股利分配的活动把更多的财富由债权人转移给股东。这种现象表明，用负债权益比率来代表负债企业的约束性是不妥的。莱斯认为这就是为什么柯林斯、罗捷夫和达力瓦尔的研究中负债权益比率的系数不显著。他试图用通过在负债权益比率之外将公司的现金流方差估计值包括在截面数据回归中的方法来解决这一问题。

莱斯使用的其他变量包括：债务到期期限和公债与私债之比。但他未使用可支配资金余额这一解释变量，而是使用了准则变化时对可支配资金余额的影响变量。他也使用了会计准则变动对公司法定股利分配限制约束力的影响变量。他还设定了另外一个变量：来自石油和天然气的销售收入比率。该比率用来表示准则变动对公司会计数据的影响。最后，莱斯还使用了重新举债的成本这一变量，该变量是用债务的市场价值与名义价值之差来测量的。

结果

莱斯使用的是由 89 个采用完全成本法的企业（其中 64 个为工业企业，25 个为公用事业公司）和 40 个采用成功法的企业所构成的样本。如前所述，只有在征求意见稿发布之时，这 89 个采用完全成本法的企业的非正常报酬率和采用完全成本法的企业与采用成功法的企业报酬之差才具有显著性。然而，莱斯使用具备所需数据的 34 家采用完全成本法的工业企业样本，对所有三个事件（征求意见稿、财务会计准则委员会第 19 号公告和证券交易委员会第 253 号会计文告）发表日前后的非正常报酬率进行了回归分析。

只有一个截面数据回归在 0.10 的水平上是显著的，而这一回归在采用完全成本法的企业与采用成功法的企业的收益唯一不同的那一天才显著（1977 年 7 月 19 日）。事件研究结果与回归结果一致，这种情况与列夫威奇研究的情况一样。根据已知的理论，市场会在财务会计准则委员会宣布的那天修正其概率，并且股票价格出现波动，这些都与债务契约的财富转移有关。

全模型的 F 统计值（在 0.05 的水平上）拒绝了 1977 年 7 月 19 日债务变量与非正常报酬率之间不具相关性的原假设。这个模型解释了 52％的非正常报酬率的截面数据差异。但是在 9 个系数中，只有日报酬标准差系数和负债权益比率系数在 0.05 的水平上显著。当其他变量跌到估计值以下时，这两个系数具有预期的负符号并仍显著。这一点印证了莱斯的论点：柯林斯、罗捷夫和达力瓦尔的研究之所以得出负债权益比率的系数不显著的结论，就是由于他们忽视了报酬的标准差系数这一变量（该变量被认为与负债权益比率相关）。

全模型中的其他系数在 0.1 的水平上不显著。但是由于最无解释力的变量已减少，石油经营盈利与总盈利之比的系数在 0.05 的水平上反而与预期的一样显著为负。这说明相对的盈利变量可用来表示准则对采用完全成本法的公司的会计数据的影响。

同列夫威奇一样，莱斯也对事件发生期间以外日期的数据进行了估计。他估计了 34 个企业在 531 天内的有价证券组合的非正常报酬率。因为 46 天中的每一天有价证券的报酬率在 0.10 的水平上显著，莱斯用式（12.3）[①] 进行了估计。与 1977 年 7 月 19 日的回归结果相反，这些回归的平均 F 统计值在任何合理的概率水平上均不显著，也就是说，莱斯的研究结果并非统计假象。

结论

与其他两个强制性会计变动的研究一样，莱斯的研究结果证明了股票价格效应以及股票价格效应与两个负债变量（负债权益比率和现金流

[①] 疑误。原书中没有式（12.3）。——译者

方差）之间的关系。但是，大多数变量都不显著。

表 12-2 汇总了所有强制性会计变动的研究结果。我们从表 12-2 中可以明显地看到，没有几个变量是在三个研究中均被采用的。事实上，大多数变量仅在一个研究中出现，有两个变量在三个研究中都被采用，但只有负债权益比率在大多数研究中是显著的。列夫威奇对公债和私债权益比率的研究结果表明，若在他的模型中只使用负债权益比率变量，则该比率是显著的且与预期的符号相同。在莱斯的模型中，负债权益比率在 0.01 的水平上是显著的，并且符号正确。而在柯林斯、罗捷夫和达力瓦尔的研究中，它是不显著的。在强制性会计变动引起的股票价格变化的研究中，负债权益比率显著，这一点提醒我们，第 11 章关于会计程序的选择研究中，负债权益比率也是显著的。这就告诉我们，在债务契约下，财富转移对研究会计程序选择和准则变动引起的股票价格波动相当重要。

表 12-2　强制性会计变动导致股价发生变化的截面数据研究结果概览

变量	强制性会计变更		
	APB 第 16 和 17 号意见书	FASB 第 19 号公告	
	列夫威奇（1981）混合回归分析	柯林斯、罗捷夫和达力瓦尔（1981）全模型	莱斯（1984）全模型
a. 最佳订约成本 债务契约或报酬计划存在与否的 0-1 虚拟变量	未检验	在 0.02 的水平上显著	未检验
b. 通过债务契约转移财富 i. 对报告盈利、留存盈利和权益的影响	未检验	对权益的影响在 0.01 的水平上显著，对报告盈利的影响不显著	石油和天然气收入占总收入之比重在 0.01 的水平上显著
ii. 负债权益比率	私债对权益的比率在 0.01 的水平上显著相关，公债对权益的比率在 0.12 的水平上显著	不显著	在 0.01 的水平上显著

续表

变量	强制性会计变更		
	APB 第 16 和 17 号意见书	FASB 第 19 号公告	
	列夫威奇（1981）混合回归分析	柯林斯、罗捷夫和达力瓦尔（1981）全模型	莱斯（1984）全模型
iii. 现金流方差	未检验	未检验	在 0.01 的水平上显著
iv. 可支配资金余额	不显著	未检验	
v. 公债与私债的比例	对负债权益比率的影响不存在显著差异	对于公债，0-1 虚拟变量不显著	不显著
vi. 债务价值差异	未检验	未检验	不显著
vii. 债务期限	不显著	未检验	不显著
viii. 债务的可赎回性	在 0.05 的水平上显著相关	未检验	未检验
ix. 债务的可转换性	不显著	未检验	未检验
c. 通过报酬计划转移财富 0-1 虚拟变量：若存在以会计为基础的报酬计划则取值为 1	未检验	未检验	未检验
d. 政治成本 企业规模及企业价值	在 0.01 的水平上显著	在 0.01 的水平上显著	未检验
e. 其他变量债券资信评级	不显著	未检验	未检验
勘探的费用占总收入的比例	未检验	不显著	未检验
法定的应付股利	未检验	未检验	不显著
未预期收益	不适用	不适用	不适用
经调整的 R^2	0.18，在 0.01 的水平上显著	0.23，在 0.01 的水平上显著	0.52，在 0.05 的水平上显著

在许多研究中，某些特定的变量之所以出现相互矛盾的结果，可能是由于未能在不同的研究中使用相同的组合变量，或者是因为代理变量使用不当、回归模型的错误设定和多元共线性等问题，也有可能是由于研究中的计量经济学问题。例如，沙拉特卡（Salatka，1983）注意到，所有的研究在检验假设时，都使用普通最小二乘法将非正常股票报酬率对各种契约和政治成本的代理变量进行回归分析。若这些非正常报酬率的方差（因变量）不同的话，那么想要拒绝模型变量系数为零的原假设是相当困难的。使用加权最小二乘法（或广义最小二乘法）是提高截面数据检验有效性的一种途径。

柯林斯和丹特、希珀和汤普森以及休戈斯和莱克斯调查了由截面数据的异方差和非正常报酬率的同期相关性产生的潜在问题（Collins and Dent，1984；Schipper and Thompson，1983；Hughes and Ricks，1984）。强制性变动的变量是非正常报酬率，所有企业的非正常报酬率均取自同样的日历制日期。因为在相同行业中，企业的股票价格是一起波动的，它们的非正常报酬率具有截面数据的相关性。希珀和汤普森以及休戈斯和莱克斯使用了一种计量技术，叫似不相关回归法（Schipper and Thompson，1983；Hughes and Ricks，1984）。该回归法通过确切地控制非正常报酬率这一因变量来提高截面数据回归的有效性。在检验强制性变动导致的股票价格波动中应用似不相关回归法，可以提高检验的有效性，为强制性变动引起的股票价格波动是否通过债务契约来转移财富提供更多的证据。

12.5 改加速折旧法为直线折旧法的自发性会计变动研究

我们曾在第 9 章和第 10 章中指出：要设计一种有效的方法来检验自发性会计变动对股票价格的影响是相当困难的。我们对这一点现在有了更深的理解。霍尔特豪森的研究（Holthausen，1981）说明了为什么要研究自发性会计变动检验的有效性。

霍尔特豪森调查了当某个公司基于报告的目的而宣布改为采用直线折旧法时引起的股票价格的波动。正如我们在第 4 章中已经注意到的，在 1954 年税收法规定可使用加速折旧法后，许多公司出于税收和报告的目的采用了加速折旧法。在 20 世纪 60 年代和 70 年代，许多公司基于报告目的改为采用直线折旧法，但后来基于所得税的考虑又继续采用加速折旧法。

12.5.1　使用的代理变量

像许多强制性会计变动研究一样，霍尔特豪森主要从财富转移的角度探讨折旧方法变动引起的股票价格变化。他使用的变量有：会计变动对盈利的影响、负债权益比率、公债与私债的比例、是否存在以盈利为基础的报酬计划以及企业规模。

在霍尔特豪森的样本中，54％的企业在宣布盈利的同时也宣布了折旧方法的改变。为了控制盈利宣布的影响，霍尔特豪森设立了一个"未预期盈利"变量作为宣布改变折旧方法对股票价格影响的解释变量。未预期盈利是将实际盈利减去季度时间序列模型（第 6 章）中的预计盈利计算得到的。

12.5.2　结果

125 家改为采用直线折旧法的企业是从 1954—1977 年的《会计趋势与技术》杂志和亚治贝尔德、鲍尔以及卡普兰和罗尔的研究（Archibald，1972；Ball，1972；Kaplan and Roll，1972）所使用的样本中挑选出来的。总的说来，霍尔特豪森在他的样本企业宣布改变折旧方法时，没有观察到任何显著的股票价格变动。[①] 在宣布之前的那个月中，125 家公司的非正常报酬率是 1.5％，但是在宣布之时几乎为零。在宣布前 3 天至宣布后 2 天这一期间里（以《华尔街日报》公布日的前一天为基准），非正常报酬率是－0.2％。在宣布时的非正常报酬率是不显著

[①] 在 125 个企业中，74 个企业在发布盈利额的同时宣布了折旧方法的改变，9 个企业单独宣布这种会计变动，42 个企业未在《华尔街日报》上说明折旧方法的改变。霍尔特豪森假设有关折旧方法改变的信息在披露年度报告时就已公之于众。

的（t 检验），非正常报酬率在交易日前 20 天到后 2 天之间的变化也一样。

总之，我们对所选择的变量与非正常报酬率进行回归分析时，结果并没有表明折旧方法的改变会通过债务契约、管理者报酬计划或政治成本（以规模表示）对股票价格产生预期的影响。根据 96 个观察数据，在任何估计期间内都显著的系数有：预测盈利误差系数和公债比率系数。预测盈利误差系数正如估计的那样是正值，且改变公布前 3 天到后 2 天之间的非正常报酬率在 0.05 的水平上是显著的。这一结果证实了在预期盈利与第 3 章所讨论的宣布时的非正常报酬率之间存在着相关性。

对于改变公布前 3 天到后 2 天的非正常报酬率，在 0.05 的水平上，和对于改变公布前 3 天到后 60 天的非正常报酬率，在 0.01 的水平上，公债变量系数均显著为负，这一系数符号与预期相反。公债和私债系数之间不存在显著差异。

12.5.3 结论

正如我们事后所期望的那样，霍尔特豪森的研究结果并没有发现宣布折旧方法的改变会导致非正常报酬率的变动，也未能发现契约、债务财富转移、管理者报酬计划或者政治成本等变量会引起系统性的非正常报酬率的变动。唯一的研究结果是发现是未预期盈利与非正常报酬率之间的关系与预期相同。

12.6　小结

第 8～10 章所讨论的理论说明：强制性会计程序变动通过对最佳订约技术、对经由债务契约和报酬计划的财富转移和对政治成本产生影响，进而影响股票价格。研究者已调查了强制性会计程序变动对股票价格的影响，以及这种变动对不同企业的影响的差异。他们大多使用在债务契约下的财富转移变量来解释不同企业的股票价格的截面差异。

研究结果还表明：强制性会计变动（会计准则的变动）的宣布与股票价格变化之间存在显著的相关性。但是，尽管研究结果说明股票价格截面数据差异和某些变量（尤其是负债与权益比率）之间存在显著的相关性，但这种相关性并不是在所有的研究中都存在。之所以存在这些不一致现象，一种解释是由于一系列的计量经济学问题干扰了这些研究。要建立一个有效的检验理论，我们还得在模型方面和计量经济学方法的使用上做大量的改进。另一种解释是，股票价格截面差异不具有系统性，或者差异太小以致无法观察到。

在第 9 章和第 10 章中，我们认为由于市场预期的存在，自发性会计变动的宣布不会对股票价格产生影响。霍尔特豪森的研究结果（Holthausen, 1981）与这一看法是一致的。

延伸阅读文献

Ball, R., S. Kothari, AND A. Robin, "The Effect of International Institutional Factors on Properties of Accounting Earnings," *Journal of Accounting and Economics*, 2000, pp. 1 - 51.

Barth, M., W. Landsman, AND M. Lang, "International Accounting Standards and Accounting Quality," *Journal of Accounting Research*, 2008, pp. 467 - 498.

Daske, H., L. Hail, C. Leuz, AND R. Verdi, "Mandatory IFRS Reporting Around the World: Early Evidence on the Economic Consequences," *Journal of Accounting Research*, 2008, pp. 1085 - 1142.

Dechow, P., W. Ge, AND C. Schrand, "Understanding Earnings Quality: A Review of the Proxies, Their Determinants and Their Consequences," *Journal of Accounting and Economics*, 2010, pp. 344 - 401.

Fields, T., T. Lys, AND L. Vincent, "Empirical Research on Accounting Choice," *Journal of Accounting and Economics*, 2001, pp. 255 - 307.

第 13 章　契约理论在审计中的应用

导　读

　　因为会计和审计都能起到监督的作用,所以契约理论和政府管制理论为会计及会计变动提供了理论支持,同样也为审计提供了理论支持。本章使用契约理论和政治活动理论来解释审计师的独立性、信誉、会计师事务所的组织形式、审计师对会计准则所持的立场等。本章涉及的问题包括什么样的企业会自愿聘请职业审计师提供审计服务、审计师的选择和变更、审计收费的决定等等。其中很多问题到现在仍是审计领域的重要话题。

　　审计的价值在于作为独立的第三方,提供资本市场会计信息可靠性的鉴证,从而有助于提高资源配置效率和缔约效率。商业交易和会计准则的日益复杂使得审计的鉴证价值日益提高,成为维护资本市场信心和保护投资者的重要制度安排。而检验审计的价值一直以来都是审计研究中特别重要的话题。

　　审计质量是审计理论和实务中一个广受关注的重要话题。特别是 2001 年安然公司破产事件、2002 年世界通信公司会计丑闻事件之后,美国颁布了《萨班斯-奥克斯利法案》,成立了公众公司会计监管委员会

(PCAOB)，随后包括中国在内的世界各国都加强了对会计职业界的监管，审计质量逐渐成了学界、监管层、实业界以及资本市场参与者关注的焦点。在过去30年中，国内外学界涌现了大量关于审计质量度量的经验研究文献，监管部门和会计师事务所也把审计质量控制视为审计职业的生命线。

学界对审计质量的概念、性质和度量指标的理解有很大差异，尽管审计质量一直是各类审计研究文献的中心议题。如有研究（DeAngelo，1981）提出将审计质量理解为"发现客户会计系统违规并报告该违规的联合概率"。也有研究将高审计质量定义为审计师提供的"对财务报表如实反映了企业基本经济情况"的保证（DeFond and Zhang, 2014）。

德福特和张给出了一个关于审计质量的实证研究框架，从供给方（审计师）和需求方（被审计客户）两个角度分别讨论了审计质量的影响因素（DeFond and Zhang, 2014）。从供给方（审计师）角度，审计师的动机和能力会对审计质量产生影响。动机是影响审计质量的主观因素，能力则是审计师审计质量的客观限制。就动机而言，审计质量的提高依赖于审计师的独立性，而独立性要求来自审计师维护信誉和避免诉讼等需要。能力则指审计师提供高质量审计的专业胜任能力，包括受教育程度、培训、专业知识、技能、行业专长、分所规模、职业怀疑态度等。审计师的能力并不独立于动机。较强的提高审计质量的动机会激发审计师提高能力以更好地完成审计工作，同样，能力的提高有助于审计师建立高审计质量的信誉，进一步促使审计师产生保护信誉的动机。

除此之外，监管介入对审计师提高审计质量的动机和能力都有影响，如审计师定期轮换制度、审计和非审计服务不能同时提供等都是为了提高审计师的独立性；而注册会计师执业资格制度几乎在全世界都是必须的，为的就是保证审计师具备专业胜任能力。

当然，除此之外，审计质量还受市场条件、制度背景等外部环境的影响，这些内外部因素共同决定了审计师的审计质量。尽管过去的实证研究找到了很多影响审计质量的因素，但是很多研究因为数据等原因，仍然没有办法深入研究事务所内部的审计过程，审计过程仍然被视为一个"黑箱"。很多实验研究试图有所突破，解决实证研究解决不了的一些问题，感兴趣的读者可以关注相关研究。

德福特和张把之前的对审计质量的度量指标从投入视角和产出视角分为两大类（DeFond and Zhang，2014）。投入视角的审计质量度量指标涵盖了审计师的特征以及审计师与客户的合同特征。产出视角的审计质量度量指标涵盖了重大错报（material misstatement）、报表重述、强制公告等；审计师意见指标，如持续经营审计意见（going concern opinion）、非标审计意见（MAO）；财务报告质量基础的指标，如应计质量（accruals quality）、达到或超过盈余目标（meet or beat earnings targets）和损失及时确认程度（timely loss recognition）；市场感知型指标，如盈余反应系数（earnings response coefficients，ERCs）；股票市场对特定审计事件的反映（market reaction to audit-related events）和资本成本（cost of capital）等代理变量。

一些指标可能同时受到审计师、企业固有特征和财务报告系统的影响，如何把审计质量与企业的固有特征、财务报告系统的质量区分开是使用这些指标时面临的问题。

和盈余质量类似，各方对审计质量的要求有所不同。比如审计师可能会将审计质量定义为高效完成审计任务，经得起监管检查，避免法律诉讼；监管部门可能认为高质量审计至少要符合职业准则要求，没有重大错报；而财务报告使用者可能认为报告要对决策有用，但不同的使用者的使用重点又不一样。那些衡量指标只能部分地反映某一个方面的要求，而不可能把全部目标放在同一个维度上。研究人员在选择代理变量时必须仔细地识别要描述的是审计质量的哪个维度，从而选择和自己的研究问题一致的代理变量。

从前面几章概述的理论中，我们可看出会计和审计是密切相关的。对会计的需求源自它在降低企业代理成本（agency cost）的契约中的作用。可是，除非契约的条款得到监督和实施，否则契约就无法起到降低代理成本的作用。审计是用于监督契约的方法之一。审计师验证契约条款所使用的数据是否符合公认会计程序，以及契约条款是否被违反（第 9 章）。[①]

第 8 章提到会计和审计的密切关系在公司历史上已经历时 600 余年。这种相互依存的关系可由契约理论来解释。

既然契约理论能解释审计与会计的相互依存现象和会计程序的选择问题，那么它也应当能解释审计实务。会计研究者已将这种理论应用于审计，并且建立了解释审计实务的直观方法。例如，这种理论解释了对审计师的独立性和会计职业协会以及大型会计师事务所存在的理由。此外，研究者还将该理论用于预测哪些企业会在法律不要求审计时自愿聘请职业审计师进行审计。

在这一章里，我们将考察契约理论在审计中的应用。首先讨论的是如何运用契约理论来解释审计实务，接着讨论一项运用该理论预测审计活动的研究。这种解释方法较为直截了当，而且这项实证研究在预测审计活动中也具有一些可取之处。

政治活动在解释现代审计实务中发挥着一定的作用，就如它在解释现代会计实务中也能发挥一定的作用一样。管制对审计本质产生了影响，它修正了审计的契约监督作用，从而减少了对审计的契约需求。然而，管制又使审计师扮演了其他角色，即提高其客户的市场价值的角色（例如，作为披露规则潜在影响的解释者）。这还为审计师提供了转移其客户一部分财富的机会（如通过"提供就业"规则）。本章也会介绍政治活动对审计的影响。此外，本章还将考察一些旨在检验管制对审计产生的影响的实证研究。本章最后是小结。

13.1 用契约理论解释审计实务

在这一部分里，我们根据契约理论来解释为何会计师事务所特别注

[①] 审计师之所以验证会计数据的计算，是因为活动受到契约制约的管理者必须对会计数据的编制负责。这种做法得到延续，大概是因为它具有成本效益（Jensen and Meckling, 1976）。在企业较低的管理层级中，管理人员的业绩是根据会计数据来评价的，但他并不对会计数据的计算负责。在企业较低的管理层级中，管理责任与业绩计量的分离降低了在这些层次上对内部审计和外部审计的需求。

重其信誉，解释职业审计师协会以及会计师事务所的形式、规模和审计行业的专业化。因为审计师的职业能力和审计师的独立性概念对我们给出的解释十分重要，所以首先从这两个概念入手。

13.1.1 审计师的职业能力和独立性

审计师的监督对企业的当事人（或潜在当事人）是没有价值的，除非这些当事人认为审计师报告违约行为（假如发生的话）的概率不等于零。例如，某一公司的筹资说明书上有审计师的签名，但这并不能保证能以较高的价格出售新发行的股票，除非股票市场预期该审计师可降低代理成本，而这就要求证券市场相信违约行为一定会被披露。对审计师服务的需求取决于人们对审计师报告违约行为的概率的评估。而企业支付给审计师的服务费则取决于这种概率的水平。概率越高，契约越有效，代理成本越低，新发行的股票价格也就越高。

审计师报告违约行为的概率（以发生违约行为为前提）取决于：

1. 审计师发现某一特定违约行为的概率。
2. 审计师对已经发现的违约行为进行报告或披露的概率（Watts and Zimmerman，1982）。

第一个概率（发现）取决于审计师的**职业能力**（competence）和在审计方面投入的人力和物力。第二个概率（报告违约行为）取决于审计师相对于客户的**独立性**（independence）。假如客户对审计师施加压力，不让披露已发现的违约行为，审计师能顶住客户的压力吗？

为了创造对审计服务的需求，审计师们应当使证券市场相信他们具有一定的职业能力（即审计师发现违约行为的概率不会等于零），而且，他们与客户之间保持了一定的独立性（即审计师报告违约行为也具有非零的概率）。如果审计师为了报告违约行为而宁愿遭受损失，则他们就可让证券市场相信他们具有独立性。如果审计师屈从于管理者的压力，不报告客户的违约行为而对自己又没有造成损失，或管理者可以迫使审计师付出代价，审计师将屈从于这种压力。

审计师若不屈从于这种压力，管理者可能迫使审计师付出代价。迪安杰洛认为迫使审计师付出代价的一种方法是更换审计师（DeAngelo，1981a，

1981b)。这种更换行为致使审计师丧失其**准租金**（quasi-rent）来源。迪安杰洛认为"准租金"是采用**压低报价**（low-balling）的做法而形成的。

为了理解准租金和压低报价的本质，让我们来考察一个例子。假设进行第一次审计时，需投入大量的初始成本，这些初始成本包括：原始资产的验证和了解客户情况所发生的成本。假定某一审计业务在起始年发生的审计成本为150美元，而以后各年是100美元。这种成本模式会影响随后审计的收费。特别是审计师收取的服务费一般会超过审计成本。如果客户更换了审计师，新的审计师就会带来较高的初始成本（150美元），这其中的一些费用以较高服务费的形式（或迟或早）转移给客户。比如说，审计师在随后的审计业务中可向客户收取102美元的服务费而不至于再次引起更换审计师。服务费与成本之间的差额2美元（102－100）代表审计师可望收回的未来准租金，因为50美元的初始成本已经发生了。请注意，这2美元的差异是针对这个特定客户而言的。

在存在着竞争的审计市场上，未来的准租金（2美元）在第一次审计时就已形成。例如，假设期望准租金流入的现值是10美元。① 当对第一次审计业务进行投标时，潜在审计师对第一年的最低报价是140美元（150－10）。审计师之间的竞争将使得在第一次投标中审计师无法获得超出总成本的报酬。但是，在第一次审计合同签订以后，中标的审计师就拥有成本优势（已经发生了初始成本），从而使该审计师能获得与特定客户有关的准租金收入。但不应当忘记，中标的审计师是以报价低于第一年的审计成本（140美元的服务费对150美元的成本）为代价而"买入"这些准租金收入。因此，在第一次报价中采用"压低报价"并不能使审计师赚取高于市场报酬率的报酬。

通过更换审计师，管理者就可使中标的审计师多承担成本。这时该审计师就损失了与特定客户有关的准租金现值（前例是10美元）。如果审计师（独立地）公布发现的某一违约行为，管理者就会以让审计师多承担成本相要挟。除非证券市场认为，审计师屈从于这类压力时将承担这笔成本。否则，市场将认为审计师在任何场合下都会屈从于这类压

---

① 该现值是以审计师资历为依据的一种无偏估计。它已包含了管理者将更换审计师的预期，假若审计师报告违约行为的话。

力,并认为审计师提供的服务毫无价值。这样,企业也就不会对审计师的服务产生需求。

出于自愿的公司审计已延续了 600 余年(第 8 章),各种机构和契约机制必定存在,借以刺激审计师保持独立和抵制来自管理者的压力。① 这些契约机制和机构包括审计师的信誉、职业协会、会计师事务所的组织形式,以及大型会计师事务所。此外,这些契约机制和机构将随着资本市场的变化不断地发展完善。

13.1.2 审计师的信誉

信誉给予审计师保持独立的动机(Benston,1975b)。建立一种发现和报告违约行为的良好记录与信誉需要高昂的代价。但是,一旦建立起来,这种信誉就可增加对审计师服务的需求并提高他的服务报酬水平(因为市场认为该审计师报告违约行为的概率较高)。如果发现审计师的独立性比预期的要差,审计师的信誉就会受到影响,他的服务现值就随之下降,他将蒙受损失。因此,审计师的信誉(一种有价值的资产)是对独立性的一种约束。从早期的商业行会审计到今天的审计,审计师的信誉都在扮演着这种角色(Watts and Zimmerman,1983)。

审计师信誉对其业务的影响,促使他们加倍小心地维护他们的信誉。这里可以举一个早期美国职业审计的例子来说明审计师是如何维护他们的信誉的。在 19 世纪后期,普华公司(Price,Waterhouse and Company)(当时在英国已声誉卓著)派两位非合伙人代表琼斯(Jones)和西泽(Caesar)到美国设立办事处,但因担心会计师事务所的信誉受损,所以不允许他俩对外公开使用事务所的名称(DeMond,1951)。

13.1.3 职业协会

在庞大的资本市场上,单个审计师要树立起具备独立性和职业能力的信誉,必须付出十分高昂的代价。另外一种既能减少这种代价又能为投资者提供有关审计师独立性和职业能力信息的机制是成立职业审计师

---

① 应注意,我们并不期望审计师会保持超然的独立性(即报告违约行为的概率为 1)。审计师必须权衡报告与不报告违约行为的得失,没有理由相信他们会采取极端的做法。

协会。该协会负责鉴定审计师的资格。这类协会（如英格兰与威尔士特许会计师协会 Institute of Chartered Accountants in England and Wales）于19世纪下半叶开始在英国出现，当时正值由职业会计师事务所取代股东审计委员会的变革时期（Stacey，1954；Watts and Zimmerman，1983）。

职业协会负责维护职业信誉。它们给自己的成员授予各种称号，以表明他们的审计能力和独立性达到了基本水平。为了维护他们的信誉，协会要求成员入会前参加考试，并接受一段时期的培训，以提高职业能力。它们还建立职业道德委员会，当审计师的实际表现低于协会的标准时，职业道德委员会可撤销其审计师资格。协会的会员资格起着一种约束的作用，就像审计师的信誉一样，失去会员资格就意味着失去收入。

13.1.4 会计师事务所的组织形式

职业会计师事务所是由无限合伙形式演化而来的。这种合伙形式至少在两方面对促进审计师的职业能力和独立性的提高作出了贡献，因此它提高了证券市场对审计师独立性和职业能力的评价（Fama and Jensen，1983b）。一个贡献是通过无限责任实现的。如果审计师是以有限责任成立事务所的，可用来约束他们行为的资源便会减少，市场也就相应地降低了对审计师独立性水平的评价。相反，无限责任的合伙形式为审计师的独立性提供了更大的约束力。

另一个贡献是合伙人之间的相互监督。因为每个合伙人都要对其他合伙人的业务活动负责，每个合伙人都有互相监督的内在动机。这种相互监督提高了审计师的职业能力，降低了某一个审计师屈从于企业经理压力的概率。

令人感兴趣的是，在职业审计事务所成立之前，审计活动是由股东委员会进行的。这种委员会形式，尤其是委员会成员之间的相互监督，使得管理者很难贿赂审计师。

13.1.5 会计师事务所的规模

19世纪下半叶，英国的资本市场规模翻了几番，创立品牌过程中的规模效益可以解释当时英格兰会计师职业协会的成立。另一个解释的是：协会的设立可授予会计师某种资格，以便充当破产管理人的角色（Watts and Zimmerman，1983）。由于设立协会和创立品牌的固定成本已由破产业务所分担，因此授予会计师资格的边际成本相对较小。在美国，可能是因为会计师并不从事与破产相关的业务，所以职业协会的成立和审计职业的发展都落后于英国。

品牌的规模效益促进了大型会计师事务所的成立。大型会计师事务所在打造审计品牌方面比职业协会拥有两大优势：一是大型事务所有较强的担保能力；二是大型事务所有相互监督的机制。

大型会计师事务所为其审计服务提供的担保远远大于职业协会认可的单个审计师为其服务提供的担保。这种担保不仅包括整个合伙公司的资产和单个合伙人的资产，而且包括合伙人的人力资本（Fama and Jensen，1983b）。人力资本的价值对于审计师的信誉是相当敏感的，而审计师本身的信誉是和其合伙公司的信誉联系在一起的。

大型会计师事务所的担保能力意味着，大型会计师事务所比单个被认可的审计师更有可能抵制不许报告违约行为的压力，即更有可能保持独立性（DeAngelo，1981b）。大型会计师事务所有许多客户，由于某个客户更换审计师而引起的"准租金"损失很可能小于未能报告违约行为而造成的对事务所信誉及其审计收入的影响。

相互监督机制由于合伙人信誉之间的紧密相关以及大型会计师事务所面临着较大的潜在责任而得到强化。因此，每一个合伙人都对事务所的债务负责，并且他的人力资本随合伙公司的信誉而变化。每一个合伙人都有巨大的动力去监督其他合伙人的业绩，去建立这种相互监督的机制。但在职业协会中，若某一成员的业绩无法达到市场预期水平，这种互相监督机制就不存在。协会的信誉就会受到损害。但是，因为协会其他成员的信誉和人力资本并没有像行为不端的成员的行为与该成员的合伙人结合得那样紧密，协会其他成员并不对该成员的行为负责，唯有该成员的合伙人必须对之负责。

通过会计师事务所的合伙关系而取得约束力的重要性，可用前面所讲的普华公司的例子予以说明。琼斯和西泽尽管是特许会计师，但他们并不是合伙人。他们的信誉与普华公司的信誉并不像合伙人与事务所的信誉那样紧密相关。因此他们不太可能去维护这家事务所的信誉。除此之外，地理上的距离也使得相互监督变得十分困难。

13.1.6 行业专业化

初始审计的开办成本和信息的规模效益可以解释人们观察到的会计师事务所存在的行业专业化现象（Dopuch and Simunic，1980a）。例如，与其他事务所相比，安达信（Arthur Andersen）的客户中，天然气公用事业企业所占的比重较大。艾肯瑟尔和达诺思也发现审计工作中存在着显著的行业专业化，他们认为初始审计的成本由于政府管制而增加（Eichenseher and Danos，1981）。

前面对审计实务的解释，仅仅是应用契约理论所获得的部分解释。契约理论可对一系列审计实务进行解释。例如，它可以说明为什么某一特定的会计师事务所只集中于审计特定的行业并采用特定的审计程序。虽然这些解释很直观，但它们的论断并没有得到正式检验。学术上可接受的理论取决于正式的假设和检验，这些内容将在13.2节讨论。

13.2 用契约理论预测审计活动的研究

第11章所概述的那些研究使用了契约和政治成本变量来预测和解释企业对会计程序的选择。周用契约变量来预测和解释1926年经过职业审计师审计和未经审计的企业对会计程序的选择（Chow，1982）。那时，审计并不是由法律规定强制执行的。

13.2.1 用于解释决策的变量

周假设外部审计与下列因素有关：
1. 企业规模（股东权益的市场价值＋负债的账面价值）；
2. 资本结构（负债的账面价值/企业规模）；
3. 根据会计数据签订的债务契约数。

周认为企业规模至少产生两种影响：(1) 大企业管理者通常拥有的

企业股票份额比较少，因此拥有较强的从股东手中转移财富的动机（就是说，大企业对审计的需求较大）。（2）对企业进行审计需支付较高的固定成本（比如，筹备成本与企业规模不成比例），所以每单位美元销售额的审计费用将随企业规模的扩大而下降。因此，在其他条件相同的情况下，大企业比小企业更有可能接受审计。

周还认为具有较高负债权益比率的公司更有可能接受审计。随着负债程度的提高，转移债权人财富的动机随之增大，正如通过代理成本以及由股东提供契约（以及其他包括审计在内的监督形式）来减少利害冲突的动机也随之增大一样。另一个与负债程度相类似的变量是按会计数据签订的债务契约数。周对《普尔工业手册》(Poor's Industrial Manual) 上各企业以会计数据为依据的债务契约数进行了统计，结果发现经过审计的企业平均有 1.5 个这种契约，而未经审计的企业平均只有 0.9 个这种契约。

13.2.2 研究结果

利用 1926 年《普尔工业手册》的数据，周选择了由 165 家企业组成的样本（100 家在纽约证券交易所上市的企业，65 家在场外交易的企业）。场外交易的企业被包括在内是为了检验在交易所挂牌是否影响审计的频率。

表 13-1 报告了周的研究结果。Logit 回归法估计了接受外部审计企业的概率模型。这一模型对整个样本进行估计，并分别对纽约证券交易所的样本和场外交易的样本进行估计。结果基本与假设一致。所有自变量都有预期的符号。企业规模只有在场外交易样本中才显著。在每个模型中，负债权益比率或条款数都显著，但这两个变量相关。这种多重共线性增大了预测系数的标准误差，从而降低了它们各自的显著性水平[①]，也给区分这两个变量的影响带来了困难（Christie, Kennelley, King and Schaefer, 1984）。但是，由于这两个变量代表了同样的因素（根据会计数据签订的债务契约的存在），而且它们之中的某一个在任意一个

---

① 周为了解决多重共线性问题，将契约数对负债权益比率进行回归。再把这一回归分析的残差用于 Logit 模型。如同克利斯蒂、肯尼利、金和赛弗所论述的那样，这一处理并不能解决多重共线性问题，其作用只相当于在这两个模型中包括了两个共线的变量（Christie, Kennelley, King and Schaefer, 1984）。

模型中都显著，因此，这些证据与债务契约同外部职业审计存在相关性的观点是一致的。

表 13-1　外部审计的存在对契约变量影响的 Logit 回归

样本	系数及其 t 统计值					R^2	χ^2（显著性）
	常数	规模	负债权益比率	条款数	纽约证券交易所虚拟变量		
预期符号	＋	＋	＋	＋			
总体样本	−0.78	7.60	1.52	0.40	1.45	0.23	29.86
($N=165$)	(−2.34)	(0.37)	(1.18)	(2.35)**	(3.81)***		(0.005)
纽约证券交易所样本	0.25	11.24	2.25	0.85		0.21	14.26
($N=100$)	(0.68)	(0.45)	(1.12)	(2.61)**			(0.005)
场外交易样本	0.05	6.97	3.31	0.10		0.17	8.91
($N=65$)	(0.12)	(1.97)**	(1.50)*	(0.43)			(0.07)

* 在 0.1 的水平上显著，单尾检验；
** 在 0.5 的水平上显著，单尾检验；
*** 在 0.01 的水平上显著，单尾检验。

资料来源：C. W. Chow, "The Demand for External Auding: Size Debt and Ownership Influences," *Accounting Review* 57（April 1982），Table 5.

以上这些结果基本上与契约理论相吻合。这表明契约理论具有预测审计实务的潜力。但是，周的研究也存在几个问题，它忽视了除审计以外的监督方法及其监督成本。进一步的研究应当包括那些表示不同监督方法的成本和审计成本的变量。①

---

① 单方程回归模型（如周以及列夫威奇、瓦茨和齐默尔曼 1981 年所用的模型）并不代表联立方程模型。聘请外部审计师的决策取决于供需状况。从计量经济学的角度看，这类问题可通过考察个别的供需结构方程予以模型化，然后将这两个方程进行联立估计，只估计单个方程会得出不正确的结论。

对周的验证结果做进一步的研究必须考虑根据未正确地设定的单方程回归模型进行估计可能产生的问题。他的模型未能很好地设定的一个理由是存在相关的被遗漏的变量，以及该模型未经识别。例如，除了审计以外的监督机制（如证券分析师、外部董事和证券承销商等）也可能是十分重要的。这些变量应当包括在进一步的分析中。此外，一些监督机制可能与企业规模变量存在共线性，这或许可以解释周在检验纽约证券交易所样本时，企业规模变量为何不显著。应该构建其他衡量审计客户的边际成本的遗漏变量。例如，对一个特定行业里的类似企业进行审计会降低同行业的其他企业的成本（Eichenseher and Danos, 1981）。

13.3 政治活动对审计的影响

政治活动与审计密切相关并对审计产生影响。有些影响通过政府管制（如证券法、州政府颁发执业注册会计师执照的规定以及证券交易委员会的规章）实现，有些影响则通过潜在的管制实现。美国国会的一些委员会曾威胁要采取不利于审计职业的行动，除非会计师事务所采取某些措施。

管制和潜在的管制均对审计本质产生影响。它们促使审计师在审计范围内增加额外的工作，这可能降低审计中的契约监督量。管制也为审计师向客户提供新型服务创造了机会，这些新型服务增加了客户和审计师的价值。最后管制为审计师提供了利用政治活动来将财富转移到自己手中的机会，同时也给其他团体提供了转移审计师财富的机会。

13.3.1 对审计的影响

1933年和1934年的证券法实质上是信息披露法。其基本理由是公司的信息披露可防止资本市场对证券价值的估值过高，犹如1929年股票市场大崩溃之前对证券价值的高估。1933年的证券法要求企业接受"独立的或注册公共会计师"的审计。审计师的预期作用在于监督管理者的信息披露，这种信息被投资者用于投资决策中（Wiesen，1978，Ch.1，pp. 5-19）。该法案规定的法律责任增强了审计师充分发挥这种作用的动力。

证券法中审计师的作用比契约所能发挥的监督作用更为广泛。契约监督要求审计师检查契约是否被违反。这涉及检查分派的股利是否超出利润之类的问题。这里涉及的利润含义取决于契约里的规定及其含义（Pixley，1981，pp.33-96）。但在证券法里，审计师的作用则取决于投资者的决策过程。未包括在契约中的数字也可视作是相关的（如重置成本）。这显然扩大了审计的范围并改变了审计的重点。

证券法赋予证券交易委员会控制用以计算上市公司财务报告中的数据的会计程序的权力。鉴于证券法认为具有可比性的财务报表对于投资者的决策是必不可少的，证券交易委员会因此就有了要求运用统一的会计程序的动机。证券交易委员会对美国注册会计师协会施加压力,要求它成立一个机构来颁布有助于实现上述目标的会计准则(Zeff,1972),这种压力导致了会计程序委员会的建立。它后来被会计原则委员会和财务会计准则委员会所取代(第7章)。

会计准则对可供选择的会计程序施加了种种限制,迫使企业采用了较高成本的订约技术(第10章)。这些准则不仅降低了以会计为基础的契约在减少代理成本方面的有效性,而且也降低了企业对这种契约的要求。这反过来又降低了对作为一种监督手段的审计的要求。因此,尽管管制拓宽了审计本质,提高了审计用于满足法定要求的需求,但它也降低了审计的契约要求。

13.3.2 附加服务

证券交易委员会的信息披露管制以及在它的倡导下(通过会计程序委员会、会计原则委员会、财务会计准则委员会)所发展起来的正式准则制定程序,为审计师开展除审计之外的其他服务提供了机会。我们在第10章和第12章已经看到,会计准则将成本转嫁给审计师的客户。会计师事务所在定期出版物上为他们的客户提供有关会计准则的信息,以及通过技术部门的咨询服务为客户提供有关新准则增加了成本的信息。针对信息披露管制,审计师还可提供的另一种服务是院外游说。

会计师事务所可为其客户就拟议中的会计准则在听证会上进行游说。收费标准的管制也为审计师提供信息和游说服务创造了机会。在收费问题听证会上审计师代表客户就某些会计问题进行游说。

尽管客户不一定直接支付费用,但游说和信息管制服务对审计师的客户是很有价值的。潜在的客户在选择审计师时,可能会考虑这些服务,而且审计的收费也反映了这些服务内容。游说服务既增加了审计师的财富,也增加了客户的财富。

游说服务的存在加强了审计师的契约活动所引发的行业专业化。审计师为某个将在会计准则中所使用的程序进行游说,并吸引对这些程序感兴趣的客户。因为会计准则(可接受的会计程序因行业而异)对同一行业的企业的影响是十分相似的,结果导致了行业专业化。若某一行业在会计处理上存在系统性的差异，人们就期望审计师专门为使用某一套特定会计程序的客户服务。

13.3.3 财富转移

游说和信息服务同时增加了客户和审计师的价值。但是，政治活动也迫使审计师采取行动来提高自身价值，而这种行动是以牺牲客户的价值为代价的。

审计师有动机去游说证券交易委员会和财务会计准则委员会设立较为复杂的会计程序。这种较为复杂的程序增加了审计工作量，并且提高了对审计师服务的需求。但应注意，审计师不一定对所有增加复杂性的准则都给予支持。较为复杂的会计系统也许导致监督契约的作用大大降低（例如，以重置成本作为主要成本的会计系统）。如果由于提高了复杂性而导致对审计业务的需求增加，不足以补偿由此而引起的对审计监督服务需求的下降，那么审计师将反对较为复杂的会计系统。

由州政府颁发审计师执照可作为审计师利用管制从客户手中转移财富的另一种手段。这种颁发执照的制度对进入审计职业具有潜在的限制作用，可增加现有审计师的财富。最后，有观点（U. S. Congress，1976）认为，证券交易委员会的管制和其他因素导致了八大（Big Eight）会计师事务所（Arthur Andersen（安达信）；Coopers & Lybrand（普华永道前身）；Ernst and Whinney（安永前身）；Deloitte，Haskins and Sells（德勤前身）；Peat，Marwick and Mitchell（毕马威前身）；Price，Waterhouse（普华永道前身）；Touche Ross（德勤前身）；Arthur Young（安永前身））对上市公司审计业务的有效垄断或卡特尔。

13.4 管制对审计产生影响的实证研究

在这一部分，我们将回顾三类有关管制对审计产生影响的经验性研究的例子。迪安杰洛的研究（DeAngelo，1982）代表第一种类型。这类研究调查了审计师的管制扩张化角色和审计师流动的原因。第二类研究是一项游说研究（Watts and Zimmerman，1981），该研究调查了在会计准则游说中审计师所持态度与客户所持态度之间的关系。人们通常期望审计师会代表其客户的立场，因为他们提供的就是游说服务。然而，相对于其他监督方法，管制更有助于增强审计的吸引力，增加影响财富转移的机会，因此审计师并不完全赞同客户的看法。第三类研究将研究八大会计师事务所是否赚取了垄断利润。

13.4.1 审计师流动性的研究

迪安杰洛假设那些受会计准则消极影响最严重的企业比受影响不太严重的企业更有可能更换审计师。原因是更换审计师可以降低改变会计程序的成本，从而降低新准则的影响（DeAngelo，1982）。

在第11章，我们认为管理者会选择那些有助于编制预期时间系列收益报告的会计程序结构。如果准则取消这一结构中的某一个程序，管理者很可能改用其他会计程序，以获得尽可能接近预期收益系列的收益报告。在进行这类变动时，管理者很可能与企业的审计师发生冲突。除了检验旧的会计程序外，负责任的审计师还必须验证新的会计程序。投资者出于决策的需要选择最佳程序，基于这一原理的管制在上述变动时就会增加审计师的责任。一个新的审计师更有可能验证批准客户新的会计程序，因为他比较不容易被认为无法证明新的会计程序无法公允地反映客户的财务状况，假若旧的会计程序也公允地反映了客户的财务状况的话。由于这些原因，迪安杰洛预计在发生会计准则变动时，审计师的流动性将提高，且流动性取决于改变契约产生的影响程度。

样本和数据

迪安杰洛研究了在采用财务会计准则委员会第19号公告前后的时间内，石油和天然气企业的审计师更换率。这个准则取消完全成本法，要求所有企业注销"枯井成本"（成功法）。样本共包括246个石油企业，这些企业可分成三种类型：

129个采用完全成本法的企业；

80个采用成功法的企业；

37个受财务会计准则委员会第19号公告影响而采用成功法的企业。

财务会计准则委员会第 19 号公告还对如何应用成功法做了限制。由于会计准则的变化,样本中 37 个采用成功法的企业报告的盈利或者留存盈利下降了 10%或更多。这些企业和 129 个采用完全成本法的企业构成了一个很有可能更换审计师的样本。

迪安杰洛认为在客户与审计师之间就必须披露的内容产生分歧之前,客户已有更换审计师的动机。这样,当采用财务会计准则委员会第 19 号公告成为可能时,客户就会更换它的审计师。迪安杰洛认为采用财务会计准则委员会第 19 号公告的时间很有可能是在 1976 年和 1977 年。财务会计准则委员会第 19 号公告的初始讨论稿于 1977 年 7 月发布,接着在 1977 年 12 月正式颁布准则。因此,迪安杰洛预计在 1976 年和 1977 年更换审计师的现象将增加。

结果

表 13-2 报告了验证结果。表 13-2 中将受影响的石油和天然气企业的审计师更换率与未受影响的石油和天然气企业和向证券交易委员会

表 13-2　1973—1980 年期间由于客户的会计方法变动而更换审计师的频率

年份	采用完全成本法的企业 (1)	采用成功法的企业 (2)	部分受影响的企业 (3)	采用成功法控制的企业 (4)	更换次数 (5)	更换率 (%) (6)
1973	1	0	1	3	534	5.33
1974	4	3	4	1	621	6.37
1975	5	5	5	3	453	4.75
1976	6	5	6	4	399	4.24
1977	8	22	11	3	411	4.56
1978	2	3	2	3	373	4.13
1979	1	3	1	3	304	3.17
1980	5	0	4	3	300	3.12

资料来源:L DeAngelo, "Mandated Successful Efforts and Auditor Choice," *Journal of Accounting and Economics* 4 (December 1982), Tables 2 and 3.

报告的所有企业的各年更换率进行比较。表13-2中第3列报告的数据显示，受影响企业在1976年和1977年出现了最高的更换率，分别为6%和11%。在财务会计准则委员会第19号公告颁布的1977年，受影响的企业出现了最高的更换率。同时，这些企业的更换率也高于未受影响的石油企业以及非石油企业。未受影响的石油企业（采用成功法控制的企业）在1976年和1977年（第4列）的更换率未见增加，向证券交易委员会报告的非石油企业（第5列和第6列）的更换次数和更换率也未见增加。这些不同的更换率，在比0.05更严格的水平上都是显著的。因此，迪安杰洛的验证结果与她的假设相吻合。

另一假设——游说客户的影响

瓦茨和齐默尔曼提出了另一个更换审计师的假设（Watts and Zimmerman，1981b），用来解释迪安杰洛的结果。这一假设认为，企业与它所雇用的审计师在会计准则游说问题上的立场若出现不一致，则这些企业很可能更换审计师，转而聘请与企业立场一致的审计师（即审计师拥有与他们的游说立场相一致的一群客户）。在颁布财务会计准则委员会第19号公告的前后更换审计师的频率升高正是出于这一原因。但应注意，这一假设与迪安杰洛的假设并不相互排斥，两者均可说明问题。

迪安杰洛验证了客户群体假设，试图寻找两种假设之间的差异。为了验证瓦茨和齐默尔曼的假设，她把所有的石油企业进行分类。如果客户未受该公告的影响，并且审计师支持该公告（即支持成功法），客户就被归入"同意"类。同样，若客户受第19号公告的不利影响，其审计师反对该公告（即支持完全成本法），也归入"同意"类。其余的组合情况都属"不同意"类。她据此编制了一张列联表（contingency table）。该表显示，在1976—1977年，有7.9%属于"同意"类的石油企业更换了审计师，而19.2%属于"不同意"类的企业更换了审计师。这里的比例在0.01的水平上显著。

为了区别结构性调整假设和客户群体假设，迪安杰洛验证了客户群体假设的内在含义：若因审计师未能按客户的立场（不同意）去游说而被更换，客户就会转而去聘请那些会代表其立场的审计师。

迪安杰洛验证了客户是否会转向与之具有相同立场的审计师。她的验证表明企业并没有明显的倾向转向与企业立场一致的审计师，或者明显倾向于主张成功法的专家（他们的大部分客户采用成功法），也没有明显倾向于任何特定的会计师事务所。因此，证据与客户群体假设是相悖的。

一个替代假设——结构变化

正如迪安杰洛指出的，她的研究有一个局限，那就是更换审计师的时间选择问题。大部分的更换出现在 1977 年，当时正值正式采用财务会计准则委员会第 19 号公告的时间（见表 13-2）。迪安杰洛认为，1976 年之所以出现审计师的更换，是因为那些预见到会采用财务会计准则委员会第 19 号公告的客户在与审计师发生冲突之前，就已开始行动起来消除该公告的影响。但是在 1974 年和 1975 年之间，采用完全成本法的企业也显示出日益上升的更换率。不可能是由于企业预见到会出现财务会计准则委员会第 19 号公告而进行更换，因为该公告在 1977 年才被采用（石油和天然气企业的会计方法直至 1975 年 10 月才排上财务会计准则委员会的议事日程）。

在 1974—1977 年，受影响企业出现更换审计师的上升趋势与这些企业在该期间某些其他结构的变化有关。许多企业在 1974 年转而采用成功法。这一时期正值能源的相对价格变动剧烈、税收法规发生变化（折耗减免）和管制的时期。这几种外部变化很可能影响企业的最佳规模、最佳负债量和最优契约形式。

受财务会计准则委员会第 19 号公告影响最严重的企业的规模比那些不受影响的企业的规模小得多（DeAngelo，1982，Table5）。受影响企业的平均毛收入在 1973—1977 年间增长了 3.3 倍，而采用成功法的企业，其收入在同一时期只增长了 2.7 倍。受影响企业的股东权益的市场价值增长了 1 倍，而未受影响的企业（采用成功法的企业）在 1973—1977 年仅增长 10%。但是，迪安杰洛发现这些增长率的差异是不显著的（DeAngelo，1982，fn.39）。

迪安杰洛的结果可归结为石油和天然气企业的结构变化。然而，由于这些结论与她的结构调整相一致，这表明契约理论与政治活动理论相互结合便可以说明审计师的更换问题。与周的结果相结合，它们将成为预测和解释审计实务方法论的希望所在。

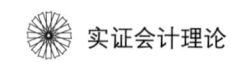

13.4.2 审计师院外游说的研究

瓦茨和齐默尔曼曾调查研究了契约理论和政治程序在审计师对拟议的会计准则进行游说过程中的意义（Watts and Zimmerman, 1981b）。他们预计审计师对拟议中会计准则的立场与其客户的管理者的立场是正相关的。一是由于审计师可为其客户提供这类服务；二是由于审计师的审计收入依赖于客户的市场价值，这促使他们为有助于提高客户市场价值的准则而开展游说活动。

但是，审计师的立场并不完全由客户的立场决定，审计师的利益与客户的利益不尽相同。例如，审计师会极力促成能为他们提供业务机会的准则，而客户的管理者则反对这种准则。考虑了这些异同点之后，瓦茨和齐默尔曼得出了审计师立场与客户立场的预期关系。他们收集到的证据证实了这种关系。

一项稍早的研究（Harling, 1979）以审计师会被其客户所左右为前提（即审计师是不独立的），就审计师对拟议准则的立场与客户的大多数立场相关联这一假设进行了验证。该研究发现，审计师与客户的立场之间不存在显著的相关性。但是，哈林验证的这种简单关系，并没有考虑契约理论和政治活动相互作用所形成的那种审计师与客户之间的复杂关系。

瓦茨和齐默尔曼对会计师事务所关于某一会计准则的立场和客户的立场之间的关系进行了验证（Watts and Zimmerman, 1981b），他们所考虑的关系比哈林在其研究（Harling, 1979）中考虑的更为复杂。他们把审计公司模拟为一个人，并假设审计师和客户的立场取决于该准则对其财富的影响。若准则可增加其财富，审计师或经理人员就持赞成态度；若减少他们的财富，他们则持反对态度。①

经理的立场是会计准则对企业价值和经理奖金产生的影响的一个函

---

① 瓦茨和齐默尔曼假设审计师和管理者并不做"游戏"。例如，他们不支持可能会减少他们财富的准则，以换取其他人支持另一个增加他们更多财富的准则。这种简单假设对早期有关这一问题的研究是合适的。若这一假设不能成立，瓦茨和齐默尔曼的模型的预测能力可能会下降。参见亚美史、戴姆斯基和沃尔夫森对准则游戏进行操纵的讨论（Amershi, Demski and Wolfson, 1982）。

数。在其他条件不变的情况下，准则若增加企业的价值，它们便会得到支持，反之就会遭到反对。但是，经理们的利益并不完全与股东的利益相一致。在其他条件不变的情况下，经理们会支持那些能增加报告盈利的准则，因为这些准则会增加经理的报酬。

审计师的立场是准则对其客户价值（因为审计费受它的影响）和另外两个因素产生影响的函数。一是对现有整套会计程序的影响；二是通过准则创造服务机会而将财富转移给审计师的潜力。

如果准则对现有的整套会计程序有所限制，则它们会降低把基于会计的契约和作为降低代理成本方法的审计相互结合的吸引力。结果，与企业有关的当事人很可能使用不包括会计和审计的降低代理成本的其他方法。这时审计师所承担的成本大于经理所承担的成本，审计师很可能反对这些限制现有会计程序的准则。

若某一准则增加了会计的复杂性，审计费就随之增加。西穆尼克发现账目越复杂，审计费用便越高（Simunic，1980）。因此，审计师比经理们更乐于支持那些能增加会计复杂性的准则。

给定上述这些影响审计师和经理立场的因素，瓦茨和齐默尔曼提出了一个模型，在该模型中，审计师对某一准则的立场是客户经理的立场加权之和的正函数（因为审计师和经理的立场都取决于准则对公司价值的影响）。在这一模型中，审计师立场在函数中的变化随以下三种类型的准则而变化：(1) 准则增加了用于计算报酬计划的盈利数；(2) 准则限制了用于计算债务契约和报酬计划中的有关数据的会计程序；(3) 准则增加了会计的复杂性。

由于有关审计师立场的观察数据有限，瓦茨和齐默尔曼对许多会计准则进行模拟估计。所有这些准则均增加了会计的复杂性，但总体上未增加盈利。因此，除了客户经理立场的加权之和外，唯一的一个随每项准则变化的自变量是准则对目前会计程序的影响。对各个准则的估计模型也只包含这两个变量：

$$\mathrm{APOS}_{i,s} = \underset{(?)}{c_0} + \underset{(+)}{c_1}(\mathrm{VFAV}_{i,s} - \mathrm{VOPP}_{i,s}) + \underset{(?)}{c_2}\mathrm{TV}_{i,s} \\ + \underset{(-)}{c_3}\mathrm{BDUM}_s\mathrm{TV}_{i,s} + \underset{(-)}{c_4}\mathrm{MBDUM}_s\mathrm{TV}_{i,s} + u_{i,s} \quad (13.1)$$

式中，$APOS_{i,s}$ 取 1，若审计师 i 赞成准则 s；$APOS_{i,s}$ 取 0，若审计师 i 反对准则 s；$VFAV_{i,s}$ 为审计师 i 的客户（其经理赞成准则 s）的价值总和；$VOPP_{i,s}$ 为审计师 i 的客户（其经理反对准则 s）的价值总和；$TV_{i,s}$ 为审计师 i 的客户（他们对准则 s 进行院外游说）的全部价值；$TV_{i,s} = VFAV_{i,s} + VOPP_{i,s}$；若准则 s 仅仅对在债务契约中使用的会计程序予以限制，$BDUM_{i,s}$ 取 1，否则取 0；若准则 s 对在债务契约和管理者报酬计划中所使用的会计程序都有限制，$MBDUM_{i,s}$ 取 1，否则取 0。

（$VFAV_{i,s} - YOPP_{i,s}$）这一项代表客户经理立场的加权之和，它的系数 c_1 预期为正值，这是因为经理和审计师的立场均取决于准则对企业价值的影响。客户的总价值系数 c_2 代表某一准则对审计师财富的影响，而该准则对债务契约和报酬计划中所使用的数据无影响（在这一研究中，是指一般价格水平调整准则），它的符号是不确定的。[①]

$BDUM_s$ 是一个虚拟变量，它代表那些对在债务契约中所使用的会计程序予以限制的准则，但这些准则并不影响报酬计划中所引用的会计数据（在这一研究中是指拟议中的中期报告准则）。它的系数 c_3 预期为负值，这是因为这类准则使得基于会计的债务契约和作为降低代理成本方法的审计失去了吸引力。结果，审计师比经理更有可能反对这种准则。$MBDUM_s$ 也是一个虚拟变量，它代表那些限制了用于计算债务契约和报酬计划中数据的会计程序的准则。因为这些准则对基于契约目的的审计需求有更大的影响，所以审计师相对于那些由 $BDUM_s$ 代表的准则而言，更有可能反对这些准则。因此，$MBDUM_s$ 的系数 c_4 预计比 $BDUM_s$ 的系数 c_3 更有可能为负号。

样本与结果

瓦茨和齐默尔曼用式（13.1）估计了审计师和经理对五个拟议中的准则所持的立场。准则和提议的委员会是：

1. 1962 年投资税减免（会计原则委员会）；
2. 1971 年投资税减免（会计原则委员会）；

[①] 这一影响具有两个相反作用的部分：一个是负的，因为这个准则使客户承担了更多的成本；另一个是正的，因为该准则增加了会计的复杂性，从而为审计师创造了服务机会。

第 13 章 契约理论在审计中的应用

3. 租赁（财务会计准则委员会）；
4. 中期报告（会计原则委员会）；
5. 一般价格水平调整（财务会计准则委员会）。

所有提交给财务会计准则委员会和会计原则委员会的这些拟议的准则文件均以所持立场来归类。公司提交的文件再以客户的审计师的立场来归类。审计师一般不提交文件给会计原则委员会，但八大会计师事务所在会计原则委员会中均有一个投票代表，会计师事务所的立场可从他们代表的投票中加以推断。通过这种程序，产生了 41 种审计师立场和 645 种客户立场。

前三个准则均限制了计算债务契约和报酬计划中的数据所采用的会计程序，因此 MBDUM 对有关这类准则的立场取值为 1。中期报表准则并不影响年度盈利，因此对报酬计划中所引用的数据不产生影响，但它影响了债务契约，因为在季度报告中引用的数据必须满足债务契约的限制。因此，BDUM 对拟议中的中期报告准则的立场取值为 1。一般价格水平调整对债务契约或报酬计划中使用的任何数据均不产生影响。

用公式对五个准则的立场进行估计的方程为（括号中是渐近 t 统计值）[①]：

$$\begin{aligned}\text{APOS}_{i,s} = &\ 0.42 + \underset{(1.69)}{21.0} (\text{VFAV}_{i,s} - \text{VOPP}_{i,s}) + \underset{(1.34)}{26.8}\, \text{TV}_{i,s} \\ &\ \underset{(1.33)}{} \\ &\ - \underset{(1.80)}{39.5} \text{BDUM}_s\, \text{TV}_{i,s} - \underset{(1.53)}{29.4} \text{MBDUM}_s\, \text{TV}_{i,s} \quad (13.2)\end{aligned}$$

其中 $\chi^2 = 15.1$，样本数为 41。所有三个预测系数（C_1，C_3，C_4）均具有正确的符号，并且在 0.10 的水平上或更严格的水平上（单尾检验）显著。χ^2 值表明该模型在 0.01 的水平上显著。($\text{VFAV}_{i,s} - \text{VOPP}_{i,s}$) 的系数为正表明审计师的立场与其客户经理的加权态度正相关。两个代表契约影响的变量显著为负，这表明准则影响客户的契约，进而影响

---

① 这里运用了许多衡量客户价值的指标，包括总资产、销售收入以及这些变量的对数平方根。所有这些衡量指标都得出十分相似的结果，因而只报告了运用总资产的模型。式（13.1）的因变量是二分变量。由于这个原因，研究中使用了 Probit 模型，OLS 和 Logit 模型得到的结果与 Probit 模型得到的结果类似。

对审计的需求，则审计师就很可能反对这种准则。可是，只表示债务契约的影响的变量系数比同时表示债务契约和报酬计划影响的变量系数具有更大的负值，这与预期相悖。除了最后这点不一致外，总的说来，式（13.2）与瓦茨和齐默尔曼推导出的用以解释审计师和客户经理对会计准则所持立场的简单模型是一致的。

经理的立场

瓦茨和齐默尔曼运用他们的模型去推导和验证经理们对估计式（13.1）所运用的五个会计准则以及另外一个拟议中的可增加报告盈利的准则（财务会计准则委员会提议的关于利息资本化的问题）所采取的立场。经理的立场取决于拟议中的准则对公司价值的影响，取决于准则对用于计算报酬的盈利的影响。在其他条件不变的情况下，相对于那些对契约中使用的会计程序不予以限制和不减少报告盈利的准则而言，经理们更有可能反对那些限制了契约中所使用的会计程序（增加代理成本）和将减少报告盈利的准则。

拟议中的租赁和投资税减免会计准则对契约当事人可选用于债务和报酬契约的会计程序加以限制，从而增加了代理成本。此外，这三个准则有减少盈利以及管理报酬的倾向，除非报酬委员会对准则进行调整。① 因此，管理者有可能对这三个准则持强硬的反对态度。而对一般价格水平调整、中期报告和利息资本化，管理者可能有较小的反对倾向。一般价格水平调整并不直接影响基本财务报表，这些报表上的数据被用于债务契约和报酬计划之中。中期报告影响了债务契约，但并不影响报酬计划。尽管利息资本化同时影响了债务契约和报酬计划，但它增加了盈利。因此，在报酬计划以扣除利息后的盈利为基础，报酬委员会不对这一变动进行调整的情况下，经理的报酬将会提高。

瓦茨和齐默尔曼报告了管理者对租赁和投资税减免准则持有较强反对态度的验证结果。与预期的一致，反对中期报告、一般价格水平调整和利息资本化的客户经理比反对投资税减免和租赁准则的客户经理少得

---

① 几乎所有对租赁准则提出意见的人都是承租人。

多。91%的经理反对投资税减免和租赁准则,而只有51%的经理反对中期报告、一般价格水平调整和利息资本化准则。这些结果在0.01的水平上显著。

评价

对审计师立场和经理立场之间的预期关系进行实际检验的结果(式(13.2))以及对经理人员更可能反对拟议中的投资税减免和租赁准则这一假设进行检验所得出的结果,一般与瓦茨和齐默尔曼所提出的简单模型相一致。从模型反映的契约和政治程序的影响这一情况看,这些结果(如周和迪安杰洛的结果)说明,前面章节介绍的理论在解释审计实务方面具有相当的潜力。但是,为了使这些结果具有说服力,还须进行更多的研究工作。

在研究中,至少有三个问题需要引起进一步的注意:第一,验证建立在非常小的样本上(5或6个会计问题),对各问题内部以及问题之间的观察(尤其是两个投资税减免准则)缺乏独立性,因此,检验的显著性水平被夸大。今后的研究应包括更多的会计问题。第二,用式(13.1)进行估计需要满足这样的一个假设:每一拟议中的准则对客户与经理的财富有同样的影响。这一假设很可能不成立,应进一步调查。第三,检验并未对客户与管理者报酬计划的差异加以控制,这些差异应予以调查。

13.4.3 关于审计师竞争情况的研究

西穆尼克调查了对上市公司的审计拥有卡特尔和垄断力的八大会计师事务所的收费问题(Simunic,1980),有关这种争论的例子,见美国国会的相关报告(U. S. Congress,1976)。他调查了这八大会计师事务所是否可收取比他们的竞争对手更高的服务费。[①] 调查表分别寄给1 207家样本企业,询问这些企业的审计收费以及付给内部审计师的薪酬,该

---

① 其他研究(Dopuch and Simunic,1980a,1980b)通过调查研究审计市场占有率及其变化,试图确定八大会计师事务所是否组成一个有效的垄断集团。但是,即使只有少数几个竞争者且市场占有率较高,也可能存在着有效竞争。市场占有率的变化模式既与垄断相一致,又与竞争相一致。

项调查得到了 314 个有用的数据。这个样本由八大会计师事务所和非八大会计师事务所的客户所构成。

西穆尼克对数据进行回归，因变量是内部和外部审计费用之和。内部审计成本也包括在内，是因为内部和外部审计之间可能存在替代关系。也就是说，八大会计师事务所的垄断力取决于客户获得相近替代（如内部审计）的可能性。将内部审计成本从因变量中分离出去并不改变研究结果。

对小客户（销售收入少于 1.25 亿美元）和大客户（销售收入超过 1.25 亿美元）分别采用不同的模型。西穆尼克认为，若八大会计师事务所是一个有效的卡特尔，它也只能控制大客户。原因是只有在大客户中，八大会计师事务所才能独占市场（Dopuch and Simunic，1980a，Table 3.2）。所以，若假设小客户市场具有竞争性，那么检验八大会计师事务所是否具有垄断权，主要是看估计的回归方程对大客户和小客户是否不同。

这里运用了两个独立的虚拟变量来验证八大会计师事务所是否是一个卡特尔。当审计者是 Price Water house（普华永道前身）以及其他七家会计师事务所之中的任何一个时，这些虚拟变量取值为 1。在对原始数据进行分析后，结果显示出 Price Water house 的客户和收费与其他七家会计师事务所的客户与收费存在较大差异，必须区别对待。若八大会计师事务所在大客户市场上形成了卡特尔，而在小客户市场上没有形成卡特尔，那么这些虚拟变量的系数将是正值，并且大客户样本的系数比小客户样本的系数大。

模型中若干其他自变量是用来反映成本差异和其他遗漏变量的。这些变量包括客户的合并子公司数、外国资产与总资产比率、应收款项与总资产比率以及净收益与总资产比率。

在西穆尼克的回归分析中，大部分控制变量的系数无论是在总样本、大客户样本，还是在小客户样本中均具有预期的符号，而且在 0.05 的水平上显著，有两个用来验证八大会计师事务所垄断性的系数与卡特尔假设不相符。七家会计师事务所（除了 Price Water house 以外）的收费并不高于其他的审计者，事实上还稍微偏低，但没达到统计显著的程度。Price Water house 的审计费高于其他会计师事务所的审计费，而且在统计上是显著的。这一结果仅仅出现在大客户样本中，小客户样本未得到此结果。西穆尼克做了进一步分析，结果显示 Price Water house 的客户使用了较多的内部审计。基于上述结果，他认为 Price Water house 的客户要求更高质量的控制程序，因此向客户收取较高的费用并不能证明垄断的存在。

西穆尼克还认为 Price Water house 虚拟变量的系数显著为正不是垄断的证据，因为七家会计师事务所变量的系数与垄断并不吻合。可是这些结果给西穆尼克的检验带来了一些问题。若将 Price Water house 与其他七家会计师事务所合起来一并考虑，合并的虚拟变量的回归系数可能是正值，从而支持了垄断的假设。若分开考虑，两者的系数肯定是正值，拒绝垄断假设的可能性更大。在一定范围内，可分别为八大会计师事务所分设八个独立的虚拟变量，那么检验就成为八个均显著的联合检验。法朗西斯利用这种方法对澳大利亚的审计市场进行了回归验证（Francis，1984），结果拒绝了垄断假设。

总之，西穆尼克的结果告诉我们在审计市场上存在着竞争。唯独 Price Water house 拥有垄断权是不可能的。西穆尼克的结果反映了两个令人感兴趣的含义。它们表明审计师（至少 Price Water house）在不同质量水平的审计方面进行了专业化分工，正如迪安杰洛所指出的那样（DeAngelo，1981b）。此外，各种成本变量（如客户子公司的数目）系数的显著性与客户会计越复杂审计费用越高的假设是一致的。

13.5 小结

在契约理论中，审计和会计是紧密相关的。在契约中有效地使用会计需要监督。专业的外部审计是一种监督方法。如果契约理论能够解释会计，那它也能解释审计。此外，政治活动影响了审计，在审计理论的发展过程中是相当有用的。

契约理论为审计师对独立性和信誉的关注、为职业审计师协会和大型会计师事务所的发展、为会计师事务所采用的组织形式提供了符合直觉的解释。此外，在法规上并未要求进行外部审计时，契约变量可用来预计什么样的企业会与职业会计师事务所开展合作。

管制影响了审计的性质，扩大了审计的业务范围。审计师对超出契约的信息负有法定的责任，这影响了审计师在契约管理中的作用，降低了审计作为监督手段的有效性。但是，管制为审计师提供了从事其他业务的机会，如提供有关会计准则影响的信息，代表客户的利益对会计准则进行院外游说。管制也给审计师对增加会计的复杂性提供了游说的机会，因为这样可提高审计的收费水平。

实证研究发现审计师的变更、审计师和其客户的经理对拟议中的会计准则所持立场之间的关系以及经理人员对拟议中的会计准则的立场与契约理论和政治活动理论所涉及的变量有关。得出这些结果的研究提出了非常简单的假设，似乎有些可供选择的解释可用于说明其中的结果，但又没有足够多的研究来验证这些结果是否像第11章所报告的结果那样可靠。然而，根据我们的观点，这些结果以及审计预测的结果表明，契约理论和政治活动理论结合在一起就具有解释会计实务和审计实务的潜力。

最后，一项确定审计收费的研究（Simunic，1980）表明审计市场具有竞争性。

延伸阅读文献

DeFond, M., AND J. Zhang, "A Review of Archival Auditing Research," *Journal of Accounting and Economics*, 2014, pp. 275–326.

Francis, J., "A Framework for Understanding and Researching Audit Quality," *Auditing: A Journal of Practice & Theory*, 2011, pp. 125–152.

Kinney, W. R., "25 Years of Audit Deregulation and Re-Regulation: What Does it Mean for 2005 and Beyond?," *Auditing: A Journal of Practice & Theory*, 2005, pp. 89 – 109.

Knechel, R. W., G. Krishnan, M. Pevzner, L. Shefchik, AND U. Velury, "Audit Quality: Insights from the Academic Literature,"*Auditing: A Journal of Practice & Theory*, 2013, pp. 385 – 421.

Simunic, D. A, "Discussion of 25 Years of Audit Deregulation and Re-Regulation: What Does it Mean for 2005 and Beyond?," *Auditing: A Journal of Practice & Theory*, 2005, pp. 111 – 113.

第14章　会计研究的作用

导　读

　　会计实务很多时候要解决的是"怎么办"的问题，而规范研究着重解决的是"应该怎样"的问题，因此和会计实务中的很多问题非常吻合。规范研究至少给出一个解决办法，指出会计实务应当如何，这对于制定会计规范是极为重要的，也是规范研究盛极一时的原因。不论是20世纪60年代之前的美国，还是2000年之前的中国，会计研究的首要任务都是为会计规范（主要是会计准则）的制定提供理论依据，因此规范研究有着很大的市场，因为它关注的是怎样规范或限制世界的运行。

　　然而规范研究仅借助抽象推理，缺乏强有力的令人信服的实际验证，因此它的可靠性可能会受到质疑。而实证研究通过收集数据，运用精确的数学方法进行分析，以解决"为什么这样"的问题。对于现实中"怎么办"的问题，实证研究往往不能那么直接，因为它的分析是有条件的，而且只展示了一个方面且假设其他条件不变。

　　必须指出的是，规范研究到现在仍然是会计研究的重要组成部分，世界上仍然有很多很好的期刊接受规范研究的论文。

　　实证研究方法从产生到现在取得了一定的成果，展示了一些关系。

实证会计研究将自己的作用定位为解释和预测会计实务,承认对已经观察到的会计现象具有解释作用,对未观察到的事物可以预测。但是这两个任务并不容易完成,因为这意味着光是论述相关关系是不能达到目的的,所以后来的研究重视因果关系的建立和检验。各种用以解决内生性问题的计量方法和研究手段也得到了重视和发展。

当然,实证研究方法也不是没有问题。统计和计量技术可用于数据分析,但也带来了一些问题。数据的可得性限制了实证研究的范围,没有数据就没法分析。很多政策出台时没有数据可以分析,所以实证研究对业界的影响在变小。而数据质量、测量的准确性都对研究质量产生很大影响。另外,经济学已经渗透到会计实证研究的各个领域,近些年对经济学的一些反思也适用于会计实证研究领域。

规范性理论和实证理论能否统一,能否克服各自的弱点,发挥自己的强项,更好地推动会计研究的发展呢?或者在研究方法上把实证研究方法和其他研究方法如实验法、质性研究等相结合?这是值得学者们去思考和改进的问题。

科学的理论概念(实证理论)贯穿本书。[①] 根据这一概念,会计理论的目标在于解释和预测广义上的会计实务。然而,正如第 1 章所介绍的,会计理论还包括关于理论的其他观点。在许多观点中,会计理论的目标似乎是为政府制定会计政策服务(即为会计准则或信息披露管制服务)。这些观点的倡导者首先假设存在一个目标函数,然后根据有关现实世界如何运行的假设(一种含蓄的实证理论),推断出具体的会计规定。这种做法强调的是规范,而不是这种规范所赖以存在的实证理论。在一般情况下,他们并未试图验证其理论基础,而该理论经常与为人们所认可的经验性假设(如有效市场假说)相矛盾。

从表面上看,规范性理论是自相矛盾的。如果其倡导者认真考虑其制定的规范,他们就会注意到其内含的实证理论所具有的预测能力。除非该理论具有预测能力,否则各种规范就不可能取得预期目标。第 1 章

[①] 本章的大部分内容取材于瓦茨和齐默尔曼的著作(Watts and Zimmerman,1979)。

已经介绍了对实证理论的需求。人们需要实证理论来预测其行为的结果。实证理论的使用者还包括准则制定机构（如财务会计准则委员会和证券交易委员会）里的个人。这些个人需要对执行特定准则或会计政策的后果进行预测，因此规范性理论的主要使用者需要一种解释和预测的理论。然而，为什么我们观察到的大多数会计理论侧重于规范性和逻辑性，而不重视其具有预测作用的理论基础？

我们认为答案是：除了实证会计理论以外，人们还需要其他会计理论。这些需求源自第 10 章介绍的政治活动和对辩解的需求。[①] 人们对会计政策的需要往往出于维护自身利益的需要（例如，电力部门的管理人员需要某种会计原则，以便为其在计算收费标准时使用的会计程序进行辩解）。但是，在进行财富分配的竞争和以昂贵的信息成本为特征的政治活动中，公开宣布因个人利益而需要会计规范并不是最佳的策略。最佳的策略是声称会计规范有利于公共利益（例如，最大化社会福利）。因此，人们需要理论来为想要的会计规范仍是服务于公共利益这样的观点进行辩解。

规范性理论在学术性会计理论中所占的比重随着时间的变化而变化。美国在 1933 年和 1934 年通过证券法之后，规范性理论的数量急剧增加，并成为 20 世纪 50 年代学术理论的主导。自 60 年代中期以来，规范性理论的比重，特别是在重要的学术刊物上的比重开始下降（Dyckman and Zeff，1984，Table 2 and 3）。另外，自 20 世纪 60 年代中期以来，实证理论在会计理论中的比重不断增长。基于第 1 章所阐明的理由，对实证理论的需求一直存在。因此，我们认为，实证理论的发展源自供给的一方，而不是需求的一方。自 20 世纪 60 年代中期之后，实证理论的研究成本开始大幅度地下降。

在 20 世纪 60 年代，电子计算机和大型数据库（CRSP 数据库和 Compustat 数据库）开始出现，由此带来的实证研究成本的下降使会计研究人员开始采用金融学和经济学上的实证理论。它促进了实证会计研究的发展和接受实证理论方法论培训的研究人员的产生。

[①] 对辩解的需求也存在于其他学术领域。参见斯蒂格勒关于辩解的经济学应用（Stigler，1976）。

在前面的讨论中，我们并没有说从事规范性理论研究的会计理论家有意地发表各种辩解，若实证会计研究者并不受辩解需求的影响。正如我们将看到的，对辩解的需求将以非常微妙的方式影响会计研究，实证会计研究者也难以摆脱其影响。

本章考察会计研究的作用。会计理论被视为一种商品。我们将着重解释辩解需求的影响，它将有助于解释政府管制对会计理论的影响。本章还将阐释财务会计准则委员会的作用以及作为准则制定程序组成部分的会计研究的作用。

我们首先分析对会计研究的需求，接着分析会计研究的供给。为了说明管制对会计理论的影响，我们将阐释由于对辩解的需求而发表的有关会计理论的起源。最后是小结。

14.1 会计研究的需求

本节分析在自由经济下对会计研究的需求，以及由于政府管制而产生的额外需求。

14.1.1 自由经济下对会计研究的需求

在自由经济下，会计研究发挥着三个相互交叉的功能。

满足各方对信息的需求

这正是第1章所介绍的对实证理论的需求，管理者、审计师、债权人和财务分析专家需要实证理论来了解和预测会计政策选择对其财富的影响。例如，管理者和其他与企业有利益关系的集团需要了解和预测不同会计程序对管理者动机的影响，以及由此带来的对企业价值的影响。此外，对特定审计师服务的需求也是以审计师监督契约履行所起的有效作用为前提的。因此，审计师也需要了解管理者所选择的会计程序对契约成本的影响。

满足教学上的需求

会计程序的设置是为了降低契约成本。由于不同企业的契约成本各不相同，会计程序也迥然不同。然而，会计程序的多样化增加了会计实务教学的难度。如果拥有较完善的实证会计理论，教师就可根据理论分门别类地分析实务中发现的各种差异，帮助学生增进对问题的理解。如果缺乏实证会计理论，会计教师只能自己建立教学法（经验法则）来分析实务中发现的差异。为了满足这一教学需要，研究人员考察了现有的会计程序，并总结了不同会计程序之间的异同点。对会计实务的描述着重指出，具有某些特定属性的企业倾向于遵循特定的会计程序。19世纪的教科书和文章表明，当时的会计研究人员认识到会计实务的多样化，并且试图从多样化中寻找一般规律。

满足辩解上的需求

早期的教科书认识到，管理者曾就人们指责他们改变折旧方法以增加利润和自身的报酬是以牺牲股东和债券持有者的利益为代价的观点进行辩解（Matheson，1893，pp. vii and viii）。会计教科书和文章为审计师反对管理者的论点提供了现成的依据。从早期的教科书和文章反对折旧费用这一事实看，它们同样也为管理者进行辩解提供了现成的理论依据，审计师和管理者都需要以扩大股东财富为目的进行辩解。从管理者的角度看，这种辩解只是一种借口，因为其最终的目的是增加管理者的报酬。管理者之所以对自身利益避而不谈，是因为企业外部的董事更关心的是股东的利益，而不是管理者的利益。

教学和信息上的需求是针对会计的实证理论而言的，这种理论解释和预测现有的会计与审计实务。辩解上的需求则可能包括一种寻找借口的需要。由于信息成本的存在，经理人员能够在利用某种会计程序为自身利益服务的时候，辩称在为股东的利益服务（如不提取折旧费用）。

14.1.2 管制经济下对会计研究的需求

前面对会计研究需求的分析现在扩大到包括政府的影响。正如第10章指出的，从普通公民到官僚政客都具有利用国家权力来谋取自身利益的动机，而且，为了达到这个目的，他们之间还可能达成联盟。

由于政府对企业的管制而形成的各种规章制度增加了对会计研究的教学和信息需求。即便是基础的教科书也阐述所得税法对后进先出法、折旧等的规定。为实务工作者编写的教科书解释了证券交易委员会的规定、税法和其他的政府规定。此外，人们还需要解释和预测未来管制的性质。

对会计研究的辩解性需求也会随着政府的管制而增加。政治活动实际上是一种辩解活动，各种立法和管制的支持者和反对者就各自的立场展开辩论。如果这一立场涉及会计程序的变动，起辩解作用的会计著作就十分有用。这些立场的辩解，包括对会计问题的辩解，都是以以下理由为依据的，即政治行为都是代表公共利益的，这种公共利益可以使每一个人或大部分人受益而不损害任何人，或者这种活动是公平的（就是说，这些论点是一种辩解）。这种理由比以自我利益为理由所招致的反对要少得多。这些有关公共利益的争论通常都是以关于自由化经济产生低效益的实证理论为基础的。典型的理由是存在自由市场失灵，这种失灵只能通过政府的干预来解决（第7章）。

政治家和官员不但需要实证研究来帮助他们权衡各种决策，还需要依靠实证研究来向新闻界和选民表明他们的活动是合理的。只有以大众利益（而不是自我利益）为基础建立规范时，政治家和官员才可能获得支持。其结果是，各利益集团都认识到该理论的有用性，政治家利用它来反对或赞成各种立法。各种特殊的利益集团都需要声称能使公众利益最大化的规范。

在有关公用事业收费标准的听证会上经常可以看到用公众利益为会计程序辩解的现象。例如，公用系统局（Public Systems）（代表城乡供电机构的一个组织）申请召开有关联邦电力委员会（Federal Power Commission）第530号令的听证会，该法令采纳的会计程序会导致公用事业费的增加。公用系统局并不是以自我利益为理由来反对第530号令，相反，它辩解道，该会计程序"代表一种无效率地向公用事业提供补贴的手段"（U.S. Congress, Senate, 1976, p.638）。

《1934年证券交易法》的公开目标是：投资者作出合理的投资决策之前，需要有公司披露的信息。这个目标附带一个假设，即所要求披露的信息能够以几乎为零的代价（即无市场失灵）增加投资者的福利。

政府管制增加了对以公众利益为由的会计规范性理论的需求（作为一种辩解），也就是说，之所以要采纳那些会计程序是因为它们会优化投资者的决策。此外，他们需要的还不只是一种规范，而是多种。对任何政治问题（如公用事业费的确定）来说，至少存在着两种不同的观点。例如，在联邦电力委员会第 530 号令的例子里，反对公用系统局观点的 Coopers & Lybrand（普华永道前身）需要一种能够反映该会计程序的规范性理论，而公用系统局则需要一种相反的规范性理论。由于会计方法影响了税收、反托拉斯法、工会谈判、信息披露管制以及公用事业费的制定等，对会计规范性理论的需求是多方面的。

理论可以为政治活动提供有效的辩解这一命题与实证信息和结盟成本是一致的。第 10 章指出，要使选民了解潜在的立法或管制将如何影响其利益是很花时间的。另外，选民要结成联盟来游说当选代表也是很花时间的。除非选民乐意在这些事务上花时间，否则只有那些预期其盈利将超过成本的选民才有可能知晓立法的影响并进行游说。如果在了解情况和进行游说上花费的时间成本比游说成功所能避免的损失还要大的话，那些受立法损害的选民会觉得不必进行游说。

会计研究和对立法的其他辩解，如果确实能够明确地区分谁受益谁受损，即采用自我利益作辩解，那么可降低那些受损团体获取信息的成本。受损团体所了解的事实越多，立法或规章获得通过的可能性就越小。因而，声称代表公众利益的规范性理论，通过迫使立法的潜在反对者去分析立法提案而使他们承担更多的成本。因而，与大部分的经济行为一样，生产过程的成本越高，产量就越少。迎合公众利益的规范增加了反对派的游说费用，因此也就减少了他们的游说活动。

在这种政治活动的模式下，每个人都是理性的。没有人会被会计理论"愚弄"。如果人们对各种理论的真实性不加调查，那是因为他们并不认为这种调查具有成本效益。如果调查的预期收益对某个人来说是微不足道的，那么他进行的调查将是有限的。

14.2　会计研究的供给

只要有大批人士能够以较低的成本进行会计研究，那么会计研究的供给就会对需求作出反应。经济学家斯蒂格勒观察到：

> 消费者的需求一般决定着将要生产的产品，生产者则通过更准确地发现消费者的需求并以较低的成本生产产品而获得利润。有些人对这一命题中存在的一些疑问感兴趣，加尔布雷思（Galbraith）教授做了很多这方面的研究，但他的杰出才能也几乎无法使我联想起我之所以住在房子里而不是住在帐篷里，是这两个行业广告竞争的结果。……我们可以说，消费者引导着生产，同样，他们难道不会引导知识分子的言行和思想，而不是反过来？(Stigler，1976，p. 347)

我们认为，有相当多的人能够以较低的成本提供政策建议。对政治情况不甚了解的选民（第 10 章）缺乏动机去区分各种复杂的论点。因此，我们期望会计研究的供给会对与日俱增的辩解需求作出反应。另外，在 20 世纪 60 年代中期之前，实证会计研究仍然耗资巨大，因此，当时的供给也就无法在教学和信息上对实证理论的需求作出反应。

14.2.1 辩解的提供

在政治过程和市场活动中都存在对辩解的需求。然而，我们认为，在政治活动中获取信息的动机较小（第 10 章），从而导致产生大部分需要辩解的活动。因此，我们将集中介绍用于政治过程的辩解的提供。

消费者（既得利益者）通过对会计规范的需求决定着会计研究的供给。会计研究人员的声誉和论述技巧越高，他的著作就越可能受到实务工作者、管制者和其他学术界人士的重视，更多的学生和资金就会流向他所在的大学。如果研究人员的研究与人们当前所关心的问题有关，实务工作者、管制者和培养未来实务工作者的教师就更可能了解该研究的内容，由此使会计研究与使用者切身利益发生联系。当既得利益者不同意会计准则时，会计上会出现争论。例如，在 20 世纪 30 年代，美国最高法院宣布禁止在计算所得税时使用存货计价方法中的基础存量法，而美国石油协会（American Petroleum Institute）则建议以后进先出法取代基础存量法，由此掀起了对后进先出法的争论。美国国内税收总署则

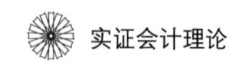

反对采用后进先出法，因为会影响税收收入。各个团体需要赞成或反对后进先出法的文章，这样的文章随之不断涌现。

会计研究人员经常把提出政策性建议当作他们研究的一部分。这些根据研究人员假定的目标而提出的建议，可能从来都不是有意识地要为那些出于自我利益而偏爱建议程序的企业管理者、实务工作者或政治家提供辩解。然而，既得利益者仍然乐于引用这些研究成果。研究成果越通俗易懂，就越容易得到引用。

既得利益者引用支持其立场的研究者的观点这一倾向产生了一种生存偏向。正如在任何市场中，那些生产合乎需要的产品的生产者比其他人具有更高的生存机会。这种偏向是由既得利益造成的。这并不是在指责赞成特定实务的研究人员的动机。实际上，既得利益者的立场会因那些对会计问题具有诚实和一致观点的研究者而得到巩固。

由于为争论的问题提供支持理论将得到回报，与这些问题有关的会计研究的供给也就存在着竞争。某个问题的支持理论很可能像既得利益者的立场一样千差万别。尽管存在着各种差异，会计研究人员并不一定在所有问题上都各持己见。学术评价与批评促使每个研究人员保持研究观点的一致性。然而，研究人员对所关注的会计原则的论证在不同实例和在同一会计原则的不同方面可能各不相同。

对不同会计原则的论证存在差异与不一致的原因在于：任何一个会计准则都是政治行为的结果。该结果取决于各有关团体为了实现其目标所愿意付出的代价。此外，这些代价随着预期收益的不同而不同。某种会计准则存在的理由就是支持它的团体所给予的理由，如果其存在的理由是一种折中的结果，譬如会计原则委员会有关企业合并的第16号意见书，那么所给予的理由就是一种混合了各团体利益的理由。同一团体不会在所有问题上都获得成功。实际上，很多团体甚至不是在每一问题上都会卷入。此外，既得利益者（如保险公司）并不受逻辑一致的约束。因此，有些团体在某些问题上支持历史成本计价方法，而在其他问题上则主张按市场价值进行计价。

14.2.2 实证理论的供给

对实证理论的需求来自市场与政治活动的参与者。与企业管理人员一样，官员们也需要了解和预测其行为的结果。教育者也需要实证理论（教学上的需要）。商学院竞相培养优秀的管理人员和会计师，因此，它们有动机去培养毕业生理解和预测其决策（包括会计决策）后果的能力。预测和了解决策后果需要掌握实证理论。因此，商学院也需要实证研究。当实证研究的成本在 20 世纪 60 年代开始降低时，实证会计研究也随即涌现。

实证研究的轻重缓急受辩解需求和教学需求的双重影响，特别是受到围绕着会计规范产生的争论的影响。与规范性理论的研究者一样，实证会计理论的研究人员也有研究争议问题的动机。例如，人们就财务会计准则委员会第 19 号公告草案对股票价格的影响进行了大量的调查研究（第 12 章）。即使是遵循实证研究惯例但没有提出政策规范的研究，对有切身利益的团体也是有用的。它提供证据以表明人们所宣称的影响是否存在。例如，在证券交易委员会召开的石油和天然气会计听证会上，采用完全成本法的企业声称，财务会计准则委员会第 19 号公告会减少它们获取资本的渠道，并由此降低其股票的价格。它们引用一个发现股票价格效应的实证研究（Collins and Dent，1979），而财务会计准则委员会则声称自己的建议不会产生如此不利的影响，并引用了一个没有发现股票价格效应的实证研究（Dyckman and Smith，1979）。

著名商学院和重要学术刊物对实证会计研究（本书所分析的这类研究）的认可促使它在政治活动中产生影响。商学院的声誉也在政治活动中获得认可。因此，在讨论管制时（Securities and Exchange Commission，1977），财务会计准则委员会和证券交易委员会也承认类似于有效市场假说这类概念的存在。然而，这种认可对政治活动的结果只有微弱的影响。有切身利益的团体也可利用在公众眼里其他有声誉的学术机构对该概念的批评。各种实证研究结果之间的差异以及评判高质量研究的信息成本使得各种不同利益集团有可能对实证研究成果各取所需。

为了说明经由辩解需求而产生的政府管制对会计理论的影响，我们阐释了三个主要立法对会计理论的影响。这三个立法是：铁路立法、所得税法和证券法。

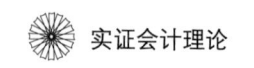

14.3 管制对会计理论产生影响的三个例子

14.3.1 铁路立法对会计理论的影响

铁路的发展对会计理论具有重要的影响。美国与英国的铁路发展影响着折旧方面的会计理论,包括折旧是否应作为一项费用的问题(Holmes,1975,p. 18)。

围绕着铁路折旧的争论起始于1840年左右的英国和1850年的美国。虽然在这两个国家中的争论都没有把折旧作为一项费用来处理,但也出现了许多解决折旧问题的理论。我们关于会计研究的理论提出了以下问题:为什么有关折旧的争议是随着铁路的发展产生的?

在铁路出现之前,公司并没有系统性地按年度把折旧作为费用处理。贷款协议中股利条款对股东的权益分配规定了一个较低的界限。只要过去的盈利留存额足以抵偿现行固定资产折旧,企业就不必系统地在每年扣除折旧费用。在20世纪之前,折旧一般并不作为一项费用。相反,折旧被视作利润。

随后,在铁路行业,政府首次对其收费标准进行了广泛的管制,这些标准又与利润联系在一起。早期的美国铁路宪章包含了铁路部门有权根据利润调整其收费标准的条款(Dodd,1954,p. 260)。

英国国会早期有关铁路问题的法规明确限定了铁路的最高收费标准,但有一个引人注目的例外,即利物浦和曼彻斯特在1826年通过的铁路法把铁路公司的股利限制在资本的10%以内,并且要求股利发放超过资本额的10%时,股利支出每提高1个百分点都必须使收费标准降低5个百分点。

在19世纪,美国和英国的政治活动中都提出了铁路利润和公众利益的问题(Nash,1947,p. 3)。除了这些问题外,人们还提出折旧是否应视作费用的问题。资本追加、折旧、维修和更新等业务的会计处理方法影响着报告利润、收费标准以及铁路的市场价值。因此,人们需要了解备选会计程序存在的合理性。

这些证据说明，对铁路收费标准的管制促使人们去了解将折旧视作费用的合理性。此外，更广为流传的观点强调，把折旧当作费用是出于对公众利益的考量。没有政府的管制，企业确定净盈利时就不必每年系统地计算折旧费用。然而，由于管制是为了限制垄断企业的经济利润或消除"破坏性"竞争，它也迫使企业解释折旧为何被当作费用从年度利润中扣除。

14.3.2 所得税法对会计理论的影响

所得税法对财务报告实务的影响是众所周知的。这种影响明显地表现在把折旧作为净盈利的费用而不是作为利润进行分配的会计实务上 (Saliers, 1939, pp. 17-18)。

税法对会计理论似乎也有影响，特别是有关折旧方面的理论。直到19世纪80年代，对折旧问题的关注主要出现在铁路会计理论领域。在那个年代，英国的大多数杂志和教科书一般都要论述企业折旧问题。当时的美国却没有对这一问题表示关注。这就提出了一个疑问：为什么不只是受管制的企业，而是所有的企业都对折旧问题有一定程度的关注，为什么这种情况出现在英国而不是美国？

在英国，所有企业（而不只是铁路企业）关注折旧问题的现象之所以出现在19世纪80年代而不是在此之前，原因在于在1878年之前英国的税法并不允许计提折旧费用。"在1878年，英国对税法进行了修改，允许合理地扣减厂房和设备由于磨损而减少的价值额"（Saliers, 1939, p.255）。这时，对年度折旧的争论就增加了一个理由——税收。

以所得税解释19世纪后期的折旧争论，也说明了为何美国当时不存在这种争论。美国第一部有效的所得税法是1909年的货物税法（在被宣布为违反宪法之前，它曾在一段时期内得以实施）。因此，在19世纪80年代，美国缺乏为联邦税收而对折旧争论不休的动机。当时美国仍然存在监督契约执行的代理问题，而该问题不涉及计提年度折旧的问题。

所得税法不但影响折旧争论的时间，而且影响对各种折旧和会计盈利的概念的界定。在股利只能从利润中分派的法定情况下，折旧被视为一种计价程序。所提取的折旧额是否足够将依争执的事项而定。如果定期计价被按历史成本原则摊提的方法取代，税法的执行费用就会减少。

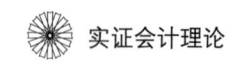

这种节约已被早期的理论所确认，并且可能是美国和英国计算所得税时要求折旧的提取以历史成本为依据的原因。要求把税法中的计价程序和其他应计项目合理化，最终导致了建立在配比和实现制基础上的盈利概念的产生（Storey，1959，p.232）。

14.3.3　证券法对会计理论的影响

1933—1934年的证券法导致证券交易委员会的成立，它具有对上市公司的财务披露进行管制的权力，以及制定这些受管制的公司所应采用的会计程序的权力。证券交易委员会历来尽可能不行使这些权力，而是借助于民间机构和官方公告刊物《证券交易委员会会计文告》（SEC Accounting Series Releases）来管理会计规则。

在1934—1938年，证券交易委员会一直在考虑会计实务的标准化问题。该委员会对这个问题有两种不同的看法，其中一种看法认为应由证券交易委员会颁布一套会计准则，另一种看法则认为由会计职业界制定会计准则，证券交易委员会只保留予以否决的权力。在1938年4月25日，证券交易委员会发布了第4号会计文告，阐明那些根据没有获得实质性权威支持的会计原则编制的财务报表将被认为有误导作用。虽然该委员会对何为实质性的权威支持的含义未作说明，但它至少意味着要与现行惯例相一致（Zeff，1972，pp，133-134）。

由于现行惯例被说成是导致1929年大崩溃的原因，因此证券交易委员会不能单纯依赖它。该委员会的大部分成员都认识到制定和执行一套法典式会计程序的困难。第4号会计文告使用"实质性的权威支持"或许是为了把不完善惯例的责任从该委员会推卸给会计职业界。果真如此的话，证券交易委员会实际上就减轻了制定准则的一部分负担。

第4号会计文告直接影响着会计研究。美国注册会计师协会立即作出反应，成立了一个研究部并授权一个委员会发布会计程序公告（Zeff，1972，p.135）。

自从1938年以来，美国注册会计师协会和现在的财务会计准则委员会发布了旨在提供"实质性的权威支持"的会计公告。除此以外，美国注册会计师协会和财务会计准则委员会还一直在探寻基本的规范性理论或概念结构以便提供"权威支持"。另外,这些职业机构和学术界也制定了一些能提供权威支持的会计规范。

20世纪40—60年代,大部分会计研究都着重于探索会计应该是怎样的,而不是试图解释现有会计实务存在的原因。具体地说,自1940年以后的大部分研究都属于规范性的,而不是实证性的。规范性著作旨在为类似于财务会计准则委员会和证券交易委员会的政策制定机构提供指南,这些政策制定机构负责制定会计准则并且纠正现行实务中存在的弊端。

14.4 小结

实证理论并不是会计理论中的唯一理论。另一种流行的观点认为会计理论的目标是为会计和公司信息披露的管制提供依据。传统的规范性理论首先假定目标函数和内含的实证理论,然后根据其逻辑推断出各种会计规范。规范性理论并不重视对实证理论的验证,尽管这种验证有助于提高其预测能力。

自证券法颁布之后,规范性理论在会计理论中的比重不断增加,并在20世纪60年代的重要会计刊物上占据支配地位。在此之后,实证会计理论在重要会计刊物上的比重逐渐提高,而规范性理论所占的比重不断下降。规范性理论在早期的统治地位以及人们日益转而重视实证理论的原因有两个:对辩解的需求和实证研究成本在20世纪60年代的下降。

会计理论满足了教学上的需求、各方对信息的需求以及辩解上的需求。前两种需求是对解释和预测会计实务的理论(实证理论)的需要。对辩解的需求主要是由政治活动和信息成本引起的。基于这些成本,人们的最佳选择是声称所需的管制是出于维护公众利益的需要,尽管实际上他们是因为自我利益而需要那些管制。

会计研究人员并不一定会有意地提供辩解。这种供给起源于一种微妙的动机。研究人员具有从事研究有争议性问题的各种动机。如果研究人员撰写一篇有争议的准则或管制建议方面的文章,该文章就很可能被受拟议中的准则或管制影响的团体采用。对拟议中准则的影响进行研究的实证会计对于受准则影响的团体也是十分有用的,而不管这种研究是否能对准则产生重大影响。因此,对辩解的需求影响着规范性研究和实证研究在会计研究中的地位。

在20世纪60年代,电子计算机、大型数据库以及经济学和理财理论的出现共同降低了实证研究的成本,并促使实证理论在主要学术刊物上占据主导地位。这种不选择目标函数、不加以假设限制的理论研究方式减少了会计理论中的规范性理论。

延伸阅读文献

Beaver, W., "Perspectives on Recent Capital Markets Research," *The Accounting Review*, 2002, pp. 453 – 474.

Bloomfield, R., M. W. Nelson, AND E. Soltes, "Gathering Data for Archival, Field, Survey, and Experimental Accounting Research," *Journal of Accounting Research*, 2016, pp. 341 – 395.

Czarniawska, B., "Successful Research: in Whose Eyes?," *European Accounting Review*, 2011, pp. 53 – 55.

Gow, I. D., D. F. Larcker, AND P. C. Reiss, "Causal Inference in Accounting Research," *Journal of Accounting Research*, 2016, pp. 477 – 523.

James A., Ohlson, "On Successful Research," *European Accounting Review*, 2011, pp. 7 – 8.

Kinney, W. R. Jr. "Empirical Accounting Research Design for Ph. D. Students," *The Accounting Review* (April, 1986), pp. 338 – 350.

Libby, R., R. Bloomfield, AND M. W. Nelson, "Experimental Research in Financial Accounting," *Accounting, Organizations and Society*, 2002, pp. 775 – 810.

Searcy, D. L., AND J. T. Mentzer, "A framework for Conducting and Evaluating Research," *Journal of Accounting Literature*, 2003, pp. 130 – 167.

第15章 实证会计理论：
总结、评价与展望

导 读

以鲍尔和布朗的论文（Ball and Brown，1968）为标志，实证会计研究逐渐兴起，成为西方会计学术界的主流。《实证会计理论》（Positive Accounting Theory）1986年出版预示着实证研究逐渐发展成熟。这本书在引进有效市场假说与资本资产定价模型的基础上，关注对会计信息在资本市场上的作用的检验，而后又运用企业理论（契约理论）和政府管制理论，关注对会计程序的选择及其股票价格效应的检验。其间，国际财务会计期刊逐步创立，为发表学术观点提供了重要的平台。在以后的几十年里，实证研究逐渐占据主导地位，也不再局限于《实证会计理论》一书中所展示的研究范围。研究话题不断向外拓展，从宏观视角的经济环境和法律制度到中观视角的行业竞争、供应链关系，再到微观层面的企业行为、利益相关者个性特征、社会关系等多层次领域。研究方法不断细化，进一步细分出实验法、档案法、实证研究等多种研究模式，并与现实产生广泛紧密的联系，产生了大量的研究成果。

中国的会计研究呈现出不同于西方的发展特点。中国的财务会计理论框架经历了从苏联模式的财务会计理论框架到转向借鉴国际视野的财务会计体系的过程,这对于会计研究有着很大的影响。中国的会计研究是在借鉴其他国家财务会计发展经验的基础上,在探索中逐渐发展起来的。

实证研究方法早在20世纪90年代初就被引入中国的会计研究领域,但并未得到广泛推广,学术界仍然以规范研究为主导。随着国内学者对实证研究认识的不断深化,中国与国际的会计研究交流对话日益密切,到20世纪末21世纪初,学者们才逐渐将实证研究方法应用于会计研究的各个领域。随着2001年加入世界贸易组织,中国的国际交流更加频繁,国际化进程不断加快,会计研究的方法和主题也在不断地国际化。

2000年之前发表在会计领域国际期刊的有关中国问题的会计研究论文并不多。中国资本市场的建立推动着有关财务会计与资本市场之间关系的研究逐渐兴起,探讨公司财务行为、治理问题的相关研究也开始增多。中国作为重要的新兴市场之一,为投资者保护、政府干预、企业行为活动等问题提供独特的环境,中国的会计研究为国际会计研究提供重要的补充。近些年,有关中国问题的会计研究论文发表数量呈现快速增长的趋势,有关中国特色的研究问题受到越来越多的关注。

近些年国内外会计研究得益于资本市场的发展和数据可得性的提高,研究方法更加多样化。会计研究也不再只专注本学科内部的研究,不断向学科外拓展,与其他学科互动频繁,不断打破学科研究边界,探寻与其他相关学科的关系。会计逐渐发展成一门涉及心理学、社会学、伦理学、行为金融学以及生物学等的学科。

经济学已经渗透到会计学的各个领域,经济学理论在会计研究中发挥着重要作用。当然,近些年对经济学的一些反思也适用于会计研究。更为重要的是,相对于其他自然学科而言,对处于科学和艺术之间的会计进行研究,总缺少一些大问题和真问题。这些年来,会计学者几乎都在论证会计的有用性,以证明自己工作的意义。

对于中国的会计研究而言,机会和挑战并存。发达国家成熟资本市场环境下主导的某些研究范式和研究问题不一定完全适用于中国,可能

第15章 实证会计理论：总结、评价与展望

会与中国的实际情况脱节。而信息技术的发展也推动着会计研究的持续创新，新的素材和话题不断出现。怎样既讲好故事，又对实践有推进作用，值得广大会计研究者思考。

第1章指出，理论的成功取决于它在向使用者解释和预测有关现象中的作用。在最后这一章里，我们将评估实证会计理论的潜在价值。本章首先简要总结实证会计理论的演变过程和实证研究中的主要发现。其次，我们将对该理论的潜在价值和局限性进行评价。最后，我们就未来以实证理论为基础的几个尚待拓展的研究领域提出自己的观点。

15.1 总结

本书的目的不只是介绍实证研究的现状，而且是使人们懂得如何进行实证研究和评估实证研究。基于后面这一原因，本书基本上是按照实证会计研究的时间顺序加以编排的。这种编排顺序不仅阐述了实证研究过程，而且着重指出实证研究如何从不成熟的研究进化为较成熟的研究。早期的研究不可避免地存在着方法论上的问题，这些问题在随后的研究中得到解决。此外，早期研究所作的简单化假设也被随后的研究加以拓展。随着研究过程的演变，我们发现了哪些假设是至关重要的。当这些假设被放宽时，人们获得了新的研究思路，并由此提出了更丰富的理论。例如，早期实证研究假定会计程序（除后进先出法外）不会影响企业的现金流。放宽这一假设需要研究人员假设和验证潜在的现金流影响，而这促进了契约成本和政治成本假说的形成。

采用序时贯穿法还提供了探索方法论问题的机会。我们讨论了较早期研究中的方法论问题（如推断、样本选择偏误、显著性检验、检验的效力和内生性等）。在随后的研究中，我们能够较充分地理解早期研究存在的方法论问题。

第1章介绍了实证理论的性质、重要性以及方法论。第2章介绍有

效市场假说和资本资产定价模型，它们共同促进了实证理论在会计文献中的推广。随后的四章（第3~6章）阐释了由于引入有效市场假说和资本资产定价模型而引发的实证研究。这些研究从有效市场假设出发，认为会计的作用是为资本市场提供信息。目前，研究人员仍然在探索信息提供的问题。

有关信息提供的研究思路提供了以下几个重要的发现：第一，盈利报告向资本市场传递信息（第3章）。第二，其他会计数据也反映了资本资产定价模型中的变量（如风险），并且能够提供有关未上市证券的信息（第5章）。第三，年度盈利呈随机游走状态而季度盈利随季节变化而变化。尽管证券分析专家在预测方面比时间序列盈利预测模型略胜一筹，但其优越性并不显著（第6章）。

利用股票价格对会计变动的反应来区分有效市场假说和机械性假说（第4章）的尝试虽然没有成功，但提出了有关会计程序变化原因的问题。这些研究认为不影响税收的会计程序的变化具有影响现金流的可能性。利用有效市场假说分析传统信息披露管制的原因，也促使人们认识到不影响税收的会计程序通过政治活动影响着现金流（第7章）。现金流影响的存在促使以经济学为基础的会计理论可用于解释和预测跨企业及跨行业之间会计程序的差异。这种理论的发展在本书的后半部分进行了介绍。

会计实务理论不仅建立在下面两个以经济学为基础的理论上，而且是这两个理论的衍生物。这两个理论就是企业理论（第8章）和政府管制理论（第10章）。经济学中的企业理论把企业定义为一系列契约的联结体，该联结体降低了由各利益集团导致的成本（代理成本）。正式或非正式契约都需要监督与实施，因而产生了对会计与审计的需求。我们详细考察了两个契约：报酬计划与债务契约（第9章）。这两个契约均使用会计数据。代理成本随着用于计算会计数据程序的变化而变化，因此会计程序影响着现金流。基于契约目的的一套最佳会计程序（代理成本最小化）不断发展并且因行业的不同而不同，管理者可以在认可的那一套程序中进行选择，这种选择影响着企业的证券价值，因为它改变了债务契约和报酬计划的条件。

第15章 实证会计理论:总结、评价与展望

经济学中的管制理论把政治活动概念化为各利益集团为财富转移而展开的竞争。在政治活动中,会计数据特别是盈利,被用于说明制定公司规章的理由和用于对公司进行管制。会计程序影响着会计报告数据,因而影响了公司竞争对手把高代价的管制强加于公司的能力。通过这种方式,会计程序影响了企业的现金流。

实证研究从调查会计实务的实证理论中发现三个带有规律性的会计程序选择(第11章):(1)设有报酬计划的企业管理者更可能选择可提高当期盈利的会计程序(奖金计划假设);(2)负债权益比率越高的企业,其管理者越有可能选择可提高当期盈利的会计程序(负债权益比率假设);(3)规模越大的企业,其管理者越有可能选择可降低当期盈利的会计程序(规模假设)。这三个实证性规律可能是由假设因素之外的因素造成的。然而,对奖金计划对会计程序选择的更有效力的检验中发现了与实证理论相一致的证据(Healy,1985)。从对债务契约和企业规模对会计程序选择的影响的较详细的验证中,获得的证据并不一致。

有关会计变动对股票价格影响的研究发现强制性变动(会计准则)会引起股票价格变化(第12章),然而,不同研究运用了不同的债务变量。债务变量的统计显著性也随着研究的不同而不同。这些差异可能是由这些研究普遍存在着共线性和其他计量问题导致的。对会计程序自发性变动的研究则没有发现会计变动对股票价格的影响。事后分析,该结果也是预料之中的,因为市场能够预期到这种会计变动。

审计决策与债务契约变量相关(第13章)。此外,审计师对拟议中的会计准则的立场与其客户的立场具有重大的关系,这种关系随着契约变量的变化而变化。最后,审计师的更换与客户经理和审计师对会计准则的态度也有关系。

总之,我们发现实证研究的成果振奋人心。会计程序选择与管理报酬、资本结构和企业规模,以及审计决策和契约之间的关系在进行实证研究之前还鲜为人知。下面论述这些规律性和一般理论的价值以及该理论的局限性。

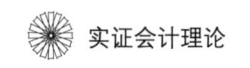

15.2 评价

15.2.1 理论的价值

第1章介绍了理论的价值的两个方面：解释现实世界的运行方式和预测对使用者利益的影响。使用者来评估备选解释的吸引力并承担理论预测所带来的效益与成本，因此，最终还是应由使用者来确定本书所介绍理论的成功性。在本小节，我们将评估实证理论的潜在价值。

解释

我们认为，实证会计理论在对会计和审计实务的解释方面都是卓有成效的。对大部分人来说，会计是一系列令人费解的方法的混合。我们认为实证理论能够帮助人们澄清这种误解。当认识到管理者在债务契约和报酬计划中提高当期盈利水平的动机时，人们就更易于理解成本与市价孰低原则。在利润确认规则上的差异也是有经济动因的。对折旧方法的选择不再是武断的。在审计方面，审计师保持独立的重要性也变得明显了，审计师的资格鉴定、大型会计师事务所的发展以及会计师事务所的组织形式也可得到解释。

实证会计理论提供了一个解释会计和审计实务的框架，这对许多人来说都是相当有用的。例如，管理者和审计师显然对会计和审计的部分现象有所认识，然而，我们怀疑他们是否能够掌握整体概况。实证会计理论提供的框架可以使人们认识到树木只不过是森林的一部分。

预测

在现阶段，实证会计理论提供了一些有益于会计使用者的预测，这些会计使用者包括投资者、财务分析师、贷款人、审计师、管理者和准则制定者。然而，该理论在提供有益预测方面的潜力远不止如此，如果我们能够对公认会计程序作出预测的话。在下面的讨论里，我们将举例说明对现在和未来有益的预测。

实证会计理论为投资者和财务分析师提供预测构成财务报表基础的会计程序的有益模型。运用这一理论，投资者或财务分析师就不会把资产负债和盈利数据视为对企业价值和企业价值变化的无偏估计。相反，他们认识到契约和政治活动对盈利和资产负债表数据计算的影响。例如，管理者对可增加或减少盈利的会计方法的选择取决于现有的报酬计划和债务契约。基于对契约的了解，分析专家便可调整报告的数据。特别是，如果希利有关报酬计划对权责发生制产生影响的研究证据（Healy，1985）（第11章）得到证实，投资者或财务分析师就可根据管理者在计算现金流估计数时可能存在的弄虚作假来相应地调整盈利数据。这将有助于投资者或财务分析师更好地预测未上市公司股票或债券的市场价值。

实证会计理论还认为，投资者和财务分析师可利用会计程序的差异预测盈利。例如，在缺乏任何报酬计划或债务契约的情况下，一个政治很敏感、获利丰厚的企业转而采用可降低盈利的会计程序，意味着管理者预测到盈利的增加以及政府会进一步加强管制。

如果研究人员能够预测解释不同行业或企业在公认会计程序方面的差异，贷款人和管理者就会认为这种理论是十分有用的。这将帮助他们预测债务契约的代理成本是如何随会计程序的变化而变化的。这反过来又促使贷款人和管理者去制定可减少代理成本并对双方都有益处的契约。

审计师也可利用实证会计理论的现行预测能力。例如，他们可据以预测到更多的会计（和交易）舞弊，并且在报告盈利接近报酬计划或债务契约所规定的界限时加强审核。如果实证会计理论能够预测报告盈利和其他会计数据对政治成本的影响，管理者的福利水平也会得到提高。这种预测能力将帮助管理者安排盈利分布的时间序列，以便降低政治成本。要实现这一目标需要更好地了解有关政治成本如何随企业规模和其他因素的变化而变化的知识。

财务会计准则委员会认识到它所颁布的会计准则会加重企业的负担。第11章和第12章介绍的研究提供了有关这些成本的性质的证据，并且认为实证会计理论可预测拟议中的准则将使企业承担多少成本。这种预测能力使财务会计准则委员会在颁布准则之前就能够预测各方可能作出的反应。

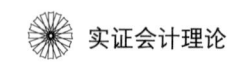

15.2.2 理论的局限性

现阶段在实证会计理论发展过程中存在的主要局限性表现在：
1. 衡量契约成本与政治成本的代理变量存在测量误差；
2. 限定的线性模型缺乏依据；
3. 契约变量之间存在着共线性问题。

这些局限性已在第 11 章和第 12 章里讨论了。前两个局限性是由于缺乏完善的实证会计理论而引起的（随后将加以讨论）。随着实证理论研究的进一步开展和方法论问题的出现，该理论还会产生其他的局限性，早期实证研究存在的弊端将在现行研究工作中得到纠正。

缺乏完善的实证会计理论是由于经济学上缺乏丰富的企业理论（包括契约程序）和政治活动理论。那种能够解释债务契约和报酬计划在不同企业和不同行业间差异的较为丰富的契约理论，将有助于解释采用或不采用以会计数据为基础的契约以及公认的会计程序存在差异的原因。较丰富的政治活动理论使研究人员在研究会计程序选择差异或会计准则和股票价格效应时，能够采用比企业规模更确切的变量来测量政治成本。

丰富的企业理论与政治活动理论可以使研究人员更好地识别用于解释会计选择和准则对股票价格产生影响的各种模型。管理者选择的一系列会计程序是根据该会计程序通过契约成本和政治成本对其财富的影响状况而确定的。人们还不太了解会计数据对契约成本和政治成本或两者之间的抉择产生影响的函数形式。第 11 章介绍的大部分研究都是采用代理变量来反映这些影响，并且武断地设定一种线性函数的形式。同样，会计准则通过契约成本和政治成本对企业股票价格产生影响。在对这些影响的研究中也是采用代理变量和武断地假设线性函数的形式。在会计选择和股票价格影响的研究中，利用代理变量测量的成本都存在误差，并且线性模型是否合适也不清楚。

即使利用代理变量来测量成本不存在误差，线性模型是可行的，在第 11、12、13 章中所介绍的研究中自变量之间仍然存在共线性问题。它使得人们很难识别出特定变量的影响（Christie，Kennelley，King and Schaefer，1984）。

实证会计理论将会随着相关经济学理论的发展而发展。但是，会计研究并不必等待这种发展。在缺乏较完善的经济理论的情况下，会计研究人员可以继续根据企业的具体契约来设置各种代理变量。这些研究可效仿希利的做法，他根据每个企业报酬计划的具体细节来设置变量，从而提高其研究的说服力（Healy，1985）。

此外，实证会计理论的发展将会计置于主流经济学和金融研究之中。会计研究人员将验证经济学和金融学上出现的假说，因此也为这些领域的研究人员提供服务。这表明会计、金融学和经济学之间存在着重要的协同关系。

15.3　尚待拓展的研究领域

有些人认为会计研究方法就像时尚一样，它们来去匆匆且依赖于人们的幻觉。这种认识是十分肤浅的。会计研究方法的重要思想是解释会计现象相关性的思想是不会消亡的，这一点在本书的组织结构中有明确的反映，从中可以看出实证研究是如何从财务经济学的运用扩展到最新的运用上。

有效市场假说在会计中的运用已变得十分流行，对会计程序变化所采用的事件研究在20世纪70年代初期也盛极一时。然而，当人们认识到采用预计不会影响现金流的会计程序来验证市场的有效性困难重重时，事件研究就不那么流行了。但是，有效市场假说和事件研究法的运用并没有消失。相反，研究人员仍把有效市场假说和事件研究法运用到可望对现金流产生影响的会计程序（即转而采用后进先出法）的研究中。当契约理论（第8章和第9章）以及政治活动理论（第10章）表明会计程序变化对现金流产生影响时，事件研究法重新被用于关于会计变动的研究中。

用于解释会计实务的契约理论和政治活动理论将完全地被备选理论所代替，这一观点是令人怀疑的。契约理论和政治活动理论的有用性表明这些理论将继续存在下去。我们认为有关这方面的进一步的研究是大有可为的。

由于缺乏能够解释契约成本和政治成本如何随着会计程序的变化而变化的经济契约与政治活动理论，对会计研究人员来说，最有前途的做法是对这些差异本身进行调查研究。我们将举例说明如何进行此类研究。这些例子是根据其结果的有用性及获取这些结果的可能性来选择的。

15.3.1 契约成本的研究

正如第8、9、11、12章和第13章所介绍的，企业契约中使用的会计程序是订约技术的组成部分。第9章区分了：(1)基于契约目的而确定一套可接受的会计程序；(2)管理者在这套程序中所作出的选择。作为订约技术组成部分的可接受的会计程序在不断发展，并可使企业的价值最大化（即尽可能扩大订约团体所拥有的财富）。在被认可的那套会计程序中，管理者可以自由地选择。管理者选择那些可以使其效用最大化的会计程序，这些选择还会导致财富在契约团体之间的转移（即影响企业财富的分配）。

理论的检验集中在管理者的机会主义行为（即在被认可的会计程序中进行选择）上，而不是在那套被认可的程序选择上。例如，希利验证了管理者使用的权责发生制会计对奖金计划的上下限和现金流动的影响（Healy，1985）。他假设管理者利用权责发生制以便尽可能提高管理者的报酬。

然而，对被认可的那套程序（而不是管理者如何选择认可程序）的预测与解释可能更富有成效。它能够使契约得到更好的设计（参见15.2.1小节的讨论）。制定一个有关认可程序的复杂模型相当困难，因为它涉及为作为监督机制的契约的需求建模，以及为备选监督方法的成本建模。在理论发展的现阶段，一个较简单而且可能更有效的方法是调查不同企业的债务契约和报酬计划如何随着理财理论所提出的经济变量的变化而变化。任何有规则的联系都可用来制定有关公认程序的假说。制定假说的第二个简单方法是收集同一时点上不同企业的债务契约、报酬计划和会计程序样本，然后寻找那些似乎不是由于管理者对会计程序的选择而形成的系统性的关系。

第 15 章 实证会计理论：总结、评价与展望

史密斯和瓦茨调查了不同企业在资本结构、管理者报酬计划种类以及投资机会之间的关系（Smith and Watts，1984）。他们的研究结果能够为第 10 章所观察到的负债权益比率和可增加盈利的会计程序的运用之间的关系提供备选的解释。这种解释是第一种简化方法的一个例子，并且是建立在为大家所认可的方法差异的基础上，而不是建立在管理者机会主义行为差异的基础上。

史密斯和瓦茨发现了企业负债权益比率和高级管理者报酬水平（在控制企业规模之后）之间存在着明显的负相关关系（Smith and Watts，1984）。他们假定这种相关性是由企业投资机会组合导致的。具有发展机会的企业假定拥有较低的负债权益比率和较高的管理报酬水平。假如企业的规模保持不变，拥有较多有利可图的投资机会和较低比例的可控资产的发展型企业，比具有较少投资机会的企业在管理上需要更大的决策自主权（更自由地作出决策）。管理者的边际效应越高，其决策自主权越高，其报酬水平也就越高。管理者对投资的自主权越小，债务代理人成本就越低，负债权益比率就越高。因此，与饱和型企业相比，发展型企业具有较低的负债权益比率和较高的管理报酬水平。

由于发展型企业的资产被未来投资占用，因此这些企业随时可供支配的资产一般较少。根据较少的可支配资产价值签订的契约为管理者的随机应变提供更大的灵活性。这意味着发展型企业被认可的会计程序将限制管理者选择有助于提高盈利的会计程序的能力。就是说，发展型企业应当对管理者的会计程序选择进行限制，使其可供选择的提高盈利的会计程序少于饱和型企业。因此，负债权益比率越低，企业的发展机会就越多，选择可降低盈利的会计程序的机会就越多。对负债权益比率和会计方法选择之间关系的这种备选解释方式是建立在对财富转移的事前限制，而不是事后的管理机会主义之上。

检验公认会计程序与契约变量的相互联系的方法很多。一种方法是调查不同行业所使用的会计程序和契约结构（负债权益比率和现有的奖金计划）。同一行业的企业面临着同样的动机并且使用类似的契约结构和会计程序。例如，采掘企业和建筑企业一般倾向于在生产时确认利润，而制造企业则倾向于在销售时确认利润。此外，同一行业里的企业

411

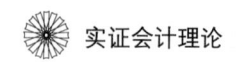

应具有类似的契约参数（利息保障倍数）。不同行业的契约如何限制会计程序选择上的差异（例如，一些行业的债务契约可能要求管理者对所有租赁加以资本化），也表明不同行业的契约成本确实存在着差异。在会计程序、订约技术和契约参数之间所观察到的关系同样说明了契约成本在不同行业上的差异。

另一种方法是检验不同国家的不同行业在契约和会计程序上的差异。世界各国在税收、管制、合同法和契约成本上的差异系统地影响着公认的会计程序的差异（Zimmerman，1982）。

15.3.2 政治成本的调查

在第 11 章和第 12 章所介绍的研究中，企业规模经常被用作政治成本的代理变量。这些章节的讨论还表明，企业规模还可作为许多其他变量的代理变量。这说明人们还需要重新调查政治成本与企业规模之间的关系。齐默尔曼发现：实际税率是随着企业规模的变化而变化的，而实际税率是政治成本的构成要素之一（Zimmerman，1983）。这类证据与第 11 章介绍的研究一致。然而，这些研究表明，在石油行业里，企业规模与会计程序之间存在相关性。这表明除了企业规模外，其他因素（如行业）也影响着政治成本。齐默尔曼提出的一个因素是企业在最近获得的巨额利润。与其他财富相比，新近获得的巨额利润更可能被政治活动所剥夺。因此，盈利变化的幅度（如超过 5 年的变化）是企业规模的一个备选的代理变量。

能够影响政治成本的其他因素也应予以调查。例如，消费品价格的上涨比生产性产品价格的上涨更容易受到选民的重视。这说明其产品价格快速上涨的消费品生产企业在政治上比其他企业更为敏感，因而更有可能改变会计程序以降低报告利润。

15.4 结束语

读者现在已经熟悉了会计研究和理论的发展进程。理论通过研究人员之间的竞争而向前进化。这种竞争促使人们更好地理解现在的会计和审计实务。在这一章里，我们不但预测了现有理论的有用性，而且预示了实证会计理论未来的发展趋势。与其他预测一样，我们的预测也存在误差。然而，我们坚信，第 1 章介绍并贯穿全书的方法论将形成一种大有用武之地的实证会计理论。

延伸阅读文献

DeFond, M., F. Zhang, AND J. Zhang, "Auditing Research Using Chinese Data: What's Next?," *Accounting and Business Research*, 2021, pp. 622–635.

Demski, J. S., AND J. L. Zimmerman, "On 'research vs. teaching': A long-term perspective," *Accounting Horizons* (September, 2000), pp. 343–352.

Evans III, J. H., M. Feng, V. B. Hoffman, D. V. Moser, AND W. A. Van der Stede, "Points to Consider When Self-assessing Your Empirical Accounting Research," *Contemporary Accounting Research*, 2015, pp. 1162–1192.

Kaplan, R. S., "Reverse the Curse of the Top-5," *Accounting Horizons*, 2019, pp. 17–24.

Kinney, Jr, W. R., "The Kinney Three Paragraphs (and More) for Accounting Ph. D. Students," *Accounting Horizons*, 2019, pp. 1–14.

Lennox, C., AND J. S. Wu, "A Review of China-related Accounting Research in the Past 25 Years," Working paper, 2021.

Oler, D. K., AND W. R. Pasewark, "How to Review a Paper," *Issues in Accounting Education*, 2016, pp. 219–234.

参考文献

ABDEL-KHALIK, A. R., AND J. C. MCKEOWN, "Understanding Accounting Changes in an Efficient Market: Evidence of Differential Reaction." *Accounting Review* 53 (October 1978), pp. 851–868.

AHARONY, J., C. P. JONES, AND I. SWARY, "An Analysis of Risk and Return Characteristics of Corporate Bankruptcy Using Capital Market Data," *Journal of Finance* 35 (September 1980), pp. 1001–1016.

AKERLOF, G. A., "The Market for 'Lemons': Quality Uncertainty and the Market Mechanism," *Quarterly Journal of Economics* 84 (August 1970), pp. 488–500.

ALBRECHT, W. S., L. L. LOOKABILL, AND J. C. MCKEOWN, "The Time Series Properties of Annual Earnings," *Journal of Accounting Research* 15 (Autumn 1977), pp. 226–244.

ALCHIAN, A. A., "Uncertainty, Evolution and Economic Theory," *Journal of Political Economy* 58 (June 1950), pp. 211–221.

———, "Some Implications of Recognition of Property Right Transaction Costs," unpublished discussion paper. Los Angeles: University of California, 1975.

———, AND H. DEMSETZ, "Production, Information Costs and Economic Organization," *American Economic Review* 62 (December 1972), pp. 777–795.

———, AND R. KESSEL, "Competition, Monopoly and the Pursuit of Money," in *Aspects of Labor Economics,* pp. 157–175. Princeton, N.J.: Princeton University Press, N.B.E.R., 1962.

ALTMAN, E. I., "Financial Ratios, Discriminant Analysis, and the Prediction of Corporate Bankruptcy," *Journal of Finance* 23 (September 1968), pp. 589–609.

———, "Statistical Replication of Bond Quality Ratings: A Worthwhile or Futile Exercise," unpublished working paper. New York: New York University, 1977.

———, R. G. Haldeman, and P. Narayanan, "ZETA Analysis: A New Model to Identify Bankruptcy Risk of Corporations," *Journal of Banking and Finance* 1 (June 1977), pp. 29–54.

American Institute of Certified Public Accountants, *Objectives of Financial Statements* (Trueblood Report). Report of the Study Group on the Objectives of Financial Statements. New York: AICPA, 1973.

Amershi, A., J. Demski, and M. Wolfson, "Strategic Behavior and Regulation Research in Accounting," *Journal of Accounting and Public Policy* 1 (1982), pp. 19–32.

Antle, R., "The Auditor as an Economic Agent," *Journal of Accounting Research* 20 (Autumn 1982), Part II, pp. 503–527.

———, "Auditor Independence," *Journal of Accounting Research* 22 (Spring 1984), pp. 1–20.

Archibald, T. R., "Stock Market Reaction to the Depreciation Switch-Back," *Accounting Review* 47 (January 1972), pp. 22–30.

Arrow, K. J., *Social Choice and Individual Values*, Cowles Foundation Monograph. New York: John Wiley, 1963.

———, "Higher Education as a Filter," *Journal of Public Economics* 2 (July 1973), pp. 193–216.

Ball, R. J., "Changes in Accounting Techniques and Stock Prices," *Empirical Research in Accounting: Selected Studies 1972*, supplement to Vol. 10 of *Journal of Accounting Research* (1972), pp. 1–38.

———, "Anomalies in Relationships Between Securities' Yields and Yield-Surrogates," *Journal of Financial Economics* 6 (June–September 1978), pp. 103–126.

———, and P. Brown, "An Empirical Evaluation of Accounting Income Numbers," *Journal of Accounting Research* 6 (Autumn 1968), pp. 159–178.

———, and P. Brown, "Portfolio Theory and Accounting," *Journal of Accounting Research* 7 (Autumn 1969), pp. 300–323.

———, and G. Foster, "Corporate Financial Reporting: A Methodological Review of Empirical Research," *Studies on Current Research Methodologies in Accounting: A Critical Evaluation*, supplement to Vol. 20 of *Journal of Accounting Research* (1982), pp. 161–234.

———, and R. Watts, "Some Time Series Properties of Accounting Income," *Journal of Finance* 27 (June 1972), pp. 663–682.

———, B. Lev, and R. Watts, "Income Variation and Balance Sheet Compositions," *Journal of Accounting Research* 14 (Spring 1976), pp. 1–9.

Banz, R., "The Relationship Between Return and Market Value of Common Stocks," *Journal of Financial Economics* 9 (March 1981), pp. 3–18.

Barefield, R. M., and E. E. Comiskey, "The Smoothing Hypothesis: An Alternative Test," *Accounting Review* 47 (April 1972), pp. 291–298.

Barnea, A., J. Ronen, and S. Sadan, "The Implementation of Accounting Objectives: An Application to Extraordinary Items," *Accounting Review* 50 (January 1975), pp. 58–68.

Barzel, Y., "Some Fallacies in the Interpretation of Information Costs," *Journal of Law and Economics* 20 (October 1977), pp. 291–307.

BASTABLE, C. W., "Is SEC Replacement Cost Data Worth the Effort," *Journal of Accountancy* 144 (October 1977), pp. 68–76.

BEAVER, W. H., "Financial Ratios as Predictors of Failure," *Empirical Research in Accounting: Selected Studies 1966*, supplement to Vol. 4 of *Journal of Accounting Research* (1966), pp. 71–111.

———, "The Information Content of Annual Earnings Announcements," *Empirical Research in Accounting: Selected Studies 1968*, supplement to Vol. 6 of *Journal of Accounting Research* (1968), pp. 67–92. (a)

———, "Market Prices, Financial Ratios, and the Prediction of Failure," *Journal of Accounting Research* 6 (Autumn 1968), pp. 179–192. (b)

———, "The Time Series Behavior of Earnings," *Empirical Research in Accounting: Selected Studies 1970*, supplement to Vol. 8 of the *Journal of Accounting Research* (1970), pp. 62–99.

———, "What Should Be the FASB's Objectives?" *Journal of Accountancy* 136 (August 1973), pp. 49–56.

———, "The Implications of Security Price Research for Disclosure Policy and the Analyst Community," in A. R. Abdel-Khalik and T. F. Keller (eds.) *Financial Information Requirements for Security Analysis*, pp. 65–81. Proceedings of the Duke Symposium on Financial Information Requirements for Security Analysis, Duke University, December 1976.

———, *Financial Reporting: An Accounting Revolution*. Englewood Cliffs, NJ: Prentice-Hall, 1981.

———, AND J. DEMSKI, "The Nature of Financial Accounting Objectives: A Summary and Synthesis," *Studies on Financial Accounting Objectives: 1974*, supplement to Vol. 12 of the *Journal of Accounting Research* (1974), pp. 170–187.

———, AND R. E. DUKES, "Interperiod Tax Allocation, Earnings Expectations, and the Behavior of Security Prices," *Accounting Review* 48 (April 1972), pp. 320–333.

———, A. CHRISTIE, AND P. A. GRIFFIN, "The Information Content of SEC Accounting Series Release No. 190," *Journal of Accounting and Economics* 2 (August 1980), pp. 127–157.

———, R. CLARKE, AND W. WRIGHT, "The Association Between Unsystematic Security Returns and the Magnitude of Earnings Forecast Errors," *Journal of Accounting Research* 17 (Autumn 1979), pp. 316–340.

———, P. KETTLER, AND M. SCHOLES, "The Association Between Market Determined and Accounting Determined Risk Measures," *Accounting Review* 45 (October 1970), pp. 654–682.

———, R. LAMBERT, AND D. MORSE, "The Information Content of Security Prices," *Journal of Accounting and Economics* 2 (March 1980), pp. 3–28.

———, AND W. R. LANDSMAN, "Note on the Behavior of Residual Security Returns for Winner and Loser Portfolios," *Journal of Accounting and Economics* 3 (December 1981), pp. 233–241.

BENSTON, G. J., "Published Corporate Accounting Data and Stock Prices," *Empirical Research in Accounting: Selected Studies 1967*, supplement to Vol. 5 of *Journal of Accounting Research* (1967), pp. 1–14 and 22–54.

———, "The Value of the SEC's Accounting Disclosure Requirements," *Accounting Review* 44 (July 1969), pp. 515–532. (a)

———, "The Effectiveness and Effects of the SEC's Accounting Disclosure Requirements," in Henry G. Manne (ed.), *Economic Policy and the Regulation of Corporate Securities*, pp. 23–79. Washington, D.C.: American Enterprise Institute, 1969. (b)

———, "Required Disclosure and the Stock Market: An Evaluation of the Securities Exchange Act of 1934," *American Economic Review* 63 (March 1973), pp. 132–155.

———, "The Baffling New Numbers Game at the FTC," *Fortune* 92 (October 1975). (a)

———, "Accountant's Integrity and Financial Reporting," *Financial Executive* (August 1975), pp. 10–14. (b)

———, *Corporate Financial Disclosure in the U.K. and the U.S.A.* Westmead, U.K.: Saxon House, 1976.

———, "The Market for Public Accounting Services: Demand, Supply and Regulation," *Accounting Journal* II (Winter 1979–1980), pp. 2–47.

———, "Investors' Use of Financial Accounting Statement Numbers: A Review of Evidence from Stock Market Research," unpublished working paper. Rochester, N.Y.: University of Rochester, 1980.

———, AND R. WATTS. "The Market's Forecast of Earnings," unpublished working paper. Rochester, N.Y.: University of Rochester, 1978.

BEN-ZION, U., AND S. S. SHALIT, "Size, Leverage and Dividend Record as Determinants of Equity Risk," *Journal of Finance* 30 (September 1975), pp. 1015–1026.

BERHOLD, M., "A Theory of Linear Profit Sharing Incentives," *Quarterly Journal of Economics* 84 (August 1971), pp. 460–482.

BERLE, A. A., JR., AND G. C. MEANS, *The Modern Corporation and Private Property*. New York: Commerce Clearing House, 1932.

BIDDLE, G. C., "Accounting Methods and Management Decisions: The Case of Inventory Costing and Inventory Policy," supplement to Vol. 18 of *Journal of Accounting Research* (1980), pp. 235–280.

———, AND F. W. LINDAHL, "Stock Price Reactions to LIFO Adoptions: The Association Between Excess Returns and LIFO Tax Savings," *Journal of Accounting Research* 20 (Autumn 1982, Part II), pp. 551–588.

BILDERSEE, J. S., "The Association Between a Market-Determined Measure of Risk and Alternative Measures of Risk," *Accounting Review* 50 (January 1975), pp. 81–98.

BLACK, F., AND M. S. SCHOLES, "The Pricing of Options and Corporate Liabilities," *Journal of Political Economy* 81 (May–June 1973), pp. 637–654.

BLAUG, M., *The Methodology of Economics*. Cambridge: Cambridge University Press, 1980.

BOGUE, M. C., "The Estimation and Behavior of Systematic Risk," unpublished Ph.D. dissertation. Palo Alto, Calif.: Stanford University, 1972.

BOWEN, R., E. NOREEN, AND J. LACEY, "Determinants of the Corporate Decision to Capitalize Interest," *Journal of Accounting and Economics* 3 (August 1981), pp. 151-179.

BOWMAN, R. G., "The Importance of a Market-Value Measurement of Debt in Assessing Leverage," *Journal of Accounting Research* 18 (Spring 1980), pp. 242-254. (a)

———, "The Debt Equivalence of Leases: An Empirical Investigation," *Accounting Review* 55 (April 1980), pp. 237-253. (b)

BOX, G. E. P., AND G. M. JENKINS, *Time Series Analysis: Forecasting and Control*. San Francisco: Holden Day, 1970.

BREALEY, R., AND S. MYERS, *Principles of Corporate Finance*, 2nd ed. New York: McGraw-Hill, 1984.

BRILOFF, A. J., *Unaccountable Accounting*. New York: Harper & Row, 1972.

BROWN, L., P. GRIFFIN, R. HAGERMAN, AND M. ZMIJEWSKI, "A Comprehensive Analysis of the Predictive Ability of Analysts' and Time-Series Model Forecasts of Earnings Per Share," unpublished working paper. Buffalo: State University of New York at Buffalo, February 8, 1984.

BROWN, L. D., AND M. S. ROZEFF, "The Superiority of Analyst Forecasts as Measures of Expectations: Evidence from Earnings," *Journal of Finance* 33 (March 1978), pp. 1-16.

BROWN, P. "The Impact of the Annual Net Profit Report on the Stock Market," *The Australian Accountant* (July 1970), pp. 277-283.

BROWN, R. M., "Short-Range Market Reaction to Changes to LIFO Accounting Using Preliminary Earnings Announcement Dates," *Journal of Accounting Research* 18 (Spring 1980), pp. 38-63.

BROWN, S. J., AND J. B. WARNER, "Measuring Security Price Performance," *Journal of Financial Economics* 8 (September 1980), pp. 205-258.

BURTON, J. C., "Forecasts: A Changing View from the Securities and Exchange Commission," in P. Prakash and A. Rappaport, eds., *Public Reporting of Corporate Financial Forecasts*, pp. 81-91. New York: Commerce Clearing House, 1974.

CANNING, J. B., *The Economics of Accountancy: A Critical Analysis of Accounting Theory*. New York: Ronald Press, 1929.

CAREY, J. L., *The Rise of the Accounting Profession*, Vols. 1 and 2. New York: AICPA, 1969.

CASSIDY, D. B., "Investor Evaluation of Accounting Information: Some Additional Empirical Evidence," *Journal of Accounting Research* 14 (Autumn 1976), pp. 212-229.

CHAMBERS, A. E., AND S. H. PENMAN, "Timeliness of Reporting and the Stock Price Reaction to Earnings Announcements," *Journal of Accounting Research* 22 (Spring 1984), pp. 21-47.

CHAMBERS, R. J., "Measurement and Objectivity in Accounting," *Accounting Review* 39 (April 1964), pp. 264-274.

———, *Accounting, Evaluation and Economic Behavior*. Englewood Cliffs, N.J.: Prentice-Hall, 1966.

———, "Continuously Contemporary Accounting—Additivity and Action," *Accounting Review* 42 (October 1967), pp. 751-757.

CHEUNG, S., "The Fable of the Bees: An Economic Investigation," *Journal of Law and Economics* 16 (April 1973), pp. 11-33.

CHOW, C. W., "The Demand for External Auditing: Size, Debt and Ownership Influences," *Accounting Review* 57 (April 1982), pp. 272–291.

———, "The Impacts of Accounting Regulation on Bondholder and Shareholder Wealth: The Case of the Securities Acts," *Accounting Review* 58 (July 1983), pp. 485–520.

CHRISTENSON, C., "The Methodology of Positive Accounting," *Accounting Review*, 58 (January 1983), pp. 1–22.

CHRISTIE, A. A., M. D. KENNELLEY, J. W. KING, AND T. F. SCHAEFER, "Testing for Incremental Information Content in the Presence of Collinearity," *Journal of Accounting and Economics* 6 (December 1984), pp. 205–217.

COASE, R., "The Problem of Social Cost," *Journal of Law and Economics* 3 (October 1960), pp. 1–44.

———, "The Nature of the Firm," *Economica*, New Series 4 (November 1937), pp. 386–405.

———, "The Lighthouse in Economics," *Journal of Law and Economics* 17 (October 1974), pp. 357–376.

COLE, W. M., *Accounts: Their Construction and Interpretation for Businessmen: Students of Affairs* Boston: Houghton Mifflin, 1915.

COLLINS, D. W., AND W. T. DENT, "The Proposed Elimination of Full Cost Accounting in the Extractive Petroleum Industry," *Journal of Accounting and Economics* 1 (March 1979), pp. 3–44.

———, AND W. T. DENT, "A Comparison of Alternative Testing Methodologies Used in Capital Market Research," *Journal of Accounting Research* 22 (Spring 1984), pp. 48–84.

———, M. ROZEFF, AND D. DHALIWAL, "The Economic Determinants of the Market Reaction to Proposed Mandatory Accounting Changes in the Oil and Gas Industry: A Cross Sectional Analysis," *Journal of Accounting and Economics* 3 (March 1981), pp. 37–71.

———, M. S. ROZEFF, AND W. K. SALATKA, "The SEC's Rejection of SFAS No. 19: Tests of Market Price Reversal," *Accounting Review* 57 (January 1982), pp. 1–17.

CONFERENCE BOARD, *Top Executive Bonus Plans*. New York: Conference Board, 1979.

COPELAND, R. M., "Income Smoothing," *Empirical Research in Accounting: Selected Studies 1968*, supplement to Vol. 6 of *Journal of Accounting Research* (1968), pp. 101–116.

———, AND R. D. LICASTRO, "A Note on Income Smoothing," *Accounting Review* 43 (July 1968), pp. 540–545.

DALEY, L. A., AND R. L. VIGELAND, "The Effects of Debt Covenants and Political Costs on the Choice of Accounting Methods: The Case of Accounting for R&D Costs," *Journal of Accounting and Economics* 5 (December 1983), pp. 195–211.

DAVIDSON, S., AND R. L. WEIL, "Inflation Accounting: What Will General Price Level Adjusted Income Statements Show?" *Financial Analysts Journal* 31 (January–February 1975), pp. 27–31. (a)

———, AND R. L. WEIL, "Inflation Accounting: Public Utilities," *Financial Analysts Journal* 31 (May–June, 1975), pp. 30–34, 62. (b)

———, C. P. STICKNEY, AND R. L. WEIL, *Inflation Accounting*. New York: McGraw-Hill, 1976.

DEAKIN, E. B., "A Discriminant Analysis of Predictors of Business Failure," *Journal of Accounting Research* 10 (Spring 1972), pp. 167–179.

———, "An Analysis of Differences Between Non-Major Oil Firms Using Successful Efforts and Full Cost Methods," *Accounting Review* 54 (October 1979), pp. 722–734.

DEAN, J., *Capital Budgeting*. New York: Columbia University Press, 1951.

DEANGELO, L. E., "Auditor Independence, 'Low Balling,' and Disclosure Regulation," *Journal of Accounting and Economics* 3 (August 1981), pp. 113–127. (a)

———, "Auditor Size and Audit Quality," *Journal of Accounting and Economics* 3 (December 1981), pp. 183–199. (b)

———, "Mandated Successful Efforts and Auditor Choice," *Journal of Accounting and Economics* 4 (December 1982), pp. 171–204.

DEMOND, C. W., *Price Waterhouse and Co. in America*. New York: Price, Waterhouse, 1951.

DEMSETZ, H., "Information and Efficiency: Another Viewpoint," *Journal of Law and Economics* 12 (April 1969), pp. 1–22.

DEMSKI, J. S., "Choice Among Financial Reporting Alternatives," *Accounting Review* 49 (April 1974), pp. 221–232.

DHALIWAL, D., "The Effect of the Firm's Capital Structure on the Choice of Accounting Methods," *Accounting Review* 55 (January 1980), pp. 78–84.

———, G. SALAMON, AND E. SMITH, "The Effect of Owner Versus Management Control on the Choice of Accounting Methods," *Journal of Accounting and Economics* 4 (July 1982), pp. 41–53.

DODD, E. M., *American Business Corporations Until 1860*. Cambridge, Mass.: Harvard University Press, 1954.

DOPUCH, N., AND D. F. DRAKE, "The Effect of Alternative Accounting Rules for Nonsubsidiary Investments," *Empirical Research in Accounting: Selected Studies 1966*, supplement to Vol. 4 of *Journal of Accounting Research* (1966), pp. 192–219.

———, AND D. SIMUNIC, "The Nature of Competition in the Auditing Profession: A Descriptive and Normative View," in J. Buckley and F. Weston, eds., *Regulation and the Accounting Profession*. Belmont, Calif.: Lifetime Learning Publications, 1980, pp. 77-106. (a)

———, AND D. SIMUNIC, "Competition in Auditing: An Assessment," unpublished working paper. Chicago: University of Chicago, 1980. (b)

DOWNS, A., "An Economic Theory of Political Action in a Democracy," *Journal of Political Economy* (1957), pp. 135–150. (a)

———, *An Economic Theory of Democracy*. New York: Harper & Row, 1957. (b)

DUBOIS, A., *The English Business Company After the Bubble Act 1720–1800*. New York: The Commonwealth Fund, 1938.

DYCKMAN, T. R., AND A. J. SMITH, "Financial Accounting and Reporting by Oil and Gas Producing Companies: A Study of Information Effects," *Journal of Accounting and Economics* 1 (March 1979), pp. 45–75.

———, AND S. A. ZEFF, "Two Decades of the *Journal of Accounting Research*," *Journal of Accounting Research* 22 (Spring 1984), pp. 225–297.

EDWARDS, E. O., AND P. W. BELL, *The Theory and Measurement of Business Income*. Berkeley: University of California Press, 1961.

EICHENSEHER, J. W., AND P. DANOS, "The Analysis of Industry-Specific Auditor Concentration: Towards an Explanatory Model," *Accounting Review* 56 (July 1981), pp. 479–492.

ELGERS, P. T., "Accounting-Based Risk Predictions: A Re-Examination," *Accounting Review* 55 (July 1980), pp. 389–408.

ELLERT, J. C., "Mergers, Antitrust Law Enforcement and Stockholder Returns," *Journal of Finance* 31 (May 1976), pp. 715–732.

ELLIOTT, R. K., AND A. KORPI, "Factors Affecting Audit Fees," in *Cost-Benefit Analysis of Auditing, Commission on Auditors' Responsibility Research Study to 3*, by M. Shakun. New York: AICPA, 1978.

ESKEW, R. K., "The Forecasting Ability of Accounting Risk Measures: Some Additional Evidence," *Accounting Review* 54 (January 1979), pp. 107–118.

FAMA, E. F., "Efficient Capital Markets: A Review of Theory and Empirical Work," *Journal of Finance* 25 (May 1970), pp. 383–417.

———, *Foundations of Finance*. New York: Basic Books, 1976.

———, "Agency Problems and the Theory of the Firm," *Journal of Political Economy* 88 (April 1980), pp. 288–307.

———, L. FISHER, M. C. JENSEN, AND R. ROLL, "The Adjustment of Stock Prices to New Information," *International Economic Review* 10 (February 1969), pp. 1–21.

———, AND M. C. JENSEN, "Separation of Ownership and Control," *Journal of Law and Economics* 26 (June 1983), pp. 301–326. (a)

———, AND M. C. JENSEN, "Agency Problems and Residual Claims," *Journal of Law and Economics* 26 (June 1983), pp. 327–350. (b)

———, AND A. B. LAFFER, "Information and Capital Markets," *Journal of Business* 44 (July 1971), pp. 289–298.

———, AND M. MILLER, *The Theory of Finance*. Hinsdale, Ill.: Dryden Press, 1972.

FIRTH, M., "The Relative Information Content of the Release of Financial Results Data by Firms," *Journal of Accounting Research* 19 (Autumn 1981), pp. 521–529.

FISHER, I., *The Theory of Interest as Determined by Impatience to Spend Income and Opportunity to Invest It*. New York: Macmillan, 1930, A. M. Kelley, 1961.

FOGELSON, J., "The Impact of Changes in Accounting Principles on Restrictive Covenants in Credit Agreements and Indentures," *Business Lawyer* 33 (January 1978), pp. 769–787.

FORSGARDH, L. E., AND K. HERTZEN, "The Adjustment of Stock Prices to New Information," in E. J. Elton and M. J. Gruber, eds., *International Capital Markets*, pp. 68–86. Amsterdam: North-Holland, 1975.

FOSTER, G., "Earnings and Stock Prices of Insurance Companies," *Accounting Review* 50 (October 1975), pp. 686–698.

———, "Quarterly Accounting Data: Time-Series Properties and Predictive-Ability Results," *Accounting Review* 52 (January 1977), pp. 1–21.

———, *Financial Statement Analysis*. Englewood Cliffs, N.J.: Prentice–Hall, 1978.

———, "Briloff and the Capital Market," *Journal of Accounting Research* 17 (Spring 1979), pp. 262–274.

———, "Accounting Policy Decisions and Capital Market Research," *Journal of Accounting and Economics* 2 (March 1980), pp. 29–62.

FRANCIS, J., "The Effect of Audit Firm Size on Audit Prices: A Study of the Australian Market," *Journal of Accounting and Economics* 6 (1984), pp. 133-151.

FRIED, D., AND D. GIVOLY, "Financial Analysts' Forecasts of Earnings: A Better Surrogate for Market Expectations," *Journal of Accounting and Economics* 4 (October 1982), pp. 85–108.

FRIEDMAN, M., "The Methodology of Positive Economics," *Essays in Positive Economics*. Chicago: University of Chicago Press, 1953, reprinted by Chicago: Phoenix Books, 1966.

GAGNON, J. M., "Purchase Versus Pooling of Interest: The Search for a Predictor," *Empirical Research in Accounting: Selected Studies 1967*, supplement to Vol. 5 of *Journal of Accounting Research* (1967), pp. 187–204.

———, "The Purchase-Pooling Choice: Some Empirical Evidence," *Journal of Accounting Research* 9 (Spring 1971), pp. 52–72.

GHEYARA, K., AND J. BOATSMAN, "Market Reaction to the 1976 Replacement Cost Disclosures," *Journal of Accounting and Economics* 2 (August 1980), pp. 107–126.

GILMAN, STEPHEN, *Accounting Concepts of Profit*. New York: Ronald Press, 1939.

GONEDES, N., "Evidence on the Information Content of Accounting Numbers: Accounting-Based and Market-Based Estimates of Systematic Risk," *Journal of Financial and Quantitative Analysis* 8 (June 1973), pp. 407–444.

———, "The Capital Market, The Market for Information and External Accounting," *Journal of Finance* 31 (May 1976), pp. 611–630.

———, "Corporate Signaling, External Accounting, and Capital Market Equilibrium: Evidence on Dividends, Income and Extraordinary Items," *Journal of Accounting Research* 16 (Spring 1978), pp. 26–79.

———, AND N. DOPUCH, "Capital Market Equilibrium, Information Production, and Selecting Accounting Techniques: Theoretical Framework and Review of Empirical Work," *Studies on Financial Accounting Objectives: 1974*, supplement to Vol. 12 of *Journal of Accounting Research* (1974), pp. 48–130.

———, N. DOPUCH, AND S. H. Penman, "Disclosure Rules, Information-Production, and Capital Market Equilibrium: The Case of Forecast Disclosure Rules," *Journal of Accounting Research* 14 (Spring 1976), pp. 89–137.

GORDON, M. J., "Postulates, Principles and Research in Accounting," *Accounting Review* 39 (April 1964), pp. 251–263.

———, B. N. HORWITZ, AND P. T. MEYERS, "Accounting Measurements and Normal Growth of the Firm," R. K. Jaedicke, Y. Ijiri, and O. Nielsen, eds., *Research in Accounting Measurement*. Chicago: American Accounting Association, 1966, pp. 221–231.

GRAHAM, B., D. L. DODD, AND S. COTTLE, *Security Analysis*, 4th ed. New York: McGraw-Hill, 1962.

GRANT, E. B., "Market Implications of Differential Amounts of Interim Information," *Journal of Accounting Research* 18 (Spring 1980), pp. 255–268.

GRIFFIN, P. A., "The Time-Series Behavior of Quarterly Earnings: Preliminary

Evidence," *Journal of Accounting Research* 15 (Spring 1977), pp. 71–83.

HAGERMAN, R. L., "The Efficiency of the Market for Bank Stocks: An Empirical Test," *Journal of Money, Credit and Banking* 5 (August 1973), pp. 846–855.

———, AND M. ZMIJEWSKI, "Some Economic Determinants of Accounting Policy Choice," *Journal of Accounting and Economics* 1 (August 1979), pp. 141–161.

HARING, J. R., "Accounting Rules and 'The Accounting Establishment,'" *Journal of Business* 52 (October 1979), pp. 507–519.

HARRISON, T., "Different Market Reactions to Discretionary and Non-Discretionary Accounting Changes," *Journal of Accounting Research* 15 (Spring 1977), pp. 84–107.

HAWKINS, D. F., "The Development of Modern Financial Reporting Practices Among American Manufacturing Corporations," *Business History Review* (Autumn 1963), reprinted in M. Chatfield, ed., *Contemporary Studies in the Evolution of Accounting Thought*, pp. 247–279. Belmont, CA.: Dickenson, 1968.

HAWORTH, H., J. MATTHEWS, AND C. TUCK, "Full Cost Versus Successful Efforts: A Study of Proposed Accounting Change's Competitive Impact," SEC Directorate of Economic and Policy Research. Washington, D.C.: Securities and Exchange Commission, February, 1978.

HEALY, P., "The Impact of Bonus Schemes on the Selection of Accounting Principles," *Journal of Accounting and Economics* 7 (April 1985).

HEMPEL, C., *Aspects of Scientific Explanation*. New York: The Free Press, 1965.

HENDRIKSEN, E. S., *Accounting Theory*, 4th ed. Homewood, Ill.: Richard D. Irwin, 1982.

HINDLEY, B., "Separation of Ownership and Control in the Modern Corporation," *Journal of Law and Economics* 13 (April 1970), pp. 185–222.

HIRSHLEIFER, J., "On the Theory of Optimal Investment Decision," *Journal of Political Economy* 4 (August 1958), pp. 329–352.

———, "The Private and Social Value of Information and the Reward to Inventive Activity," *American Economic Review* 61 (September 1971), pp. 561–574.

HOLMES, W., "Accounting and Accountants in Massachusetts," *Massachusetts CPA Review* (May–June 1975), pp. 18–21.

HOLMSTROM, B., "Moral Hazard and Observability," *Bell Journal of Economics* 10 (Spring 1979), pp. 74–91.

HOLTHAUSEN, R. W., "Towards a Positive Theory of Choice of Accounting Techniques: The Case of Alternative Depreciation Methods," unpublished working paper. Rochester, N.Y.: University of Rochester, June 1978.

———, "Evidence on the Effect of Bond Covenants and Management Compensation Contracts on the Choice of Accounting Techniques: The Case of the Depreciation Switch-Back," *Journal of Accounting and Economics* 3 (March 1981), pp. 73–109.

———, AND R. W. LEFTWICH, "The Economic Consequences of Accounting Choice: Implications of Costly Contracting and Monitoring," *Journal of Accounting and Economics* 5 (August 1983), pp. 77–117.

HORNGREN, C. T., "Accounting Principles: Private or Public Sector?" *Journal of*

Accountancy 133 (May 1972), pp. 37–41.

———, "The Marketing of Accounting Standards," *Journal of Accountancy* 136 (October 1973), pp. 61–66.

HORRIGAN, J., "The Determination of Long-Term Credit Standing with Financial Ratios," *Empirical Research in Accounting: Selected Studies 1966*, supplement to Vol. 4 of *Journal of Accounting Research* (1966), pp. 44–62.

HUGHES, J. S., AND W. E. RICKS, "Accounting for Retail Land Sales: Analysis of a Mandated Change," *Journal of Accounting and Economics* 6 (August 1984), pp. 101–132.

IJIRI, Y., *The Foundations of Accounting Measurement*. Englewood Cliffs, N.J.: Prentice-Hall, 1967.

JAIN, P. C., "Cross-Sectional Association Between Abnormal Returns and Firm Specific Variables," *Journal of Accounting and Economics* 4 (December 1982), pp. 205–228.

JARRELL, G. A., "The Demand for State Regulation of the Electric Utility Industry," *Journal of Law and Economics* 21 (October 1978), pp. 269–295.

———, "Pro-Producer Regulation and Accounting for Assets: The Case of Electric Utilities," *Journal of Accounting and Economics* 1 (August 1979), pp. 93–116.

JENSEN, M. C. (ed.), *Studies in the Theory of Capital Markets*. New York: Praeger Publishers, 1972.

———, "Towards a Theory of the Press," unpublished working paper. Rochester, N.Y.: University of Rochester, June 1976. (a)

———, "Reflections on the State of Accounting Research and the Regulation of Accounting," Stanford Lectures in Accounting. Palo Alto, CA.: Stanford University Press, 1976. (b)

———, "Some Anomalous Evidence Regarding Market Efficiency," *Journal of Financial Economics* 6 (June–September, 1978), pp. 95–102.

———, "Organization Theory and Methodology," *Accounting Review* 58 (1983), pp. 319–339.

———, AND W. H. MECKLING, "Theory of the Firm: Managerial Behavior, Agency Costs and Ownership Structure," *Journal of Financial Economics* 3 (October 1976), pp. 305–360.

———, AND W. H. MECKLING, "Can the Corporation Survive?" *Financial Analysts Journal* 34 (January–February 1978), pp. 31–37.

KALAY, A., "Towards a Theory of Corporate Dividend Policy," unpublished Ph.D. dissertation. Rochester, N.Y.: University of Rochester, 1979.

———, "Stockholder-Bondholder Conflict and Dividend Constraints," *Journal of Financial Economics* 10 (July 1982), pp. 211–233.

KAPLAN, R. S., "The Information Content of Financial Accounting Numbers: A Survey of Empirical Evidence," pp. 134–173. In Abdel-khalik and Keller, eds., *Impact of Accounting Research on Practice and Disclosure*. Chapel Hill, N.C.: Duke University Press, 1978.

———, AND R. ROLL, "Investor Evaluation of Accounting Information: Some Empirical Evidence," *Journal of Business* 45 (April 1972), pp. 225–257.

———, AND G. URWITZ, "Statistical Models of Bond Ratings: A Methodological Inquiry," *Journal of Business* 52 (April 1979), pp. 231–262.

KLEIN, R. W., AND V. S. BAWA, "The Effect of Estimation Risk on Optimal Portfolio Choice," *Journal of Financial Economics* 3 (June 1976), pp. 215–232.

———, AND V. S. BAWA, "The Effect of Limited Information and Estimation Risk on Optimal Portfolio Diversification," *Journal of Financial Economics* 5 (August 1977), pp. 89–111.

KNIGHT, R. F., "The Association Between Published Accounting Data and the Behavior of Share Prices," unpublished doctoral thesis. Cape Town: University of Cape Town, 1983.

KOCKELMANS, J. J., *Philosophy of Science*. New York: The Free Press, 1968.

KRIPKE, H., *The SEC and Corporate Disclosure: Regulation in Search of a Purpose*. New York: Harcourt Brace Jovanovich, 1979.

LARCKER, D., "The Association Between Performance Plan Adoption and Corporate Capital Investment," *Journal of Accounting and Economics* 5 (April 1983), pp. 3–30.

LEFTWICH, R., "Market Failure Fallacies and Accounting Information," *Journal of Accounting and Economics* 2 (December 1980), pp. 193–211.

———, "Evidence of the Impact of Mandatory Changes in Accounting Principles on Corporate Loan Agreements," *Journal of Accounting and Economics* 3 (March 1981), pp. 3–36.

———, "Accounting Information in Private Markets: Evidence from Private Lending Agreements," *Accounting Review* 58 (January 1983), pp. 23–42.

———, R. WATTS, AND J. ZIMMERMAN, "Voluntary Corporate Disclosure: The Case of Interim Reporting," *Studies on Standardization of Accounting Practices: An Assessment of Alternative Institutional Arrangements*, supplement to Vol. 19 of *Journal of Accounting Research* (1981), pp. 50–77.

LEV, B., "On the Association Between Operating Leverage and Risk," *Journal of Financial and Quantitative Analysis* 9 (September 1974), pp. 627–642.

———, "The Impact of Accounting Regulation on the Stock Market: The Case of Oil and Gas Companies," *Accounting Review* 54 (July 1979), pp. 485–503.

———, "On the Use of Index Models in Analytical Reviews by Auditors," *Journal of Accounting Research* 18 (Autumn 1980), pp. 524–550.

———, "Some Economic Determinants of Time-Series Properties of Earnings," *Journal of Accounting and Economics* 5 (April 1983), pp. 31–48.

LEWELLEN, W., *Executive Compensation in Large Industrial Corporations*. New York: National Bureau of Economic Research, 1968.

LILIEN, S., AND V. PASTENA, "Determinants of Intramethod Choice in the Oil and Gas Industry," *Journal of Accounting and Economics* 4 (December 1982), pp. 145–170.

LINTNER, J., "Distribution of Incomes of Corporations Among Dividends, Retained Earnings, and Taxes," *American Economic Review* 46 (May 1956), pp. 97–113.

———, "The Valuation of Risk Assets and the Selection of Risky Investments in Stock Portfolios and Capital Budgets," *Review of Economics and Statistics* 47 (February 1965), pp. 13–37.

———, AND R. GLAUBER, "Higgledy Piggledy Growth in America?" Seminar on the Analysis of Security Prices, Graduate School of Business. Chicago: University of Chicago, May 11–12, 1967.

LITTLE, I. M. D., "Higgledy Piggledy Growth," *Institute of Statistics* (Oxford) 24 (November 1962).

———, AND A. C. RAYNER, *Higgledy Piggledy Growth Again*. New York: A. M. Kelley, 1966.

LOOKABILL, L. L., "Some Additional Evidence on the Time Series Properties of Accounting Earnings," *Accounting Review* 51 (October 1976), pp. 724–738.

LYS, T., "Selection of Accounting Procedures and Implications of Changes in Generally Accepted Accounting Principles: A Case Study Using Oil and Gas Accounting," unpublished Ph.D. dissertation. Rochester, N.Y.: University of Rochester, 1982.

———, "Mandated Accounting Changes and Debt Covenants: The Case of Oil and Gas Accounting," *Journal of Accounting and Economics* 6 (April 1984), pp. 39–65.

MANNE, H. G., *Insider Trading and the Stock Market*. New York: The Free Press, 1966.

MATHESON, E., *The Depreciation of Factories, Mines and Industrial Undertakings and Their Valuation*. (Originally published in London by E. & F. N. Spon, 1893.) New York: Arno Press, 1976.

MAY, R., "The Influence of Quarterly Earnings Announcements on Investor Decisions as Reflected in Common Stock Price Changes," *Empirical Research in Accounting: Selected Studies 1971*, supplement to Vol. 9 of the *Journal of Accounting Research* (1971), pp. 119–163.

———, AND G. L. SUNDEM, "Research for Accounting Policy: An Overview," *Accounting Review* 51 (October 1976), pp. 747–763.

McCRAW, T. K., "Regulation in America: A Review Article," *Business History Review* 49 (Summer 1975), pp. 159–183.

McKEE, A. J., T. B. BELL, AND J. R. BOATSMAN, "Management Preferences over Accounting Standards: A Replication and Additional Tests," *Accounting Review* 59 (October 1984), pp. 647–659.

McNICHOLS, M., AND J. G. MANEGOLD, "The Effect of the Information Environment on the Relationship Between Financial Disclosure and Security Price Variability," *Journal of Accounting and Economics* 5 (April 1983), pp. 49–74.

MECKLING, W. H., "Towards a Theory of Representative Government," presented at the Third Annual Conference on Analysis and Ideology, Interlaken, Switzerland, June 4, 1976. (a)

———, "Values and the Choice of the Model of the Individual in Social Sciences," *Revue Swisse d'Economic, Politique et de Statistique* (December 1976). (b)

MERTON, R. C., "Theory of Rational Option Pricing," *Bell Journal of Economics and Management Science* 4 (Spring 1973), pp. 141–183.

MILLER, M., "Debt and Taxes," *Journal of Finance* 32 (May 1977), pp. 261–275.

———, AND M. SCHOLES, "Executive Compensation, Taxes and Incentives," in W. F. Sharpe and L. M. Cootner, eds., *Financial Economics: Essays in Honor of Paul Cootner.* Englewood Cliffs, N.J.: Prentice-Hall, 1982.

MIRRLEES, J. A., "Notes on Welfare Economics, Information and Uncertainty," in M. Balch et al., eds., *Essays on Economic Behavior Under Uncertainty.* Amsterdam: North-Holland, 1974.

———, "The Optimal Structure of Incentives and Authority Within an Organization," *Bell Journal of Economics* 7 (Spring 1976), pp. 105–131.

MODIGLIANI, F., AND M. H. MILLER, "The Cost of Capital, Corporation Finance and the Theory of Investment," *American Economic Review* 48 (June 1958), pp. 261–297.

———, AND M. H. MILLER, "Corporate Income Taxes and the Cost of Capital: A Correction," *American Economic Review* 53 (June 1963), pp. 433–443.

MOONITZ, M., "Accounting Principles—How They are Developed," in R. Sterling, ed. *Institutional Issues in Public Accounting.* Lawrence, Kans.: Scholars Book Company, 1974. (a)

———, *Obtaining Agreement on Standards in the Accounting Profession.* Sarasota, Fla.: American Accounting Association, 1974. (b)

MORSE, D., AND G. RICHARDSON, "The LIFO/FIFO Decision," *Journal of Accounting Research* 21 (Spring 1983), pp. 106–127.

MYERS, S. C., "Determinants of Corporate Borrowing," *Journal of Financial Economics* 5 (November 1977), pp. 147–175.

NASH, L. R., *Anatomy of Depreciation.* Washington, D.C.: Public Utilities Reports, 1947.

NELSON, C. R., *Applied Time Series Analysis for Managerial Forecasting.* San Francisco: Holden-Day, 1973.

NISKANEN, W. A., *Bureaucracy and Representative Government.* Chicago: Aldine-Atherton, 1971.

OHLSON, J. A., "Financial Ratios and the Probabilistic Prediction of Bankruptcy," *Journal of Accounting Research* 18 (Spring 1980), pp. 109–131.

OLSON, M., *The Logic of Collective Action.* Cambridge, Mass.: Harvard University Press, 1971.

PASSMORE, J. A., "Can the Social Sciences Be Value-Free?" in H. Feigl and M. Brodbeck, eds., *Readings in the Philosophy of Science* pp. 674–676. New York: Appleton-Century-Crofts, 1953, pp. 674-676.

PATELL, J. M., "Corporate Forecasts of Earnings Per Share and Stock Price Behavior: Empirical Tests," *Journal of Accounting Research* 14 (Autumn 1976), pp. 246–276.

———, AND R. KAPLAN, "The Information Content of Cash Flow Data Relative to Annual Earnings," unpublished working paper. Palo Alto, Calif.: Stanford University, August 1977.

———, AND M. A. WOLFSON, "Anticipated Information Releases Reflected in Call Option Prices," *Journal of Accounting and Economics* 1 (August 1979), pp. 117–140.

———, AND M. A. WOLFSON, "The Ex Ante and Ex Post Price Effects of Quarterly Earnings Announcements Reflected in Option and Stock Prices," *Journal of Accounting Research* 19 (Autumn 1981), pp. 434–458.

PATON, W. A., AND A. C. LITTLETON, *An Introduction to Corporate Accounting Standards*. Chicago: American Accounting Association, 1940.

PELTZMAN, S., *Regulation of Pharmaceutical Innovation: The 1962 Amendments*. Washington, D.C.: American Enterprise Institute for Public Policy Research, 1974.

———, "Toward a More General Theory of Regulation," *Journal of Law and Economics* 19 (August 1976), pp. 211–240.

PERCIVAL, J. R., "Risky Corporate Debt in a Market Model Context," unpublished working paper. Philadelphia: University of Pennsylvania, 1973.

PHILLIPS, S. M., AND J. R. ZECHER, *The SEC and the Public Interest: An Economic Perspective*. Cambridge, Mass.: MIT Press, 1981.

PIXLEY, F. W., *Auditors* (Originally published in London by E. Wilson, 1881). New York: Arno Press, 1976.

POINCARE, H., *Science and Hypothesis*. London: Walter Scott, 1905.

POPPER, K. R., *Conjectures and Refutations: The Growth of Scientific Knowledge*. London: Routledge & Kegan Paul, 1963.

———, *The Logic of Scientific Discovery*. (Originally published in London by Hutchinson, 1959) New York: Harper Torch Books, 1965.

POSNER, R. A., "Theories of Economic Regulation," *Bell Journal of Economics and Management Science* 5 (Autumn 1974), pp. 335–358.

PRAKASH, P., AND A. RAPPAPORT, "Information Inductance and its Significance for Accounting," *Accounting, Organizations and Society*, Vol 2. (1977), pp. 29–38.

RAPPAPORT, A., "Corporate Performance Standards and Shareholder Value," *Journal of Business Strategy* 3 (Spring 1983), pp. 28–38.

RAVIV, A., "Management Compensation and the Managerial Labor Market: An Overview," *Journal of Accounting and Economics* 7 (April 1985).

RAYBURN, F. R., "Another Look at the Impact of Accounting Principles Board Opinion No. 16—An Empirical Study," *Mergers and Acquisitions* 10 (Spring 1975), pp. 7–9.

REVSINE, L., *Replacement Cost Accounting*. Englewood Cliffs, N.J.: Prentice-Hall, 1973.

RICKS, W., "The Market's Response to the 1974 LIFO Adoptions," *Journal of Accounting Research* 20 (Autumn 1982, Part I), pp. 367–387.

Ro, B. T., "The Adjustment of Security Returns to the Disclosure of Replacement Cost Accounting Information," *Journal of Accounting and Economics* 2 (August 1980), pp. 159–189.

RONEN, J., AND S. SADAN, *Smoothing Income Numbers: Objectives, Means, and Implications*. Reading, Mass.: Addison-Wesley, 1981.

ROSENBERG, B., AND V. MARATHE, "Prediction of Investment Risk: Systematic and Residual Risk," *Proceedings of the Seminar on the Analysis of Security Prices*. Chicago: University of Chicago, November 1975.

Ross, I., "Higher Stakes in the Bond-Rating Game," *Fortune* 93 (April 1976), pp. 132–142.

Ross, S. A., "The Economic Theory of Agency: The Principal's Problem," *American Economic Review* 63 (May 1973), pp. 134–139.

———, "The Economic Theory of Agency and the Principle of Similarity," in M. D. Balch et al., eds., *Essays on Economic Behavior Under Uncertainty*. Amsterdam: North-Holland, 1974.

ROZEFF, M. S., "The Relationship of Bond Betas to Bond Returns and Agency Ratings with a Test of the Capital Asset Pricing Model," unpublished working paper. Iowa City: University of Iowa, 1976.

SALIERS, E. A., *Depreciation: Principles and Applications*, 3rd ed. New York: Ronald Press, 1939.

SALATKA, W. K., "A Study of the Capital Market Reaction to the Accounting Policy Decision Process Relating to Foreign Currency Accounting," unpublished working paper. Tucson: University of Arizona, 1983.

SAVOIE, L. M., "Game Plans and Professional Standards." Address before the Conference Institute, New York City, November 20, 1970. Quoted by Briloff (1972), pp. 13–14.

SCHIPPER, K., AND R. THOMPSON, "The Impact of Merger-Related Regulations on the Shareholders of Acquiring Firms," *Journal of Accounting Research* 21 (Spring 1983), pp. 184–221.

SCHWARTZ, E., AND J. R. ARONSON, "Some Surrogate Evidence in Support of the Concept of Optimal Financial Structure," *Journal of Finance* 22 (March 1967), pp. 10–18.

SCHWERT, G. W., "Size and Stock Returns, and Other Empirical Regularities," *Journal of Financial Economics* 12 (June 1983), pp. 3–12.

SECURITIES AND EXCHANGE COMMISSION, *Report of the SEC Advisory Committee on Corporate Disclosure*. Washington, D.C.: U.S. Government Printing Office, 1977.

SHARPE, W. F., "Capital Asset Prices: A Theory of Market Equilibrium Under Conditions of Risk," *Journal of Finance* 19 (September 1964), pp. 425–442.

SHERWOOD, H. C., *How Corporate and Municipal Debt Is Rated*. New York: John Wiley, 1976.

SIMON, H. A., "Theories of Decision-Making in Economics and Behavioral Science," *American Economic Review* 49 (June 1959), pp. 253–283.

SIMUNIC, D. A., "The Pricing of Audit Services: Theory and Evidence," *Journal of Accounting Research* 18 (Spring 1980), pp. 161–190.

SMITH, A., *The Wealth of Nations*. New York: Modern Library, 1937. (Originally published, 1776.)

SMITH, A. J., "An Empirical Investigation of the Information Effects of a Change in the Financial Reporting Standards for Oil and Gas Producers: The Proposed Elimination and Subsequent Retention of Full Cost Accounting," unpublished dissertation. Ithaca, N.Y.: Cornell University, 1981. (a)

———, "The SEC 'Reversal' of FASB Statement No. 19: An Investigation of Information Effects," *Studies on Standardization of Accounting Practices: An Assessment of Alternative Institutional Arrangements* supplement to Vol. 19 of *Journal of Accounting Research* (1981), pp. 174–211. (b)

SMITH, C. W., "Applications of Option Pricing Analysis," Chapter 4, in J. L. Bicksler, ed., *Handbook of Financial Economics*. Amsterdam: North-Holland, 1979.

———, AND J. B. WARNER, "On Financial Contracting: An Analysis of Bond Covenants," *Journal of Financial Economics* 7 (June 1979), pp. 117–161.

———, AND R. WATTS, "Incentive and Tax Effects of Executive Compensation Plans," *Australian Journal of Management* 7 (December 1982), pp. 139–157.

———, AND R. WATTS, "The Structure of Executive Compensation Contracts and the Control of Management," unpublished working paper. Rochester, N.Y.: University of Rochester, 1984.

SPENCE, M., "Job Market Signaling," *Quarterly Journal of Economics* 87 (August 1973), pp. 355–374.

———, AND R. ZECKHAUSER, "Insurance, Information and Individual Action," *American Economic Review* 61 (May 1971), pp. 380–387.

SPROUSE, R. T., AND M. MOONITZ, *A Tentative Set of Broad Accounting Principles for Business Enterprises*. New York: AICPA, 1962.

STACEY, N. A. H., *English Accountancy*. London: Gee and Company, 1954.

STIGLER, G. J., "The Theory of Economic Regulation," *The Bell Journal of Economics and Management Science* 2 (Spring 1971), pp. 3–21.

———, "Do Economists Matter?" *Southern Economic Journal* 42 (January 1976), pp. 347–354.

STIGLITZ, J. E., "Incentives and Risk Sharing in Sharecropping," *Review of Economic Studies* 41 (April 1974), pp. 219–255.

———, "The Theory of 'Screening', Education, and the Distribution of Income," *American Economic Review* 65 (June 1975), pp. 283–300. (a)

———, "Incentives, Risk and Information: Notes Towards a Theory of Hierarchy," *Bell Journal of Economics* 6 (Autumn 1975), pp. 552–579. (b)

STOREY, R. K., "Revenue Realization, Going Concern and Measurement of Income," *Accounting Review* 34 (April 1959), pp. 232–238.

SUNDER, S., "Relationship Between Accounting Changes and Stock Prices: Problems of Measurement and Some Empirical Evidence," *Empirical Research in Accounting: Selected Studies 1973*, supplement to Vol. 11 of *Journal of Accounting Research* (1973), pp. 1–45.

———, "Stock Price and Risk Related to Accounting Changes in Inventory Valuation," *Accounting Review* 50 (April 1975), pp. 305–315.

———, "Properties of Accounting Numbers Under Full Costing and Successful-Efforts Costing in the Petroleum Industry," *Accounting Review* 51 (January 1976), pp. 1–18.

TAUSSIG, F. W. AND W. S. BARKER, "American Corporations and Their Executives," *Quarterly Journal of Economics* 40 (1925), pp. 1–25.

U.S. CONGRESS, SENATE, SUBCOMMITTEE ON REPORTS, ACCOUNTING AND MANAGEMENT OF THE COMMITTEE ON GOVERNMENT OPERATIONS, *The Account Establishment: A Staff Study* (Metcalf Report), 94th Cong., 2d sess., 1976.

URWITZ, G., "Evidence on the Information Content of Market Determined Risk Measures of Corporate Bonds," unpublished working paper. Pittsburgh: Carnegie-Mellon University, 1975.

VATTER, W. J., *The Fund Theory of Accounting*. Chicago: University of Chicago Press, 1947.

VERRECCHIA, R. E., "On the Relationship Between Volume Reaction and Consensus of Investors: Implications for Interpreting Tests of Information Content," *Journal of Accounting Research* 19 (Spring 1981), pp. 271–283.

———, "The Use of Mathematical Models in Financial Accounting," *Studies on Current Research Methodologies in Accounting: A Critical Evaluation*, supplement to Vol. 20 of *Journal of Accounting Research* (1982), pp. 1–42.

WAKEMAN, L. M., "The Function of Bond Rating Agencies: Theory and Evidence," unpublished working paper. Rochester, N.Y.: University of Rochester, 1981.

———, AND R. WATTS, "Introduction to Agency Costs," Chapter 6, in "Notes on Corporate Finance," unpublished manuscript. Rochester, N.Y.: University of Rochester, 1978.

WALLACE, W. A., *The Economic Role of the Audit in Free and Regulated Markets*. Rochester, N.Y.: University of Rochester, 1980.

WARNER, J. B., "Bankruptcy, Absolute Priority, and the Pricing of Risky Debt Claims," *Journal of Financial Economics* 4 (May 1977), pp. 239–276.

WATTS, R., Appendix A to "Information Content of Dividends," unpublished working paper. Chicago: University of Chicago, October 1970.

———, "The Time Series Behavior of Quarterly Earnings," unpublished paper. Australia: University of Newcastle, 1975.

———, "Corporate Financial Statements, A Product of the Market and Political Processes," *Australian Journal of Management* 2 (April 1977), pp. 53–75.

———, "Systematic 'Abnormal' Returns After Quarterly Earnings Announcements," *Journal of Financial Economics* 6 (June–September 1978), pp. 127–150.

———, AND R. W. LEFTWICH, "The Time Series of Annual Accounting Earnings," *Journal of Accounting Research* 15 (Autumn 1977), pp. 253–271.

———, AND J. ZIMMERMAN, "Towards a Positive Theory of the Determination of Accounting Standards," *Accounting Review* 53 (January 1978), pp. 112–134.

———, AND J. ZIMMERMAN, "The Demand for and Supply of Accounting Theories: The Market for Excuses," *Accounting Review* 54 (April 1979), pp. 273–305.

———, AND J. ZIMMERMAN, "The Markets for Independence and Independent Auditors," unpublished working paper. Rochester, N.Y.: University of Rochester, March 1981. (a)

———, AND J. ZIMMERMAN, "Auditors and the Determination of Accounting Standards," unpublished working paper. Rochester, N.Y.: University of Rochester, 1981. (b)

———, AND J. ZIMMERMAN, "Auditor Independence and Scope of Services," unpublished working paper. Rochester, N.Y.: University of Rochester, 1982.

———, AND J. ZIMMERMAN, "Agency Problems, Auditing and the Theory of the Firm: Some Evidence," *Journal of Law and Economics* 26 (October 1983), pp. 613–634.

WEINSTEIN, M., "The Effect of a Rating Change Announcement on Bond Price," *Journal of Financial Economics* 5 (December 1977), pp. 329–350.

WESTERFIELD, R., "Pre-Bankruptcy Stock Price Performance," unpublished working paper. Philadelphia: University of Pennsylvania, 1970.

WHEATLEY, S. M., "The Information Content of Security Prices: Comment," unpublished manuscript. Rochester, N.Y.: University of Rochester, 1982.

WHITTRED, G. P., "Audit Qualification and the Timeliness of Corporate Annual Reports," *Accounting Review* 55 (October 1980), pp. 563–577.

WIESEN, J., *The Securities Acts and Independent Auditors: What Did Congress Intend.* New York: AICPA, 1978.

WILLIAMSON, O.E., "A Dynamic Stochastic Theory of Managerial Behavior," in A. Phillips and O. Williamson, eds., *Prices: Issues in Theory, Practice and Public Policy*, pp. 11–31. Philadelphia: University of Pennsylvania Press, 1967.

———, *The Economics of Discretionary Behavior: Managerial Objectives in a Theory of the Firm.* Englewood Cliffs, N.J.: Prentice-Hall, 1964.

WILSON, R., "The Theory of Syndicates," *Econometrica* 36 (January 1968), pp. 119–132.

WYATT, A. R., *A Critical Study of Accounting for Business Combinations.* New York: AICPA, 1963.

YAMEY, B. S., "Some Topics in the History of Financial Accounting in England 1500–1900," in W. T. Baxter and S. Davison, eds., *Studies in Accounting Theory*, pp. 14–43. London: Sweet and Maxwell, 1962.

ZEFF, S. A., *Forging Accounting Principles in Five Countries: A History and Analysis of Trends*, 1971, Arthur Andersen Lecture Series. Champaign, Ill.: Stipes, 1972, pp. 110–268.

ZIMMERMAN, J. L., "The Municipal Accounting Maze: An Analysis of Political Incentives," *Studies on Measurement and Evaluation of the Economic Efficiency of Public and Private Nonprofit Institutions*, supplement to Vol. 15 of *Journal of Accounting Research* (1977), pp. 107–144.

———, "The Costs and Benefits of Cost Allocations," *Accounting Review* 54 (July 1979), pp. 504–521.

———, "Research on Positive Theories of Financial Accounting," *Accounting Research Conference.* University, AL.: University of Alabama, 1982.

———, "Taxes and Firm Size," *Journal of Accounting and Economics* 5 (August 1983), pp. 119–149.

ZMIJEWSKI, M., AND R. HAGERMAN, "An Income Strategy Approach to the Positive Theory of Accounting Standard Setting/Choice," *Journal of Accounting and Economics* 3 (August 1981), pp. 129–149.

Authorized translation from the English language edition, entitled Positive Accounting Theory, 1e, 9780136861713 by Ross L. Watts, Jerold L. Zimmerman, published by Pearson Education, Inc., Copyright © 1986 by Prentice Hall Career & Technology.

All rights reserved. No part of this book may be reproduced or transmitted in any form or by any means, electronic or mechanical, including photocopying, recording or by any information storage retrieval system, without permission from Pearson Education, Inc.

CHINESE SIMPLIFIED language edition published by CHINA RENMIN UNIVERSITY PRESS CO., LTD., Copyright © 2024.

本书中文简体字版由培生集团授权中国人民大学出版社在中华人民共和国境内（不包括中国香港、澳门特别行政区和中国台湾地区）独家出版发行。未经出版者书面许可，不得以任何形式复制或抄袭本书的任何部分。
本书封面贴有Pearson Education（培生集团）激光防伪标签。无标签者不得销售。

图书在版编目（CIP）数据

实证会计理论／（美）罗斯·瓦茨，（美）杰罗尔德·齐默尔曼著；麻志明，王立彦译. －－北京：中国人民大学出版社，2024.4
（会计经典学术名著）
ISBN 978-7-300-32521-7

Ⅰ.①实… Ⅱ.①罗… ②杰… ③麻… ④王… Ⅲ.①实证会计 Ⅳ.①F234

中国国家版本馆 CIP 数据核字（2024）第 030517 号

会计经典学术名著
实证会计理论
［美］罗斯·瓦茨 著
　　 杰罗尔德·齐默尔曼
麻志明　王立彦　译
Shizheng Kuaiji Lilun

出版发行	中国人民大学出版社	
社　　址	北京中关村大街 31 号	邮政编码　100080
电　　话	010－62511242（总编室）	010－62511770（质管部）
	010－82501766（邮购部）	010－62514148（门市部）
	010－62515195（发行公司）	010－62515275（盗版举报）
网　　址	http://www.crup.com.cn	
经　　销	新华书店	
印　　刷	北京联兴盛业印刷股份有限公司	
开　　本	720 mm×1000 mm　1/16	版　次　2024 年 4 月第 1 版
印　　张	28.25 插页 2	印　次　2024 年 4 月第 1 次印刷
字　　数	416 000	定　价　108.00 元

版权所有　侵权必究　印装差错　负责调换